KB236852

한국어사전 편찬학 개론

사전 편찬의 이론과 실제

한국어사전 편찬학 개론

사전 편찬의 이론과 실제

유현경 · 남길임

도서출판 역락

이 연구는 2006년도 경북대학교 저술장려연구비 지원 사업에 의해 지원되었음.

머리말

　'국어'가 정보기술(IT) 분야의 중요한 연구 대상으로 인식되기 시작한 이후, 인접 학문 간의 학제적 분야로서 사전학에 대한 연구가 날로 증가하고 있다. 최근 10년간 『연세한국어사전』, 『표준국어대사전』, 『외국인을 위한 한국어 학습사전』 등 다양한 사전 편찬 사업이 결실을 맺고 있어 가히 사전 편찬의 르네상스를 맞고 있다. 이에 따라 사전 편찬과 관련한 각종 논의들이 활발하게 전개되고 있고, 새로운 사전 편찬 사업도 기획·진행되고 있는 실정이다. 그럼에도 불구하고 한국어사전에 관한 종합적인 이론서는 아직까지 출간되지 않아, 그간의 사전학 연구의 양적인 증가를 수렴할 수 있는 사전 편찬의 이론과 실제에 관한 저서의 필요성이 대두되고 있다.

　이 책은 이러한 시대적 필요성에서 출발하였다. 이 책에서는 그간의 국어학 연구의 성과를 반영한 사전 편찬 방법론을 제안하고자 하였다. 이를 위하여 지금까지 국어학 연구의 결과물들이 실제 사전 편찬에 어떻게 적용되어 있는지를 살펴보았으며, 사전 사용자와 특성에 부합하는 이상적인 국어사전 편찬 방법론을 제시하였다. 또한 사전 편찬의 실무를 담당한 경험을 살려 사전 편찬 과정 전반에 걸친 실제적인 문제들에 관해서도 논의하였다.

　이 책의 주요 자료는 기존 사전의 결과물, 국어학 연구의 성과 그리고 말뭉치(corpus)이다. 말뭉치는 1980년대 이후에 사전 편찬의 주요한 기초 자료로 활용되어 왔으며, 향후 다양한 유형의 말뭉치가 실제 사전 편찬에 활용될 전망이다. 이 책에서는 사전 편찬의 기초 자료로서 말뭉치 구축 및 활용 방법론에 관해서도 다루었다. 그리고 사전 원고 기술의 실제 과정에서 어떻게 말뭉치가 활용되고 분석될 수 있는지를 보이기 위해 구체적인 말뭉치 용례를 풍부하게 제시하려고 노력하였다.

　이 책은 사전 표제항 미시구조의 일반적인 순서에 따라 기술되었으며, 각 장은 주제 항목에 따른 내용의 특수성을 고려하여 구성되었다. 각 주제 항목에 따라 서론, 본론, 결론의 완결된 구조를 가지도록 구성함으로써 독자들이 각 장을 독립적인 연구 자료로 활용할 수 있도록 배려하였다.

　이 책은 국어학 연구의 실제적인 응용 분야에 관심을 가지는 학부생 및 사전 편찬학의 이론과 실제를 연구하고자 하는 전공 대학원생에게는 개론서로서 활용될 수 있을 것이다. 또한 각 학문 분야에서 전문용어사전을 제작하고자 하는 연구자나 출판업계의 사전 관련 업무 종사자에게도 한국어사전학의 이론서로서 도움이 될 것이다.

　이 책은 2006년도 경북대학교 저술장려비 연구 지원 사업의 지원으로 저술되었다. 책이 나올 수 있도록 지원을 아끼지 않은 경북대학교와, 여러 자료를 제공해 준 연세대학교 언어정보연구원에 감사의 마음을 전한다. 내용 교정과 문면 교정에 있어서는 정철(연세대), 김다현(다음커뮤니케이션), 원미경(다음커뮤니케이션), 김진희(연세대), 이임경(연세대), 서은영(경북대), 현영희(경북대) 등 대학원생들의 도움이 컸다. 이 책의 출판을 선뜻 승낙하여 주신 도서출판 역락 이대현 사장님과 대단히 촉박한 제작 일정에도 수고를 아끼지 않은 역락의 이소희 선생을 비롯한 편집부 일꾼들에게도 이 자리를 빌려 감사를 드린다.

2009. 1. 19.

유현경·남길임 씀

목 차

제1장 사전 편찬의 자료와 지원 도구 ····················· 11

1. 사전학의 연구 분야와 사전 편찬학 ····················· 11
2. 사전 편찬의 단계 ····················· 14
3. 사전 편찬의 단계에 따른 자원과 지원도구의 제작 및 활용 ····· 18
4. 맺음말 ····················· 37

제2장 표제어 ····················· 43

1. 표제어(headword)의 정의와 기능 ····················· 43
2. 표제어 선정 기초 자료 수집 ····················· 46
3. 표제어 선정 원칙 마련 ····················· 53
4. 표제어의 배열 ····················· 70
5. 맺음말 ····················· 73

제3장 발음 정보 ····················· 81

1. 사전에서의 발음 정보 ····················· 81
2. 발음 정보 표기 형식 ····················· 83
3. 발음 정보 제시 방식 ····················· 86
4. 굴절형의 발음 정보 ····················· 92
5. 표제어의 유형별 발음 정보 ····················· 102
6. 맺음말 ····················· 106

제 4 장 품사 정보 ··· 111

1. 품사와 품사 정보의 기능 ································· 111
2. 학교문법에서의 '품사'와 사전 정보로서의 '품사 정보' ··········· 114
3. 품사 정보 기술의 쟁점 ································· 118
4. 맺음말 ·· 127

제 5 장 형태 정보 ··· 133

1. 형태 정보의 범위와 유형 ······························ 133
2. 기존 사전의 분석 ···································· 136
3. 말뭉치를 활용한 활용 정보의 기술 ···················· 139
4. 맺음말 ·· 158

제 6 장 통사 정보 ··· 165

1. 사전에서의 통사 정보 ································· 165
2. 기존 사전 분석 ······································ 168
3. 말뭉치 기반 통사 정보 기술 방법론 ··················· 177
4. 맺음말 ·· 216

제 7 장 의미 정보 ··· 221

1. 사전에서의 의미 정보 ································· 221
2. 사전 뜻풀이의 일반적 원칙 ··························· 223
3. 기존 사전 분석 ······································ 237
4. 표제어 유형에 따른 뜻풀이 원칙 및 형식 ··············· 248
5. 문법 정보와 화용 정보의 제시 ······················· 258
6. 맺음말 ·· 260

제8장 화용 정보 ·· **267**

　　1. 화용론(pragmatics)과 화용 정보 ······················· 267
　　2. 사전학(Lexicography)에서의 화용론(Pragmatics)에 대한 논의 ····· 269
　　3. 사전 텍스트와 화용 정보의 유형 ······················· 272
　　4. 맺음말 ··· 288

제9장 관련 어휘 정보 ·· **293**

　　1. 관련 어휘의 개념 및 범위 ····························· 293
　　2. 관련 어휘의 유형 ···································· 295
　　3. 기존 사전 분석 ····································· 299
　　4. 맺음말 ··· 320

제10장 용 례 ·· **325**

　　1. 사전에서의 용례 ····································· 325
　　2. 용례의 정의와 기능 ·································· 326
　　3. 용례의 특징 ······································· 327
　　4. 실제 국어사전 분석 ·································· 333
　　5. 맺음말 ··· 344

참고문헌 ＿＿ 355
찾아보기 ＿＿ 368

사전 편찬의 자료와 지원 도구

1. 사전학의 연구 분야와 사전 편찬학[1]

현대 사회에서 '사전'은 언어학뿐만 아니라 전산학, 정보학 등 단어(word)
와 용어(term)를 다루는 모든 분야에서 중요한 논의 대상이 되고 있다. '사

---

1) 이 책에서는 국내외에서 나온 국어사전 중 자주 언급되는 사전은 논의의 편의를 위
하여 다음과 같이 줄여 제시하였음을 밝힌다.
 • 국립국어연구원(편)(1999), 『표준국어대사전』, 두산동아 →『표준』
 • 김민수 · 고영근 · 임홍빈 · 이승재 편(1996), 『금성판 국어대사전』, 금성출판사→
  『금성』
 • 서상규 외(2004/2006), 『외국인을 위한 한국어 학습사전』, 신원프라임 →『학습사
  전』
 • 연세대학교 언어정보개발연구원 편(1998), 『연세한국어사전』, 두산동아 →『연세』
 • 한글학회(편)(1992), 『우리말큰사전』, 한글학회, 어문각 →『우리말』
 • 북한 사회과학원언어학연구소(편)(1992), 『조선말대사전』, 사회과학출판사 →『조
  선말』
 • 간노 히로오미 외 (편)(1988), 『코스모스 조화(朝和) 사전』, 동경 : 白水社 →『코스
  모스』
이 책에서 사용한 사전의 예는 종이사전뿐 아니라 온라인사전, 사전텍스트 등을 그
때그때 편의에 따라 선택하여 제시하였기 때문에 실제 종이사전의 내용과 차이가 있
을 수 있음을 밝힌다.

전'은 일반인들의 일상생활에서 어휘의 정보를 참조하는 데 활용되기도 하지만, 외국어를 배우는 데 활용되기도 하며, 기계번역이나 형태소분석과 같은 자연언어처리 과정에서 중요한 정보 자원으로 활용되기도 한다. 또한 최근 전산화된 어휘 데이터베이스로서의 사전은 사전의 재활용을 통한 언어학적, 전산적 연구를 가속화시키는 데 결정적인 역할을 하고 있다. 여기서 사전의 '재활용'은 전산적으로 구조화된 기존 사전의 정보로부터 추출된 뜻풀이 정보나 관련어 정보 등을 어휘 교육 자료나 어휘망 구축 사업 등에서 유용한 기초 자원으로 활용하는 것을 의미한다.

이와 같은 '사전'에 대한 다차원적인 접근과 활용은 사전학(lexicography)에 대한 개념을 더욱 광범위하고 복잡하게 만들고 있다. Hartmann(2001)에서 논의된 바 있듯이, 사전학의 연구 분야는 실제로서의 사전 편찬학과 이론으로서의 사전학의 두 범주로 구분하여 논의될 수 있다.2) 실제로서의 사전 편찬학은 말뭉치를 비롯한 언어 자료의 구축 및 활용, 표제어 선정 및 기술뿐만 아니라 제작 지원 도구의 활용을 포함한 실제 사전 제작 과정을 다루는 이론인 반면, 이론으로서의 사전학은 사전 비평, 사용자 조사, 구조 분석 등 사전 자체에 대한 분석과 비평을 위주로 한다. 이러한 논의들을 종합할 때, 20세기 이후 새로운 학문 분야로 논의되게 된 '사전

---

2) Hartmann(2001)에서는 사전학을 실제로서의 사전 편찬학(lexicography as practice)과 이론으로서의 사전학(lexicography as theory)의 두 범주로 구분하여 사전 제작과 사전 연구의 분야로 나누어 논의를 진행하고 있다. 이러한 관점은 Atkins(2008)가 이론적 사전학(theoretical lexicography)을 실제적 사전학(practical lexicography)과 동어 반복적인 연결 관계를 가진 것으로 파악한 것과 다소 관점을 달리한다. Atkins(2008)에 의하면, 이론적 사전학은 실제적 사전학(practical lexicography)과 다소 겹치는 것이며, 사전 제작의 전 과정에 대한 이론에 해당한다. 한편, Akins and Rundell(2008)에서는 사전학자의 작업을 효율적으로 지원할 수 있는 거대한 이론이 있음을 인정하면서도 사전 편찬학을 제외한 이론적인 사전학은 실제 존재하지도 않는다는 관점에서 '사전학'의 논의의 초점을 실제로서의 사전 편찬학에 큰 비중을 두고 있다. 이들 논의들은 논의의 초점은 다르지만, 사전 제작의 과정이 사전학 이론 연구와 밀접한 관련을 가진다는 것, 사전 편찬의 과정이 언어학, 어휘론, 전산학, 교육학, IT 등과 관련한 복잡하고 광범위한 작업임에는 일치를 보이고 있다.

학(lexicograpy)'은 '사전 편찬학'과 '사전이론학'이라는 두 가지 의미의 중의성을 띤 것으로 보아도 무방하다.

사전학 < 사전 편찬학 ——— 사전 제작
　　　　　사전이론학 ——— 사전 비평

〈그림 1-1〉

한편, 최근 사전학 연구 분야의 범위와 논의의 다양성은 최근 유럽사전학회 국제학술대회의 발표 주제 분야를 통해서도 잘 드러난다. 2008년 스페인에서 열린 제14회 유럽사전학회 국제학술대회는 총 10개의 하위 연구 분야로 구성되었는데, 이는 사전학의 광범위한 연구 분야를 단적으로 보여 주는 것이다. 10개의 하위 분야는 다음과 같다.

① 전산 사전 편찬학
② 사전 제작 과정
③ 사전학적 어휘론적 프로젝트에 대한 연구 보고
④ 이중언어사전에 대한 사전학
⑤ 특수언어 — 전문용어학 전문용어편찬학을 위한 — 사전학
⑥ 역사적·학문적 사전학과 어원학
⑦ 사전 사용
⑧ 구 구성와 연어
⑨ 사전학적 관련성을 가지는 어휘론적 문제
⑩ 기타 주제

이러한 광범위한 주제들은 사전학의 다양한 학문 분야들과의 연관성을 단적으로 보여 주는데, 이는 여러 연구에서 지적된 바 있듯이, 사전학은 언어학, 문학 연구, 문화사, 인류학, 출판학, 도서관학, 교육학, IT 분야 등과의 학제적 연구를 필요로 한다.

본서는 사전학의 광범위한 분야 중, 실제 사전 제작의 과정들에 대한 개론적인 기술을 목표로 하며, 주로 실제로서의 사전 편찬학에 초점을 맞

추어 진행하기로 한다. 따라서 사전 비평이나 사전 사용자 분석 등 사전 이론학에 대한 논의는 잠시 덮어 두고, 실제 사전의 제작 과정을 따라 사전 편찬의 현장에서 논의되는 실질적인 이론들을 조명하게 될 것이다.

제1장에서는 실제 사전 제작 과정 초기 단계에서 필요한 사전 편찬의 자료와 지원 도구를 논의할 것이며, 2장은 사전의 거시구조에 해당하는 표제어의 선정 절차와 구성에 대해 논의할 것이다. 3장 이후부터 10장까지는 개별 표제항을 구성하는 미시구조의 각 항목들을 차례로 살펴보는데, 이론언어학에서의 형태·통사·의미 정보와의 관련성 속에서 이를 논의할 것이다. 그러면 우선, 실제 사전 제작 과정에서 요구되는 사전 편찬의 자료와 지원 도구를 중심으로 본서의 첫 장을 시작하기로 한다.

2. 사전 편찬의 단계

기존 사전학 연구와 실제 사전 편찬의 작업 과정에서 사전 편찬의 과정은 크게 분석 단계(analysis process)와 단계 종합(synthesis process)의 두 단계3)로 구분되기도 했지만, 더 상세하게는 4단계 이상의 복잡한 단계로 구분하여 논의되어 왔다. 대표적으로 Zgusta(1992a)에서 사전 편찬 과정은 자료의 수집, 사전 항목의 선정, 사전 항목의 구성, 사전 항목의 배열로 진행된다고 하였으며, Wiegand(1998)에서는 Zgusta(1992a)의 단계에 준비의 단계와 인쇄 단계를 더하여 '준비, 자료 수집, 자료 처리, 편집, 인쇄'의 다섯 가지 과정으로 논의하고 있다.

사전 편찬의 작업은 개별 표제어에 대한 '원고 기술'을 핵심으로 하지만, 원고 기술을 위한 각종 언어 자원의 구축과 활용, 언어 처리를 위한 검색기 및 지원 도구 개발과 같은 작업들 역시 중요한 작업이다. 좀 더 상

---

3) Akins(2008 : 3~4).

세히 말해서, 사전 편찬 작업은 (1) 표제어 구성 및 원고 작성, (2) 편찬 자료로서의 각종 데이터베이스의 구축 및 활용, (3) 편찬 지원 도구의 개발이라는 세 가지 유형의 작업이 순차적 또는 동시다발적 연계 관계 속에서 수행되는 것이라 할 수 있으며, 편찬자는 (1)의 작업을 위해 (2), (3)의 자료와 도구들을 구축·개발하고, 효율적으로 운용한다. 위 세 유형의 작업들은 실제 사전 편찬 기구를 편성할 때 반영되기도 하는데, 사전 편찬연구팀은 실제로 원고 작성 팀, 시스템 개발 팀, 언어 자원 구축 팀 등으로 구분되어 운영되고 있기도 하다.

Akins and Rundell(2008)에서도 역시 사전 제작의 과정을 '언어학적 자료'에서 작업 결과물로서의 '사전'으로 가는 과정으로 보고, 여기에 언어학적 이론과 사용자에 대한 연구가 도입되며 기술적인 부분으로는 말뭉치, 편집기, 사전 제작과 관련된 작업들이 부가되는 작업으로 보고 있다.

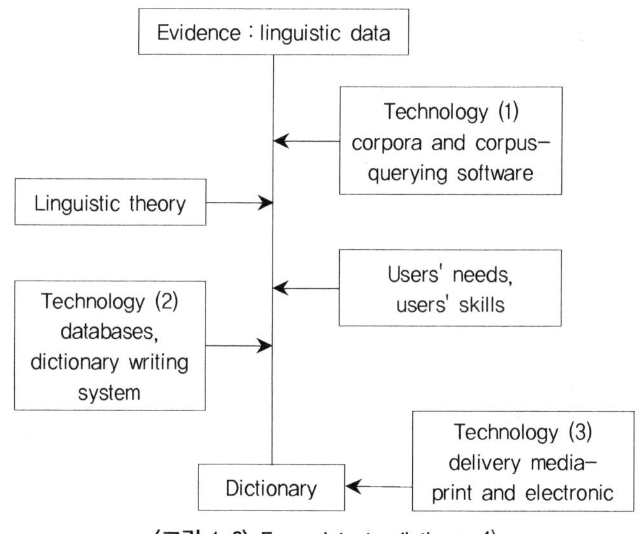

〈그림 1-2〉 From data to dictionary[4]

---

4) Akins and rundell(2008 : 3).

본 장에서는 실제 『연세』 및 『학습사전』의 실제 편찬 과정에서의 사전 편찬의 단계를 기초 연구 단계, 원고 작성 단계, 원고 교정 단계의 세 단계로 구분하여 논의하되, 위의 세 가지 작업 유형 중 (2), (3), 즉 (2) 데이터베이스의 구축 및 활용, (3) 편찬 지원 도구의 개발을 중심으로 논의할 것이다. 사전 편찬의 핵심인 표제항 구성 및 표제항 기술과 관련한 부분은 본서의 2장 이후 나머지 부분에서 정보 유형별로 상세히 논의될 것이다.

본 장에서 논의될 원고 기술을 위한 자료 구축 및 지원 도구 개발의 단계는 아래 사전 편찬의 세 가지 단계 중, 1단계에 해당된다.

〈사전 편찬의 세 가지 단계〉
1단계. 기초 연구 단계
　　　－사전의 용도, 사전 편찬의 목적, 크기의 결정, 사용자 요구 분석 및 시장 조사
　　　－편찬 자료로서의 각종 언어 데이터베이스의 구축 및 활용
　　　－편찬 지원 도구의 개발
2단계. 표제어 선정 및 원고 작성 단계
　　　－표제어 선정
　　　－원고 작성 지침 개발 및 사전 모형 개발
　　　－원고의 작성
3단계. 원고 교정 단계
　　　－원고 교정 및 교열
　　　－레이아웃 설계 및 출판

일반적인 사전 편찬의 과정을 위의 세 가지 진행 단계로 구분할 때, 위 (2), (3)의 과정은 사전의 용도와 크기, 예산이 정해진 다음으로 해결되어야 할 문제로 주로 1, 2단계의 초기 작업에 해당된다. 즉, (2) 편찬 자료로서의 각종 데이터베이스의 구축 및 활용, (3) 편찬 지원 도구의 개발은 사전의 성격과 표제어 규모, 예산을 고려하여 사전 편찬 사업의 초기 단계에 결정되어야 할 부분이다.

하지만, 실제 사전의 편찬은 비교적 장기간의 사업인 경우가 대부분이어서, 사전의 성격이나 특성이 표제어의 집필 과정에서 더욱 구체화되거나 다소 변화되는 경우도 많다. 그 결과 사전 편찬을 위한 기초 자료들이 일부분 3단계의 교정 단계에서도 보강되는 경우가 있으며, 지원도구 개발 역시 1단계의 기초 연구 단계에서 완성되는 이상적인 상황은 흔치 않다. 다음의 표는 실제 사전 편찬의 3단계의 주요 사업들을 중심으로 순차적, 동시다발적 과정의 이상적인 진행 예를 제시한 것이다.[5]

연구 내 용	추 진 일 정 (단위 : 월차)												비고
	1	2	3	4	5	6	7	8	9	10	11	12	
사전 원고 작성(1) – 원고 작성팀													
원고 작성	■	■	■	■	■	■	■	■	■	■	■	■	
표제어 유형별 편찬 지침 수정										■	■	■	
편찬 지침 보완	■	■	■	■	■	■	■	■	■	■	■	■	
용례검색기 개발(3) – 편찬 지원 도구 개발 팀													
말뭉치 가공 프로세스 수립	■	■	■										
말뭉치 데이터베이스 가공				■	■	■							
용례검색기 프로그램 작성							■	■	■				
실험 및 수정										■	■	■	
사전편집 시스템 개발(3) – 편찬 지원 도구 개발 팀													
사전편집기 프로그램 작성				■	■	■	■	■	■				
실험 및 수정										■	■	■	
말뭉치 구축(2) – 말뭉치 구축 팀													
1945~80년 말뭉치 보완	■	■	■										
2000년대 말뭉치 신규 구축				■	■								
전문용어 어휘 수집						■	■	■	■	■	■		

〈그림 1-3〉 사전 편찬의 주요 하위 사업의 예시 –『연세 현대한국어 대사전』 편찬 사업의 예

위의 주요 사업과 이에 따른 사전팀의 구성은 사전의 종류나 사전의 용

---

5) 『연세 현대한국어 대사전』 편찬 사업 2차년도 보고서 참조.

도와 목적, 사전 편찬 사업의 전체 기간 등에 따라 달라질 수 있겠지만, 대체적인 참조 자료(reference work)의 편찬 사업은 위의 구성과 절차를 따른다고 볼 수 있다.

3. 사전 편찬의 단계에 따른 자원과 지원도구의 제작 및 활용

사전 편찬의 핵심은 사전의 표제어의 추출과 개별 표제어의 기술에 있지만, 이러한 표제어 구성과 기술을 위한 자료(resource)와 효율적 지원도구(lexicographic workbench)의 개발 또한 매우 중요한 작업이다.6) 특히, 1990년대를 전후로 하여 컴퓨터와 말뭉치 언어학(corpus linguistics)이 발달함에 따라 사전 편찬에 있어서 자료나 지원도구 개발에 대한 중요성이 더욱 부각되고 있는 실정이다.

사전 편찬 자료의 선별과 구축은 어떤 자료를 대상으로 어떤 방법론을 통해 어휘를 추출하고 뜻풀이, 예문 등의 정보 항목을 구성하느냐의 문제로, 이러한 자료로는 기존 사전이나 어휘집, 전자화된 텍스트로서의 말뭉치, 각종 어휘 데이터베이스 등을 들 수 있다. 또한 편찬의 지원도구는 각종 자료를 활용하여 사전을 집필, 제작하는 과정에 활용되는 도구로서 용례검색기를 비롯하여 사전 구조에 맞게 설계된 편집기 등이 있으며, 최근에는 다수의 원고 집필자를 위한 온라인 편집 프로그램까지 다양한 예들이 있다. 따라서 현대적 관점의 사전 편찬에서 풍부한 자료와 효율적 자

---

6) 사전 편찬 자료 및 데이터베이스의 중요성 및 자료 구축과 관련한 논의는 사전학 및 말뭉치언어학 관련 연구에서 중요한 연구 대상이 되어 왔다. 이 중에서도 사전 편찬을 위한 자료에 대한 실제적인 논의는 Sinclair(1991 : 37), Sevensén(1993 : 53), Landau(2001 : 346)을 참조할 수 있다. Landau(2001)에서는 다음과 같이 사전 편찬에 있어서 자료의 중요성에 대해 다음과 같이 언급하고 있다. "Whether the predominant source is another dictionary, a citation file, or a corpus makes an enormous difference in the time required to do a dictionary." Landau(2001 : 346)

료 검색과 원고 관리를 가능하게 해 주는 지원 도구의 개발은 사전 편찬의 성공의 열쇠라 할 수 있다. 1)에서는 사전 편찬 자료의 유형과 활용 방법에 대하여, 2)에서는 사전 편찬 지원 도구에 대하여 살펴보기로 한다.

1) 사전 편찬 자료

실제 사전 편찬에 있어서 자료는 기존 사전류와 실제 언어 사용의 양상 즉 말뭉치, 기타 부가적인 자료로 구분하여 살펴볼 수 있다. Svensén (1993 : 53)은 사전 편찬의 자료를 주요 자료와 부차적 자료로 구분하고 문어와 구어 텍스트로 구성된 말뭉치를 주요 자료(primary sources)로 기존의 사전류들을 부차적인 자료(secondary sources)로 구분하여 서술하고 있으며, Sinclair(1991 : 37) 역시 어휘 기술의 주요 자료로 사전, 직관, 실제 텍스트로서의 말뭉치를 들고 있다.7) Sinclair(1991)의 경우 모국어화자의 직관을 주요 요소로 고려하고 있는데 이때 직관은 언어 용법에 대한 제보자의 보고 및 검토와 언어학자의 직관이라는 두 가지로 구분될 수 있다. 여기서는 주로 구체적인 물리적 자료로서의 사전 편찬의 기초 자료를 살펴볼 것이지만, 대규모의 자료를 선별, 선택하고 자료로부터 언어 기술의 단위를 판단하는 것이 언어학자의 직관이라는 점에서 Sinclair(1991)가 언급한 근거 자료로서의 '모국어화자의 직관(native-speaker introspection)'은

---

7) Sinclair(1991 : 37~41)에서는 이들 중 가장 일반적으로 활용되는 자료로 '다른 사전류'를 들고 있으며, 다음이 언어에 대한 직관을 들고 있는데 이를 모국어 화자의 직관(native-sppeaker introspection)으로 다시 설명하고 있다.
"The main source of lexicographic evidence are, probably in order of popularit y ; 1. other dictionaries ; 2. user's ideas about their language ; 3. observation of language in use. These three types of evidence are roughly the same as would be invoked for any enterprise in language desctiption : 1. existing description of the language ; 2. native-speaker introspection ; text, i.e. language in use."
위에 제시된 각 자료들의 장점과 한계는 Sinclair(1991 : 37~41)를 참조하라.

사전 편찬의 기초 자료로서 핵심적인 것이라 할 수 있다.

(1) 기존 사전 및 어휘 자료집

기존 사전 및 어휘 자료집을 활용하는 경우는 기존의 사전을 새로운 사전 편찬을 위한 보조적 자료로 활용하느냐 아니면 새로운 사전 편찬을 위해 번역, 수정·증보, 확장하는 원천 자료로 기존 사전을 활용하느냐에 따라 두 가지로 구분하여 살펴볼 수 있다.

① 사전 편찬의 참고 자료(secondary sources)로서의 활용
② 사전 편찬의 원천 자료(main sources)로서의 활용

기존 사전의 자료 및 각종 어휘 자료집은 그 자료를 그대로 베끼거나 답습할 경우, 그 자료 자체의 오류나 부족한 기술을 답습할 수 있다는 위험이 있고, 특히 표제어 선정에 있어서 변화하는 언어의 현실을 반영하지 못하여, 유령어(ghost word)를 지속적으로 표제어화하거나 새로운 어휘를 등재하지 못할 수 있으며, 변화하는 언어 사용 양상에 대한 기술이 부족할 수 있다는 문제가 있으므로 각각 활용에 있어서 선별적으로 활용할 필요가 있다. 위 두 가지 경우를 중심으로 살펴보면 다음과 같다.

① 사전 편찬의 참고 자료(secondary sources)로서의 활용

• 표제어 목록 검토와 선행 연구물로서 기존 사전의 활용

표제어 선정이나 표제어 기술의 기초 참고 자료로 활용하는 경우인데, 지금까지 국내 대부분의 사전 작업에서 거쳐 온 절차이다. 편찬자들은 기존 사전의 표제어 목록을 교차 검토함으로써 표제어 구성에 참조 자료로 활용하거나, 각 표제어별로 기존 사전의 기술을 살펴봄으로써 선행 연구물로서 기존 사전의 기술을 확인하는 것이다. 실제로 이러한 작업을 위해서 온라인 또는 오프라인 상으로 사전통합검색기가 구축되기도 하고, 목

록 비교 자료가 제작되기도 한다.

어 형	동아사전_어형	표준사전_어형	빈도2_품사	빈도1_품사
사회개혁주의				
사회건설				
사회계				명사
사회경영에				명사
사회경제	사회경제	사회경제		
사회경제구성체		사회경제구성체		
사회경제사				
사회경제사학			명사	
사회경제적				
사회경제적기초		사회경제적기초		
사회경제제도		사회경제제도		
사회경제체계		사회경제체계		
사회경제학				명사
사회경제형태		사회경제형태		
사회계급				
사회계급적처지		사회계급적처지		
사회계몽			명사	
사회계몽교육				명사
사회계약		사회계약		
사회계약론		사회계약론		
사회계약론에서				명사
사회계약설	사회계약설	사회계약설		
사회계정추				명사
사회계층	사회계층	사회계층		
사회계층적				명사
사회계획		사회계획		

〈그림 1-4〉 표제어 선정을 위한 기초 자료로 활용된 기존 사전 목록 및 어휘 빈도 목록

위 〈그림 1-4〉는 사전 표제어 선정을 위한 기초 자료로서 기존 사전의

어휘 목록과 빈도 목록이 활용된 예를 보여 주는 것이다. 첫 번째 열의 '어형'은 말뭉치에서 분석된 단어 단위의 형태를, 두 번째 열부터 다섯 번째 열까지는 해당 어휘가 사전이나 어휘 목록에서 존재하는지, 어떤 형태나 품사로 표시되어 있는지를 보여 준다. 이러한 자료는 말뭉치로부터 추출해 낸 어휘 목록으로부터 표제어를 구성하고자 하는 단계에서 활용할 수 있다.

• 말뭉치의 신뢰성을 검토하는 참고 자료로서의 활용

기존 사전 자료를 활용하는 가장 일반적이고 핵심적인 이유는 표제어 선정과 관련한 것으로 새로운 사전을 위해 구성된 표제어 목록과 기존 사전의 목록을 교차 비교함으로써 새 사전의 표제어 목록을 검토하는 것이다. 특히 새로운 사전 표제어의 목록이 말뭉치를 기반으로 추출되었을 경우 말뭉치의 대표성과 균형성을 점검하는 기준으로 삼을 수 있다는 점에서 기존 사전의 표제어 확인 절차는 표제어 구성 작업에서 의미가 있다. 단, 이러한 작업에는 편찬자의 언어학적 직관 및 현재 언어 사용에 대한 다각도의 조사 작업이 면밀하게 이루어져야 한다.

• 어휘 목록의 교차 검토를 통한 중요 어휘 목록 추출

위의 기존 사전 자료뿐만 아니라 각 기관이나 개인 연구자의 연구결과물인 기초어휘 목록이나 어휘자료집 역시 표제어 선정에 있어서 중요한 자료로 활용될 수 있다. 특히 학습자사전을 편찬하고자 할 경우 국립국어원 등 관련 기관에서 제시한 기초어휘 자료집이나 어휘 목록은 표제어 선정 및 중요 어휘 선정에 있어서 근거 자료로 활용될 수 있다.8) 실제로『학

---

8) 사전 편찬 및 기초 어휘 선정에 있어서 활용될 수 있는 어휘 목록은 다음과 같은 예를 들 수 있다.
한술진흥재단 한국어능력평가위원회(1997), "한국어능력평가용 기초 어휘 자료", 10,740단어.
서상규 외(1998), "한국어교육 기초어휘 선정"(문화관광부) : 5,000단어.

습사전』에서는 다음과 같이 어휘집의 중복도를 분석한 결과를 중심으로 중요어휘를 표시하고 있다.

② 사전 편찬의 주요 자료로서의 기존 사전의 활용

새로운 사전 편찬의 표제어 선정 및 어휘 기술의 보조 자료로 기존 사전을 활용하는 경우 외에도 기존의 단일어사전을 번역하는 작업을 통해 대역어사전을 편찬하거나 기존 사전의 특정 정보 단위를 추출하여 관용어 사전, 속담 사전, 문형 사전 등의 하위 사전 등을 편찬하는 경우는 기존의 사전을 새로운 사전 편찬을 위한 정보의 주요 원천으로 삼는 경우이다.

Svensén(1993)에서는 기존의 사전에서 다른 언어권 화자를 위한 대역 사전을 편찬할 경우, 기존 사전이 수동사전(passive dictionary)인지 능동사전(active dictionary)인지에 따라 또, 새로운 사전이 수동사전(passive dictionary)을 목적으로 하는지 능동사전(active dictionary)을 목적으로 하는지에 따라 기존 사전을 활용한 편찬이 원천이 되는 기존 사전의 단순한 번역 이상이 될 수도 있음을 지적하고 있다. 이는 실제로 한국어 단일어 학습사전인『학습사전』의 번역을 통해 한—일, 한—중, 한—영 등의 사전을 편찬할 경우 각 학습자의 언어권별로 정보의 구성과 내용이 다소 변별될 필요가 있을 것이다. 물론 일—한, 중—한, 영—한 등 반대 방향의 사전 편찬은 이러한 작업과는 또 다른 별개의 작업임은 다시 언급할 필요도 없다.

또한 대사전 내의 특정 표제항을 추출한 중사전의 편찬이나 학습사전의 편찬, 품사별사전, 관용표현 등의 언어 단위별 하위 사전의 편찬은 다양한 사전 사용자를 고려할 때 매우 바람직한 시도이다. 단, 이들 하위 사전들은 기존 원천 사전의 정보에서 추출된 정보의 조합이 아니라 각 사전에

김광해(2001), '한국어 등급별 총어휘-낱말 V.2001'(서울대 국어연구소) : 1, 2등급 5,944단어(동형어수준).

배주채 외(2000), "초급 한국어사전"(문화관광부) 표제어 목록 : 1,090단어.

조남호(2002), 현대국어사용빈도조사, 한국어학습용어휘선정을 위한 기초조사. 총 58,000여 개(동형어 수준)

서 기술되는 언어 단위가 가지는 변별적 특성을 상세히 기술하고, 사용자 요구를 분석함으로써 본래 사전보다 더 전문화되고 세부적인 정보를 추가할 수 있을 것이다. 물론 이 절에서 기술된 원천 자료로 사전을 활용하는 경우는 이미 원천 자료로서의 기존 사전에 대해 저작권을 가지고 있는 경우에 한한다.

(2) 말뭉치[9]

말뭉치(corpus)란 언어의 본질적인 모습을 총체적으로 드러내 보여 줄 수 있는, 전산화된 언어 자료의 집합으로, 말뭉치를 활용한 사전 편찬의 의의는 기존의 사전 편찬 방식과 달리 사전 표제어 목록 선정이나 뜻풀이 등의 제 일차적 근거를 실제 언어 생활에 쓰이는 다양한 유형의 텍스트에서 찾는다는 데 있다. 이전의 사전 편찬이 기존 사전 및 편찬자가 일일이 문학 텍스트 등을 읽으면서 찾아낸 어휘 사용 양상에 근거해서 이루어진 반면, 1980년대 후반 컴퓨터와 말뭉치의 등장은 대량의 언어 데이터베이스로서의 말뭉치를 가공해 얻은 어휘 자료를 토대로 한 사전 편찬을 가능하게 했다.[10]

다음은 21세기 세종계획의 원시 말뭉치(raw corpus)와 한국어 교육용 형태 주석 말뭉치(morphologically analysed corpus)의 예이다.

---

9) 컴퓨터의 발달과 더불어 말뭉치의 구축, 말뭉치 언어학(corpus linguistics)의 발달은 사전 편찬, 사전 편찬학의 발달과 밀접한 관계가 있으며, 1990년대는 전후판 국내 국어 사전 편찬에 획기적인 전기를 마련하게 되었다. 현재 국어 사전 편찬은 여러 유형의 말뭉치를 활용하는 방법이 주류를 이루고 있다. 말뭉치의 구축 및 유형에 대한 자세한 사항은 서상규·한영균(1999), 강범모(1995) 참조. 영어 말뭉치에 대해서는 Chursh & Mercer(1993), Liberman & Godfrey(1993) 참조.

10) 국외의 경우, 1960년대 100만 어절 규모로 구축된 브라운 말뭉치(Brown corpus)를 시작으로 하여, 언어 연구, 언어 교육, 사전 편찬 등 각종 목적에 따라 다양한 말뭉치들이 구축되어 왔으며, 국내에서도 연세대학교가 1988년 사전 편찬을 목적으로 '연세 한국어 말뭉치'를 구축한 것을 시작으로 '고려대학교 한국어 말모둠', '세종 말뭉치' 등 학계와 기관별로 말뭉치 구축이 진행되고 있다. 국내외 말뭉치 구축 현황은 서상규·한영균(1999)을 참조.

```
<!DOCTYPE tei.2  SYSTEM "c:\sgml\dtd\tei2.dtd" [
    <!ENTITY % TEI.corpus "INCLUDE">
    <!ENTITY % TEI.extensions.ent SYSTEM "sejong1.ent">
    <!ENTITY % TEI.extensions.dtd SYSTEM "sejong1.dtd">
]>
<tei.2>
  <teiHeader>
  <fileDesc>
  <titleStmt>
  <title>뽕(桑葉), 전자 파일</title>
  <author>나도향</author>
  <sponsor>대한민국 문화관광부</sponsor>
  <respStmt><resp>국립국어연구원 말뭉치 입수, 표준화, 헤더 붙임</resp>
    <name>국립국어연구원</name>
  </respStmt>
  </titleStmt>
  <editionStmt>
    <edition><date>1994/10/28</date>전산입력</edition>
  </editionStmt>
  <extent>3546 어절</extent>
  <publicationStmt>
  <distributor>국립국어연구원</distributor>
…중략…
<head>뽕(桑葉)</head>
<head>稻香</head>
<head>-</head>


<p>안협집이 부엌으로 물을 기러가지고 드러오매 소죽을 쑤든 삼돌이란 머슴놈이
부짓갱이로 불을 햇치면서</p>
<p>『어제밤에는 어듸 갓섯슴던교?』</p>
<p>하며 불밤송이가튼 머리에 왜수건을 질근동여 뒤통수에 슬쩍 질러맨 머리를 번
쩍드러 안협집을 훌터본다.</p>
<p>『남 어대 가고 안가고 님자가 알어 무엇할게요?』</p>
<p>안협집은 별-꼴사나운 소리를 듯는다는듯이 암상스러운 눈을 흘겨보며 톡 쏴
```

버린다.</p>
<p>조곰이라도 넘량이 잇는 사람가트면 얼골빗이라도 변하얏슬 것가트나 본시 계집의 궁뎡이라면 염치업시 추근추근 쏘차다니며 음흉한 술책을 부리는 삼십이나 갓 가히된 로총각 삼돌이는 도리허 비웃는듯한 우슴을 우스면서</p>

<표 1-1> 21세기 세종계획의 말뭉치

<title>한국어1(연대)</title>
<note>
1. 주제 : 교재
2. 저자 : 연세대학교 한국어학당 편
3. 제목 : 한국어1
4. 출판사 : 연세대학교 출판부
5. 초판발행연도 : 19920925
6. 저본발행연도 : 19980330(12판)
입력자 : ○○○
입력기간 : 20000929-20001004
</note>

제1과	제	AN	일#	NU	과	NN
이름이	이름	NN	이	PA		
무엇입니까	무엇	NP	이	VC	ㅂ니까	EF
?	?	SP				
1	1	ASC				
오늘은	오늘	NN	은	PA		
학교가	학교	NN	가	PA		
시작되는	시작되	VV	는	EF		
날이다	날	NN	이	VC	다	EF
.	.	SP				
죤슨	죤슨	NNX				
씨는	씨	SX	는	PA		
교실로	교실	NN	로	PA		
들어갔다	들어가	VV	ㅏㅆ	EP	다	EF
.	.	SP				

<u who=박선생>						
어서	어서	AV				
오십시오	오	VV	시	EP	ᄇ시오	EF
.	.	SP				

〈표 1-2〉 한국어 교재 말뭉치의 일부(주석된 말뭉치)

'사전'을 표제어의 구성과 관련한 거시구조와 하나의 표제어를 구성하는 하위 정보 항목의 구성인 미시구조의 체계로 파악할 때, '컴퓨터'와 '말뭉치'라는 사전 편찬 도구의 변화는 사전의 실질적 내용인 거시구조와 미시구조 모두에 지대한 영향을 미쳤다.[11] 말뭉치가 사전의 거시구조와 미시구조 각각에 활용되는 양상을 살펴보면 다음과 같다.

① 거시구조 구성의 활용

사전 거시구조 구성에 있어서 말뭉치를 활용한다는 것은 표제어 추출 단계에서 주석 말뭉치의 어휘 빈도 목록을 활용한다는 것을 뜻한다. 거시구조적 측면에서 말뭉치 활용 사전 편찬은 "① 사전 편찬을 위한 대규모의 균형 말뭉치 구축 및 구성→② 말뭉치로부터 어휘 빈도 자료 추출→③ ②의 결과로부터 표제어 목록 선정"의 절차를 통해 이루어지는데, 이와 같이 말뭉치를 통해 얻은 표제어 목록은 기존사전 표제어 목록에 없는 신조어나 구어, 생활 어휘들이 포함되어 있다는 점에서 실질적인 참조 기능을 강화시킨 사전 편찬을 가능하게 한다.

Cobuild(1987)는 최초로 사전 편찬의 모든 과정을 전산화된 텍스트 자료, 즉 말뭉치에 근거하여 기술한 사전이며, 소위 "Big 4"라고 불리는 Cobuild, Longman, Oxford, Cambridge 모두 말뭉치를 주요 자료로 편찬된 사전들이다.

---

11) 사전 편찬의 자료와 방법론의 변화에 대한 자세한 기술은 남길임(2005)를 참조하라.

국내의 경우도, 최초의 말뭉치 기반 사전인 『연세』는 4,300만 어절의 균형말뭉치를 활용하여 편찬되었으며, 『초등』과 『학습사전』은 사전의 특성과 용도에 맞게 각각 학습자 말뭉치와 한국어 교육용 말뭉치를 구축하여 편찬된 사전들이다. 특히 『학습사전』은 국내 학습사전 최초로, 한국어 교재 말뭉치 등 학습자 말뭉치를 활용하고 외국인을 위한 한국어 문화 어휘류를 대폭 실었다. 국립국어연구원의 『표준』의 경우 예문 등에서 부분적으로 말뭉치를 활용하기는 하였으나 표제어의 전체 구성은 말뭉치를 위주로 구성된 것은 아니다. 다음의 표는 국내 말뭉치 기반 사전의 말뭉치 활용과 표제어 구성의 특성을 보인 것으로 이를 살펴보면 사전의 용도와 사용자 집단에 따라 말뭉치의 구성과 표제어의 특성이 다르다는 것을 알 수 있다.

사전류	표제어	말뭉치
『연세한국어사전』 1998 출판 / 인쇄 및 온라인	1960~1995년 한국어 어휘 5만	연세 한국어 말뭉치 1~9 9종 4,300만(장르별, 시대별 균형 말뭉치)
『표준국어대사전』 1999 출판 / 인쇄 및 CD롬, 온라인	50만 표제어	문학작품, 신문, 잡지, 등 말뭉치 활용 용례 제시.
『연세초등국어사전』 2002 출판	초등 교육용 기초 어휘 3만 5,000개	기초 학습용 말뭉치(7차 교육과정 초등 교과서, 어린이 신문, 잡지, 등으로 구성)
『외국인을 위한 한국어 학습사전』 2006 출판	한국어 교육용 기본 어휘 5,000개	표준 말뭉치 (standard / reference corpus) 학습자 말뭉치 (Learner's / error corpus) 참조 말뭉치(reference corpus)

<표 1-3> 말뭉치 활용 이후 시기에 출판된 국어사전의 특성

위와 같이 말뭉치를 활용한 표제어 추출의 의의는 언어의 변화, 신생·성장·사멸의 과정을 겪는 어휘 자료를 각 시기별로 나타내 줄 수 있다는

점이다. 말뭉치를 활용할 경우, 신조어를 적극적으로 반영할 수 있으며, 기존의 사전 목록에는 나타나지만 실제 말뭉치에서 나타나지 않는 유령어(ghost word) 등을 파악할 수 있다는 장점이 있다. 단, 이러한 신조어나 유행어, 유령어 등을 사전에 등재해야 할 것인지, 등재한다면 어떤 형식으로 할 것인지는 사전의 특성, 규모에 따라 각기 다르다.12)

이러한 유기체로서의 언어의 특성을 실시간으로 반영하는 데는 말뭉치의 지속적인 확장과 보완이 필요한데, 동적 말뭉치(dynamic corpus), 즉 모니터 말뭉치(monitor corpus)는 비교적 장기간의 편찬 과정과 실시간 업데이트가 가능한 온라인 사전의 보완, 수정 등의 작업에서 유용한 개념이다. 특히 최근에는 대부분의 자료가 전산화된 상태로 저장되어 있고, 활용 가능한 온라인 상의 자료가 풍부하므로 웹상의 말뭉치 자동 구축과 관련한 논의도 활발하다. 단, 이러한 말뭉치 활용의 모든 과정에서 저작권의 문제를 고려해야 할 것이다.

② 미시구조 : 어휘 기술 단계

개별 어휘를 기술하는 과정에서 말뭉치를 활용할 경우 실제 언중들의 언어 사용 양상을 분석할 수 있어서 개별 어휘에 대한 뜻풀이, 문법 정보, 연어 등을 풍부하게 제시할 수 있다.

> (1) 뜻풀이 및 다의 구분 : 실제 생활에서 쓰이는 표제어의 다의적 의미를 기술하고 다의 구분의 기준을 문맥에서 찾을 수 있음.
> (2) 품사 : 표제어가 문맥에서 사용되는 양상을 파악함으로써 이론 언어학적 관점에서 구분된 표제어의 품사와 실제 사용상의 양상을 기술할 수 있음.
> (3) 문법정보 : 용언의 활용 정보 및 격틀 정보를 실제 언어생활을 기반으로 제시할 수 있음.
> (4) 연어 : '명사＋용언'의 연어 정보뿐만 아니라 잦은 공기를 보이는 '명사＋명사'에 대한 정보, 부사의 용언 수식 정보 등을 체계적으로 제시할 수 있음.

---

12) Cobuild(1987)의 경우 유령어를 표제어 목록이 아닌 부록으로 목록만으로 제시하고 있다.

(5) 참고정보 : 유의어의 실제 사용 맥락과 문맥상의 의미를 세밀하게 분석함
     으로써 유의어의 뜻풀이를 순환적으로 하지 않을 수 있는 단서를 발견할
     수 있음.

미시구조에서 말뭉치를 활용하기 위해서는 효율적인 검색을 위해 용례
검색기를 활용해야 할 필요가 있는데, 주로 어형 일치나 품사 지정을 통
해 어휘를 검색한 자료인 문맥 색인(concordancer)[13]의 형태를 활용하면
편리하다.

한편, 말뭉치는 항상 균질적이고 바른 언어만을 담고 있는 것은 아니
다. 말뭉치는 살아 있는 언어 현실 그 자체로 오용이나 비속어적 표현, 창
작자의 실수 등이 섞여 있게 마련이고 이러한 오용, 속어를 포함한 언어
가 실제 언어임은 자명한 사실이다. 특히 사전이 기술사전이 아닌 규범
사전이나 학습자를 위한 학습사전을 지향할 경우, 말뭉치에서 이러한 오
류들을 구분해서 바른 언어 표현을 구분해서 실을 수 있어야 하며, 잦은
오용 사례들에 대해서는 정보를 줄 수 있을 것이다. 대용량의 말뭉치를
효과적으로 다루기 위한 분석 도구의 개발 및 말뭉치 검색 시스템의 개발
에 대해서는 '2) 지원도구'에서 상세하게 제시하기로 한다.

(3) 기타

위에서 제시된 기존 사전류나 말뭉치는 사전 편찬의 가장 핵심적인 자
료들이지만, 사전의 특성이나 용도에 따라 실제 사전 편찬 과정에서 이러
한 말뭉치나 사전류와 더불어 부가적인 자료가 필요한 경우가 있다.

어휘 형태를 출발점으로 하여 어휘의 뜻을 기술하는 일반적인 언어사전

---

13) 문맥 색인(concordance)은 말뭉치 용례검색기에서 추출된 용례의 목록을 말하는데,
사용자가 찾고자 하는 언어 현상을 말뭉치의 문맥 내에서 제시해 준다. 일반적으로
검색어가 용례의 열 중심에 위치하는 출력 형태인 KWIC(Key Word In Context)의
형태로 제시된다. 말뭉치의 활용을 위한 용례검색기 활용에 대해서는 다음 절에서
상세하게 논의될 것이다.

이나 백과사전과 달리, 개념을 중심으로 그 개념에 해당하는 어휘의 형태를 배열하는 것을 목적으로 하는 전문용어사전이나 어휘집의 편찬에서는 특정한 해당 분야에 대한 말뭉치를 분석함과 동시에 관련 분야에서 중요하게 다루어지고 있는 전문용어를 선정하기 위해 부가적인 자료를 활용하기도 한다. 예를 들어, 전문 분야의 개론서의 용어 색인 목록을 활용하거나 관련 전문가에게 자문을 구하는 형식으로 어휘를 수집, 선택하는 경우도 있으며, 인터넷 용어 등 신조어 수집을 위해 온라인 상의 자료를 활용하기도 한다. 특히 전문 분야의 용어 색인 목록을 활용하는 것은 그 분야에서 중요하게 다루어지는 개념들을 빠트리지 않고 표제어로 등재할 수 있다는 점에서 장점이 있다.

2) 지원도구

대량의 말뭉치 자료, 어휘 데이터베이스가 사전 편찬의 필수적 자원이 됨에 따라 사전 편찬의 단계에서 지원도구의 개발은 더욱 중요한 부분이 되었다. 지원도구의 설계와 개발은 주로 사전 편찬의 원고 기술과는 별도로 외부 전문 업체나 전산팀 등 다른 전문가들에 의해 이루어지지만, 도구의 사용자는 편찬자들인 만큼 사전 편찬자는 지원도구에 대한 설계, 활용 방안에 대해 충분한 연구가 필요하다. 아래에서는 사전 편찬 지원도구인 용례검색기와 사전편집기의 기능을 살펴보고, 현재 활용할 수 있는 프로그램의 활용 방법을 소개하기로 한다.

(1) 용례검색기

용례검색기는 사용자가 대용량의 말뭉치에서 원하는 정보를 정확하고 빠르게 검색할 수 있게 해 주는 도구로서, 어형 일치만을 제공하는 간단한 검색기에서부터 출전 정보나 편집의 기능까지 대폭 강화시킨 고성능

검색기까지 다양하게 개발되어 사용되고 있다. 현재 일반인들이 별다른 제한 없이 활용할 수 있는 종류로는 21세기 세종계획의 결과물인 '글잡이'나 카이스트 전문용어센터 국어정보베이스에서 제공하고 있는 온라인 상의 검색 프로그램, 옛 글꼴의 검색 기능이 강화된 '깜짝새' 등을 들 수 있다. 하지만 이러한 검색기는 대부분 범용적인 목적으로 개발되었으므로 사전 편찬을 위한 다양한 기능을 모두 갖춘 것은 아니다. 예를 들어 사전 편찬의 원고 작성 단계에서 필요한 용례 검색에서는 KIWC(Key Word In Context) 형태의 용례뿐만 아니라 해당 용례의 시기별, 장르별 출전 정보를 비롯하여, 앞뒤 문맥의 정렬 기능 등 다양한 기능이 요구된다.

사전 편찬을 위한 용례검색기 설계시 고려해야 할 기능은 다음과 같다.

① 어형 일치 검색과 형태소 검색 기능
일치된 어형을 찾는 검색과 용언의 활용형이나 어미, 접사 등을 검색할 수 있는 형태소 검색 기능.
② 정렬 기능
검색어 정렬, 선행 문맥 역정렬, 후행 문맥 정렬14) 등, 검색어뿐만 아니라 검색어와 함께 쓰이는 선·후행 문맥을 정렬하는 기능. 검색어가 용언일 경우, 선행하는 부사나 체언의 조사 결합형 등을 분석하기 위해 선행어의 마지막 음절을 중심으로 한 역정렬 기능이 필요하며, 검색어가 체언일 경우 후행하는 용언을 분석하기 위해 후행 문맥의 정렬이 필요하다.
③ 말뭉치 시기별, 장르별 검색 기능
특정 시기의 말뭉치만을 선별하여 찾거나 특정 장르의 말뭉치를 검색할 수 있도록 하는 기능. '~의 옛말, ~의 입말'과 같은 표제어의 레지스터 정보를 기술할 때 유용하다.
④ 출전 제시 기능

---

14) 21세기 세종계획의 '글잡이'의 경우 이러한 정렬 기능이 다소 구현되어 있으나 선행 문맥의 정렬 기능에는 다소 문제가 있다. 선행 문맥의 경우, 검색어인 중심어 바로 앞에 오는 어절의 끝 음절을 중심으로 정렬되는 기능이 필요하다. 이러한 기능은 검색어를 용언으로 입력했을 때를 예를 들면 쉽게 이해가 될 것이다. 즉, 용언 바로 앞에 오는 음절의 특성에 따라 용언의 자·타동사 여부, 수식 부사와의 긴밀도 관계나 연어 관계 등을 쉽게 파악할 수 있으므로 선행 문맥의 정렬은 중심어 바로 앞 어절의 역정렬 기능이 필요한 것이다.

선택된 말뭉치 용례의 출전을 확인할 수 있는 기능. 말뭉치의 개별 예문에
대한 출전을 확인할 때 필요하다.
⑤ 사용자 인터페이스의 강화
복사, 저장, 출력 조건 설정, 편집의 효율성 등과 관련한 기능. 사용자가
말뭉치 용례를 분석하고 분류하여 원고를 작성하는 과정에서 필요한 기능
이다.

다음은 연세대학교 언어정보연구원 사전 편찬실에서 활용하고 있는 용
례검색시스템 '말씀 Ⅱ'로 위의 기능들을 고려하여 개발된 것이다.15) 즉,
그림에서 볼 수 있듯이, 어형 일치 검색 및 품사 검색, 말뭉치 선택 기능,
정렬 기능 등을 가능하게 하였으며, 용례 각각의 출전 제시가 가능하도록
하여 원고 작성자가 해당 용례의 출현 시기와 출전을 확인할 수 있도록
하였다.

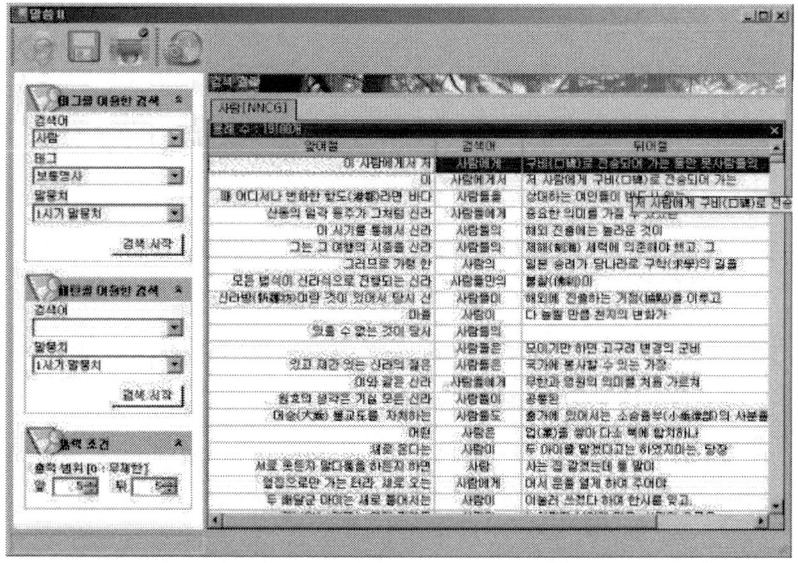

〈그림 1-5〉 말씀 Ⅱ

---

15) '말씀 Ⅱ'는 연세대학교 언어정보연구원의 사전연구팀의 박진양 전 연구원에 의해
개발되었다.

(2) 사전편집기

사전편집기는 사전 편찬을 위한 어휘 원고를 표제항별로 조직화된 틀 내에 편집, 수정, 저장하는 기능을 수행하도록 설계된 도구로 원고 편집 기능 외에 원고 관리 기능, 원고 참조 기능, 사용자 관리 기능 등을 가지 도록 설계된다. 최근에는 다수의 사용자들이 온라인상에서 작업을 수행하 는 경우도 많이 있어서, 온라인상의 작업 환경을 고려한 편집기가 제작되 어 쓰이고 있다. 사전편집기는 복잡한 데이터베이스의 저장과 관리, 재생 성을 필요로 하므로 사전의 구조에 대한 지식, 데이터베이스 관리 경험 등을 갖춘 전문가에 의해 제작되어야 한다.

최근 국내외의 사전 편찬은 그 기능의 차이는 있지만 대부분 사전편집 기를 활용하고 있으며 향후 편찬자의 업무의 효율성 증대를 위해 용례검 색기와의 통합 시스템을 구축하여 활용하는 경우도 있다. 편집기의 필수 적인 기능은 다음과 같은 것이다.

① 원고 편집 및 수정 기능
  표제항 단위로 원고를 작성하고, 이전에 작성한 원고를 새로 수정할 수 있 는 기능.
② 원고 참조 기능
  원고 작성자가 자신이 이전에 쓴 원고나 다른 사람이 쓴 원고를 참조할 수 있는 기능.
③ 원고 관리 기능
  처음 작성된 원고와 수정된 원고, 몇 차례의 교열이 진행된 원고 등을 분 류하여 원고 작성의 전반적인 흐름을 관리할 수 있도록 하는 기능.
④ 사용자 관리 기능
  원고 작성자의 권한과 접근 가능한 범위를 제한함으로써 원고의 보안과 유 지를 가능하게 하는 기능.
⑤ 용례검색기와의 연동 기능
  원고 작성 시 용계 검색기 창을 따로 열지 않아도 사전편집기 내에서 용례 검색을 할 수 있는 기능.
⑥ 온라인·오프라인 동시 사용 기능
  온라인과 오프라인에서 동시에 사용이 가능하도록 하는 기능으로, 오프라

인에서 작성한 원고를 온라인 상에 탑재하거나 온라인에서 작성한 원고를
불러들여 오프라인에서 수정할 수 있도록 하는 기능.

다음 세 가지 그림은 연세대학교 언어정보연구원 사전 편찬실에서 개발
한 온라인 편집기이다.16) 첫 번째 그림은 편집창의 구성을 보여 주고 있
으며, 두 번째와 세 번째의 그림은 표제어 목록 창과 표제어 추가 기능을
보여 주고 있다.

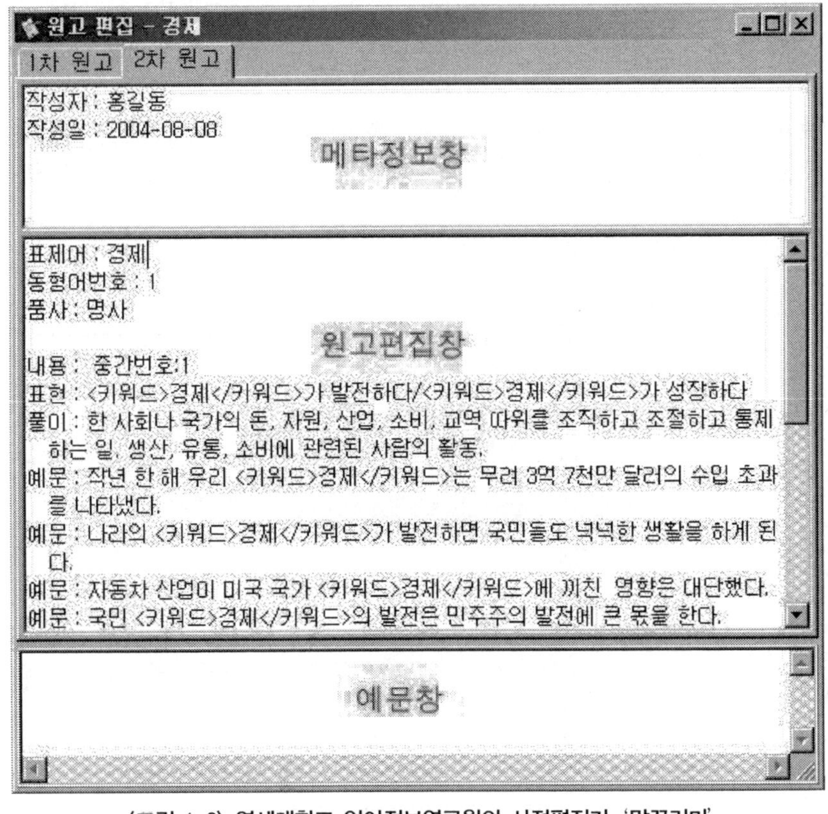

〈그림 1-6〉 연세대학교 언어정보연구원의 사전편집기, '말꾸러미'

---

16) 편집기 '말꾸러미'는 연세대학교 언어정보연구원 전 연구원인 최준호 연구원이 개발
   하였다.

위 그림에서 볼 수 있듯이, 메타정보창은 표제항의 텍스트 외적 정보에 해당하는 정보를 저장하는 창으로, 작성자, 작성 일시, 수정자, 수정 횟수, 수정일 등의 정보를 원고의 포맷에 맞게 기록할 수 있다. 원고편집창은 표제항 정보를 기술하는 창이며, 예문창은 편집기와 연동되어 있는 검색기로부터 예문을 선정하여 원고 편집창으로 넣을 수 있도록 고안된 것이다.

아래의 표제어 목록은 새로운 표제어 작성과 기존 원고를 검토할 때 활용되는 창으로 표제어를 새로 추가하여 올림말, 즉 표제어로 등록하는 기능을 보여 주고 있다.

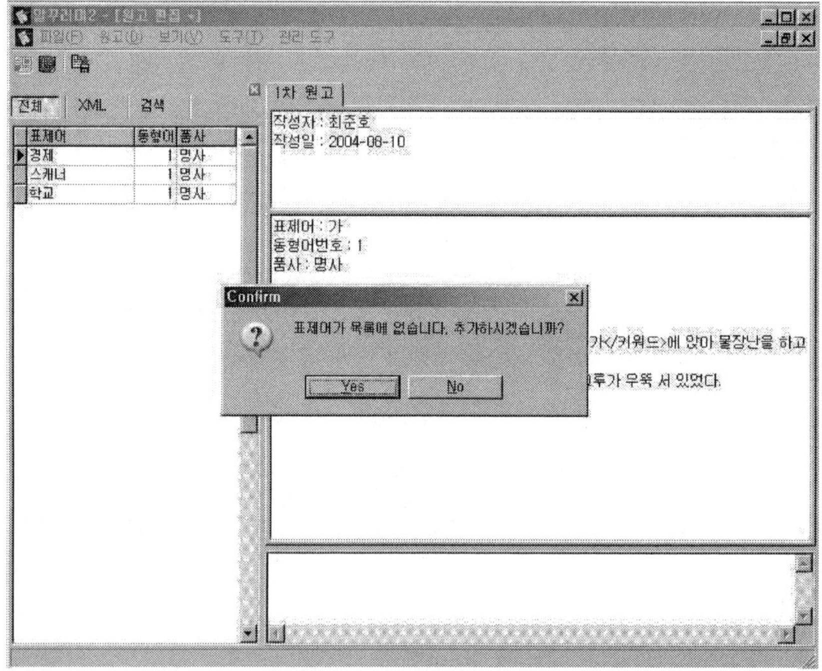

〈그림 1-7〉 말꾸러미의 편집 창

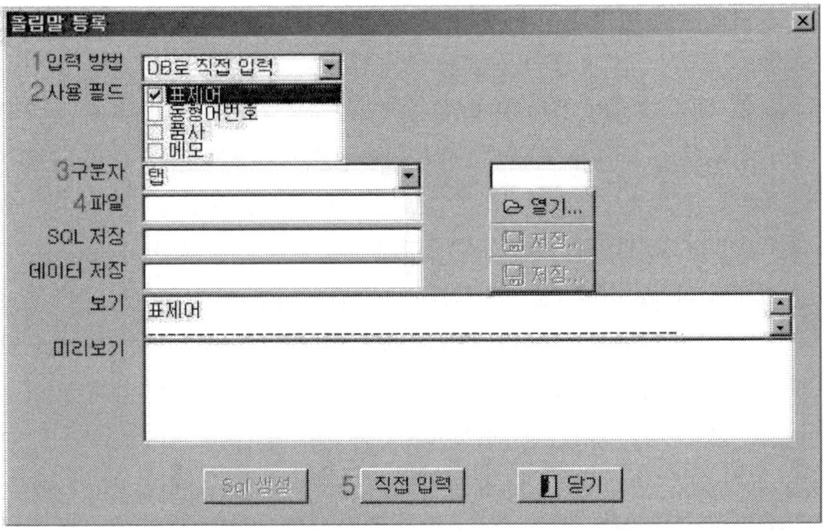

〈그림 1-8〉 말꾸러미의 올림말 등록 기능

4. 맺음말

이 장에서는 현대사회에서 활용 범위와 용도를 더욱 확장하고 있는 '사전', '사전학'의 연구 분야와 실제 사전 편찬의 각 단계, 사전 편찬의 각 단계에서 필요한 사전 편찬의 자료와 지원 도구에 대해 살펴보았다. 이 장의 논의를 통해 알 수 있는 몇 가지 사항들을 정리하면 다음과 같다.

첫째, 사전 편찬은 국어학의 독자적인 영역이라기보다는 전산학, 문헌정보학, 특히 전문 분야의 사전일 경우 해당 전문 분야의 전문가 집단 간의 학제적인 연구와 작업이 요구되는 분야라는 것이다. 그럼에도 불구하고 표제어 선정을 위한 자료의 수집, 표제어의 선정, 표제항의 기술은 해당 자료를 통한 국어학적 분석이 가장 핵심적인 작업임은 두말할 필요도 없다. 위에서 제시한 사전 편찬의 과정 중 사전의 특성과 질적인 평가에 가장 결정적인 역할을 하는 과정은 원고 작성의 과정이며, 원고 작성의 과정은 다분히 국어학적인 분석을 요구한다.

둘째, 사전 편찬의 자료와 지원도구는 대규모 자료를 활용한 사전 작업에서 업무의 효율성과 일관성, 신속·정확성을 보장해 주는 매우 중요한 도구이다. 실제로 사전 편찬의 기초 연구의 단계에서 말뭉치의 개발, 용례검색기 및 편집기의 개발이 필요한데 편집기의 경우 사전의 모형을 구조 설계에 반영하여야 하므로 사전 모형 확정 이후 편집기의 구조가 확정될 수 있다는 문제가 있다. 그런데 대부분의 경우 사전의 모형은 사전 편찬의 마지막 단계에서까지 변화가 있을 수 있으므로 사전편집기는 당초 변경의 가능성을 고려하여 개발되어야 할 것이다. 또한 원고 교정 및 교열, 레이아웃 설계 완성 및 출판에도 활용 가능하도록 편집기의 구조를 설계할 필요가 있다.

셋째, 위에서 명시적으로 논의되지는 않았지만, 사전 편찬은 매우 실용적인 작업이며, 사용자를 고려하고, 시장성, 수익성 등을 고려한 작업임을 밝혀두어야 할 필요가 있을 듯하다. 사용자가 찾지 않는 사전, 사용자의 접근이 용이하지 않는 사전은 필요가 없다. 이때의 사용자의 접근성, 사용자 친화성은 정보의 양이나 난이도도 포함하지만 인쇄사전일 경우 사전의 값, 전자사전일 경우 사용료 등을 포함하는 광의의 의미로 해석될 필요가 있다.

더 읽을 거리

❶ 사전학의 개론서 및 이론서는 주로 국내보다는 영미권 사전학에서 많은 논의가 있어 왔다. 사전학의 연구 범위와 사전학과 관련한 이론적 문제에 대한 포괄적인 개론서로는 Hartmnann(2001)과, Akins(2008) 등을 참조할 수 있다. Hartmnann(2001)에서는 사전학의 정의와 범위, 사전 구조에 대한 이론적인 논의를 참고하기에 적절하며, Akins(2008)는 이론 사전학과 실제 사전 편찬에 대해서 논의하고 있다. 또한 말뭉치 구축부터 실제 코빌드 사전 편찬의 전 과정의 쟁점들에 대해서는 Sinclair(1987)을, 포괄적인 개론서로서 Landau(1989), Svensén(1998) 등을 참조할 수 있다. 마지막으로 최근 사전학의 동향에 대한 최신의 논의를 살펴보기 위해서는 Euralex 2008 Conference 프로시딩을 보는 것이 도움이 될 것이다.

❷ 말뭉치와 사전 편찬학의 관계에 대한 초기의 논의는 이상섭(1989, 1995), 말뭉치의 발달에 따른 사전 편찬 과정의 변화에 대한 연구는 남길임(2005ㄴ)을 참고할 수 있다. 또한 연세대학교 언어정보연구원의 학술지『사전 편찬학 연구』및 한국사전학회의 논문지『한국사전학』에서 실제 사전의 표제어 기술에 말뭉치가 활용된 다양한 연구를 살펴볼 수 있다. 일반적인 말뭉치의 정의와 개론적인 사항에 대해서는 서상규·한영균(1999)에서 상세하게 다루고 있다. 이외에도 학습자 말뭉치(Learner's corpus)와 구어 말뭉치(spoken corpus) 등 특수 말뭉치를 활용한 사전 편찬에 대해서는 남길임(2007ㅁ), 안의정(2007) 등을 참고하기 바란다.

❸ 사전 편찬 지원도구로서 편집기에 대한 최근 논의는 최준호(2003), 최준호·안의정(2005)를, 사전 편찬을 위한 말뭉치 구축 및 관리에 대한 논의는 곽용진(2003), 곽용진(2007)을 참조할 수 있다.

연 습 문 제

1 일찍이 영미권 사전학 연구에서는 사전의 용도에 따라 표현사전(active dictionary)
과 이해사전(passive dictionary)을 구분하여 사전 편찬 방향에 대해 논의해 왔다.
이러한 논의를 적용시킨 국내 사전학 연구 중에서는 한국어사전 역시 기존의 이해
중심 사전에서 표현 중심 사전으로 다양화되어야 한다고 주장하는 논의들도 있다.
표현사전과 이해사전의 활용 방안을 고려하면서 다음을 논의해 보자.

(1) 다음 예를 중심으로 표현사전과 이해사전의 유형을 명시한다면, 다음 각각의 예들
은 어떤 유형의 사전에 더 적절한 예인가?

『표준』
-느냐「어미」
('있다', '없다', '계시다'의 어간, 동사 어간 또는 어미 '-으시-', '-었-', '-겠-'
뒤에 붙어) 해라할 자리에 쓰여, 물음을 나타내는 종결 어미.¶지금 무엇을 먹
느냐? / 안에 누가 있느냐? / 너는 그때 학생이었느냐? / 아버님 어디 가셨느냐? /
무엇을 택하느냐에 따라서 앞길이 달라진다.

『연세』
-느냐1 【어미】 해라체의 종결 어미. [반말로] 물어 보는 뜻을 나타냄.
[예문] 산토끼 토끼야 어디를 가느냐? / 그런 것을 믿고서야 어떻게 살아가겠느
냐? / 너는 어찌하여 이들이 누구냐고 묻지 않느냐?
'-느냐'는 동사나 '있다, 없다'의 어간 또는 '-았-, -겠-' 뒤에, '-냐'는 받침 없
는 형용사나 '이다'의 어간 뒤에, '-으냐'는 받침 있는 형용사의 어간 뒤에 쓰
임.

『학습사전』
-느냐★★★[느냐 ninja] 어미 아랫사람에게 물어볼 때 쓴다. ¶이러고도 공부를
다 했다고 하겠느냐? / 너, 왜 벌써 돌아왔느냐? / 너 지금 어디에 전화를 하느
냐? ㉤ -냐. ㉬ 화자가 자기보다 아랫사람에게 말할 때 쓴다.
〈쓰는 방법〉 말이나 문장을 끝낼 때 쓴다. 동사의 어간이나 '-았/었/였-', '-겠-'
뒤에 쓰고, 'ㄹ'로 끝나거나 받침이 없는 형용사의 어간 뒤에는 '-냐'를 쓰며

> '-ㄹ' 외의 받침이 있는 형용사의 어간 뒤에는 '-으냐'를 쓴다. 말할 때는 '-느냐' 대신 '-냐'를 쓰기도 한다. (가느냐 / 먹었느냐 / 먹겠느냐 / 머냐 / 예쁘냐 / 좋으냐)
> 〈발음하기〉「가느냐[가느냐 kanɯnja], 거느냐[거ː느냐 kəː nɯnja], 먹느냐[멍느냐 məŋnɯnja], 잤느냐[간느냐 kannɯnja]」

(2) 표현사전으로서의 기능을 강화하기 위해서는 사전에서 어떤 정보를 더 강화해야 하는지 사전의 미시구조 항목을 중심으로 논의하라.

❷ 외국인 유학생을 위한 대학 생활 용어 사전을 만들고자 한다. 표제어 선정을 위하여 어떤 말뭉치를 구축하여 활용할 수 있을지에 대해서 논의해 보자.

❸ 최근 인쇄사전은 전자사전이나 웹사전으로 대체되고 있다. 인쇄사전과 전자사전은 각각 어떤 장단점을 가지는지 논의하고, 인쇄사전을 전자사전화 하는 과정에서 고려할 수 있는 작업들에 대해 논의해 보자.

제2장

표 제 어

1. 표제어(headword)의 정의와 기능

표제어(headword)는 사전 텍스트의 기본 참조 단위(basic reference unit)인 표제항(entry)의 핵심 요소로서 사전의 규모와 특성을 결정짓는 요소이다. Hartmann(1998)에 의하면, 표제어, 표제항에 대한 사전적 정의는 다음과 같다.

표제항(entry)

사전이나 도서 목록 같은 다른 참고 체제의 기본 참조 단위. 더 넓은 범위(미시구조)를 지칭할 수도 있다. 사전에서 사전의 내용과 목적에 따라 다르지만 표제항의 구성 요소는 보편적이다. : 표제어(사전 편찬자와 사용자에게 전체 어휘 목록 내에 표제항을 찾도록 해 줌) ; 표제어에 의해 도입되는 주제(topic)에 대한 형식적인 설명(철자, 발음, 문법) ; 마지막으로 의미적 설명(정의, 용법, 어원). 표제어의 의미가 복수일 경우 표제항은 각각이 똑같은 기본 정보 범주를 제공하는 '부표제어'(sub-entries)나 '하위 의미 항목'(sub-senses)으로 구분된다.

표제어(headword)

표제어(lemma)로 선택된 단어나 구의 형태로 사전 구조에서 표제항이 시작

되는 위치에 있다. 실제 사전상에서 표제어들은 인쇄상으로 어떻게 표시되는지
(예로 들어쓰기나 내어쓰기, 굵은 글씨 등) 또는 다양한 형태가 어떻게 구분되는
지(예로 동음이의어에서는 위첨자나 아래첨자, 다중적인 의의를 가진 단어에 대
해서는 부표제어)에 따라 다양하지만 대부분 정형적인 형태(canonical form)로
인식된다. 표제어는 거시구조와 미시구조 간의 중요한 연결 기능을 한다.

위의 정의를 중심으로 살펴보면 표제어의 기능은 다음 몇 가지로 요약
될 수 있다.

첫째, 표제어는 사전 사용자의 관점에서 사용자가 알고자 하는 정보에
도달하게 하는 표지의 기능을 한다. 사전 사용자는 표제어의 배열 순서나
제시 형식을 통해 자신이 알고자 하는 정보에 접근한다. 둘째, 사전 텍스
트의 구조와 관련하여 표제어는 사전 텍스트의 거시구조와 미시구조를 연
결하는 기능을 한다. 즉 표제어는 표제항(entry) 단위로 구성된 거시구조
(macrostructure)와 미시구조(microstructure)의 이중 구조(dual structure)를
연결하는 기능을 하여 사전 텍스트 전체의 구조적 완결성에 기여하는 것
이다. 또한, 이외에도 언어학적 관점에서 표제어는 사용자가 알고자 하는
어휘가 동형어일 경우 동형어의 의미를 분할하여 제시하는 기능을 하며,
표제어의 제시 형태에 따라 어휘의 내적 구성 정보를 제공하기도 한다.
여기서는 위의 정의를 따라 표제어(headword/lemma)와 표제항(entry), 부표
제어(sub lemma)와 부표제항(sub entry)을 엄밀하게 구분하여 사용하기로
한다.[1]

이 장에서는 사전의 거시구조적 문제, 즉 표제항의 표제어(headword) 선
정 및 배열 과정에서 고려해야 할 사항들을 살펴볼 것이다. 이는 주로 실

---

[1] 사전의 거시구조를 구성하는 개별 언어 형태를 지칭하는 용어인 표제어와 그 표제어
에 대한 정의, 예문 등을 포함한 정보 항목의 구성체로서의 표제항은 구분이 필요한
용어이다. 또한 부표제어(sub lemma) 및 부표제항(sub entry) 구분 역시도 명확히
할 필요가 있는데, 여기서 부표제어(sub lemma)는 주표제어(main lemma)와 대비되
는 용어로, 사전의 부표제항(sub entry)과 주표제항(entry/main entry)의 관계와 대
응된다.

제 사전 편찬에 있어서 표제어 선정 및 배열, 표제어의 유형, 표제어 제시 방식 등과 관련되는데, 실제 사전 편찬 과정에서 다음의 네 단계에 걸쳐 이루어지는 표제어 관련 작업에서 고려되어야 할 문제이다.

> 1단계. 사전의 특성, 사용자에 적합한 표제어의 규모, 범위 확정
> 2단계. 표제어 선정 기초 자료 수집
> 3단계. 표제어 선정 원칙 마련
> ―표제어의 문법 범주2)
> ―표제어의 유형 : 주표제어, 부표제어, 가표제어 등의 유형 확정
> ―규범적·화용적 특성에 따른 범주 확정 : 방언, 옛말, 북한어, 비표준어, 순화어 등에 대한 등재 기준 확정
> 4단계. 표제어 선정 및 배열, 표기 원칙 확정

실제 표제어 선정의 단계는 이 4단계가 순차적으로 진행되기도 하지만, 동시에 진행되거나 순서가 바뀌는 경우도 있다. 예를 들어, 1단계의 작업을 위해서는 2단계의 자료 수집을 통해 목록을 검토함으로써 표제어의 적합한 규모를 예측할 수 있고, 3단계의 표제어 유형에 따라서 표제어의 규모 역시 달라질 수 있다. 또한, 중사전 이상의 사전 편찬 사업으로 편찬의 기간이 장기간일 경우, 4단계의 목록 확정 이후 목록 검토 작업을 통해 2단계, 3단계를 반복하여야 할 필요가 있다. 특히 장기간의 편찬 과정을 요하는 대사전 편찬 사업의 경우에는 변화하는 언어 현실을 반영하고, 1차로 선정된 표제어 목록을 보완하기 위해 모니터 말뭉치를 비롯한 표제 목록을 검증하는 단계가 필요하다. 아래 2장에서는 표제어 선정 기초 자료 수집에 대해 살펴볼 것이며, 3장에서는 표제어 선정 원칙 마련, 4장에서는 표제어 선정 및 배열과 관련한 문제들을 차례로 살펴보기로 한다.

---

2) 표제어 대상 언어 범주와 관련한 문제로는 ① 복합어(합성어, 파생어) 및 문법형태소들의 복합형 등재 범위 설정의 문제, ② 기본형태와 이형태 등재 및 범위, ③ 단어 이상, 단어 이하 단위 표제어의 등재 범위 등에 대한 문제들이 있다.

2. 표제어 선정 기초 자료 수집

표제어 선정의 기초 자료는 (1) 기존 사전의 표제어, (2) 기타 교육용 어휘 목록 등과 같은 어휘 목록, (3) 말뭉치를 통해 추출된 어휘 빈도 목록 등을 활용할 수 있다. 표제어의 목록은 사전의 특성, 사용자, 사전 규모를 고려하여 결정되는 것으로 목표로 하는 사전의 표제어 특성에 따라 표제어 선정의 기초 자료가 수집된다.

1) 기존 사전의 표제어

실제로 사전 편찬에서 가장 편리한 방법은 기존 사전의 표제어 목록을 재활용하는 것이지만, 이와 같이 기존 사전의 목록을 답습하는 것은 사전 사용자와 언어 실제 사용 양상을 고려할 때 바람직한 방법은 아니다. 그러나 "상업적인 사전은 모두 어느 정도의 기존 사전에 근거하고 있다"는 Landau(2001)의 지적에서도 알 수 있듯이, 실제 사전 편찬 작업에서 표제어 목록 선정의 단계는 기존 사전을 검토하는 것에서부터 시작한다. 심지어 컴퓨터와 말뭉치를 통해 대부분의 정보를 얻어 표제어를 기술하게 된 현재에도 기존 사전의 표제어 구성과 정보 처리 방식을 일부 수정하거나, 완전히 버리거나 전격 수용하거나 하는 방식으로 참조하고 있다.

기존 사전의 표제어 목록은 손쉽게 정제된 어휘 목록을 얻을 수 있다는 장점이 있으며, 목표로 하는 사전의 표제어의 규모를 정하거나 사전 편찬을 위해 구축한 말뭉치의 균형성, 신뢰성을 검증하는 데 기초 자료로 활용될 수 있다는 측면에서 장점을 가진다. 단, 기존 사전의 표제어 목록은 참조 대상인 동시에 새로운 사전 편찬에서 극복되어야 할 대상이라는 사실을 분명히 인지할 필요가 있다.

　사전의 표제어 규모나 성격을 확정하기 위해 기존 사전을 검토한 예로
는, 『학습사전』의 경우를 들 수 있다. 이 사전에서는 표제어 선정을 위한
기초 자료로 5개 한국어 교재 목록을 말뭉치로 구축하여 어휘 목록을 추
출하고, 이를 기존 사전의 표제어 목록과 비교하여 일치도를 살펴봄으로
써 표제어 목록을 선정하는 데 기초 자료로 활용하였다.

참조 사전명	표제어수	5개 한국어 교재 어휘 목록 (중복도 2 이상, 4,833개) 과 일치 어휘수	비율2 (5개 교재 목록 대비)
코스모스 朝和辭典	9,457	2,873	59.45%
외국인을 위한 기초 한국어사전	3,296	1,862	38.53%
의미로 분류한 현대 한국어사전	14,089	2,735	56.59%
초급 한국어사전	1,063	930	19.24%

〈표 2-1〉 각 기초 어휘집 / 사전과 기초어휘 후보 목록 5000과의 일치도

　위 표를 통해 알 수 있는 것은 기존 한국어사전의 표제어는 5개 한국어
교재 어휘 4,833개 전체를 포괄하고 있지 못하며, 대략 20~60% 정도 수
준까지 등재되어 있는 셈이다. 이러한 사실로부터 알 수 있는 것은, 첫째
기존 한국어 학습사전의 표제어 수가 일정하지 않으며, 둘째, 한국어 교
재와의 일치도 또한 일정하지 않다는 사실이다. 즉, 위 네 가지 사전은 표
제어 약 2천에서 3천 어휘 정도가 기존 한국어 교재 목록과 일치도를 보
여 상대적으로 안정적인 부분이 있기는 하지만, 사전에 실린 나머지 표제
어 목록에 있어서는 자료집의 편찬자나 성격에 따라서 크게 다르다는 것
을 알 수 있다. 이는 서상규 외(2003)에서도 지적된 사항이기도 하다. 『학
습사전』은 이러한 기존 사전의 문제점을 분석함으로써 기존 사전 표제어
목록과 한국어 교재의 어휘 목록을 표제어 선정의 기초 자료로 삼아 편찬
되었다.

　한편, 관습적으로 기존 사전의 표제어를 활용하는 방식은 주로 기존 사
전의 표제어 목록을 선별적으로 또는 무비판적으로 등재하는 경우가 대부

분이다. 기존 사전의 표제어 답습은 결과적으로 실생활에서 쓰이는 어휘의 상당 부분이 등재되지 않고, 더 이상 쓰이지 않는 어휘들이 유령어로 계속 등재되는 등의 부작용을 낳기도 한다. 이러한 부작용으로 인해 말뭉치를 활용한 사전 편찬의 중요성이 인식되는 계기가 되었음은 두말할 나위도 없다.

2) 어휘 자료집을 비롯한 어휘 목록

기존 사전 표제어 외의 중요한 어휘 목록으로는 교육용 기초 어휘와 같은 사전 사용자를 고려한 어휘 목록을 활용하는 방법이 있다. 사전 사용자와 사전 용도에 맞게, 기존의 어휘론적 성과물인 한국어 교육용 기본 어휘 목록이나 국어 교육용 어휘 목록 등을 활용할 수 있는데 물론 이 경우에도 어휘 목록의 선정 기준이나 그 결과의 신뢰성을 세밀하게 검토해야 한다.

예를 들어, 외국인을 위한 학습자용 사전을 편찬할 경우, 국립국어원이나 몇몇 기관에서 나온 한국어 교육용 기초 어휘 목록 등을 활용할 수 있으며, 초·중·고 학생들을 위한 사전을 만들 경우, 초등학교 교육용 어휘, 중학교 교육용 어휘 등의 자료를 활용할 수 있고, 교과서나 교재 말뭉치의 어휘 빈도 목록 등을 참고 자료로 사용할 수 있다. 특히, 이러한 학습자용 어휘 목록은 '기본 어휘', '기초 어휘'를 중심으로 많은 연구가 되어 왔는데, 국내 연구로는 서정국(1968), 임지룡(1991), 이충우(1992), 서상규(2000) 등이 있으며, 영미권의 연구들로는 ESL 학습자를 위한 Ogden(1930), West(1953) 등과 LDOCE 등과 같은 각종 영미권 사전에서의 선행 연구들을 들 수 있다.[3]

한편 이 외에도 전문용어 사전을 위한 전문용어집 등을 활용할 수 있는

---

3) 기본어휘의 개념과 이에 대한 연구사는 임지룡(1991), 김광해(2003) 등을 참조하라.

데, 이때 용어(term)의 선정은 전문가 집단과 언어학자와의 협업이 필요한 부분이다. 이외에도 사전의 유형에 따라 사전 표제어 추출을 위한 각종 데이터베이스를 구축 활용을 할 수 있는데, 대표적인 예로는 기존 사전의 표제어 목록 대조표, 전문용어 표제어 선정을 위한 전문용어 데이터베이스, 문화어 표제어 선정을 위한 문화어 어휘 목록 등을 들 수 있다.

3) 말뭉치의 구축과 활용

기존의 사전이나 어휘 목록은 1차적으로 검증된 자료로 활용될 수는 있으나, 목적으로 하는 사전과 정확하게 일치된 작업이 아니거나 신뢰성을 담보하기 어려운 경우가 많으므로 실제 사전 편찬에서는 균형적으로 짜인 대량의 말뭉치를 활용하는 것이 가장 좋다. 새로운 사전의 필요성은 대개 기존 사전 표제어의 양적, 질적 취약성을 극복하고자 하는 것이므로 기존의 어휘 자료 목록과 사전 표제어는 완벽하지 않은 경우가 대부분이다.

말뭉치 구축을 통한 표제어 추출은 "① 사전 편찬을 위한 대규모의 균형 말뭉치 구축 및 구성 → ② 말뭉치로부터 어휘 빈도 자료 추출 → ③ ②의 결과로부터 표제어 목록 선정"의 절차를 통해 이루어지는데, 이와 같이 말뭉치를 통해 얻은 표제어 목록은 기존 사전 표제어 목록에 없는 신조어나 구어, 생활 어휘들이 포함되어 있다는 점에서 실질적인 참조 기능을 강화시킨 사전 편찬을 가능하게 한다.

최근의 경향은 대부분 사전 편찬에 있어서 합목적적 말뭉치를 구축하여 활용하는 추세인데, 대부분의 서구 ESL사전에서는 대상 말뭉치의 특성을 사전 서문에 밝히고 있으며, 국내의 경우에도 최근 말뭉치를 활용한 사전 편찬 사업이 활성화됨에 따라 사전 서문에서 기초 자료 말뭉치의 활용 부분을 밝히고 있다.

물론 이때 표제어 추출을 위한 말뭉치 구성을 어떻게 할 것인가가 관건

인데, 말뭉치의 핵심적인 요건인 '균형성'과 '일반성'은 목적으로 하는 사전의
특성과 사전 사용자의 사용 목적 등을 고려함으로써 확보될 수 있다. 『학습
사전』의 경우 '한국어 교육 말뭉치'를 "한국어를 교육하는 모든 장면에 사
용되는 언어 자료의 집합체 중에 표준적인 언어 사용을 보이는 일반적인
텍스트로 구성된 말뭉치"로 규정하고, 다음과 같이 구성한 바 있다.[4]

장르별 분류	크기(어절수)	주제별 분류	크기(어절수)
소　　설	203,658	종　　합	644,007
수　　필	148,792	인　　문	86,663
수기, 기행	149,371	사　　회	97,419
전기, 보고	142,186	자　　연	33,620
교양 해설	153,231	공　　학	32,951
논설, 비평	156,609	의　　학	33,737
정보, 지침	53,747	예　　술	79,197
합계(어절)	1,007,594		1,007,594

〈표 2-2〉 한국어 교육용 말뭉치의 구성 내역

　　영미권의 ESL 사전의 경우는 말뭉치의 활용이 더욱 다양한데 1980년
대 코빌드 사전 이후로 사전 자원으로서의 말뭉치 구축량을 확충시키고
있으며, 말뭉치의 유형이나 구성에 대한 연구도 활발하게 진행하고 있다.

사　　전	기반 말뭉치(단위 : 단어)
『캠브릿지』	Cambridge International Corpus (3억) Cambridge Learners' Corpus(수백만)
『옥스퍼드』	British National Corpus(1억) Oxford American English Corpus(4천만)
『코빌드』	Bank of English(2억)
『웹스터』	Random House Living Dictionary Database

〈표 2-3〉 사전의 기초 자료로서의 말뭉치 - 영미권 사전

---

4) 한국어 교육용 말뭉치의 구성에 관해서는, 고석주·남윤진·서상규(1999 : 373~378)
　에 상세히 기술되어 있다.

『연세』의 경우 4,300만 어절의 '연세 말뭉치'에서 중복 빈도가 15번 이상인 약 5만 개의 단어 및 문법 형태소를 표제어로 삼았는데, 단, 여기서 문제는 이러한 말뭉치의 빈도 분석 결과 역시 일정한 검증의 단계를 거쳐야 한다는 점이다.5)

다음 예는 서상규(1998)의 '현대한국어어휘빈도 목록' 중 일부로, 4,300만 어절에서 15번 이상 쓰인 어휘까지가 5만 등에 해당된다는 것을 보여 준다.

등 수	빈도수	어 형	품 사
049985	15	공동연구	NN
049986	15	공매	NN
049987	15	공사현장	NN
049988	15	공손	NN
049989	15	공습경보	NN
049990	15	공안부	NN
049991	15	공양미	NN
049992	15	공업생산	NN
049993	15	공작대	NN
049994	15	공천자	NN
049995	15	과열되	VV
049996	15	과학관	NN
049997	15	관명	NN
049998	15	관물	NN
049999	15	관물함	NN
050000	**15**	**관용적**	**NN**
050001	15	관측소	NN
050002	15	괄세	NN
050003	15	광개토	NNX
……			

---

5) 실제로 『연세』의 경우에도 기존 사전의 목록과 기초 어휘 목록 등을 비교하여 14빈도 이하의 단어(예를 들면, 빈도 8의 '청바지'와 같은 것)를 보완한 바 있으며, 『초등』의 경우에도 기존 사전의 목록 등을 표제어 선정의 보조 자료로 활용하였다.

등 수	빈도수	어 형	품 사
053025	**12**	**쇼핑하**	**VV**
053026	12	수뇌급	NN
053027	12	수련회	NN
053028	12	수사계	NN
053029	12	수우프	NN
053030	12	수출량	NN
……			
053561	**11**	**동자승**	**NN**
053562	11	동형	NN
053563	11	돛폭	NN
053564	11	두루미	NN
053565	11	두리번대	VV
053566	11	두릿두릿	ADV
053567	11	두메산골	NN

〈표 2-4〉 『연세한국어어휘빈도』의 일부 - 빈도순

　이 등수대로 하자면 15의 '관용적'까지만이 5만 어휘 『연세』사전의 표제어로 등재되어야 할 것이다. 그런데, 실제 『연세』의 표제어를 살펴보면 빈도 15 이하의 어휘인 '쇼핑하다(12회)', '동자승(11회)' 등도 실려 있다. 즉, 『연세』의 표제어는 말뭉치에서 추출한 어휘 빈도 목록을 중심으로 선정하되, 이후에 개별 목록을 기존 사전 및 직관에 의해 검토하는 작업 과정을 거친 것이라 할 수 있다. 이와 같이 개별 목록을 수작업으로 검토하는 일이 필요한 것은 말뭉치의 균형성·대표성을 검증하기 위해 필수적인 일이며, 균형성, 대표성에서 부족한 부분에 대해서는 보완 작업이 후행되어야 한다.

　국내에서 말뭉치를 기반으로 표제어를 선정한 최초의 사전으로서 『연세』가 출간된 지도 10여 년이 흘렀고, 그 이후의 언어는 많은 변화 겪으며 진화했다. 또한 21세기 세종계획 등의 말뭉치 구축 사업의 성과로 사전 편찬에서 활용할 수 있는 구어 말뭉치 등 말뭉치의 종류와 양 역시 증가하였다. 따라서 현재의 상황에서 『연세』를 비롯한 기존 사전의 표제어를 재평가한다면 보완되어야 할 부분이 보일 것이다. 대표적으로 고빈도로 쓰이는 구어 형태, 구어적 축약 표현, 구어적 관용 표현 등이 보완되어야 하는데, 이는 기존 사전의 표제어가 대부분 문어 말뭉치를 기반으로 선정되었기 때문이다.

3. 표제어 선정 원칙 마련

여기서는 실제 사전의 표제어 선정의 원칙에 대해 살펴볼 것이다. 1)에서는 표제어 선정의 쟁점과 기존 사전 일러두기에 명시된 표제어 선정 원칙에 대해 살펴볼 것이며, 2)에서는 표제어의 문법 범주, 3)에서는 표제어의 유형에 따른 표제어 선정에 대해 논의할 것이다. 그리고 마지막인 4)에서는 표제어 배열에 대해 제시하기로 한다.

1) 표제어 선정의 쟁점

표제어 선정을 위한 기초 자료가 구축된 이후의 작업은 기초 자료를 기반으로 하여 표제어 선정의 원칙을 정하고 표제어 유형을 확정하는 작업이다. 이와 같은 표제어 선정 원칙은 표제어의 문법 범주를 어디까지 한정할 것인가, 표제어의 유형 즉 주표제어, 가표제어, 부표제어 등을 어떤 유형으로 한정할 것인가, 표제어로 올릴 어휘의 범위를 어떤 시기의 어휘로 제한할 것인가, 옛말을 올릴 것인가의 논의와 관련된다.

표제어는 다음과 같이 몇 가지 기준에 따라 여러 언어학적 · 사전학적 유형으로 구분될 수 있는데 이러한 어휘 유형들 중 어떤 범위까지 표제어

를 선정할 것인가의 논의도 사전의 특성에 따라 실제 사전 편찬에서 논의
된다.

    (1) 표제어의 문법 범주
       ㄱ. 단어 단위의 표제어
       ㄴ. 접사, 어미 등 단어 단위 아래의 표제어
       ㄷ. 구 단위 이상의 표제어
    (2) 표제어의 사전학적 유형
       ㄱ. 주표제어
       ㄴ. 부표제어
       ㄷ. 가표제어
    (3) 표제어의 어휘 유형
       ㄱ. 어원 : 고유어 / 한자어 / 외래어.
       ㄴ. 속성 : 일상어 / 속어 / 비어 / 신어 / 은어 / 전문어 / 구어
       ㄷ. 규범성 : 표준어 / 비표준어
       ㄹ. 시기 : 현대어 / 고어 / 신어
       ㅁ. 지역 : 북한말 / 방언

    실제로 대부분의 사전 일러두기 부분에서는 이러한 어휘 유형에 근거하
여 표제어 선정 범주를 명시하고 있다. 다음은 『표준』, 『연세』에서의 표제
어 선정 범주에 대한 일반 원칙이다.

[1] 『표준』[6]의 표제어 선정의 일반 원칙
    1. 현재 쓰거나 썼던 말 중에서 표제어로 올릴 가치가 있는 단어를 수록한다.
      1) 일상에서 널리 쓰는 말을 수록한다.
        가) 표준어는 모두 수록한다.
        나) 비표준어는 널리 쓰는 것을 선별하여 수록하되, 대응하는 표준
            어와의 관계를 파악할 수 있도록 한다.
      2) 북한의 문화어를 폭넓게 수용한다. 북한의 『조선말대사전』에 수록된
        어휘를 선별하여 수록한다.
      3) 전문 분야의 언어를 영역별로 선별하여 수록한다.
      4) 방언을 지역별로 선별하여 수록한다.

---

6) 『표준』 편찬 지침 중 일부.

    5) 옛말을 선별하여 수록한다.
  2. 단어가 아니더라도 표제어로 올릴 가치가 있는 것들을 수록한다.
    1) 접사와 어근, 어미를 수록한다.
    2) 단어보다 큰 단위도 수록한다.

[2] 『연세』[7]의 표제어의 수록 범위

  1. '연세 말뭉치'에서 사용 빈도가 14번 이상인 약 5만 개의 단어 및 문법 형태소를 표제어로 삼았다.
  2. 흔히 쓰이는 비표준어는 '표준어 규정'(문교부 고시 제88-2 : 1988. 01. 19)과 '표준어 모음2'(1990. 09)에 근거하여 빈도수에 따라 선별, 수록하였다.
  3. 한자어 중에서 특히 순화 대상으로 되어 있는 '일본어투 생활 용어'는 '국어 순화 용어 자료집'에 근거하여 표시하였다.

[3] 『초등』[8]의 올림말: 어떤 낱말을 실었나

초등학교 전학년 전과목 교과서(7차 개정 교과서 및 6차 개정 교과서 전체)와 초등학생용 도서로 이루어진 '기초 학습용 말뭉치'에서 가려 뽑은 낱말들 3만 5000여 개를 실었다. 교과서에 나오는 거의 모든 낱말은 물론이고, 초등학생이 알아야 할 중요 낱말과 잘 쓰이는 구, 속담, 관용구, 사람 이름, 지역 이름, 역사적 사건 등도 모두 다루었다. 그래서 이 한 권으로 낱말은 물론이고 기타 참고 사항도 찾아볼 수 있도록 하였다.

[4] 『학습사전』[9]의 표제어의 수록 범위

이 사전은 한국어로 쓰여진 일상적인 글의 약 80% 이상을 이해하는 데에 필수적인 5천여 개의 기본 어휘 외에 한국어 학습에 필요한 다양한 어휘를 보충하여 만들었다.
  1) 표준어를 기본으로 하되, 일상생활에 많이 사용되는 구어, 그리고 학습자가 흔히 틀리는 잘못된 표현과 어휘도 수록하였다.
  2) 한국의 문화를 학습하고 이해하는 데에 꼭 필요한 문화 어휘를 골라 수록하였다.
  3) 한국어 학습에 필요한 지명 등의 고유명사도 선별하여 수록하였다.
  4) 한국어 학습에 필요한 조사와 어미 등의 문법 요소를 풍부하게 수록하였다.
  5) 불규칙하게 활용하는 동사나 형용사의 어간 부분을 가표제어 형식으로 수록하였다.

---

7) 『연세』의 일러두기 중 일부.
8) 『초등』의 일러두기 중 일부.
9) 『학습사전』 일러두기 중 일부.

이러한 사전에 따른 표제어 선정 원칙을 살펴보면, 사전의 특성에 따라 표제어의 수뿐만 아니라 선정 원칙이 매우 다르게 나타나며, 말뭉치를 기반으로 할 경우 표제어 선정을 위한 말뭉치의 구성 역시 현저히 다르다는 것을 알 수 있다. 사전에 따른 말뭉치 활용에 대해서는 이미 1장에서 다룬 바 있다.

한편, 기존 사전에서 논의된 표제어의 언어학적 유형 역시 다소 다른데, 이를 구체적으로 살펴보면 대체로 '단어'와 '문법 형태소'를 수록하되, 표준어 수록을 원칙으로 하고 있으며, 방언, 북한어, 구어, 기타 학습자용 문화어나 고유명사 등을 사전의 특성에 따라 선별하여 수록하고 있음을 알 수 있다. 사전에서 비표준어 및 고유명사, 전문용어, 용언의 경우 기본형이 아닌 변이형태의 수록 여부는 많은 논쟁이 되어 왔는데, 이들 어휘들이 일반 언어사전의 대상이 아니라는 점과 더불어 그 각각의 한계를 정하기가 용이하지 않다는 점에서 정밀한 검토를 요구한다. 다음에서는 표제어의 문법범주와 표제어 유형에 대해 좀더 심도있게 논의하기로 한다.

2) 표제어의 문법 범주

사전에서 거시구조를 구성하는 표제어들의 언어 단위와 범위는 사전마다 다르다. 국어사전에서는 대부분 표제어의 문법 범주와 관련된 원칙으로 '한 단어 한 표제어 원칙'을 명시하고 있다. 이는 일반적인 언어사전에서 표제어의 문법 단위를 주로 단어를 중심으로 선정하는 원칙을 말한다. 하나의 단어 단위가 하나의 표제어가 된다는 '한 단어 한 표제어 원칙'은 띄어쓰기 같은 문자의 규약과 관련된 원칙이라는 점에서 Sevensén(1993 : 208)에서 '문자적 원칙(graphical principle)'이라 언급된 바 있다.

'한 단어 한 표제어 원칙'을 따를 경우, 현행 학교문법에서 품사의 지위를 획득하지 못한 '어미'나 '접사' 등의 기술이 어려우므로 대부분의 사전에서 이 원칙은 융통성 있게 적용된다. 따라서 대부분의 경우 이 원칙을 따를 경우 표제어는 단어와 어근, 접사 등 형태소로 구성된다.

한편 이러한 원칙에 따라 언어사전에서 표제어(headword/lemma)는 주로 '구조적으로 단순한' 단어로 구성되지만, 접사·어근 등의 단어 이하의 언어 단위나 표제어를 포함한 관용구, 연어, 고빈도의 자유 표현 등 복합적인 언어 단위 역시 사전에서 등재되어야 할 중요한 요소이므로 이에 대해서는 부표제어나 가표제어 형식을 빌어 표제어의 지위를 부여하고 있다.

따라서 표제어의 문법 범주는 단어를 기본으로 하되, 단어 이하의 접사, 어미, 어근, 축약형의 준꼴에 이르기까지 다양하다. 다음은 『연세』와 『표준』의 표제어 품사별 분포를 보인 것으로 『연세』에서는 9품사의 단어 외에 형성, 접두사, 접미사, 준꼴, 자모, 조음소까지를 표제어에 싣고 있으며, 『표준』은 『연세』와 달리 9품사와 어근을 싣고 있으며, 전문용어 구 단어 표제어의 품사에 해당하는 품사 표지를 두지 않고 있다.

품 사	표제어수	비 율	품 사	표제어수	비 율
명 사	30,774	62.093%	의존명사	314	0.643%
대명사	107	0.216%	수 사	86	0.174%
동 사	9,358	18.882%	형용사	2,899	5.849%
보조동사	36	0.073%	보조형용사	11	0.022%
관형사	925	1.866%	부 사	2,403	4.849%
감탄사	159	0.321%	조 사	197	0.397%
어 미	932	1.881%	자 모	30	0.061%
접두사	174	0.351%	접미사	368	0.743%
조음소	1	0.002%	준 꼴	584	1.178%
형성소	203	0.410%			
합 계	49.561	100%			

〈표 2-5〉 연세한국어사전 표제어의 품사별 분포

품 사	주표제어	부표제어	계	비율(%)
명 사	333,901	1,156	335,057	65.82
의존명사	1,061	0	1,061	0.21
대명사	463	0	463	0.09
수 사	277	0	277	0.05
동 사	15,131	53,263	68.394	13.43
보조동사	42	6	48	0.01
형용사	6,424	10,937	17,361	3.41
보조형용사	22	7	29	0.06
부 사	14,093	3,802	17,895	3.52
관형사	529	1,156	1,685	0.33
조 사	357	0	357	0.07
감탄사	812	0	812	0.16
어 미	2,526	0	2,526	0.05
접 사	656	0	656	0.13
어 근	7,346	0	7,346	1.44
무품사	58,509	0	58,509	11.49
합 산	442,149	70,327	512,476	100.72
품사통용	1,555	1,845	3,400	0.67
계	440,594	68,482	509,076	100.05

〈표 2-6〉 표준국어대사전 표제어의 품사별 분포[10]

위 표제어에서 알 수 있듯이, 가장 큰 비중을 차지하는 품사는 '명사'이
고 다음으로 동사, 형용사, 부사의 순서를 보이는데, 이는 아래 표에서 살
펴볼 수 있듯이 사전마다 유사한 양상을 보인다.

	명 사	동 사	형용사	부 사
『표준』(50만 어휘)	65%	13%	6%	4%
『연세』(5만 어휘)	62%	19%	4%	5%
	표준>연세	표준<연세	표준<연세	표준<연세

〈표 2-7〉 사전별 품사 비율 비교

---

10) 이에 대한 상세한 설명은 이운영(2002) 『표준국어대사전』 연구 분석 참조.

단, 위 표에서 나타난 『표준』과 『연세』의 품사 비중의 차이는 표제어의 차이와 큰 상관 관계가 있다. 즉, 표제어 목록의 수가 증가함에 따라 『표준』에는 명사의 비율이 그만큼 늘어났고 그에 따라 동사와 기타 품사의 비중이 줄어들었다.

3) 표제어의 유형

위에서 정의된 바와 같이 사전에서 표제어는 사전 사용자의 검색의 주요 대상이나 검색의 길잡이가 되는 기본 어휘 목록으로 주로 단어나 단어 이하의 범주로 구성된다. 그런데 위에서 논의된 1), 2)의 방법으로 표제어를 선정한 다음 해결해야 할 문제는, 선정된 표제어를 어떤 형태소 사전 내에 배치할 것인가 하는 것이다. 즉 표제어를 주표제어로 배치할 것인가, 주표제어에 딸린 부표제어의 지위를 줄 것인가, 아니면 비표준어나 활용형의 경우 표제어의 형태에 참조 정보만을 제시하는 가표제어로만 기술할 것인가 하는 문제는 표제어의 선정과는 별개의 논의를 필요로 하는 사항이다. 여기서는 이와 같은 주표제어, 부표제어, 가표제어의 정의와 기능, 그리고 사전에 따른 기술 방법의 차이에 대해 논의하기로 한다.

(1) 주표제어와 부표제어

주표제어에 딸려 배열되는 표제어가 있는데 이를 '부표제어'라 하며, 주표제어를 포함하는 구나 주표제어를 어근으로 하는 복합어의 경우가 이에 해당된다.

『표준』과 『연세』에서는 각각 표제어와 부표제어를 다음과 같이 정의하고 있다.

주표제어 : 사전에서 다른 표제어에 딸리지 않고 배열되는 말.

부표제어 : 사전에서 다른 표제어에 딸려 배열되는 말. 주로 '-하다'와 '-되다' 따위가 붙어 파생된 말을 이른다. (『표준』 편찬 지침)

표 제 어 : 사전에서 뜻을 풀이하는 단위로 올라 있는 낱말이나 형태소. 올림말이라고도 한다. 이 사전에서는 자립적인 단어로서, 사용 빈도가 높은 5만 어휘를 표제어로 삼았다. 자립적인 단어가 아닌 것은 문법적 관계를 나타내는 어미나, 어근에 뜻을 더해 주는 접사, 형태적으로 분석할 수 없으나 두 단어의 결합체인 준꼴, 관형사는 아니지만 명사 앞에 쓰여 명사를 수식해 주는 형성소를 표제어로 올렸다.

부표제어 : 표제어와 함께 관용표현이나 연어를 이루어 쓰이는 구를, 해당 표제어 밑에 작은 표제어로 올린 것. 부표제어의 종류는 첫째, '가격 파괴'처럼 명사와 명사로 이루어진 구이나 보통 한 단어처럼 많이 쓰이는 구, '비행기를 태우다'와 같은 관용 표현, '뾰족한 수'와 같은 특수한 표현 등이다. (『연세』 문법용어풀이)

위 두 사전에서의 '부표제어'의 정의와 유형을 비교해 보면, 사전 구조적 측면에서 '부표제어'의 정의를 표제어에 부속되는 표제어 유형으로 정의한다는 점에서는 유사한 관점을 보이지만, 대표적으로 제시하고 있는 부표제어의 유형은 큰 차이가 있음을 알 수 있다.

즉, 『표준』의 부표제어의 대표적 유형은 '-하다, -되다'가 붙은 단어 단위인 반면, 『연세』는 구 이상의 단위를 대표적 유형으로 보이고 있다. 실제로 『연세』의 경우는 '한 단어 한 표제어' 원칙에 따라 '-하다, -되다' 파생어는 주표제어로 기술되고 있으므로 부표제어는 구 이상의 범주가 될 수밖에 없는 것이다.

따라서 '부표제어'의 형식적인 정의, 즉 사전 구조상에서 '주표제어에 부가되는 하위 표제어'는 비교적 논란의 여지가 적지만, 실제 부표제어로 어떤 대상을 기술할 것인가, 어떻게 기술할 것인가에 대해서는 사전에 따라서 각기 차이가 있을 수 있다. 예로, 표제어에 부가되는 하위 표제어로서 부표제어의 기술 대상은 주표제어를 비롯한 관용표현, 연어, 파생어 관련 표현 등 다른 정보 항목의 기술 대상을 어떻게 한정하느냐에 따라 다를 것이며, 부표제항을 기술하기 위한 정보 항목의 구성 역시 사전에 따라 많은 차이를 보이고 있다.

사전 편찬자는 특정한 언어 표현의 유표적 제시, 사용자 집단의 검색 가능성 및 가독성, 등재할 언어 표현의 언어학적 특성 등을 고려하여 표제어와 부표제어의 등재 대상을 한정한다. 따라서 부표제어의 선정 기준, 언어학적 범주 층위에 따른 유형, 부표제어 / 표제어 비율은 사전 편찬에서 매우 중요한 의미를 가진다.

일반적으로 사전학적으로 매우 중요한 유형임에도 불구하고 사전의 주표제어로 등재될 수 없는 다중 어휘 표현들(multi lexical units)이 사전에서 부표제어로 제시되는데, 대표적으로 다음과 같은 유형이다.

[1] 관용표현
　예) 비행기를 태우다, 미역국을 먹다
[2] 연어 및 패턴[11]
　예1) 눈을 감다, 입을 다물다, 감을 잡다, 경을 치다
　예2) NP₁뿐(만) 아니라 NP₂, Cluase -거나/-ㄹ지/-든지/-ㄹ까/-ㄴ가 아니면 Clause

---

11) 말뭉치 언어학에서 어휘들의 빈번하고 일정한 출현 양상을 의미하는 용어들은 연어(collocation), 관용구(idioms), 고정구(routines), 패턴(pattern) 등으로 다양하게 기술되어 왔으며 각각의 정의 및 범위 또한 연구자들에 따라 달리 기술되어 왔다. Collins Cobuild Grammar Pattern 시리즈에서는 동사, 명사, 형용사에 대한 패턴을 다루고 있는데, 여기서 패턴은 중심어(node)와 그를 둘러싼 전치사, 부정사, 보문절 등의 문법적 환경 전체를 의미한다. 이는 Ronald Carter(1987)의 패턴에 대한 언급, '반구조화된 구조'(semi-preconstructed phrase)와도 상통하는 면이 있다. 이러한 선행 연구들을 참조할 때 패턴은 대체로 문법적 연어와 어느 정도 일치한다. 여기서는 잠정적으로 '연어'를 어휘적 연어로, 패턴을 문법적 연어로 한정하고 논의를 진행하기로 한다.
패턴(pattern)에 대한 선행 연구와 한국어에 대한 적용은 남길임(2006)에서 논의된 바 있는데, '아니다'의 경우 'NP₁이 아니면 NP₂, Cluase -거나/-ㄹ지/-든지/-ㄹ까/-ㄴ가 아니면 Clause, NP₁뿐만 아니라 NP₂…' 등을 비롯하여 10개의 패턴으로 구분된다. 남길임(2006)에 의하면 이러한 패턴류들은 실제로 해당 어휘가 쓰이는 고빈도의 결합 환경을 제시해 준다는 의의가 있다. 그럼에도 불구하고 현행 사전에서 '아니다'의 기술은 이러한 다양한 패턴 부류들을 제시하지 못하고 있는 듯하다. 추후 사전에서 패턴에 대한 연구 및 기술 방법에 대한 논의가 활성화되어야 할 것이다.

[3] 속담

　　예) 가는 날이 장날이다, 아니 땐 굴뚝에 연기 나랴

[4] 상투 표현

　　예) 안녕하십니까, 오랜만이에요, 반갑습니다, 어서 오십시오.

[5] 고빈도의 자유 표현

　　예) 담배 가게, 과일 가게, 대기 오염, 수질 오염

　이러한 구 표현들 중 [1]~[2]의 경우는 사전학적 관점에서 통사적 규칙, 어휘 의미의 합성성의 원리로만 설명하기 어렵고, 결합의 규칙을 찾을 수 없는 구 단위들이며, [3]의 속담은 개별 어휘 단위가 아닌 문화·화용적 맥락이 필요한 언어 단위로 전후 맥락 정보가 필수적인 부류이다. 이와 유사하게 [4]의 상투 표현 역시 일상 생활에서 자주 쓰이며 의미와 형태가 고정되어 있는 어구로 단어의 기본 형태를 표제어 형태로 제시하는 국어사전의 일반적인 원칙 내에서 표제어의 지위로 등재되기 어려운 요소이다.12) 한편 [5]의 경우 의미의 합성성의 원리로 설명 가능하며, 결합의 규칙 범위 내에서 설명될 수 있으나 하나의 단어 못지않게 자주 쓰이며 일정한 화용적 맥락에서 쓰이는 경우도 많아서 제 2언어 교육 및 습득에 있어서도 단어나 문법 못지않게 의미 있는 단위이다.13)

　물론 이들 [1]~[5] 사이에 존재하는 관용표현과 연어, 자유표현 사이의 경계는 다단계적 연속성을 띠므로 사전에서 각 유형의 경계를 통사·의미적으로 어떻게 규정할지, 이들을 각각 별도의 표지를 두어 등재할지 같은 표지로 등재할지에 대해서는 사전에 따라 다소 다르다.

　아래의 경우는 연어가 부표제어로 제시된 경우, 표제항 미시구조 내에 별도의 정보 항목이 제시된 경우, 용례 내에서 구 예문으로 제시된 경우

---

12) 상투표현은 외국인을 위한 한국어 학습사전에서 특히 중요한 언어 단위이다. 단어의 기본형을 중심으로 표제어를 선정하는 현행 언어사전의 관행상 상투표현이 의미 있는 단위로 등재되기 어려운 경우가 많다. 『학습사전』(서상규 외 : 2006)에서는 넓은 의미의 문화어에 해당하는 상투표현을 부표제어 단위로 다수 등재하고 있다.

13) 관용구, 속담, 연어, 자유표현 등 구분 및 각각의 통사·의미적 특성에 대한 사전적 처리 및 선행 연구에 대한 논의는 Partington(1998)을 참조하라.

를 각각 보인 것이다.

(1) **경쟁★★☆(競爭)** 몡 서로 이기거나 앞서려고 다투거나 싸우는 것. ¶ 경쟁을 뚫다 / 경쟁을 벌이다 / 요즘 대기업에 취직하기 위한 경쟁이 심하다. / 오늘날을 경쟁 사회라고들 하지요. 관 경쟁하다.

　•**경쟁을 하다** : 우리 회사는 세계 여러 기업들과 경쟁을 하고 있습니다. ▷1이 2와 경쟁을 하다 〈1사람 2사람〉

　•**경쟁이 되다** : 너는 나에게 경쟁이 되지 않는 상대야. ▷1이 2에게 경쟁이 되다. : 그 회사 제품과 경쟁이 되려면 품질을 더 높여야 돼요. ▷1이 2와 경쟁이 되다.

　•**경쟁이 붙다** : 경쟁을 하게 되다. 두 가게가 경쟁이 붙어서 물건 값이 되려면 품질을 더 높여야 돼요. ▷1이 2와 경쟁이 붙다〈1사람 2사람〉

　•**경쟁이 치열하다** : 그는 치열한 경쟁을 뚫고 시험에 합격했다. / 요즘은 신문 시장도 경쟁이 치열하다.

　▶**경쟁 관계**(競爭關係) : 둘 이상이 서로 잘 하려고 다투는 관계. | 백화점과 시장은 앞으로도 경쟁 관계에 있을 겁니다. 『학습사전』

(2) ㄱ. 경쟁(競爭)〔경 : 쟁〕 몡 서로 이기거나 앞서려고 거루거나 다투는 것. ‖컴퓨터 시장을 놓고 가전 업계는 치열한 경쟁을 벌이고 있다. 옌 ~을 벌이다 ㉕ 경쟁하다

　경쟁 관계(競爭關係) 둘 이상이 서로 이기든가 앞서려고 다투는 관계. ‖일본 신파와의 경쟁 관계에 있었던 판소리는 1900년대에 창극으로 발전함으로써 당대 극장가를 석권했다. 옌 ~에 있다. 『연세』

ㄴ. 경쟁(競爭) 몡 「1」 같은 목적에 대하여 이기거나 앞서려고 서로 겨룸. ¶ 완전 경쟁 시장 / 과열 경쟁 / 경쟁을 벌이다 / 경쟁이 붙다 / 경쟁이 치열하다 / 기술 개발 경쟁이 뜨겁다. / 세계 시장을 석권하려는 업체들 간의 경쟁이 달아오르고 있다. 「2」 『생물』 생물이 환경을 이용하기 위하여 다른 개체나 종과 벌이는 상호 작용. 생물의 개체 수가 공간이나 먹이의 양에 비하여 많아지면 생긴다. ㉕ 「1」 쟁경.

　경쟁-적(—的)〔경 : --〕 「관형사・명사」 이기거나 앞서려고 서로 다투듯 하는. 또는 그런 것. ¶ 경쟁적 투자로 인한 과열 현상 / 새로운 신문의 창간과 복간이 시작되어 신문 기업들 간에 상당한 경쟁적 분위기가 조성되고 있다. ‖경쟁적인 관계 / 비슷한 단체들이 경쟁적으로 생겨나다 / 한때 강대국들은 가공할 죽음의 무기를 경쟁적으로 생산해 냈었다.

　경쟁-하다〔경 : --〕 됨 【(…과)】 ('…과'가 나타나지 않을 때는 여럿

임을 뜻하는 말이 주어로 온다) ⇒경쟁「1」¶ 값비싼 외제품과 경쟁
하기 위해 고급 제품의 개발을 서두르고 있다… 하략『표준』14)

『학습사전』에서처럼 연어를 부표제어로 등재한다는 것은 이를 예문이
나 다른 정보 항목으로 제시하는 것에 비해 큰 비중을 두는 것을 의미한
다. 또한『학습사전』의 경우 해당 연어가 다의적인 쓰임을 보일 경우 뜻
풀이를 별도로 구분해 주고, 각각의 용례를 구분해서 제시하는 한편, 별
도의 격틀 및 관련 표현도 제시하고 있다는 점에서 외국인 학습자에게 유
용한 정보를 제공하고 있다고 평가할 수 있다.

한편, '한 단어 한 표제어' 원칙은 표제어의 단위를 문법적으로 한 단어
로 제한하고 있다는 점에서 사전 편찬자의 입장에서 명쾌한 기준이 될 수
있으나, 사용자의 입장에서 단일한 단어 못지않게 중요한 표현인 위의 다
중 어휘 표현들(multi lexical units)을 직접적으로 검색할 수 없고 표제항의
미시구조 내에서 검색해야 한다는 부담이 있다. 단, 전자사전의 경우 인
쇄사전과 달리 검색 경로를 다양하게 함으로써 이러한 검색의 불편을 해
소할 수 있다.

한 단어 한 표제어 원칙을 따르지 않을 경우 위 〔1〕~〔5〕에 해당하는
일부 표현들은 다른 단어 단위 표제어와 같이 자모순으로 배열되어 표제
어의 지위로 격상되어 등재될 수 있으며, 한 단어 역시 부표제어로 등재
될 수 있다.『표준』이나『초등』등이 이러한 예인데, 이들의 경우 전문 용
어나 학습 용어 등을 비롯한 구 단위 표현들을 다수 표제어로 등재하고
있다. 또한『표준』의 경우는 주표제어에 특정 접사(대표적으로 '-하다, -되다,
-적')가 결합된 일부 파생어를 부표제어로 등재하고 있다.

따라서 한 단어 한 표제어 원칙을 따르지 않을 경우는 위 〔1〕~〔5〕의
다중 어휘 표현들(multi lexical units)과 더불어 아래 〔6〕의 복합어 등 단어

---

14) 이 글에서 인용된 사전 텍스트는 표제어, 부표제어 등 필요한 부분을 중심으로 제시
   하였으며, 필요한 부분에 한하여 필자가 밑줄을 그었음을 밝혀둔다.

범주도 부표제어의 주요 대상에 포함될 수 있다.

[6] 복합어 : 주표제어를 어기로 하는 합성어 · 파생어
   예) '-하다, -되다, -이/히, -적, -거리다, -대다, -이다' 접사로 구성된 파
       생어.

하지만 이와 같이 할 경우 『표준』 지침에서도 언급하고 있듯이, 접사
"-하다, -되다, -이/히, -적, -거리다, -대다, -이다"와 결합한 어휘는 부표
제어로 등재되는 반면, "'-롭다', '-스럽다', '-답다', '-장이', '-질', '-보'"와
결합한 어휘는 표제어로 등재되어 있어서 인쇄사전의 사용자들의 경우 검
색에 있어서 혼란을 줄 수 있다는 문제가 있다.

한 사전에서 부표제어의 기술 대상을 선정하는 작업은 거시구조와 미시
구조의 구성 모두와 관계되는 일이다. 즉, 거시구조적 관점에서 '한 단어
한 표제어 원칙'을 기본으로 하느냐 그렇지 않느냐에 따라, 미시구조적 관
점에서 주표제어를 포함한 유의미한 어휘 · 통사적 결합 관계를 표제항 전
체의 어느 부분에서 기술할지에 따라 부표제어의 기술 대상 범위가 달라
질 것이다.15)

아래 표는 전문용어 사전을 제외하고 실제 각 사전에서 표제어와 부표
제어의 비율과 부표제어의 유형들을 제시한 것이다.

---

15) 물론 부표제어의 기술은 사전 거시구조적 관점에서 표제어의 계층적인 배열을 위한
    구조인 "단락 내 복수 표제항(more than one entry per paragraph)" 구조, 즉 둥지
    알파벳구조나 벽감알파벳 구조를 전제로 한 것이다. "단락 내 복수 표제항"과 대비
    되는 구조인 "단락 내 단수 표제항(one entry per paragraph)" 구조에서는 모든 표
    제어 대상이 주표제어로 단순 배열되므로 주표제어와 부표제어의 구분이 필요하지
    않다. 전자의 경우는 표제어 간의 상 · 하위 개념 관계, 어휘 관계를 파악하는 데 도
    움이 되지만 검색이 용이하지 않다는 단점이 있고, 후자의 경우는 어휘 관계에 대
    한 정보는 결여되어 있으나 평면적 배열로 검색이 비교적 용이하다는 장점이 있다.

	표제어(개)	부표제어(개)	부표제어 / 주표제어(%)	부표제어 기술 대상
표 준	440,594	68,482	15.5%	'-하다, -되다, -적' 파생어, 관용표현 및 속담
연 세	49,561	3793	7.7%	관용표현 및 속담, 고빈도의 자유표현
한국어 학습사전	5,000	5757	115.1%	연어(3091)+관용표현 및 속담(2666)
초 등 사 전	35,000	561	1.60%	관용표현 및 속담 (명사구 형태 관용 표현 제외)

<표 2-8> 사전별 '주표제어 : 부표제어'의 비율

위 표를 살펴보면, 일반적인 모국어화자를 대상으로 하는 국어사전인
『표준』, 『연세』의 경우에는 부표제어 / 주표제어의 비율이 10% 내외인데,
『표준』이 『연세』의 두 배 가량이 된다. 이에 대한 원인은 『표준』의 경우
'-하다, -되다, -적' 등 단어 단위의 파생어를 부표제어에 포함시켰다는 데
에서 찾을 수 있다.

또한 『학습사전』의 경우 부표제어의 비중이 표제어의 주표제어보다 더
높다. 『학습사전』에서 부표제어의 비율이 이렇게 높은 원인은 연어를 부표
제어로 등재한 데서 찾을 수 있는데, 이는 모국어화자와 달리, 어휘의 결합
관계에 대한 지식을 가지지 않은 외국인 학습자를 위해 표제어와 전형적으
로 결합하는 어휘의 공기 관계를 제시해야 할 필요가 있기 때문이다.

마지막으로 『초등』의 경우 부표제어 / 주표제어의 비율이 가장 낮은데
이는 위에서 설명한 바와 같이 초등학생의 검색의 용이성을 위해 비교적
단순한 계층구조를 구성하였기 때문이다.

(2) 가표제어

가표제어는 표제어와 같은 배열상에서 제시되지만, 사용자를 해당 가표
제어와 관련한 다른 표제어로 이동시키기 위한 중간 단계의 역할만을 하
는 표제어를 말한다. 따라서 대부분 가표제어로 시작되는 표제항은 품사

나 간단한 참조 표지 외의 다른 미시구조적 정보가 없는 경우가 많다. 이와 같이 정보가 결여되어 있음에도 불구하고 사전에 따라 가표제어를 설정하는 가장 중요한 이유는 사전 사용자의 효율적인 검색을 위해서이다.

가표제어는 주로 〔1〕 표준어의 정의를 참조할 수 있는 비표준어, 복수 표준어, 〔2〕 기본 형태와 표제항의 미시구조의 정보가 동일한 이형태로 구성되며 사전에 따라서 〔3〕 용언의 불규칙 활용형 및 축약형 등이 제시되기도 한다. 다음은 각 유형의 가표제어 기술 예를 보인 것이다.

① 비표준어

가표제어로 선정되는 가장 대표적인 예는 비표준어이다. 대부분의 사전에서 '~의 잘못'이라고 기술하고 해당 표준어에서 내용을 기술하는 예로, 『연세』의 문법용어풀이의 '가표제어'의 설명에서도 가장 대표적인 형태인 비표준어의 예가 제시되어 있다.

> 가표제어 : 맞춤법이 틀린 것이나 비표준어이지만 사람들이 많이 쓰고 있기 때문에 표제어로 올린 낱말. 가표제어에서는 해당 낱말이 잘못 쓰이고 있음을 밝히고 맞춤법에 맞는 낱말을 찾아가게 지시하였다. 예를 들어 '일찌기'를 가표제어로 올리고 잘못된 표기라는 정보와 함께 '일찍이'를 참고하라는 정보를 주었다. (『연세』 문법용어풀이)

이때 표준어 판별은 대부분 '표준어 규정'(문교부 고시 제88-2 : 1988. 1. 19)과 '표준어 모음 2'(1990. 9)에 근거한다. 그런데 이때 문제가 되는 것은 가표제어로 올릴 비표준어의 범위를 어떻게 정할 것인가 하는 점과, 더 근본적으로는 언어 현상의 충실한 기술과 규범 사이의 괴리의 문제를 사전에서 어떻게 적절하게 제시할 것인가에 대한 것이다.

전자의 경우, 특히 외래어 표기 부분에서 심각한 문제인데, '서비스'의 "잘못"에 해당하는 '써비스, 써비쓰, 서비쓰' 등을 다 등재할 것인가 '아몬드'의 가표제어로 '아먼드', '알몬드'를 모두 등재할 것인가 등의 예가 있다. 후자의 문제는 아래 (3)의 '짜장면'과 '그래두'에서 나타나는 문제이다.

    (3) ㄱ. 짜장면 <u>명</u> '자장면'의 잘못. 『연세』

        ㄴ. 그래두 <u>부</u> '그래도'의 잘못. ☞ 그래도. <u>참</u> 주로 말할 때 쓴다. 『학습
사전』

위의 '짜장면'과 '그래두'의 경우는 가표제어의 한 예로 '자장면'과 '그래
도'의 표제항을 참조해야만 각각의 표제어에 대한 정보를 알 수 있다. 이
러한 예는 '소세지, 써비스, 싸인' 등의 외래어, 각종 구어적 표현 등에서
빈번하게 찾아볼 수 있는데, 실제 언어 현실을 반영할 때 이러한 구어적
표현들을 모두 '잘못'이라는 표지를 줄 것인지에 대해서는 의문의 여지가
있다.

복수 표준어의 경우도 역시 마찬가지인데, 적은 빈도로 쓰이는 것은 가
표제어로 선정하고 자주 쓰이는 표준어 아래에서 기술하는 것이 일반적이
다. 단 이때 빈도의 차이가 그리 크지 않아서 편찬자에 따라 주관적인 판
단이 개입할 수 있어서 문제의 소지가 있는데, 이러한 것들은 전자사전의
경우에는 큰 문제가 되지 않는다.

② 이형태

'이/가'나 '은/는', '을/를'의 경우와 같이 음운론적 이형태나 '-여'와 같이
'-아/-어'와 형태론적 이형태를 보이는 경우 이들을 가표제어로 실어줄 수
있다. 대체로 어미의 경우 이형태는 가표제어로 기술하고 내용 기술은 대
표형에서 보여 주는 경우가 많은데, 이는 인쇄사전에서 지면을 절약하면
서 사전 사용자의 검색의 용이성을 보장하기 위한 방법이다. 『연세』에서
는 가표제어로 처리하되, 뜻풀이는 생략하지만 용례를 제시하여 사용 환
경을 보이는 방법을 취하고 있다.

    (4) ㄱ. -ㄴ가(어미) 하게체의 종결어미. …이하 생략.

        ㄴ. -은가(어미) ☞-ㄴ가 ¶ 자네는 기억력이 좋은가? / 그 사람에 대해 정
확하게 알고 싶은가? <u>참</u> 받침 있는 형용사 어간 뒤에 쓰임. 『연세』

여기서 문제는 어떤 것을 대표 형태로 정하여 주표제어로 기술하고 어떤 것을 이형태 가표제어로 기술할 것인가, 이형태를 가표제어로 처리할 것인가 주표제어로 중복해서 기술할 것인가이다. 대표형태는 형태론적 분석 과정에 의거할 수도 있으나 실제 언어생활에서 빈도가 더 높은 형태를 정하는 방법도 있다.

물론 지면의 제약을 받지 않는 전자사전에서는 굳이 가표제어의 대상을 확대할 이유가 없다. 가표제어의 유형, 가표제어를 포함한 표제항의 미시 구조 정보 등에 대해서는 표제어의 유형과 사전 용도에 적절한 별도 체제 고안 및 연구가 필요하다.

③ 불규칙 활용형 및 축약형

불규칙 활용형이나 축약형을 가표제어로 등재하는 이유는 한국어에 대한 직관이 없어서 용언의 활용 형태를 통해 기본형을 재구해 낼 능력이 없는 학습자를 고려한 결과이다. 『학습사전』에서는 빈도가 높고 학습자들이 혼란을 일으키기 쉬운 활용형을 제시했는데 구체적으로는 다음의 경우를 중심으로 가표제어를 선정하였다.

다음은 가표제어로 선정된 활용 형태 선정 기준과 사전 기술의 예이다.

> (5) 『학습사전』의 가표제어 선정 기준
> - 어미와 결합할 때 기본형 어간이 바뀌는 것
> - 학습자들이 많이 찾아가는 활용형
> - 활용의 양상이 특수하고 난이도가 높은 경우
> - 불규칙 활용이 아니더라도 축약형만이 쓰이거나 주로 축약형이 쓰이는 경우
>
> (6) ㄱ. 가-5(가, 가서, 갔다) ☞ 가다.
>   ㄴ. 가-6(가는, 가니) ☞ 가다, 갈다.
>   ㄷ. 가느-(가는, 가느니) ☞ 가늘다.
> (7) 갈라-(갈라, 갈라서, 갈랐다) ☞ 가르다.
> (8) ㄱ. 갑작스러우-(갑작스러운, 갑작스러울, 갑작스러우면, 갑작스러우니)
>   ☞ 갑작스럽다.

ㄴ. 갑작스러워-(갑작스러워, 갑작스러워서, 갑작스러웠다) ☞ 갑작스럽
다.
(9) ㄱ. 가르쳐-(가르쳐, 가르쳐서, 가르쳤다) ☞ 가르치다.
ㄴ. 버텨-(버텨/버티어, 버텨서/버티어서, 버텼다/버티었다) ☞버티다

위에서 제시된 예에서 알 수 있듯이, 가표제어는 실제 표제항의 정보는
비어 있으나, 기존 주표제어와의 참조 정보를 제시함으로써 사용자로 하
여금 실제 정보에 도달하도록 한다는 점에서 가표제어의 표기 그 자체만
으로도 유용한 정보이다.

4. 표제어의 배열

사전에서 표제어를 배열하는 것의 주요 목적은 사전 사용자의 검색의
편의를 위한 것이다. 표제어 배열과 관련한 문제는 주표제어 배열뿐만 아
니라 부표제어, 가표제어의 배열 문제를 포함하며, 더 나아가서는 부표제
어 중에서도 속담, 관용구 등의 문장 이상의 단위에 대한 배열 체계까지
고려해야 하는 복잡한 문제이다. 하지만 최근 전자사전이 발달함에 따라
표제어 배열의 문제는 지면의 문제를 넘어서서, 인쇄사전과 또 다른 차원
의 논의를 필요로 하는 듯하다. 예를 들어 자판을 활용하여 검색하는 경
우, 주표제어 배열에 대한 논의보다는 주표제어 내 부표제어 배열에 대한
문제가 더 결정적인 문제가 될 것이며, 한 화면 내에 나타날 수 있는 주표
제어의 배열 문제 역시 또 다른 논의거리가 될 것이다. 여기서는 인쇄사
전을 중심으로 표제어 배열 문제를 간략히 다루기로 한다.

1) 가나다 순 배열과 동형어 배열 순서

주표제어의 배열 순서는 검색의 용이성을 고려하여 결정된다. 일반적으로 가나다 순 배열을 하되, 동형어의 경우 일정한 문법 범주의 순서로 배열한다.

현재 가나다 순 배열은 겹자음 배열 순서와 초성 'ㅇ'의 순서에 있어서 남북한 사전이 각기 다른 순서를 보이고 있는데, 남한은 '한글맞춤법'(1988년)의 규정에 따라 각각의 기본 자음에 대한 서술이 끝난 후에 각각의 겹자음이 오도록 하고 'ㅇ'은 현행 자모 순서대로 'ㅅ' 다음에 오게 되어 있으나 북한은 모든 기본 자음에 대한 설명이 끝난 후 맨 뒤에 겹자음만을 따로 모아 놓고 있으며 'ㅇ'을 맨 끝자리에 놓고 있다.

> (10) ㄱ. 남한 : ㄱ 가 기 ㄲ, ㄴ, ㄷ 다, 디 ㄸ, ㄹ, ㅁ, ㅂ, ㅅ, ㅇ, ㅈ,…
>   ㄴ. 북한 : ㄱ ㄴ ㄷ ㄹ ㅁ ㅂ ㅅ ㅈ ㅊ ㅋ ㅌ ㅍ ㅎ ㄲ ㄸ ㅃ ㅆ ㅉ ㅇ
>   야 어 여

한편, 다음과 같은 안을 생각해 볼 수도 있다.

> (11) ㄱ ㄲ 가 까 기 끼 ㄴ ㄷ ㄸ 다 따 디 띠…

이희자(2002)에서는 이러한 배열 순서가 외국인을 위한 한국어사전의 경우 더 적합할 수 있다는 가능성을 시사하고 있다. 이에 의하면 (11)과 같은 배열을 따를 경우, '가뭇가뭇하다ー까뭇까뭇하다', '감감하다ー깜깜하다' 등과 같이 형태론적으로 서로 밀접한 관계가 있는 어휘의 쌍들을 서로 인접하게 배열할 수 있다는 장점이 있다.

동형어 배열 순서는 일반적으로 다음과 같은 순서를 따른다.

> (12) 동형어 배열 순서
>   어휘 형태→문법 형태→가표제어의 순서를 따르며, 어휘 형태 내에서

는 '자립명사 → 의존명사 → 대명사 → 수사 → 동사 → 형용사 → 보조용언
(보조동사 → 보조형용사) → 관형사 → 부사 → 감탄사 → 조사'의   순서를
따른다.

단, 여기서 같은 동일 품사 동형어일 경우는 사전에 따라 별도의 지침
이 요구된다. 즉, 빈도의 기준을 적용하여 배열하거나, 기타 어휘 중요도
를 판별 자료로 하여 배열하는 방법이 있고, 고유어와 한자어 등 어원 중
심의 배열 방법이 있다. 물론 기술 사전의 경우는 고빈도의 동형어를 우
선적으로 배열한다.

2) 표제항 내 부표제어 배열 순서

단어 중심의 주표제어와 주표제어를 핵심적인 요소로 하는 부표제어의
배열 역시 표제어 배열과 관련하여 매우 중요한 변수로 작용할 수 있다.
Wiegand(1989)는 알파벳 순서 즉 자모 순서의 기준과 표제항 내 부표제어
배열 순서를 종합하여 다음과 같은 세 가지의 배열 순서를 제시한 바 있
다.16)

[1] 단순 알파벳(straight-alphabetical) 배열
주표제어에 귀속되는 부표제어가 없이 구, 합성어, 파생어 전체를 모두 주표
제어로만 배열함. 즉, 표제어들 간의 그룹 짓기를 하지 않는 구조. 『초등』

[2] 둥지 알파벳(nesting) 배열
주표제어를 중심으로 주표제어를 포함하는 구, 합성어, 파생어를 그룹 짓

---

16) 구명철(1997, 2001)에서 Wiegand(1989)에 근거하여 'glattalphabetisch'(영어 :
straight-alphabetical dictionaries, 국어 : 단순 알파벳 거시구조) 'nestalpha-
betisch'(영어 : nesting dictionaries, 국어 : 둥지 알파벳 거시구조) nischenalpha-
betisch(영어 : niching dictionaries, 국어 : 벽감 알파벳 거시구조(벽감 : 등잔이나
작은 물건을 얹어 놓기 위하여 벽면을 파고 만든 작은 공간))라 번역하여 상세히
설명하고 있다. 이희자(2002) 재인용

기로 모아서 배열하는 구조. 예) 『신기철·신용철 사전』

[3] 벽감 알파벳(niching) 배열

알파벳 순서가 지켜지는 범위 내에서만 그룹 짓기를 허용하는 구조. 이는 합성어나 파생어들을 기본 표제어를 중심으로 그룹짓기를 하여 배열하되 알파벳 순서가 우선적으로 고려되도록 한 것이므로 둥지 알파벳 구조에서 처럼 어휘들간의 관계 파악도 가능하고 알파벳 순서도 지키게 되는 배열. 『연세』

5. 맺음말

여기서는 사전 거시구조를 구성하는 표제어, 표제항의 정의와 유형, 표제어의 배열과 관련한 전반적인 사항들을 살펴보았다. 사전의 표제어나 부표제어의 선정 범위, 표제어·부표제어 간의 비율 등은 단지 사전의 규모와만 관련되는 것이 아니라 사전의 거시구조 및 미시구조, 사전 사용자 집단의 특성 등을 입체적으로 고려한 결과물이다. 따라서 사전 사용자 집단과 사전 편찬의 목적, 사전 편찬자의 언어학적 직관에 따라 동일한 언어 표현이라 할지라도 각 사전마다 다른 층위로 등재된다는 것은 당연한 일이다.

향후 표제어 선정과 관련한 과제는 변화하는 언어 환경에서 의미 있는 신조어 표제어를 어떻게 추출할 것이며, 어떤 범위로 등재할 것인가, 의미 있는 다중어휘단위(multi lexical unit)의 추출 및 기술을 어떻게 할 것이냐 등에 있다. 최근 사전 편찬에 말뭉치를 활용한 이후부터 관용표현과 연어의 목록과 기술이 풍부해졌으며, 『학습사전』(2006)에는 유의미한 다수 구 표현들이 부표제어 지위로 등재되었는데 그 수는 표제어의 수를 능가한다. 단, 각 어휘별 패턴(pattern)이나 화용적 기술이 필요한 상투표현은 대부분의 사전에서 충분히 등재되었다고 보기 어렵다. 향후의 사전 편찬에서 고려되어야 할 사항이다.

더 읽 을 거 리

① 표제어와 관련한 쟁점들은 실제 사전 편찬 과정이나 사전 편찬의 결과로 나온 분석에서 상세히 논의되었으므로 참조하기에 적절하다. 표준국어대사전 편찬 지침이나 이운영(2002)의 『〈표준국어대사전〉 연구 분석』이 대표적이다. 서상규 외(2003)에서는 실제 『학습사전』의 편찬 과정에서 표제어 선정의 과정을 상세하게 소개하고 있다.

② 국어사전 전반의 표제어 선정과 배열에 대해서는 김민수(1986), 남기심(1987)이 좋은 길잡이가 되며, 기타 특정 사전의 표제어와 관련한 연구로는 중사전에서의 표제어 선정에 대해 다룬 박동근(2005)를 오류말뭉치를 활용한 유의어 사전의 표제어 선정에 대해 논의한 송현주·최준(2008)을 참고할 수 있다.

 **연 습 문 제**

① 이희자(2003)에서는 각 사전에서 표제어 배열이 다른 예를 '가스'와 관련한 명사를 중심으로 예시하고 있다. 각 a, b, c가 각각 어떤 차이를 보이는지를 살펴보라. 또, 한국어 학습자 또는 일반인 등의 특정 사용자를 고려할 때, 사용자의 관점에서 어떤 배열이 적절한지 논의해 보자.

a형	b형	c형
가스	가스	가스
가스 계량기	가스 계량기	가스 계량기
가스관	가스 기관	가스관
가스 기관	가스 난로	가스 기관
가스 난로	가스 냉각	가스 난로
가스 냉각	가스 대사	가스 냉각
가스 대사	가스 도관	가스 대사
가스 도관	가스 마스크	가스 도관
가스등	가스 버너	가스등
가스로	가스 전구	가스로
가스 마스크	가스 탱크	가스 마스크
가스 버너	가스관	가스 버너
가스액	가스등	가스액
가스 전구	가스로	가스 전구
가스청정기	가스액	가스청정기
가스탄	가스청정기	가스탄
가스 탱크	가스탄	가스 탱크

〈표〉 표제어의 배열 방식의 예

❷ 아래 말뭉치 '화상'의 용례를 분석하여, '화상'이 몇 개의 동형어로 구분되는지를 기술하라.

#	콧잔등 주위에 몰려 있는 그의 천연두 자국이	___화상___	같다고 느낀다.
#	예를 들면 제2차 세계 대전 후에	___화상___	위원회와 국제 조사회에서 조사한 바에 의하면 약간의 무지한
#	"예수의	___화상___	있잖습니까. 예수의 그림 말예요.
#	중 '이별가', '십장가', '홍보가' 중 '박타령', 수궁가 중 '토끼	___화상___	' 등은 새로운 창제를 완성한 천재적 명창의 소리를 들을 수 있
#	한국의 참여는 한국에도 화랑이 있고	___화상___	활동이 전개되고 있다는 것을 알리는 기회는 되었으나 너무 늦
#	따라 암의 치료 방침이 상당히 달라지는데 엑스 선 사진 기타	___화상___	진단법을 기초로 해서 결정할 필요가 있다.
#	거칠어지지 않게 잘 씻은 다음 유제를 발라야 하고, 동상과	___화상___	. 탕화상 따위에 주의를 해야 함도 양축가의 겨울철 건강 상식
#	몰아넣었는데 그만 손으로 덥석 잡으면 될 것을 그 갱충쩍은	___화상___	, 뭐가 그리 겁이 나는지 회초리를 들고 단작거렸고, 보다 못한
#	"여기 지슴 놈자 붙일 자가 저	___화상___	말구 누가 또 있수?
#	"마누라, 보고싶었당." "아이고, 이	___화상___	언제 죽나.
#	그러나 속학에 불만을 품은 그는 황악산 직지사의 신묵	___화상___	밑에서 경학을 배우기 시작하여 출가를 하였다.
#	비하여야 할 약과 기구 간단한 상처의 소독, 치료 또는 종기,	___화상___	등에 바르는 외용약과 소화제, 해열제 등을 한두 가지씩 갖추어
#	석조 부도 양식의 기점을 이루는 이 염거	___화상___	탑은 8각 원당형으로 된 조형이다.
#	는 일광욕의 부작용을 급성과 만성으로 나누고 급성의 예로는	___화상___	, 피부 혹화 현상, 과민성 피부염이, 만성은 잔주름 검버섯(일
#	전기 고문은 반드시	___화상___	흔적…… 사진 공개할 수 없나.
#	조직 세포를 1천 배 가량 증식시킨 뒤 태반의 양수막에 입혀	___화상___	부위에 이식시키게 된다.
#	이런 화장품에는	___화상___	억제 효과의 정도를 나타내는 자외선 차단 지수 에스피에프가

	왼쪽 문맥	표제어	오른쪽 문맥
#	에 자외선 차단제가 들어 있는 화장품을 전신에 바르는 것도	화상	예방에 효과적인 방법이다.
#	박선효 일반 외과 과장 등	화상	전문진료 팀 4명이 교대로 밤낮을 이들의 곁에서 떠나지 않
#	이 과연 실현될 수 있는지. 이들이 한강 성심 병원 별관 2층	화상	중환자실에 나란히 누운 지 13일로 8일째. 지난 6일 오후
#		화상	부위는 79%지만 2도 화상으로 심도가 낮아 병원측은 상당히
#	저녁 공양과 예불을 마치고 나서 수태사에 내려온 도안	화상과	더불어 법회를 가졌다.
#	아동작품이 성인의 그것과 다른 점은 첫째로,	화상과	구성과 색채가 현실 세계에 소허의 구애됨이 없이 거의 절대적인
#	보다 중심적인 재미는 아마	화상과	도덕을 연결할 수 있는 정신의 발랄한 운동에 있다 할 것이
#	그렇게 진작 죽을	화상도	아니지.
#	고 고작 프랑스 주변의 몇몇 나라가 들러리로서 참여한 프랑스	화상들의	자축연 비슷한 것으로, 김이 빠져 버린 것이었다.
#	1979년이나 1981년만 하더라도 명실상부한 국제	화상들의	잔치처럼 흥청흥청했고 따라서 파리가 다시 미술의 중심지로서
#	전시장에 나가 본 나의 눈에도 유독 황의 작품이 많은 사람들과	화상들이	흥미로운 반응을 나타내는 것을 엿볼 수 있었다.
#	이 무슨 초자연의 냄새처럼 감돌고 있었고 벽에 그려진 수많은	화상들이	모종의 위압감을 주고 있었다.
#	샤먼의	화상들처럼	말예요.
#	맹세합니다만 이 뒤로는 공의 모습을 그린	화상만	보아도 절대 그 집에는 얼씬도 하지 않겠습니다.
#	주물 공장은 무쇠를 녹여 제품을 만들기 때문에	화상에	의한 안전사고가 자주 일어난다.
#	우리는 어린이의 손에 생긴 자상과 다리의	화상에	많은 관심을 표명한다.
#	보게나들, 저	화상에	흰자위가 허연 것 좀 보라구.

#	의 열로 네가가 뒤틀리거나, 주위의 금속에서 비친 반사광으로	화상에	아웃 포커스나 인화지의 포그현상을 나타내는 일이 있다.
#	"예수의	화상은	부적이나 우상이 아니웨다.
#	자외선	화상은	피부 암 위험 높아.
#	기술자가 되겠다는 말에 슬며시 쉰내 맡은	화상을	하고 있던 봉득이가 금방 생사람 얼굴을 하면서 주저앉히려고
#	압에 따라 차이는 있지만 전기고문은 피해자의 신체에 반드시	화상을	남긴다"고 말했다.
#	잡티를 남겨 노화를 촉진시키기도 하고 갑작스레 쬐면 햇빛	화상을	입기도 한다.
#	아시다시피 회랍에선 예수의	화상을	양치는 목자의 모습으로 그리구. 곳에 따라선 검둥이의 모습으
#	사람 음식 들어가는 입으로 짐승 다음가는 소리만 아갈거리던	화상을	생각하면 지금도 까마귀소리로 들려.
#	호랑이를 탄 수염난 노인의	화상을	건 곳도 있지만, 이것은 후세에 유교식으로 부회윤색된 것이다
#	사람들은 똥예의 험상궂은	화상을	보고 눈을 동그랗게 떴다.
#	보아도 점은 집합이 주밀하면 점의 특징을 잊어버리고 완전한	화상을	전달한다는 것을 알 수 있다.
#	머리를 깎고, 다시 시집가지 않기를 맹세하고, 남편의	화상을	그리어, 벽에 걸고, 그 옆에 의복을 차려 놓고, 낮밤으로 애곡
#		화상을	입은 몸으로 결혼을 하다니!
#	따라서 피부	화상을	피하기 위해서는 햇빛에 피부를 서서히 노출시키는 것이 가장
#	고 있는 주전자의 물을 엎지르거나 뜨거운 난로에 몸이 닿으면	화상을	입게 됩니다.
#	한번은 설다파나	화상을	찾아 갔다.
#	선계 대사는 또 사명사의 대장	화상을	방문하여 말을 건넸다.
#	거리의 사람들은 모두	화상을	입고 있었어요.
#	이는 스튜디오촬영에서 모니터 티브이의	화상을	보면서 적, 청의 색조를 원하는 대로 취향에 맞추어 보정하는
#	선계 대사는 또 인용	화상을	찾아 갔다.

의 줌렌즈가 채용되어 이이식이 되면서 누구나 아름다운 컬러 __화상을__ 손쉽게 찍을 수 있게 되었다.

적정 노출은 앞서 서술한 바와 같이 아름다운 컬러 __화상을__ 찍기 위한 중요한 조건이다.

발에 __화상을__ 입어 한 달간 대소변을 받아 내야 하는 고초도 겪었으며 공상

선계 대사는 금릉에 가서 청원 __화상을__ 보고 물었다.

양주에 가다가 혜광 __화상을__ 만났더니, '지금 하늘의 원 파리다가 비래봉에 있으니 가서 만

기본적으로 이상과 같은 절차로 아름다운 색채의 __화상을__ 얻을 수 있으나 흐린 날이나 아침 무렵, 형광등 조명 등 색 온

바라건대 __화상의__ 자비로 아버지의 태어난 곳을 가르쳐 주십시오.

만일 나온 __화상이__ 너무 어두우면 노광이 지나쳤고, 너무 밝으면 부족한 것이다.

복하여 무릎을 꿇고 맹세하기를, 이후에는 공의 형용이 그려진 __화상이__ 보이기만 하면 그 문 안에는 들어가지 않겠노라고 다짐학도 물

즈의 조리개 값을 조정하여 타켓트 면의 조도를 설정하면 좋은 __화상이__ 얻어진다.

명암의 데리케이트한 변화에 따라 __화상이__ 표현되었다.

이른바 갑인년 화재로 거의 다 소실된 것을 신화(1665~1737) __화상이__ 중건하였고 설봉(1621~1707)선사가 이곳에 주석하여 경전에 주

실물을 볼 수 있는 부도의 예로는 문성왕 6년에 건조된 염거 __화상이__ 가장 오래된 유품이다.

__화상이__ 너무 깊어서 구하질 못했소

영한 대로의 상태로 놓아두면 명암이 반전된 신호가 생겨 그 __화상이__ 언제까지나 남는 잔상을 "인화"라고 한다.

전선성 피부 살균제이므로 머리 비듬이나 비뇨기 질환은 물론 __화상이나__ 무좀에까지 효과가 있다고 할 수 있다.

앞으로는 이촌 삼촌도 없어질 판인데 사촌이 다 어디에 붙은 __화상이냐__ ?

제3장

발음 정보

1. 사전에서의 발음 정보

사전에서 표제어는 문자언어로 제시되기 때문에 표제어의 표기는 그 음성적인 실현과는 괴리가 있을 수 있다. 사전에서의 발음 정보는 표제어가 실현되는 음성 형식에 대한 정보로, 표제어가 단독으로 실현될 때의 발음과 다른 형태소와 결합할 때 실현되는 발음에 대한 정보로 나누어질 수 있다.

국어사전의 경우, 한글의 표음문자적 특성 때문에 대부분 발음을 한글로 표기한다. 외국인 학습자를 대상으로 하는 사전은 국제음성기호로 표시하기도 한다. 그러나 국제음성기호의 정확한 음가를 이해하고 발음하는 것은 전문가 수준의 지식을 요구하기 때문에 실제 사용자들에게 유용한지는 의문이다. 영어사전의 경우는 미국식 영어 발음과 영국식 영어 발음의 차이를 반영하는 것이 일반적이다.

사전에서 발음 정보의 문제는 먼저 발음 정보가 어떤 형식으로 표시되는가 하는 발음 정보 제시에 사용되는 표기 형식에 관한 것을 들 수 있다.

국어사전의 경우 국제음성기호(IPA)를 사용하는 사전과 한글로 표기하는 사전의 두 가지로 양분된다. 두 번째 문제로는 발음 정보를 제시하는 방식에 관한 것을 들 수 있다. 발음 정보를 사전의 어느 부분에서 어떻게 제공하는가 하는 것으로 사전마다 그 방식에 있어 차이를 보인다. 이와 관련하여 장음 등 초분절(suprasegmental) 요소 표시의 문제와 복수 발음 표시의 문제, 연음화, 경음화 등 규칙으로 설명할 수 있는 자동적 음운 변동을 보여줄 것인가 등의 문제를 언급할 수 있다. 세 번째로는 표제어가 실제로 문장에서 실현될 때 다른 형태소와 결합하면서 표제어의 음성 형식이 단독형과 달라지는 경우의 발음 정보를 어떻게 제시할 것인가의 문제가 있다. 국어는 교착어이기 때문에 가변어인 용언의 활용형과 체언의 곡용형에서1) 표제어 단독형의 발음과 달라지는 경우가 많은데 겹받침을 가진 용언과 체언의 경우 활용형과 곡용형이 상당히 복잡한 양상을 띠고 있어 사전에서 이러한 정보를 상세하게 기술해 주는 것이 필요하다. 네 번째는 표제어의 지위나 유형과 관련한 발음 정보의 문제로, 표제어냐 부표제어냐에 따라 발음 정보 제시가 달라질 수 있고 표제어 중 외래어, 비표준어, 방언, 고어, 준말 등에서 발음 정보가 제시되는지의 문제를 들 수 있다. 마지막으로 발음 정보 중 표준 발음은 아니지만 현실 발음에 대한 정보를 주어야 할 필요성에 대한 문제가 있다.

본론에서는 국내외에서 출간된 주요 국어사전의 발음 정보에 대한 실제적인 분석을 중심으로 위에서 제시한 국어사전의 발음 정보에 대한 몇 가지 문제를 하나하나 논의해 가도록 하겠다.

---

1) 용언이 어미와 결합하는 현상을 활용이라고 할 때 체언이 조사와 결합하는 것을 곡용이라 한다. 현행 학교문법에서 용언은 형태 변화를 하는 가변어로 분류하고 있다. 체언이 조사와 결합하는 현상은 준굴곡이라 하여 가변어와 불변어의 중간적인 것으로 보기도 한다.

2. 발음 정보 표기 형식

국어사전에서 발음 정보는 국제음성기호(IPA)를 사용한 경우와 한글 자모를 이용한 경우의 두 가지로 나뉜다. 국제음성기호를 사용한 사전으로는 일본에서 발간된 『코스모스』와 서상규 외(2006) 『학습사전』이 있다. 『코스모스』에서는 아래의 (1)과 같이 국제음성기호와 가타가나를 이용하여 발음을 제시하였다.

(1) 계획 〔keːhwek ケーフェク〕

『학습사전』에서는 표준 발음법에 따라 모든 표제어에 대해 한글 자모로 발음을 표시하고, 학습자의 편의를 위해 비교적 단순화한 IPA(International Phonetic Alphabet)로 함께 발음을 제시하였다. 예를 보이면 (2)와 같다.

(2) 결코^{☆☆★}(決-) 〔결코 kjəlkʰo〕 뮌
    바닷물〔바단물 padanmul〕 명
    금융(金融)〔금늉 kɯmnjuŋ/그뮹 kɯmjuŋ〕 명

『학습사전』에서 사용한 IPA 체계는 다음과 같다.

(3) IPA 체계
    『자음』

ㄱ [k/g/k˺]	ㄲ [kʼ]	ㄴ [n]	ㄷ [t/d/t˺]	ㄸ [tʼ]
ㄹ [r/l]	ㅁ [m]	ㅂ [p/b/p˺]	ㅃ [pʼ]	
ㅅ [s]	ㅆ [sʼ]	ㅇ [ŋ]	ㅈ [ts/dz]	ㅉ [tsʼ]
ㅊ [tsʰ]	ㅋ [kʰ]	ㅌ [tʰ]	ㅍ [pʰ]	ㅎ [h]

『모음』

ㅏ [a]	ㅐ [ɛ]	ㅑ [ja]	ㅒ [jɛ]	ㅓ [ə]	
ㅔ [e]	ㅕ [jə]	ㅖ [je]	ㅗ [o]	ㅘ [wa]	
ㅙ [wɛ]	ㅚ [ø / we]	ㅛ [jo]	ㅜ [u]	ㅝ [wə]	
ㅞ [we]	ㅟ [wi]	ㅠ [ju]	ㅡ [ɯ]	ㅢ [ɯi]	ㅣ [i]

일반 사전 사용자들에게는 국제음성기호가 생소할 수 있기 때문에 국제음성기호를 사용하여 발음 정보를 제시한 사전들에서도 한글이나 가타가나와 같이 사용자들이 쉽게 접근할 수 있는 방식을 병행하였다. 국제음성기호를 사용한 국어사전은 모두 외국인 학습자를 위한 학습사전이라는 유형적 특징을 가지고 있다. 『코스모스』는 국제음성기호를 앞에 제시하고 그 뒤에 가타가나를 이용하여 일본인 학습자가 쉽게 표제어의 발음 정보를 익힐 수 있게 하였다. 『학습사전』은 먼저 한글 자모를 이용하여 발음을 보여 주고 이에 해당하는 국제음성기호를 제시함으로써 음소 표기에서 보여줄 수 없는 음성적 차이를 나타내었다.

대부분의 국어사전에서는 한글 자모를 이용하여 발음 정보를 제시하였다. 먼저 『연세』의 발음 정보를 살펴보면 원칙적으로 '표준어 규정'(문교부 고시 제88-2 : 1988. 01. 19)의 '표준 발음법'을 따랐으며 한자 정보 다음에 〔 〕 안에 제시하고 장음도 발음 괄호 안에 표시하였다. 『표준』의 발음 정보 제시 방식도 이와 크게 다름이 없으며 『연세』와 『표준』 이전에 발간된 사전들은 한글 자모를 이용한 것은 동일하나 장음 표시의 문제에 있어 차이를 보인다.

(4) 『**연세한국어사전**』　　계획(計劃)〔계 : 획〕
(5) 『**표준국어대사전**』　　계획(計劃 / 計畵)〔계획 / 계획〕〔계획만[계훵 / 계휑]〕
(6) 『**우리말큰사전**』　　계:획1 計畵.計劃.
(7) 『**금성국어대사전**』　　계:획1 計劃.計畵 계획 / 계획
(8) 『**조선말대사전**』　　계획1 ⌐2:3⌐

(4)와 (5)의 차이는 발음 정보 표기 형식에 있는 것이 아니라 복수 발음을 표시해 주었느냐 그리고 곡용형의 발음을 제시했느냐에 있다. (6), (7)은 장음 표시를 발음 정보 구간에서 하지 않고 표제어에 표시하였다. 『조선말』의 발음 정보는 장음 표시를 높낮이를 나타내는 숫자와 함께 표시하였다는 점에서 특이하다. 초분절 요소의 표시에 관해서는 후술하기로 한다.

한글 자모를 이용하여 발음 정보를 제공하는 방식은 한글이 표음성이 강하고 모국어 화자에게 익숙하다는 장점을 가지고 있으나 외국인 학습자에게는 같은 음소가 위치에 따라 가지는 음성적 차이에 대한 정보를 제공할 수 없다는 단점이 있다.

(9) 『**학습사전**』 부부(夫婦) 〔부부 pubu〕

예를 들어 '부부'에서 'ㅂ'은 위치에 따라 무성음과 유성음으로 쓰이는데 한국어에서는 유무성의 대립이 없으므로 같은 음소가 된다. (9)에서처럼 국제음성기호로 표시하는 경우는 이러한 음성적 차이를 보여줄 수 있으나 한글 자모를 이용한 발음 정보 제시 방식으로는 이러한 정보를 제공할 수 없다.

(10) 『**학습사전**』
  ㄱ. 쥐 〔쥐 tswi〕
  ㄴ. 참외 〔차뫼 tsʰamø / 차뭬 tsʰamwe〕

(10ㄱ)과 (10ㄴ)에서 모음 'ㅟ'와 'ㅚ'의 발음을 보여 주고 있는데 'ㅟ'와 'ㅚ'는 자모 형태로는 하나의 모음이지만 표준 발음법에 의하면 단모음 혹은 이중모음으로 발음하도록 규정되어 있다.2) 그러나 현대 한국어에서

---

2) 표준발음법 제4항에서는 'ㅚ, ㅟ'를 단모음으로 발음하는 것을 원칙으로 하고 〔붙임〕 규정에서 이중모음으로 발음할 수 있다는 것을 부가하고 있다. 그러나 이는 현실 발음과 거리가 있다.

'ㅟ'를 단모음으로 발음하는 경우가 거의 없다는 사실을 두고 볼 때 국제
음성기호를 병기했을 때 표기와 발음의 차이에서 오는 문제점이 해소되는
것을 알 수 있다. 'ㅚ'는 'ㅟ'와 달리 단모음으로도 이중모음으로도 발음되
기 때문에 국제음성기호 사용은 사전 사용자에게 정확한 정보를 제공할
수 있다. 대부분의 국어사전에서 방언의 발음을 표시하고 있지 않지만 방
언의 발음도 한글 자모를 이용한 발음 정보 제공이 어렵기 때문에 방언
표제어의 발음 정보는 국제음성기호를 사용하는 것이 바람직할 것으로 보
인다.

3. 발음 정보 제시 방식

1) 규칙적인 음운 현상과 불규칙적인 음운 현상의 발음 정보 제시

한글 자모를 이용하여 발음 정보를 제시하는 국어사전에서 표제어의 표
기와 발음이 동일할 경우 발음 정보를 제시하지 않는다. 국제음성기호를
사용하여 발음 정보를 제공하는 『코스모스』나 『학습사전』에서는 표제어
의 표기와 발음이 동일하더라도 발음 정보를 제공한다. 즉 국제음성기호
를 사용하는 사전에서는 모든 경우에 발음 정보를 제시하게 된다. 예를
보이면 아래의 (11), (12)와 같다.

(11) 『**코스모스**』 모자 〔modza モジャ〕
(12) 『**학습사전**』 모자[1]★★★[머리] (帽子) 〔모자 modza〕

한글 자모를 사용하는 대부분의 사전에서 발음 정보가 제시되지 않는
경우는 표기와 발음이 일치할 때 이외에도 연음화, 경음화 등 음운 환경
으로 예측할 수 있는 규칙적인 음운 변동의 경우 발음 정보를 제시하지

않는다. 연음화의 경우 한글 자모를 사용하는 모든 국어사전에서 발음 정보를 제시하지 않고 있다. 경음화는 규칙적인가 아닌가에 따라 발음 정보 제시가 달라지는데 경음화 중 규칙적으로 예외 없이 일어나는 것, 예를 들어 받침 'ㄱ, ㄲ, ㅋ, ㄳ, ㄺ', 'ㄷ, ㅅ, ㅆ, ㅈ, ㅊ, ㅌ', 'ㅂ, ㅍ, ㄼ, ㄿ, ㅄ'에 연결되는 'ㄱ, ㄷ, ㅂ, ㅅ, ㅈ'의 경음화는 대부분의 국어사전에서 발음 정보를 제시하지 않는다. 경음화 중에서도 예외가 있는 경우는 발음 정보를 제시하였다. 다음은 『연세』의 발음 정보의 원칙 중 경음화와 연음화에 관련된 것이다.

> (13) 소리의 동화나 첨가가 일어난 것은 표시해 주되, 규칙적인 경음화나 격음과, 연음은 따로 표시하지 않았다. (『연세』 일러두기)

『연세』가 국어 화자뿐 아니라 외국인 학습자를 고려한 것이라면 (13)과 같은 원칙은 불합리하다. 경음화 중에서도 예외가 있는 경우는 발음 정보를 제시하고 있기 때문에 사전 사용자가 규칙적인 경음화의 경우 자칫 경음화가 아닌 것으로 오해할 여지가 있다.

> (14) **『연세』**
>   ㄱ. 안다 〔안 : 따〕
>   ㄴ. 갈등(葛藤)〔갈뜽〕
>   ㄷ. 문고리(門—)〔문꼬리〕

(14)는 『연세』에서 경음화의 발음 정보를 준 예이다. '안다'는 경음화 현상이 일어나지만 같은 환경인데도 '안기다'의 'ㄱ'은 경음화되지 않기 때문에 (14ㄱ)과 같이 발음 정보를 주었으며, 한자어에서 'ㄹ' 받침 뒤에 오는 'ㄷ, ㅅ, ㅈ'은 된소리로 나지만 같은 한자가 겹쳐진 '허허실실, 절절하다'와 같은 단어의 경우는 된소리로 발음되지 않기 때문에 (14ㄴ)과 같이 '갈등'의 발음 정보를 준 것이다. (14ㄷ)은 합성어에서의 사잇소리 현상인데 이도 역시 불규칙한 측면이 있기 때문에 발음 정보를 제시하였다.

『표준』에서는 규칙적인 경음화를 포함하여 모든 경우의 경음화의 발음 정보를 제시한다. 다음의 (15)는 『표준』의 예로, 대부분의 국어사전에서 규칙적인 경음화로 간주하여 발음 정보를 제시하지 않았던 '학교'도 발음 정보를 제시했음을 보여 준다.

(15) 『**표준**』
　　　ㄱ. 학교(學校)〔-꾜〕□
　　　ㄴ. 안다1 〔안 : 따〕
　　　ㄷ. 갈등(葛藤)〔-뜽〕
　　　ㄹ. 문고리1(門--)〔-꼬-〕

『금성』에서도 『표준』과 마찬가지로 경음화의 발음 정보를 모두 주었으나 『조선말』, 『우리말』, 『연세』 등에서는 규칙적인 경음화의 발음 정보를 주지 않았다. 사전 사용자는 음운론적 지식이 없기 때문에 '먹다'는 발음 정보가 없고 '신다'는 〔신따〕라는 발음 정보가 주어져 있다면 '먹다'의 발음은 표기 그대로 해야 하는 것으로 받아들일 수 있다. 특히 외국인 학습자의 경우는 이러한 문제가 더 심각하게 대두될 것이다.

경음화뿐 아니라 연음화의 경우에도 사전 사용자 입장에서 볼 때 발음 정보를 주어야 할 것으로 보인다. 연음화의 경계에 있는 초성 'ㅇ'은 받침에 위치하는 'ㅇ'과 달리 표기에서만 존재할 뿐 음성적인 가치는 없는 존재이기 때문이다. 또한 대부분의 국어사전에서 방언, 비표준어, 구 단위 표제어 등의 발음 정보는 제시하지 않고 있는데 이와 혼동될 우려도 있다. 대부분의 국어사전에서 구개음화나3) 비음화 등 규칙으로 설명할 수 있는 음운 현상의 경우에도 발음 정보를 주고 있는 것과 비교해 볼 때 경음화와 연음화만 규칙이라 해서 발음 정보를 주지 않는다는 것은 일관성과 논리성에서 어긋나는 측면이 있다. 그러므로 규칙적인 경음화나 연음화의

---

3) 『조선말』에서는 구개음화를 표시하지 않는데 이는 북한의 표준발음에 따른 것으로 보인다.

경우에도 해당 표제어의 발음 정보를 제시해야 할 것이다.

위의 (14), (15)의 발음 정보 표시에서 또 하나 차이를 보이는 것은 발음 정보 전체를 제시하였느냐 표제어의 표기와 달라진 부분만을 한글 자모로 주고 표제어의 표기와 동일한 부분은 '一'을 사용하여 표시하였느냐 하는 것이다. 『연세』에서는 표제어의 표기와 발음이 차이가 있으면 전체를 한글 자모를 사용하여 정보를 주었으나 『표준』에서는 표제어의 표기와 차이가 나는 부분만을 표시하였다. 사전 사용자의 입장에서 보면 (14)와 같이 전체를 다 제시하는 것이 훨씬 더 바람직하다.

2) 복수 발음 정보 제시

표준발음법에 보면 복수 발음을 인정하는 경우가 있는데 사전마다 이를 처리하는 방식이 다르다. 표준발음법 제5항에 보면 'ㅑ, ㅒ, ㅕ, ㅖ, ㅘ, ㅙ, ㅛ, ㅝ, ㅞ, ㅠ, ㅢ'는 이중모음으로 발음하는 것을 원칙으로 하고, 예외 규정으로 '예, 례' 이외의 'ㅖ'는 〔ㅔ〕로도 발음한다는 것, 단어의 첫음절 이외의 '의'는 〔ㅣ〕로, 조사 '의'는 〔ㅔ〕로 발음할 수 있다고 하였다. 『연세』에서는 표준발음법에서 허용한 복수 발음 중 원칙적인 발음 정보만을 제시하고 허용 발음에 대한 정보는 주지 않았다.

    (16) 『**연세한국어사전**』
        ㄱ. 회의[1](會議)〔회 : 의〕
        ㄴ. 촛불〔초뿔〕
    (17) 『**표준국어대사전**』
        ㄱ. 회의[4](會議) 〔회 : 의 / 훼 : 이〕
        ㄴ. 촛-불 〔초뿔 / 촌뿔〕「명」
    (18) 『**우리말큰사전**』
        ㄱ. 회:의[3](會議)
        ㄴ. 촛-불

(19) 『금성국어대사전』

ㄱ. 회:의^3(會議) 〔회의 / 훼이〕「명」

ㄴ. 촛-불〔초뿔 / 촏뿔〕「명」

표제어 '회의'의 발음은 〔회 : 의/회 : 이/훼 : 의/훼 : 이〕의 네 가지가 가능하다. 『연세』에서는 원칙적인 발음만을 인정하여 한 가지 발음 정보만을 주었고 이와 같은 맥락으로 『우리말』에서도 원칙만을 제시하였다. 물론 장음을 거시구조에서 표시하여 표면적으로 나타난 발음 정보에서는 차이가 있다. 『표준』에서는 가능한 네 가지 발음 중 원칙만을 택하거나 허용만을 택한 두 가지의 유형만을 제시하였다. 이는 『금성』에서도 마찬가지이다. 사전 사용자에게 가장 친절한 것은 네 가지 모두를 제시하는 방식이다. 하지만 대부분의 국어사전에서는 지면상의 제약과 더불어 지나치게 복잡한 정보 제시를 우려하여 복수 발음에 대한 정보를 제시한 것으로 보인다. 예를 들어 'ㅢ'의 발음은 '의사'에서와 같이 단어의 첫음절에 올 때는 〔ㅣ〕 발음을 허용하지 않기 때문에 복수 발음에 대한 정보는 모두 주는 것이 바람직하다. 사이시옷의 복수 발음이나 복수 발음을 가지는 용언 '계시다'의 경우도 『표준』과 『금성』에서만 제시하고 있는 것을 볼 수 있다.

3) 초분절 요소의 발음 정보 제시

국어사전에서 초분절 요소로 가장 중요한 것은 음장(音長)의 문제이다. 국어는 영어나 중국어와 달리 악센트, 높낮이 등의 초분절 음운이 의미를 분화하는 경우가 많지 않다. 현대 한국어에서는 음장조차도 변별요소로 작용하는지에 대한 의문이 제기되기도 한다.4) 하지만 대부분의 국어사전

---

4) 강희숙(1992 : 1)에서는 분절음과 별도의 층렬(tier)에서 작용하는 것으로 동일한 분절음 연속체의 의미차이를 야기시키는 초분절음소(suprasegmentals)로는 음장(length), 고저(pitch), 강세(stress), 억양(intonation) 등이 작용하게 되는데 현대국어는 분절

에서 음장은 여전히 중요한 운소로 표기되고 있다. 이병근(1990)에서는 『말모이』(1911)나 『조선어사전』(1920), 문세영의 『조선어사전』(1938) 등 19세기 말부터 1988년 발간된 사전에 이르기까지 음장에 대한 정보를 어떻게 제시하였는가에 대하여 상세히 기술한 바 있다. 음장에 대한 사전적 기술이 역사적으로 어떻게 변천해 왔는지에 대하여서는 이병근(1990)에 미루고 여기서는 최근 사전을 중심으로 음장에 대한 논의를 하려 한다.

음장에 대한 사전적 기술은 먼저 음장에 대한 정보를 표시한 위치와 방식에 대한 논의와 표제어의 음장과 이 표제어의 활용이나 곡용시 변화하는 음장에 대한 정보 제시의 문제로 요약된다. 최근 국어사전에서는 음장 정보는 ' : '로 표시하는 것이 일반적이다. 음장은 예 (18), (19)의 『금성』, 『우리말』 등과 같이 거시구조 안에서 표시하는 방법과 (16), (17)의 『연세』, 『표준』과 같이 발음 정보 구간 안에서 표시하는 방법이 있다. 거시구조 안에 음장을 표시하는 방법은 지면을 절약한다는 장점이 있으나 표제어의 표기와 발음이 달라지는 경우에 다른 발음 정보와 분리되어 통합적인 발음 정보를 제시하지 못하는 단점을 가지고 있다.

(20) 『**금성**』 알 : -맞다 〔-맏따〕
(21) 『**표준**』 알-맞다 〔알 : 맏따〕

(20)과 같이 음장을 거시구조 안에 표시하면 발음 구간에 주어진 다른 정보들과 분리되어 사전 사용자가 표제어의 발음 정보를 분리해서 받아들일 수밖에 없다. (21)과 같이 음장이 다른 발음 정보와 함께 제시되는 것이 더 바람직하다.

음의 상대적 음장을 변별적 자질로 가지는 음장 언어(chrone language)라고 인식되어 왔다고 하면서 국어의 장모음이 단모음과 대립하여 의미나 기능을 판별하는 운소로 볼 수 있는지는 여러 연구에서 그 기능이 점차 약화되어가고 있으며 특히 젊은 층에서는 그 기능이 희박해지고 있음을 지적하였다.

(22) 『**연세**』
　　ㄱ. 고소하다[1](告訴—)〔고ː소하다〕
　　ㄴ. 고소하다[2](苦笑—)
　　ㄷ. 고소하다[3]〔고소(ː)하다〕

　『연세』에서는 심리적 장음을 인정하여 (22ㄷ)과 같이 (ː)로 표시하였다. 이는 장음이 화자의 주관적 판단에 따라 개입될 수 있음을 의미한다. 그러나 김선철(2006 : 121)에서 지적되었듯이 수의적 장음과 표현적 장음을 구분하지 않은 단점을 가지고 있다. 『한국어표준발음사전』(1984)에서도 정의적(情意的) 표현의 발음 표시를 (ː)로 나타내기도 하였다. 표제어 단독형의 음장 표시가 아닌 용언의 활용형과 체언의 곡용형의 음장 표시에 관해서는 '4. 굴절형의 발음 정보'에서 상술하기로 하겠다.

　『조선말』의 경우는 특이하게도 음장 표시 이외에 소리의 높낮이를 표시하였다. 『조선말』은 높낮이를 표제어 뒤에 숫자 1, 2, 3으로 표시하였는데 이 숫자는 고성능스펙트르분석기로 측정한 결과를 평균한 것으로 1은 낮은소리, 2는 보통소리, 3은 높은소리를 의미한다. 음장은 높낮이를 나타내는 숫자 옆에 두 점을 찍어서 표시하였다. 예를 들어 보이면 다음의 (23)과 같다.

(23) 『**조선말**』
　　ㄱ. 강가〔-까〕② ②
　　ㄴ. 가매지다 ②ː ③ ② ①

4. 굴절형의 발음 정보

　국어는 교착어이기 때문에 체언과 용언은 실제 문장에서 조사나 어미와 결합한 형태로 쓰인다. 모든 국어사전에서 표제어의 발음 정보를 제시하고 있지만 체언의 곡용형과 용언의 활용형에 대한 발음 정보 제시는 소홀한 편이다. 사전 사용자가 언어생활에서 발음하는 것은 표제어의 단독 형태가 아니라 대부분 조사, 어미 등 교착 요소가 결합된 굴절형태이다.

    (24) 『**표준**』 먹다1 〔-따〕 〔먹어, 먹으니, 먹는〔멍-〕〕

(24)와 같이 동사의 기본형은 사전에서나 표제어 형태로 제시될 뿐 실제 사용되는 일이 없다. 실제 사용되는 형태는 발음 정보 다음에 나오는 '먹어, 먹으니, 먹는' 등의 활용형이기 때문에 활용형의 발음 정보가 표제어 단독의 발음 정보보다 더 중요하다. 표제어 단독 형태의 발음 정보와 이 표제어가 곡용되거나 활용되었을 때의 발음이 차이가 있는 경우가 많으므로 굴절형의 발음 정보 제시가 반드시 필요하다. 그러나 모든 사전에서 표제어 단독의 발음 정보 제시를 필수적인 요소로 생각하는 반면 활용과 곡용의 굴절형의 발음 정보 제시는 소홀한 편이다. 국어는 조사 200여 개, 어미 1,700여 개로, 교착 요소의 수가 적지 않기 때문에5) 모든 활용형과 곡용형을 다 제시할 수는 없다. 이중 몇 개를 대표형으로 골라 표제어에 교착 요소가 붙었을 때 보이는 음운 변화에 대한 정보를 효과적으로 주어야 한다.

1) 체언 곡용형의 발음 정보

『우리말』과 『금성』에서는 표제어 단독형의 발음 정보만을 제시하였다. 체언의 곡용형을 제시하지 않았기 때문에 이에 대한 발음 정보도 주지 않았다. 『연세』에서는 겹받침을 가진 말이나 대표음으로 발음되는 말이 어

---

5) 이희자·이종희(1998)에는 조사가 229개가 수록되어 있으며 이희자·이종희(1999)에는 어미가 1,763개(이형태 포함)가 표제어로 수록되어 있다.

떤 조사와 결합하여 쓰일 때 그 변이음을 보이기 위해, 조사 '이', '만'과의 결합꼴을 보이고 그 발음을 표시하였다. 단, 조사 '이'가 붙어서 구개음화가 될 경우에는 '을'과의 결합꼴도 보여 주었다. 『표준』의 경우도 조사 '만'이 결합하여 자음동화 현상이 일어나는 경우 조사 '이'와 결합하여 구개음화 현상이 일어나는 경우를 보여 주되 조사 '을'과의 결합형을 함께 보여 준다. 'ㅈ, ㅊ, ㅋ, ㅍ/ ㄹㄱ, ㄹㅁ, ㄹㅂ/ㅄ/ㄲ' 따위로 끝나는 체언에서는 주격 조사 '이'와의 결합형과 함께 순수한 연음화인 경우에도 발음 정보를 제공한다.

(25) 『**연세한국어사전**』
　　ㄱ. 빗¹[빋] 〔빗이[비시], 빗만[빈만]〕
　　　 빚[빋] 〔빚이[비지], 빚만[빈만]〕
　　　 빛[빋] 〔빛이[비치], 빛만[빈만]〕
　　　 참빗[참빋]
　　　 불빛[불삗]
　　ㄴ. 값[갑] 〔값이[갑씨], 값만[감만]〕
　　ㄷ. 밭[받] 〔밭이[바치], 밭을[바틀], 밭만[반만]〕
　　ㄹ. 죽¹(粥)
(26) 『**표준국어대사전**』
　　ㄱ. 빗¹[빋] 〔빗만[빈-]〕
　　　 빚[빋] 〔빚이[비지], 빚만[빈-]〕
　　　 빛[빋] 〔빛이[비치], 빛만[빈-]〕
　　　 참빗[-빋] 〔참빗만[-빈-]〕
　　　 불빛[-삗] 〔불빛이[-삐치], 불빛만[-삔-]〕
　　ㄴ. 값 〔갑〕 〔값이[갑씨], 값만[감-]〕
　　ㄷ. 밭01 〔받〕 〔밭이[바치], 밭을[바틀], 밭만[반-]〕〕
　　ㄹ. 죽¹〔죽만[중-]〕
(27) 『**조선말대사전**』 값 〔갑(갑시)〕

　『연세』에서는 (25ㄱ)과 같이 표제어 단독의 발음은 중화되어 같지만 조사 결합시에 발음이 달라지는 것을 곡용형과 함께 발음 정보로 제시하였다. 『표준』의 경우는 (26ㄱ)에서와 같이 'ㅅ' 받침의 경우는 조사 '이'와의 결합을 제외하여 연음화를 보이지 않았고 이에 비해『연세』는 받침 'ㅅ'의 경우도 연음화의 예를 제시하였다.『연세』에서는 이들이 참여하는 합성어에는 표제어 단독의 발음 정보만을 제시하고 곡용형 및 곡용형의 발음 정보는 제시하지 않은 반면『표준』에서는 합성어의 경우도 곡용형을 제시하고 그 발음도 함께 보여 주었다.

 (25ㄴ), (26ㄴ)은 겹받침을 가진 표제어의 발음 정보를 보인 것이고 (25ㄷ), (26ㄷ)은 조사 결합시 구개음화 현상을 보이는 표제어의 발음 정보를 보인 것이다. 표제어 표기와 동일한 발음 부분을 생략했느냐의 여부를 제외하고는 두 사전이 유사하다.『연세』는『표준』보다 곡용형의 발음 제시에 있어서 덜 적극적이다.『연세』에서는 받침이 중화되거나 겹받침을 가진 표제어를 제외하고는 비음화 환경에 있는 곡용의 예를 제시하지 않았는데, (26ㄹ)에서 보듯이 비음화의 곡용 예를 제시하고 그 발음 정보를 함께 보여준『표준』과 대조적이다.

 (27)의『조선말』의 경우는 겹받침을 가진 표제어 등 매우 한정적인 표제어에서만 곡용형의 발음을 보였으며 이도 곡용의 표기 형태를 함께 제시하지 않고 표제어 단독형의 발음 정보 구간에 겹받침이 모두 실현되는 환경만 간략히 보였다.

『코스모스』에서도 체언의 곡용형 중 조사 '이'와 '만' 결합형을 보임으로써 겹받침이나 중화가 되는 받침의 실현 정보와 비음화 정보를 주었다.

(28) 『**코스모스**』
   ㄱ. 빗 〔pit　ピッ〕 ~이 〔piʃi ピシ〕,　~만〔pinman ピンマン〕
   ㄴ. 빚 〔pit　ピッ〕 ~은 〔piʤɯn ピジュン((書))/pisɯn　ピスン((話))〕,　~이 〔piʤi ピジ((書))/piʃi　ピシ((話))　〕,　~만 〔pinman　ピンマン〕
   ㄷ. 빛 〔pit　ピッ〕 ~은 〔pittʃhɯn ピッチュン((書))/pisɯn ピスン((話))〕,　~이 〔pittʃhi ピジ((書))/piʃi ピシ((話))　〕,　~만 〔pinman　ピンマン〕

『코스모스』는 곡용형의 발음 정보를 제시할 때 표제어에 따라 조사 '은'
과의 결합형의 발음 정보를 제공하였다. 특이한 것은 (28ㄴ), (28ㄷ)에서
와 같이 표제어가 문어체('書'로 표시)와 구어체('話'로 표시)와 같이 문체에
따라 발음이 달라지는 경우 이를 제시하였다는 것이다.

　『학습사전』에서는 체언이 조사와 결합하여 표기 형태와 발음이 달라지
는 경우 그 달라진 발음을 표제어의 모든 정보를 제시한 후 맨 아랫부분
에 '발음하기'라는 항목에서 제시하였다.

(29) 『학습사전』
　　ㄱ. 값★★★〔갑 kapˇ〕명
　　　발음하기 「값이〔갑씨 kap̚s'i〕, 값만〔감만 kamman〕」
　　ㄴ. 햇볕〔해뼏 hɛp'jət̚/핻뼏 hɛt̚p'jət̚〕명
　　　발음하기 「햇볕이〔해뼈치 hɛp'jətɕʰi〕, 햇볕을〔해뼈틀 hɛp'jətʰɯl〕,
　　　　햇볕만〔해뼌만 hɛp'jənman〕」

　(29)에서 구개음화의 경우 조사 '을' 결합을 더 보였으며 곡용형의 발음
도 표제어 단독 발음과 마찬가지로 한글 자모와 국제음성기호 두 가지로
제시하였다.

2) 용언 활용형의 발음 정보

　용언의 활용형을 보이고 발음 정보까지 제시한 국어사전은 『연세』와 『표
준』, 『코스모스』, 『학습사전』 등이 있다. 『조선말』은 아래의 (30)과 같이
불규칙 용언에 한하여 두 가지 정도의 활용형을 제시하였으나 이에 해당
하는 발음은 주지 않았다.

(30) 『조선말』 길다 ②: ① (기니, 기오) 「형」

　『우리말』과 『금성』은 활용형과 발음 정보를 제시하지 않았다. 국어가 교착어이며 체언과 용언이 주로 교착 요소와 결합을 통하여 문장에서 실현된다는 점을 두고 볼 때 국어사전에서 활용형과 그 발음 정보는 반드시 주어야 하는 필수 정보라 여겨진다.

　『표준』의 용언 활용형의 발음 정보 기술에 대하여 살펴보자.

> (31) 『표준』
> ㄱ. 길다1〔길 : -〕〔길어, 기니〔기 : -〕, 기오〔기 : -〕〕
> ㄴ. 많다 〔만 : 타〕〔많아〔마 : 나〕, 많으니〔마 : 느-〕, 많소〔만 : 쏘〕〕
> 　　굵다 〔국 : 따〕〔굵어〔굴 : 거〕, 굵으니〔굴 : 그-〕, 굵고〔굴 : 꼬〕, 굵지〔국 : 찌〕〕
> ㄷ. 밟다 〔밥 : 따〕〔밟아, 밟으니, 밟고〔밥 : 꼬〕, 밟는〔밤 : -〕, 밟지〔밥 : 찌〕〕
> 　　밝다 〔박따〕〔밝아, 밝으니, 밝고〔발꼬〕, 밝는〔방-〕, 밝지〔박찌〕〕「I」
> ㄹ. 놓다1 〔노타〕〔놓아〔노-〕(놔〔놔 : 〕), 놓으니〔노--〕, 놓는〔논-〕, 놓소〔노쏘〕〕「I」
> ㅁ. 되다1〔되-/뒈-〕〔되어〔되어/뒈여〕(돼〔돼 : 〕), 되니〔되-/뒈-〕〕
> ㅂ. 가지다 〔가지어〔--어/--여〕(가져〔-저〕, 가지니〕「I」
> ㅅ. 막다1 〔-따〕〔막아, 막으니, 막는〔망-〕〕
> 　　긋다1〔귿 : 따〕〔그어, 그으니, 긋는〔귿 : -〕〕

　『표준』은 용언 활용형 중 특이한 활용형과 함께 발음 변화가 나타나는 활용형을 제시하는 것을 원칙으로 한다. 용언의 활용형의 발음 정보도 표기 형태와 발음이 다를 경우만 표시한다. 『표준』에서는 활용형을 많게는 6개 이상 제시하여 사전 사용자에게 많은 정보를 제공하려 하였다. (31ㄱ)은 ‘ㄹ’ 불규칙 용언인데 표제어 단독으로는 첫음절이 장음으로 나던 것이 모음으로 시작되는 어미와 결합할 때는 단음으로 변한 것을 보여 주었다. (31ㄴ)은 장음인 첫음절이 모음 어미와 결합 시에도 단음이 되지 않는 예외이다. (31ㄷ)은 겹받침 용언의 활용형과 그 발음 정보를 제시한 것이다. (31ㄷ)의 ‘밟다’와 ‘밝다’는 표제어 단독 발음은 겹받침의 두 번째 받침이 실현되지만 활용형에 따라 발음이 달라지기 때문에 모국어 화자들

도 흔히 틀리기 쉬운 발음이다. (31ㄹ)은 활용형의 줄어든 형태도 함께
제시하고 해당 발음을 보여 주었으며 단음이었던 것이 줄어들면서 장음이
되는 것을 보여 주고 있다. (31ㅁ)은 표제어 단독 발음이 복수 발음인 경
우인데 활용형의 발음에서도 두 가지의 발음을 모두 보여 주었다. (31ㅂ)
은 표제어 단독 발음이 복수 발음은 아니지만 활용형에 따라 복수 발음을
허용하는 경우이다. (31ㅅ)은 비음화 환경에 있는 활용형을 보여 주고 그
발음 정보를 제공한 예이다. 『표준』은 그 이전에 나온 사전에 비하여 활
용형과 그 발음 정보를 비교적 상세히 기술하였다.

　다음은 『연세』의 발음 정보 기술의 예이다.

> (32) 『연세』
> ㄱ. 길다1 〔기는, 길어, 깁니다〕
> ㄴ. 많다〔만 : 타〕 〔많은〔마 : 는〕, 많아〔마나〕, 많습니다〔만 : 씀니다〕〕
> 　　굵다1〔국따〕 〔굵는〔궁는〕, 굵어〔굴거〕, 굵습니다〔국씀니다〕〕
> ㄷ. 밟다〔밥 : 따〕 〔밟는〔밤 : 는〕, 밟아〔발바〕, 밟습니다〔밥 : 씀니다〕〕
> 　　밝다1〔박따〕 〔밝는〔방는〕, 밝아〔발가〕, 밝고〔발꼬〕, 밝습니다〔박씀
> 　　니다〕〕
> ㄹ. 놓다1〔노타〕 〔놓는, 놓아(놔〔놔 : 〕), 놓습니다〕
> ㅁ. 되다1 〔되는, 되어(돼), 됩니다〕
> ㅂ. 가지다 〔가지는, 가지어(가져), 가집니다〕
> ㅅ. 막다 〔막는, 막아, 막습니다〕
> 　　긋다1〔귿 : 따〕 〔긋는〔근 : 는〕, 그어〔그어〕, 긋습니다〔귿 : 씀니다〕〕

『연세』에서는 용언 활용형의 발음 정보 제시의 원칙에 대하여 '활용꼴
에 따라 장·단음이 변하는 경우나 겹받침으로 끝나 그 발음이 어려운 것
은 활용꼴 각각에 발음을 함께 보여 주었고 축약형에서만 장·단음이 변
할 경우에는 그것만 발음을 표기해 주었다. 이때 연음, 경음화, 구개음화
등 모든 음운 현상을 적용하여 표기하였다'고 일러두기에 밝혔다. 일러두
기의 원칙이 약간 모호한 바가 있는데 활용형이 장·단음이 변하였거나
어려운 것에 한해서 발음 정보를 주었다는 것인지 연음, 경음화, 구개음

화 등 모든 음운 현상에 대한 발음 정보를 주었다는 것인지가 불분명하다. 예를 보아 미루어 짐작하건대 장단음 변화나 어려운 경우에 한정하여 활용형의 발음 정보를 준 것으로 보인다. 그러나 '어렵다'고 하는 것이 주관적일 수 있고 모국어 화자뿐 아니라 외국인 학습자도 고려한다면 (32ㄹ)에서 '놓는'이나 '놓습니다'와 같이 활용형의 표기 형태와 발음이 다른 경우의 발음 정보도 보여 주는 것이 바람직할 것이다. (32ㅁ), (32ㅂ)은 (31ㅁ), (31ㅂ)과 비교해 볼 때 『연세』가 허용 발음을 인정하지 않고 원칙적인 발음만을 제시하였다는 것을 알 수 있다. 『표준』이 표기 형태와 같은 발음을 한글 자모로 제시하지 않은 것과 달리 『연세』에서는 활용형의 발음 정보에서도 해당 부분의 발음 표시 전부를 한글 자모로 표기하였다.

　『코스모스』에서 용언 활용형의 발음 정보는 더욱 풍부하다.

(33) 『코스모스』

ㄱ. 듣다[tɯt'ta トゥッタ], 들어[tɯrɔ トゥロ], 들은[tɯrɯn トゥルン], 듣네[tɯnne トゥンネ]

ㄴ. 들다[tɯlda トゥルダ], 들어[tɯrɔ トゥロ], 드는[tɯnɯn トゥヌン]

ㄷ. 바꾸다[pa'kuda パックダ], 바꾸어[pa'kuɔ パックオ]((書))/바꿔[pa'kwɔ パックウォ]((話))/바꽈[pa'kwa パックワ]((話))

ㄹ. 나가다[nagada ナガダ], 나가[naga ナガ]

ㅁ. 반갑다[pangap'ta パンガプタ], 반가워[pangawɔ パンガウォ]〈반가와〉[pangawa パンガワ], 반가운[pangaun パンガウン], 반갑네[pangamne パンガムネ]
　・반갑게[pangap'ke パンガプケ] / 반가이[pangai パンガイ], 반가워=하다[pangawɔ-hada パンガウォハダ]〈반가와=하다〉[pangawa-hada パンガワハダ]

ㅂ. 밝다[pak'ta パクタ], 밝아[palga パルガ], 밝네[paŋne パンネ], 밝는[paŋnɯn パンヌン], 밝고[pal'ko パルコ]
　・밝게[pal'ke パルケ] 밝아=지다[palga-dʒida パルガジダ], 밝히다[palkhida パルキダ], 밝혀[palkhjɔ パルキョ]

동사의 경우 주로 부사형 '-어/-아'와 관형형 '-는' 꼴의 활용형 정보와 이에 대한 발음 정보를 제시하였으나 (33ㄹ)에서와 같이 동사에 따라 활용형을 하나만 제시하기도 하고 (33ㄱ)의 '듣네'처럼 비음화 현상이 있는 활용형을 함께 제시하기도 하였다. (33ㄷ)을 보면 체언 곡용형의 발음 정보 제시에서와 같이 문어체와 구어체에서 주로 쓰이는 활용형을 보이고 해당 발음을 제시하였다. 형용사의 활용형의 발음 정보는 부표제어로 '-게' 꼴의 발음 정보를 주었다. 이도 역시 비음화 환경이 제시되기도 한다. 『코스모스』는 국내에서 나온 국어사전보다 사전 사용자인 일본인 한국어 학습자 입장에서 필요한 많은 정보를 제시한 것이 특징이다. 그리하여 용언 활용형의 발음 정보 제시에서도 보다 유연한 편찬 태도를 보인다.

『학습사전』도 곡용형의 경우와 마찬가지로 '발음하기'라는 별도의 난에서 용언 활용형의 발음 정보를 비교적 상세히 제시한 편이다.

(34) 『학습사전』

ㄱ. 빼앗다 〔빼앋따 p'ɛat˺t'a〕 동
　　발음하기 「빼앗는〔빼안는 p'ɛannɯn〕, 빼앗아〔빼아사 p'ɛasa〕, 빼앗습니다 〔빼앋씀니다 p'ɛat˺s'ɯmnida〕」
　　묻다² 【땅에】 〔묻따 mutt'a〕 동
　　발음하기 「묻는 〔문는 munnɯn〕, 묻어 〔무더 mudə〕, 묻습니다 〔묻씀니다 mut˺s'ɯmnida〕」

ㄴ. 다니다 〔다니다 tanida〕 동
　　발음하기 「다니는〔다니는 taninɯn〕, 다니어〔다니어 taniə/다니어 tanijə〕(다녀〔다녀 tanjə〕), 다닙니다〔다님니다 tanimnida〕」

ㄷ. 가다 〔가다 kada〕 동
　　발음하기 「가는〔가는 kanɯn〕, 가〔가 ka〕, 갑니다〔감니다 kamnida〕, 가거라〔가거라 kagəra〕」

ㄹ. 닳다*** 〔달 : 따 ta : ɭt'a〕 동
　　발음하기 「닳는〔달 : 는 ta : ɭnɯn〕, 닳아〔달마 talma〕, 닳습니다 〔달 : 씀니다 ta : ɭms'ɯmnida〕, 닳고〔달 : 꼬 ta : ɭk'o〕, 닳지〔달 : 찌 ta : ɭtɕ'i〕」

　하얗다***〔하 : 야타 ha : jatʰa〕 형
　　발음하기 「하얀〔하 : 얀 ha : jan〕, 하얘〔하 : 얘 ha : jɛ〕, 하얗습
　　　　니다〔하 : 야씀니다 ha : jas'ɯmnida〕, 하얗고〔하 : 야코
　　　　ha : jakʰo〕, 하얗지〔하 : 야치 ha : jatsʰi〕」
ㅁ. 마비되다(痲痺--)〔마비되다 mabidøda/마비돼다 mabidweda〕 동
　　발음하기 「마비되는〔마비되는 mabidønɯn〕, 마비되어〔마비되어
　　　　mabidøə/마비되여　　　mabidøjə〕　　　(마비돼〔마비돼
　　　　mabidwɛ〕), 마비됩니다〔마비됨니다 mabidømnida〕」
ㅂ. 관하다 〔관하다 kwanhada〕 동
　　발음하기 「관한〔관한 kwanhan〕, 관하여〔관하여 kwanhajə〕(관해
　　　　〔관해 kwanhɛ〕)」
　　비하다 〔비하다 pi : hada〕 동
　　발음하기 「비하면〔비 : 하면 pi : hamjən〕, 비하여〔비 : 하여 pi :
　　　　hajə〕(비해〔비 : 해 pi : hɛ〕)」

　『학습사전』은 관형형, 연결형, 종결형을 대표적으로 보였으며, 그 옆에 발음을 제시하였다. (34ㄴ)에서와 같이 활용형이 줄어드는 경우 괄호 안에 넣어 보였으며 해당 발음에 대한 정보도 주었다. (34ㄷ)에서는 '거라' 불규칙과 같이 어미가 불규칙한 경우의 활용형과 발음 정보를 보였다. (34ㄹ)의 '닭다', '하얗다'처럼 겹받침을 가지거나 'ㅎ' 받침을 가진 용언의 경우 일반적인 세 가지 활용형 이외에 '-고', '-지' 형을 함께 보여 주었다. (34ㅁ)은 표제어 단독 발음이 복수 발음일 경우 활용형에서는 복수 발음을 보여 주지 않았다. 단 '가지다'의 경우와 같이 활용형에서 복수 발음이 나타나는 경우에는 이를 '발음하기'에서 보여 주고 있다. (34ㅂ)에서와 같이 용언의 활용형이 제약되는 경우는 가능한 활용형을 보이고 발음 정보를 제공하였다. 『학습사전』의 활용형 발음 정보도 비교적 상세하고 풍부하다. 특히 별도로 '발음하기'라는 난을 활용하여 체언와 용언의 굴절형 정보를 준 것은 제2언어 학습에서의 발음 정보의 중요성을 보여준 것이라 할 수 있다.

5. 표제어의 유형별 발음 정보

표제어에는 주표제어와 부표제어가 있는데 대부분의 국어사전에서는 주표제어에서만 발음 정보를 제시하고 부표제어의 발음 정보는 주지 않는다. 주표제어라 할지라도 표제어가 단어 이하의 단위가 아니라 구 단위이면 이에 대한 발음 정보를 주지 않는다. 그러나『코스모스』는 발음 정보에 있어서는 여타의 국어사전보다 풍부하고 다양한 정보를 제시하고 있다. 표제어의 지위나 유형에 상관없이 모든 표제어 단독형의 발음 정보를 제공하고 있을뿐더러 곡용형이나 활용형의 발음 정보, 연어의 발음까지도 제시하고 있으며 표제어에 접미사, 어미, 불완전명사, 명수사가 결합될 때 달라지는 발음 정보까지도 보여 주었으며 예문과 예로 든 단어의 발음도 필요한 경우 표시하였다.

『학습사전』의 경우는 부표제어 중에서 '명사＋동사'나 문법 형태가 관여한 부표제어의 경우는 발음 정보를 주지 않았으나 '명사＋명사' 형인 부표제어의 발음 정보는 제시하였다.

(35) 『학습사전』
    ㄱ. ▶무역 적자(貿易赤字)〔무 : 역쩍짜 mu : jək˺ʦʼək˺ʦʼa〕
       ▶사립학교(私立學校)〔사리팍꾜 sariphak˺kʼjo〕
    ㄴ. 사회¹★★★【사회】(社會)〔사회 sahø/사훼 sahwe〕명
       ▶사회사업(社會事業)〔사회사업 sahøsaəp˺〕
       발음하기 「사회사업이〔사회사어비 sahøsaəbi〕, 사회사엄만〔사회사엄만 sahøsaəmman〕」
    ㄷ. 주식¹【소유】(株式)〔주식 ʦusik˺〕명
       ▶주식회사(株式會社)〔주시쾨사 ʦusikʰøsa/주시퀘사 ʦusikʰwesa〕
    ㄹ. 예 ▶전자수첩(電子手帖)〔전 : 자수첩 ʦə : ndzasutsʰəp˺〕
       발음하기 「전자수첩이〔전 : 자수처비 ʦə : ndzasutsʰəbi〕, 전자수첩만〔전 : 자수첨만 ʦə : ndzasutsʰəmman〕」

(35ㄴ)에서와 같이 표제어에 복수 표준 발음이 있는 경우는 이를 부표제어 발음에서만 보이고, 그 활용에서는 반복해서 제시하지 않았지만 (36ㄷ)에서처럼 표제어가 아닌 부표제어 자체의 발음에서 복수표준발음이 나올 경우는 이를 제시하였다. '명사+명사' 형 부표제어도, (35ㄹ)과 같이 'ㄴ, ㄹ, ㅁ, ㅇ' 외의 받침이 있는 경우, 조사 '-이', '-만'과의 쓰임이 가능하면 이를 제시하였다.

『학습사전』에서는 외래어 및 외래어가 결합된 표제어와 부표제어에 모두 발음을 제시하였다.

> (36) 『**학습사전**』
> ㄱ. 마이크 〔마이크 maikʰɯ〕 Ｅ mike. 몡
> 피시 〔피시 pʰisi〕 Ｅ PC. 몡
> 관광호텔(觀光 hotel) 〔관광호텔 kwangwaŋhotʰel〕 몡
> ㄴ. ▶ 콘텍트렌즈 〔콘텍트렌즈 kʰontʰɛk˺tʰɯrendzɯ〕 Ｅ contact lens.
> ▶ 할인마트(割引 mart) 〔하린마트 harinmatʰɯ〕

대부분의 국어사전에서는 표제어 중에서 외래어나 방언, 준말 등의 특수한 유형의 발음 정보는 생략하는 경우가 많다. 『연세』와 『학습사전』에서는 외래어의 현실 발음 정보를 참고 정보로 주었다.6)

> (37) 『**학습사전**』
> ㄱ. 마사지 〔마사지 masadzi〕 Ｅ massage. 몡
> 참 말할 때는 〔마싸지 mas'adzi〕로 발음하기도 한다.
> 세트 〔세트 setʰɯ〕 Ｅ set. 몡
> 참 말할 때는 〔쎄트 s'etʰɯ〕로 발음하기도 한다.

---

6) 『학습사전』의 일러두기에서는 외래어의 현실 발음 제시와 관련하여 '외래어는 표기와 발음이 같아야 함이 원칙이지만, 실제로는 '시디'나 '스트레스'처럼 표기와는 다르게 발음되는 경우가 많다. 그러므로, 일반적이고 널리 쓰이는 현실 발음을 보여, 학습자들의 의사소통에 실제적인 도움을 주고자, 외래어 및 외래어가 결합된 말이 표준 발음과 다르게 발음되는 경우는 '참'에 실제로 많이 쓰이는 발음을 제시하였다.'와 같이 기술하고 있다. 김종덕(2008 : 71~74)에서도 국어사전에서 외래어에 대한 발음 정보의 제시 필요성에 대하여 언급한 바 있다.

ㄴ. 관광버스(觀光 bus) 〔관광버스 kwangwaŋbəsɯ〕 몡
　　㉂ 말할 때는 〔관광버쓰 kwangwaŋbəs'ɯ/관광뻐쓰 kwangwaŋp'əs'
　　ɯ〕로 발음하기도 한다.

『코스모스』에서는 외래어의 현실 발음을 '구어체' 표시인 ((話)) 표지를
달아 발음 정보 구간에서 제시하였다.

(38) 『코스모스』
　　버스〔pɔsɯ ポス((書)) / 'pɔsɯ ポス((話))〕

『학습사전』에서는 조사, 어미, 접사 등의 문법 형태소들의 발음 정보를
상세하게 보인 바 있는데 조사의 경우 발음의 변화가 없는 경우까지 포함
하여, 모든 조사에 대해 체언과 함께 쓰인 경우의 발음을 제시하였으며,
앞에 오는 체언들은 기본적인 단어들을 위주로 하였다.

(39) 『학습사전』
　　ㄱ. 과³★★★ 〔과 gwa/꽈 k'wa〕 조
　　　　발음하기 「손과 〔손과 songwa〕, 밥과 〔밥꽈 pap˙k'wa〕, 말과 〔말
　　　　　　　　: 과 ma : lgwa〕」
　　　　조차★☆★ 〔조차 dzotsʰa/쪼차 ts'otsʰa〕 조
　　　　발음하기 「식사조차〔식싸조차 sik˙s'adzotsʰa〕), 직업조차〔지겁쪼차
　　　　　　　　tsigəp˙ts'otsʰa〕, 눈길조차〔눈낄조차 nunk'ildzotsʰa〕」
　　　　발음하기 「공부밖에〔공부바께 koŋbubak'e〕, 밥밖에〔밥빠께 pap˙p'
　　　　　　　　ak'e〕, 일밖에〔일 : 바께 i : lbak'e〕」
　　　　부터★★★ 〔부터 butʰə/뿌터 p'utʰə〕 조
　　　　발음하기 「나부터〔나부터 nabutʰə〕, 대낮부터〔대 : 낟뿌터 tɛ : nat
　　　　　　　　˙p'utʰə〕, 오늘부터〔오늘부터 onɯlbutʰə〕」
　　ㄴ. 를★★★ 〔를 rɯl〕 조
　　　　발음하기 「공부를〔공부를 koŋburɯl〕, 나를〔나를 narɯl〕, 친구를
　　　　　　　　〔친구를 tsʰingurɯl〕」
　　　　와³★★★ 〔와 wa〕 조
　　　　발음하기 「친구와〔친구와 tsʰinguwa〕, 학교와〔학꾜와 hak˙k'jowa〕」

조사의 경우 (39ㄱ)에서처럼 앞에 어떤 체언이 결합되느냐에 따라 발음이 달라지는데 이를 '발음하기' 난에서 보여주었으며 (39ㄴ)처럼 조사의 발음이 변화하지 않은 경우에도 발음 정보를 주었다.

    (40) 『학습사전』

        ㄱ. -ㅁ에도 〔메도 medo〕((어미))

           발음하기 「감에도〔가메도 kamedo〕, 넒에도〔널 : 메도 mə : lmedo〕,

                먹음에도〔머그메도 məgɯmedo〕」

        ㄴ. -지[3]★★★ 〔지 dʑi/찌 ʦ'i〕((어미))

           발음하기 「가지〔가지 kadʑi〕, 먹지〔먹찌 mək˺ʦ'i〕, 걸지〔걸 : 지 kə

                : ldʑi〕」

        ㄷ. -다니까[1]☆☆★ 〔다니까 danik'a/따니까 t'anik'a〕((어미))

           발음하기 「크다니까〔크다니까 kʰɯdanik'a〕, 작다니까〔작 : 따니까

                ʦa : k̚t'anik'a〕, 멀다니까〔멀 : 다니까 mə : ldanik'a〕」

『학습사전』은 모든 어미에 대해 용언과 결합할 때의 발음을 제시하였다. 동사가 어울릴 수 있는 어미에는 "가다, 먹다, 걸다, 하다, 알다, 오다, 찾다, 잡다"를 기본으로 하였고, 형용사가 어울릴 수 있는 어미에는 "크다, 작다, 멀다, 예쁘다, 좋다"를 위주로 하였으며, 이밖에 "아니다, 놀다, 바쁘다, 신나다, 싸다, 사다" 등의 용언을 이용해 발음이 변하는 환경을 제시하였다.

    (41) 『학습사전』

       -가[3]☆★☆ 【종로3가】 (街) 〔가 ga/까 k'a〕 접

       발음하기 「이가〔이 : 가 i : ga〕, 육가〔육까 juk̚k'a〕, 칠가〔칠가 ʦʰilga〕」

       -기[3] 【달리기】 〔기 gi/끼 k'i〕 접

       발음하기 「달리기〔달리기 talligi〕, 찾기〔찬끼 ʦʰat̚k'i〕, 풀기〔풀기 pʰ

           ulgi〕, 크기 〔크기 kʰɯgi〕, 굳기 〔굳끼 kut̚k'i〕, 밝기〔발끼

           palk'i〕」

(41)에서처럼 앞에 결합된 말들에 의해 접사의 발음이 달라지는 경우,

그 발음을 '/'로 보였으며, '발음하기'에서 이러한 발음 변화의 환경을 함께 제시하였다. 문법 형태소의 경우 앞뒤에 오는 요소에 따라 발음이 달라지기 때문에 외국인 학습자를 위한 사전에서는 상세하고 풍부한 발음 정보 제시가 필수적이다.

6. 맺음말

지금까지 국어사전에서 발음 정보는 의미 정보나 형태 정보 등 표제어의 다른 미시 정보에 비하여 소홀하게 취급되어 온 경향이 있다. 이는 한글이 소리글자이므로 한국어는 소리 나는 대로 쓰고 표기대로 읽으면 된다는 통념 때문인 듯하다. 그러나 표기법은 인위적인 것이며 음성언어의 변화를 그때그때 반영하지 못하기 때문에 문자언어와 음성언어는 필연적으로 차이를 보일 수밖에 없다. 어휘는 실제 발화에서 단독형으로 쓰이는 것이 아니라 다른 어휘나 형태소들과 결합하면서 다양한 이형태의 모습으로 실현된다는 사실을 두고 볼 때 발음 정보는 보다 중요한 요소로 부각되어야 한다.

사전에서 발음 정보는 사전의 유형이나 편찬 원칙에 따라 달라질 수 있다. 종이사전이 아닌 전자사전의 경우 표제어의 발음 정보를 기호가 아니라 실제 음성으로 대신할 수 있다. 특히 학습사전에서는 발음 정보를 문자, 국제음성기호 등의 기호가 아닌 실제 음성이 더 효과적일 수 있다. 그러나 실제 음성을 녹음하여 이를 제시하는 경우에도 시각적인 기호가 함께 제시되는 것이 더 바람직하다. 장음이나 악센트 등의 초분절 음소는 시각적 기호를 통해 학습자의 주의를 집중시킬 필요가 있기 때문이다. 본론에서 기존 사전을 분석한 결과에서도 드러났듯이 발음 정보는 모국어 사용자를 위한 사전보다 외국인 학습자를 위한 사전에서 보다 중요한 요

소로 작용하여 학습사전에서 보다 상세한 정보가 제시되는 것으로 생각된
다. 기존의 국어사전에서 발음 정보는 주로 단어 단위의 표준어, 그것도
단독형에 대한 정보가 주를 이루었으나 앞으로는 단어뿐 아니라 조사, 어
미, 접사 등의 형태소 단위와 구 단위의 발음 정보도 제시되어야 할 것이
며 표준어뿐 아니라 방언, 비표준어 등이나 그밖에 발음 정보 제시의 사
각지대라 할 수 있는 외래어 등의 발음 정보에 관해서도 보다 관심을 가
지고 유연한 태도를 보여야 할 것이다.

더 읽 을 거 리

❶ 국어사전에서의 발음 정보에 대한 논의는 그리 많지 않다. 1993년 국립국어원의 〈새국어생활〉 3-1에서 '한국어의 발음'에 대한 특집이 있으니 참조하라.

❷ 최근 국어사전의 발음 정보에 대한 새로운 제안에 대하여서는 김선철(2006), 김종덕(2008)을 보라.

❸ 음장에 대한 사전적 기술이 역사적으로 어떻게 변천해 왔는지에 대하여서는 이병근(1990)을 참조하라.

연 습 문 제

1 다음의 자료들의 발음 정보를 각종 사전에서 찾아보고 사전 사용자를 위하여 어떤 정보를 제시하는 것이 바람직한지에 대하여 논하라.

ㄱ. 효과, 자장면, 꽃, 빛

ㄴ. 검열, 획득, 회의, 계속

ㄷ. 소시지(sausage), 택시(taxi), 골대(goal-), 금배지(金badge), 급브레이크(急brake), 온라인(on-line)

ㄹ. 촛불, 고갯길, 김칫국, 바닷가

---

2 다음의 '고소하다1, 2, 3'이 실제 발화에서 음장으로 구분되는지에 대하여 토론해 보라.

• <u>고소하다1</u>(告訴─)[고 : 소하다] 동 피해자가 경찰이나 법률 기관에 사실을 알려 죄를 지은 사람을 처벌할 것을 요구하다.¶발행인과 부사장이 대판 싸우고 나자 부사장이 사기로 발행인을 고소했다는 소문이 나돌기 시작했다. / 사장은 그를 명에 훼손죄로 고소하겠다고 으름장을 놓았다. / 고소한다고 하면 누가 겁낼 줄 알아요? / 남편이 구타하더라도 고소할 수 있는 아내는 몇 안 된다.

• <u>고소하다2</u>(苦笑─) 동 아니꼽거나 불만스러워서 마지못해 웃다.¶아침에 고속 버스를 타고 오면서 느꼈던 그 위화감을 문득 떠올리고 나는 혼자 고소하였다. / 지하철 안에서 포옹을 하고 있는 두 젊은 남녀를 보면서 나는 고소하지 않을 수 없었다.

• <u>고소하다3</u>[고소(:)하다] [고소한, 고소하여(해), 고소합니다] 형 [I] 깨나 땅콩처럼 기분 좋은 맛이나 냄새가 나다.¶따끈한 녹차에 곁들인 깨강정의 고소하고 달콤한 맛은 별미였다. / 올케언니는 부엌에서 지글지글 고소한 기름 냄새를 풍기며 음식을 만들었다.
[II] (미운 사람이 잘못되는 것을 보고) 속이 시원하고 재미있다.¶다른 사람들은 내가 소장에게 당하고 있는 것이 고소하다는 듯이 킬킬대고 있었다. / 난 야단을 맞고 있는 동생이 어전지 고소한 기분이 들었다. / 처음엔 강 여사가 곤욕을 치르는 꼴이 은근히 고소하다는 생각까지 들기도 했었다.

제4장

품사 정보

1. 품사와 품사 정보의 기능

이 장에서는 이론 문법에서의 '품사'와 사전 표제항의 정보 항목으로서의 '품사 정보' 간의 상관성과 사전의 품사 정보 제시에 있어서의 쟁점들을 살펴볼 것이다.

학교문법에서는 품사(part of speech)를 '단어를 문법적 성질의 공통성에 따라 몇 갈래로 묶어 놓은 것(남기심·고영근 1985 : 58)'으로 정의하고, 품사 분류의 기준을 기능(function), 형태(form), 의미(meaning)로 제시하고 있다. 이러한 품사 분류 기준에 따른 학교문법의 9품사 체계는 일반적인 국어사전에서도 대체적으로 받아들여지고 있는데, 단 어휘 개별적 정보, 특히 사용상의 정보를 중요하게 다루는 사전에서는 학교문법에서의 9품사 체계를 포함하여 부가적인 정보들을 추가하고 있기도 하다. 즉, 사전에서는 표제어가 단어 이하의 단위나 두 단어 이상을 대상으로 할 경우에 어근, 접사, 준꼴 등과 같은 문법 범주 정보도 제시하기도 하고, 자·타동사 정보나 의존명사 등 품사의 하위 유형에 대한 정보까지 제시하므로 사전에서의 품사 정보는 엄밀히 말해 품사 정보라기보다는 문법 범주 정보(gram-matical category information)라고 할 수 있다. 따라서 여기서의 논의는 사전에서 학교문법의 9품사와 더불어 국어사전에서 품사 정보란에 9품사와 대등한 정보 항목으로 제시되는 어근, 접두사 / 접미사, 형성소, 준꼴, 분류사, 존재사, 지정사 등의 전체를 대상으로 한다.

사전에서 품사 정보의 기능은 표제어의 문법적 특성을 명시함으로써 사용자에게 해당 표제어의 실제 사용 정보를 제시하는 것이다. 단, 이때 유의해야 할 사항은 품사 정보 제시의 목적이 표제어를 국어학적 이론적 체계 속에 넣어 분류하는 데에 있지 않다는 점이며, 엄격한 품사 체계를 준수할 것인가 아니면 사용자 중심의 사용 정보 제시를 위한 융통성 있는 분류 결과를 제시할 것인가는 사전의 유형에 따라 다를 수 있다는 점이다. 예를 들어 『표준』에서 어근류를 주표제어로 제시하고 이에 대해 '어근'이라고 명시한 것, 『연세』에서 '형성소'를 따로 분류한 것 등은 사용자의 관점에서 다시 생각해 볼 여지가 있으며, 『학습사전』에서 '이다'를 규범문법에서와 같이 서술격조사로 명시할 것인가는 재고의 여지가 있다.

또한 품사 정보는 품사통용을 보이는 동형어의 경우, 의미를 구분해 주는 기능을 하며, 동형어 각각의 실제 사용 정보를 명시해 주는 기능을 한다. 특히 학습자 사전에 있어서 품사 정보는 표제어의 문법적 특성을 기술함으로써 사전 사용자에게 그 언어의 문법에서의 규칙성에 대한 지식을 가지게 하는 학습 정보를 제공할 수 있다.

국내 연구의 경우 품사 정보 전체를 대상으로 한 논의는 그리 많지 않다. 대부분의 연구는 몇몇 개별 품사의 경계와 기술 방법에 대한 논의로, 사전의 용도와 사용자 대상을 고려한 품사 체계 전반에 대한 거시적인 고찰이 필요하다. 이와 관련하여 특히 필요한 것은 사전 사용자를 염두에 둔 품사 정보의 유용성, 사용자를 고려한 품사 체계 개발의 필요성에 대한 사용자 조사 연구이다.

몇몇 서구권의 연구를 살펴보면, Sevensén(1993)에서는 수동사전(passive

dictionary)에서 품사 정보는 중요한 정보이지만 모국어화자용 단일언어사전이나 이중언어사전, 특히 그 이중언어사전이 능동사전으로 사용될 경우에 품사 정보는 그리 중요하지 않다고 한 바 있으며, Bartholomew and Schoenhals(2003)에서는 언어 특성이나 문화에 따라 품사 및 하위 문법 정보들이 달리 주어질 수 있다는 것을 몇 가지 언어의 예를 들어 예시하고 있다. 이에 따르면 언어에 따라 품사 정보에 더하여 부가될 수 있는 문법 정보로 명사류의 정보로는, 무정/유정 명사의 정보, 양도성소유명사와 비양도성소유명사 정보, 수 정보 등이 있고 용언류의 정보로는, 동사의 어휘상 정보와 타동성 유형 정보 등이 있다.

일반적으로 수동사전·이해사전의 성격을 띠는 국내 국어사전의 경우는 관행상 품사 정보가 미시구조 정보 항목의 필수적인 항목으로 포함되는 경향이 있고 대부분 규범적인 품사 체계를 크게 벗어나지 않는 것이 국내 사전학계의 현실인 듯하다.

그렇다면 국어학적 관점에서 특정 사전 유형에 적합한 품사 정보의 유형은 어떤 것이 있으며 품사 부류의 어떤 범위까지 제시하는 것이 사용자에게 가장 유용한가? 물론 이에 대한 대답은 간단하지 않다. 이를 제시하기 위해서는 위에서 언급한 바와 같이 사전 유형뿐만 아니라 사전 사용자, 언어의 유형적 특성, 사전 용도 등이 종합적으로 고려되어야 하기 때문이다. 특히 한국어 학습자를 위한 이중언어사전일 경우에는 대조언어학적 관점에서 학습자의 모국어도 고려해야 할 필요도 있을 것이다. 또한 다른 관점에서 사전 품사 정보 체계 내에서의 균형성과 각 품사 정보 표지의 기능부담량도 고려할 수 있다.[1]

여기서는 다음 몇 가지 관점에서 사전에서의 품사 정보의 기능과 품사 정보 제시의 쟁점을 살펴보고 실제 사전 편찬에서의 품사 정보 제시의 접근 방법들을 모색해 보기로 한다.

---

1) 대표적인 예로, 『연세』의 품사 정보 표지 전체를 대상으로 한 각 품사별 분포는 다음과 같이 분석된다.

2. 학교문법에서의 '품사'와 사전 정보로서의 '품사 정보'

사전의 품사 정보를 살펴보기 위해서는 우선 학교문법이나 이론 국어학에서의 품사의 정의와 품사 제시의 문제점들을 살펴볼 필요가 있다. 국어학적 관점에서 학교문법에서의 품사 분류 체계의 문제들은 조사와 어미의 단어 설정과 관련한 문제, 존재사나 '이다' 관련 논쟁, 체언의 하위분류 문제, 관형사 및 접속사 설정 여부, 어근의 지위 문제 등 여러 관점에서 이미 논의되어 온 바 있다. 또한 품사 통용어나 문법화 과정에 있는 언어 단위들의 문제 역시 사전의 품사와 관련하여 다루어지기도 했다. 이러한 이론적 문제들은 실제 사전 편찬 과정에서 끊임없는 문제가 제기되어 왔으나 어떤 일치된 견해에 이르고 있는 것은 아니다.[2]

사전 품사 정보 체계에서 국어 품사 체계와 달리 나타나는 특성은 학교문법의 9품사 체계 외에도 품사 세분류 표지와 준품사 표지를 명시한다는 것으로 구분하여 설명할 수 있다. 전자의 경우는, 일반적인 국어사전에서

품 사	표제어수	비 율	품 사	표제어수	비 율
명 사	30,774	62.093%	의존명사	314	0.643%
대명사	107	0.216%	수 사	86	0.174%
동 사	9,358	18.882%	형용사	2,899	5.849%
보조동사	36	0.073%	보조형용사	11	0.022%
관형사	925	1.866%	부 사	2,403	4.849%
감탄사	159	0.321%	조 사	197	0.397%
어 미	932	1.881%	자 모	30	0.061%
접두사	174	0.351%	접미사	368	0.743%
조음소	1	0.002%	준 꼴	584	1.178%
형성소	203	0.410%			
합 계	49.561	100%			

〈연세한국어사전 표제어의 품사별 분포〉

2) 물론 지금까지 관행적으로 주어졌던 사전의 품사 정보가 사전 사용자에게 얼마나 도움이 되는지, 어떤 유형의 사용자에게 어떤 영역의 언어 활동에서 품사 정보가 활용되는지에 대해서는 검증되어야 할 필요가 있다. 이에 대해서는 사전 사용 실태 조사 및 사용자 요구 분석 조사 등이 필요하다. 설문지 및 사용자 요구 조사와 관련한 주요 논의는 Tono(2002) 참조.

9품사에 더하여 품사 하위 유형 정보를 제시하는 경우를 가리키는 것으로 일반적으로 의존명사, 자동사 / 타동사 / 보조동사, 보조형용사의 품사 세분류 정보가 제시된다. 후자의 경우는, 사전의 표제어가 주로 자립적인 어휘로 구성되지만 어근, 접사, 어미 등의 단어 이하의 요소가 표제어로 등재되는 경우나 두 단어 이상이 축약되어 하나의 단어처럼 쓰이는 경우에 부가하는 표지, 즉 준품사 표지를 가리킨다. 이 경우 사전에 따라서는 접사를 접두사와 접미사로 구분하여 제시하기도 하고, 어근이 표제어로 제시될 경우는 별도의 품사 표시를 추가하고 있기도 하며, 『연세』의 경우 두 품사의 축약 형태에 대해서는 준꼴이라는 표지를 부여하고 있기도 하다.

다음은 국내외 한국어사전에서의 품사 정보 유형을 표로 나타낸 것이다.

사 전	9품사	품사 세분류	준품사	기타 표지	비 고	총 계
『연 세』	명사, 대명사, 수사, 동사, 형용사, 부사, 관형사, 조사, 감탄사	의존명사, 보조동사, 보조형용사	접두사, 접미사, 어미, 준꼴, 형성소	자모, 조음소	'준꼴', '형성'	19개
『표 준』	명사, 대명사, 수사, 동사, 형용사, 부사, 관형사, 조사, 감탄사	의존명사, 보조동사, 보조형용사	어미, 접사		'어근'에 대한 정보는 뜻풀이에서 제시됨.	14개
『조선말』	명사, 수사, 대명사, 동사, 형용사, 관형사, 부사, 감동사, 토		앞붙이, 뒤붙이		불완전명사, 자동사, 타동사 등의 정보가 품사 뒤에 별도 기술.	11개
『학습사전』	명사, 대명사, 수사, 동사, 형용사, 부사, 관형사, 조사, 감탄사	의존명사, 보조동사, 보조형용사	어미, 접사, 준꼴			15개
『코스모스』	명사, 대명사, 수사, 동사, 형용사, 존재사, 지정사, 부사, 관형사, 감탄사, 조사, 후치사, 접속사	의존명사, 분류사, 형용명사, 자동사, 타동사	어미, 접두사, 접미사			21개

〈표 4-1〉 국어사전의 품사 정보 유형

위 표에서 제시된 바와 같이 대개 사전용 약물로 명시되는 품사 정보는 9품사를 제외한 나머지 세분류나 문법 범주에 대한 표지 각각이 사전에 따라 각기 다르다. 몇 가지 대표적인 예를 들면, 『연세』는 '준꼴'을 품사 정보의 하나로 제시하지만 『표준』은 준꼴에 대한 품사 정보를 제시하지 않는다.

(1) ㄱ. 내6 **준꼴** 〔대명사 '나'와 조사 '의'가 합하여 쓰이는 꼴로〕 나의. 『연세』
　　ㄴ. 내13 '나03 『I』'에 관형격 조사 '의'가 붙어 줄어든 말. ¶내 것 / 내 생각 / 이리 와서 내 가까이 서 있어라. / 내 걱정은 하지 말게. / 그 일은 내 개인적인 문제이다. §「참」내10. 〔내<용가> ←나+-의〕 『표준』

한편, 다음에서 볼 수 있듯이 『조선말』과 『금성』은 주격조사와 결합하는 대명사 '내'의 의미 항목 중 하나로 처리하여 또 준꼴에 대한 또다른 기술을 보이고 있다.

(2) ㄱ. 내07 「대」 ① 대명사 "나"의 주격형태. 주로 주격로 "가"를 붙어 쓴다. ② 대명사 "나"의 속격형태. 어떤 경우에도 속격토, "의"는 붙지 않는다. 『조선말』
　　ㄴ. 내04 I 「대」(인칭) 【∨나3+이8】 주격 조사 '가' 위에 쓰이는 제1인칭 단수 대명사. ‖ ~가 제일이다. II①'나의'가 준 말. 『금성』

위 '내'의 경우 대명사와 조사의 결합형이 새로운 축약 형태를 보이고 있는데 이는 대명사 또는 조사만으로 기술할 수 없는 문법적, 의미적 기능을 보인다. 따라서 『조선말』과 『금성』의 기술은 이론적으로 적절하지 않다.

이러한 사전에 따른 품사 제시의 차이점은 어근류 표제어의 경우에도 마찬가지이다. 대표적으로 『연세』는 어근류 표제어에 '형성'이라는 품사 표지를 명시하는 반면, 『표준』의 경우는 품사 표지는 생략되어 있고 대신 뜻풀이에 '어근'이라는 정보를 제시한다. 다음은 『연세』, 『표준』의 어근류 표제어 '강력'의 예이다.

(3) ㄱ. **강력**(强力)〔강녁〕〈형성〉 ① 힘이나 효력이 강한. ¶닿기만 하면 죽죽
　　　 갈라지는 강력 스테인레스 제품, 자 구경들 해 보시고 마음에 드시면
　　　 사십시오. ¶파리는 강력 살충제로 박멸해야만 됩니다. ② 강력하게
　　　 실시하는. ¶서명 강행과 강력 단속 방침이 맞선 가운데 개헌 서명 운
　　　 동의 서전이 벌어지고 있다. 『연세』
　　 ㄴ. **강력03**(强@力) '강력하다'의 <u>어근</u>.
　　　 강력-하다〔-녀카-〕「형」「1」 힘이나 영향이 강하다. ¶강력한 군대 /
　　　 강력한 대책 / 약효가 강력하다 / 개혁 정책을 강력하게 추진해야 한다
　　　 …중략…
　　　 강력-히〔-녀키〕「부」=『강력하다 〔1〕 . ¶그는 지방 자치제 실시를 강
　　　 력히 촉구하였다. / 영업부에서는 신제품에 대한 자료 제공을 강력히
　　　 요구했다. §『표준』

　실제로 두 사전은 품사 정보 제시에 있어서도 다를 뿐만 아니라 어근류
표제어의 등재 및 어근 범주 판정에 있어서 상당히 다른 관점을 보이고
있다. 즉, 『연세』의 경우 용언 및 부사의 어근으로만 쓰이는 '용감-, 착-,
강경-' 등은 표제어에 등재되지 않고 비자립적이지만 비교적 생산적인 구
형성에 참여하는 '원시, 국제, 강력' 등을 '형성소'라는 범주의 표제어로 제
시하고 있다. 반면, 『표준』의 경우 '원시, 국제' 등은 명사로 기술하고 있
으며, '용감-, 착-' 등을 주표제어로 등재하고 있다. 이때 '용감하다, 착하
다'는 주표제어 하위의 부표제어로 기술된다. 여기서 중요한 것은 지금까
지의 사전에서 제시된 일반적인 품사 정보의 유형이 사전 사용자의 관점
에서 타당하며, 충분한 정보로 활용가치가 있느냐 하는 것이다.

　한국어의 품사 정보는 현행 품사 분류 체계가 단어의 형태·통사적 특
성 및 의미적 특성을 모두 함축하고 있다는 점에서 중요한 정보지만 동시
에 사전 사용자들에게 난해한 정보이기도 하다. 무엇보다 사전이 현행 품
사 분류 체계의 문제들을 답습하고 있다고 볼 때, 학교문법을 극복한 새
로운 문법 정보 제시 방안이 고안되어야 할 것이다. 특히 외국인 학습자
를 전제로 한 경우에는 각종 한국어교재와 한국어교육 현장의 분류 체계
나 방법론, 품사 유형론에 대한 고려도 필요하다는 점에서 품사 정보는

여러 가지 논쟁거리를 함축하고 있다.

3. 품사 정보 기술의 쟁점

여기서는 실제 사전 편찬 과정에서 품사 정보 기술과 관련하여 논의되어 왔거나 논의 가능한 쟁점들을 소개하기로 한다. 1)에서는 품사 분류 체계나 한국어 어휘의 유형적 특성과 관련한 품사 정보 기술의 쟁점들을 소개할 것이며, 2)에서는 사전 미시구조의 정보 항목으로서의 품사 정보의 유용성과 관련한 논의를 전개할 것이다. 후자의 경우는 국어학적 관점의 문제라기보다는 사전 사용자나 사전 유형에 따라 다른 사전학적 기술의 타당성에 문제의 초점이 놓여진다.

1) 국어 품사 분류 체계와 품사 정보

품사 정보는 사전의 특성, 즉 규범사전이냐 기술사전이냐, 또는 사전 사용자 대상에 따라 달리 기술되기도 하지만 무엇보다 사전 편찬자의 해당 어휘에 대한 해석이나 관점에 따라 달리 기술되는 경향이 있다. 특히 국어문법 체계에서 문제가 되어 왔던 지정사나 존재사의 품사 문제, 용언의 품사 정보 등은 사전에 따라 달리 기술되어 온 부분이 더러 있는데 여기서 그 몇 가지 예를 제시하기로 한다.

우선, 품사론에서 '이다'에 대한 그간의 논쟁을 반영하듯이, 사전에서 '이다'의 품사 정보는 각기 '잡음씨, 조사, 토'[3]로 달리 규정되고 있으며,

---

3) -이3(토) 바꿈토의 하나. 체언을 용언형으로 만드는데 쓰인다. 흔히는 체언이 자음으로 끝난 데서 뚜렷이 나타나며, 모음으로 끝난데서는 생략되는 일이 적지 않다. 체언

이에 따라 표제어 형태도 역시 '이다', '-이다', '-이'『조선말』 등으로 달리 제시되고 있다. '이다'로 제시한 것은 자립성 있는 단어로 인정하는 표기로 조사나 용언으로 기술하고 있는 관점이며, '-이다'와 '-이'는 비자립적 표제어로 기술하고 있는 것이다.

> (4) ㄱ. 이다(잡) 어떤 사실을 가리키어 그러함(긍정)을 나타내는 말. '서술격 조사'로나 임자씨를 풀이말로 되게 하는 씨끝으로 풀이하는 견해도 있다. 집이(었)다, 집이니, 집인 줄, 집이기를…, 참으로 좋은 책이로구나. 그 사람은 누구일까? (맞)아니다『우리말』
>
> ㄴ. 이다3(조) ((체언 뒤에 붙어)) 주어가 지시하는 대상의 속성이나 부류를 지정하는 뜻을 나타내는 서술격조사. 주어의 속성이나 상태, 정체나 수효 따위를 밝히는 서술어를 만들거나 어떤 주제에 대하여 문제가 되는 사실을 밝히는 서술어를 만드는 기능을 한다. 특히, 후자의 경우에는 체언 외에도 조사나 부사, 용언의 어미 뒤에도 붙을 수 있다. 학자에 따라서 '지정사'로 보기도 하고, '형용사'로 보기도 하며, '서술격 어미'로 보기도 하나, 현행 학교 문법에서는 서술격 조사로 본다. 용언처럼 활용을 한다. (이하 생략)『표준』
>
> ㄷ. -이3(토) 바꿈토의 하나. 체언을 용언형으로 만드는 데 쓰인다. 흔히는 체언이 자음으로 끝난 데서 뚜렷이 나타나며, 모음으로 끝난데서는 생략되는 일이 적지 않다. 체언에 풀이토가 붙을 수 있도록 하는 기능을 가진다. 책이며, 물이지만, 책상이면서. / 조선은 하나다.『조선말』

위의 세 사전의 예에서 알 수 있는 것은 우선, '이다'의 품사가 각기 '이다'의 품사에 대한 관점이 사전 편찬자에 따라 다를 수 있으며, 품사 정보의 차이는 결국 '이다'의 뜻풀이, 반의어 정보 등에도 영향을 미치고 있다는 사실이다. 즉, 뜻풀이에서의 '이다'의 문법적, 의미적 기능에 대한 정보, '아니다'와의 관련어 정보 등은 결국 사전에서 '이다'의 품사를 무엇으로 하느냐와 깊은 관련을 가진다.4)

에 풀이토가 붙을 수 있도록 하는 기능을 가진다. 책이며, 물이지만, 책상이면서. /조선은 하나다.『조선말』.

4) 남길임(2002)에서는 이러한 품사 정보의 상이성이 결과적으로 반의어 정보로서 '아

한편, 비교적 오랜 논쟁의 대상이었던 '이다'와 달리 국어 문법에서 크게 주목을 받지 못했으나 실제 사전 처리에서는 다소의 논쟁이 될 수 있는 용언의 부류도 있다. 즉, 용언 중에서 동사와 형용사 양쪽으로 모두 활용이 가능한 특수한 용언들이다.

국어 품사 체계에서 동사와 형용사의 구분은 형태 통사적, 의미적 특성에 의해 비교적 명확한 기준을 통해 설명되어져 왔다. 특히 전통 문법 내에서, 용언의 체계는 용언의 활용꼴을 통한 형태적 기준, 동사, 형용사의 의미적 특성 등을 통해 구분되었다. 그럼에도 불구하고 위와 같이 실제 말뭉치를 통해 용언의 활용형을 살펴보면, 그 활용의 양상이 항상 명확한 것은 아니어서 형태적 측면에서 동사와 형용사 모두로 활용하는 부류들이 꽤 발견되는 듯하다. 다음의 '재미나다, 힘들다'는 실제 말뭉치의 예에서 동사의 활용형인 '재미나는, 힘드는지'로도 활용하지만 형용사형인 '재미난, 힘든지'로도 활용한다.

(5) ㄱ. 젊은 축들이 <u>재미나는</u> 듯 주위에 모여 저희들끼리 귓속말하며 낄낄댔다.
    ㄴ. 세상은 그대로 아름답고도 <u>재미난</u> 놀이터였다.

니다'의 정보 유무, 참고 정보로 제시되는 내용의 차이를 보이고 있음을 지적하고 있다. 또한 이에 따르면 '이다'의 형태적 변이형태를 '-다'로 설정하고 있는 사전으로 『새우리말큰사전』(신기철, 신용철 편저)에서는 '-이다'의 기술에서 '→다'의 정보를 제시하고 있는데, 이 정보의 의미는 아래에서 보는 것과 같이 '-이다'가 받침 없는 체언에 붙어 쓰일 때의 변이형으로서 '-다'를 상정하는 것으로 해석된다.
-이다(조) 받침 있는 체언에 붙어서 사물을 지정하는 뜻을 나타내는 끝맺는 어미. *독서는 마음의 양식이다. 이것은 책이다. → 다
-다(어미) 용언의 어간이나 받침 없는 체언, 그밖의 용언형에 붙어 현재의 일을 베풀어 말할 때 쓰이는 끝맺는 어미. *예술은 길고 인생은 짧다. / 너는 너고 나는 나다. 『새우리말큰사전』(신기철 · 신용철 편저)
하지만 이와 같은 '이다'와 결합하는 형태적 환경 정보는 '소다 / 소이다, 의사다 / 의사이다…'가 모두 가능하므로 부정확한 기술이다. 또한 '책이다'의 '-이다'를 조사로, '나는 나다'에서 생략된 '이'를 상정하지 않고 '-다'를 체언에 직접 결합한 것으로 해석하여 어미로 본 것은 기술의 일관성에 문제가 있다.
'이다'와 사전 기술에 대한 상세한 논의는 남길임(2002)을 '아니다'의 사전 기술에 대한 논의는 남길임(2006)을 참조.

(6) ㄱ. 요즘 선생님들이 담임 노릇하기가 얼마나 <u>힘드는지</u> 아세요?
　　ㄴ. 이렇게 <u>힘든</u> 세상에 어떻게 남의 애까지 기르나요?

　남길임(2004)에서는 이러한 용언류는 '활용 양용용언'이라 명명하고 이러한 용언류들의 활용 예를 말뭉치에서 검색하여 제시한 바 있다. 이 연구에 의하면 대상 말뭉치를 교과서나 규범적인 텍스트가 아닌 소설 말뭉치(연세말뭉치 3,600만 어절 대상)로 구성하여 실제 언어 사용 양상을 살펴본 결과 이들 용언류들의 사용 양상은 다음과 같다.[5]

	출현 빈도	현재 서술형		관형형		명령 / 청유형	사전 품사 정보	
		-는다	-다	-는	-은		『표준』	『동아』
늦 다	956	0	4	0	207	0	동, 형	형
맞 다	2380	28	46	247	249	0	동	형
틀리다	455	3	3	2	115	0	동	동
맛나다	19	0	1	0	1	0	형	형
재미나다	33	0	0	2	18	0	동	동
힘들다	592	2	25	18	170	0	형	동
졸리다	39	0	2	5	8	0	동	동
늙 다	822	3	0	5	503	0	동	동
못나다	132	0	0	0	109	0	형	동
잘나다	100	0	0	0	65	0	형	동
못되다	228	0	0	0	97	0	형	동
헐벗다	54	0	0	0	30	0	동	동

〈표 4-2〉 동사·형용사의 두 가지 활용 형태를 가지는 용언류의 활용 빈도[6]

---

5) 이와 같이 연구의 기본 자료를 소설 말뭉치로 정한 이유는 화자들의 언어 직관이 용언 활용형 선택에 작용하는 것이 어떤 언어적 원리에 의한 것인지를 현상적, 기술적으로 살펴보기 위한 것이다. 교과서와 같이 작위적이거나 모범적인 문장, 또는 인위적으로 다듬은 규범적인 텍스트를 대상으로 해서는 일반 화자들의 활용형 선택에 대한 직관을 정확하게 분석하기 어렵다. 위 표의 분석 결과 및 자세한 내용은 남길임(2004) 참조.
6) 남길임(2004)에서 부분적으로 인용함.

실제 사전에서 이들은 동사와 형용사의 의미가 확연히 구분되어 일반적으로 사전에서 동형어로 설정되어 있는 '크다, 밝다, 굳다'와는 달리 품사설정이 사전 편찬자에 따라 판단의 차이가 있는 것으로 보인다. 위 표에서 제시된 예 외에도 다음 몇 가지 예를 더 제시하기로 한다.

> (7) ㄱ. 그를 보는 순간 영희는 가슴이 {뜨끔한다 / 뜨끔하다}.
>   ㄴ. 아침에 일어나 지난밤의 일을 생각하니 등골이 {오싹하는 / 오싹한}
>   느낌이 들었다.
>   ㄷ. 그는 {으쓱하는 / 으쓱한} 듯한 태도로 나에게 말했다.

개별 용언의 '활용' 형태의 선택은 그 어휘를 사용하는 화자의 언어 의식을 반영한다는 점에서 사전이 규범 사전이 아닌 기술 사전을 지향할 경우 이러한 양용 활용 용언류의 품사 정보 및 활용 정보 제시는 매우 까다로운 문제이다. 말뭉치의 빈도를 세밀하게 분석하고 품사 제시의 기준을 실제 사용상의 관점에서 제시해야 하기 때문이다. 반면 규범사전의 경우는 문법적 기준을 통해 규범적으로 적합한 활용 형태와 품사를 제시할 수 있다. 물론 두 경우 모두 객관적 자료와 편찬자의 문법적 직관이 중요하다.

이외에도 위에서 논의된 바와 같이 어근의 정의와 범위, 어근과 명사 경계 설정과 관련한 품사 정보, 명사와 의존명사의 범위 설정, 어미와 준꼴의 경계, 수사와 수관형사의 범위, 명사와 대명사의 경계 등이 실제 사전 편찬 과정에서 품사와 관련하여 논의되어 왔던 주제들로, 실제 사전 편찬 과정에서 별도의 논의가 필요한 부분이다.

2) 사전학적 기술과 품사 정보

위 1)에서는 학교문법의 품사 체계의 문제와 논쟁점이 사전 처리에 있어서도 나타나는 현상들에 대해서 살펴보았다. 여기서는 이론적 쟁점과는 별도로 사전 편찬의 과정에서 제시되는 품사 정보의 쟁점들을 대표적인 예를 중심으로 살펴보기로 한다.

사전학적 관점에서의 품사 정보는 이론적 품사 체계 설정과는 다른 차원에서 별개의 논의를 필요로 한다. 즉, 지금까지의 국어학 이론의 품사 체계 또는 문법 범주를 사전 유형이나 사전 사용자의 관점에서 어느 정도 상세히 구현하여 제시할 것인가, 어떠한 방식으로 제시할 것인가와 관련이 된다.

즉, 동사의 하위 유형 정보로서, 자·타동사뿐만 아니라 보조동사, 기능동사, 이동동사, 상호동사 등의 하위 유형 정보를 제시할 것인가에 대한 문제나, 명사의 하위 유형 정보로서 의존명사뿐만 아니라 분류사, 색채명사나 시간명사 등과 같은 세분류 정보를 어디까지 제시할 것인가 하는 문제는 사전학적 문제이다. 또한 품사통용어를 동형어로 기술할 것인가, 다의어로 기술할 것인가, 각각의 품사 표지는 어디에 어떤 방식으로 제시할 것인가 하는 것 역시 사전학적 관점에서의 품사 정보의 문제라 할 수 있다.[7] 이러한 류의 정보들은 이론적으로 얼마나 엄밀한 체계를 가진 정보인가보다는 실제 사전 사용자들에게 얼마나 유용한 정보인가에 초점이 맞추어진다. 여기서는 품사통용어 처리 문제와 품사 세분류 유형을 중심으로 사전학적 관점에서의 품사 정보 처리 문제를 살펴보기로 한다.

하나의 단어가 둘 이상의 문법적 성질을 가지고 있는 '품사통용어'는 품사의 '통용', '전성' 등으로 국어문법에서도 논란이 되어왔던 요소이다. 품사통용어의 문제는 동형어이냐 다의어이냐의 표제어 설정 문제와 더불어 품사 정보 제시, 뜻풀이 방법에 이르기까지 다양한 논쟁점을 내포하고 있다.

대표적 예로는 명사와 부사의 기능을 가지는 오늘, 어제, 여기, 거기 등의 시간·장소 명사류, 명사와 관형사의 기능을 하는 '-적' 파생명사류, 수

---

7) 실제로 품사통용어의 사전적 기술, 자·타동사 정보 등은 사전 편찬학적 관점에서 활발하게 논의되어 왔다. 품사통용어에 대한 문제는 김슬옹(1991)에서, 자·타동사 정보는 정희정(1998), 홍재성(1988)에서 논의된 바 있다.

사와 수관형사 통용어, 동사·형용사가 모두 가능한 '크다, 밝다'류 등이
있다. 여기서의 문제는 이들의 통용의 유형이 모두 다른데, 사전의 유형
이나 사전 사용자에 따라 각기 다른 통용의 유형을 어떻게 설명해야 하는
지는 사전 편찬자의 언어학적, 사전학적 판단을 요구한다는 점이다.

　이때 가장 명시적인 방법은 통용되는 각각의 쓰임을 독립적으로 인정하
여 동형어로 기술하는 방법이며 다른 방법으로는 한 표제어 내에 두 품사
를 모두 제시하거나 표제어 내 의미 항목을 분할하여 의미 기술에 반영하
는 방법도 있다. 다음 예를 살펴보자.

(8)　ㄱ. **객관적1**(客觀的) 몡 객관에 의한 것. 객관의 태도를 지키는 것. ¶진실
　　　　　은 결코 객관적으로 할 수도 없고 발견되는 것도 아닌 게야. / 흔히 산
　　　　　문은 객관적인 문장이어야 한다고 말한다.
　　　　객관적2(客觀的) 팬 객관의 의한. 객관의 태도를 지키는. ¶우리도 베
　　　　　스트셀러의 판매 부수를 밝히고 조사 방법의 객관적 평가를 통해 베
　　　　　스트셀러의 신뢰도를 높여야 한다. 『연세』
　　　ㄴ. **객관-적**(－的)「관」「명」「1」자기와의 관계에서 벗어나 제삼자의 입장
　　　　　에서 사물을 보거나 생각하는. 또는 그런 것. ¶객관적 시각 // 객관적
　　　　　인 사고 / 옳고 그름을 객관적으로 판단하다…이하 생략. 『표준』

　(8ㄱ)의 『연세』는 동형어로, (8ㄴ)은 한 표제어 내에서 각각의 품사를
기술하고 있다는 차이가 있는데 근본적으로 (8ㄱ)은 이를 서로 다른 단어
인 별개의 단어로 기술한다는 관점이며, (8ㄴ)은 하나의 단어의 통용으로
보고 있다는 점이 구분된다. 이때 전자의 경우 뜻풀이의 변별성이 거의
없을 경우 동형어 구분의 의의가 약할 수 있으며, 후자의 경우 각각의 쓰
임을 변별되게 보여줄 수 없어서 친절한 기술 방식은 될 수 없다.

　국어문법의 체계 내에서 '-적'류는 명사로 분류하는 것이 바람직한 듯하
다. 왜냐하면 비록 제한적이기는 하나 조사 '이다, 으로'와 결합하며, 이때
'-적'류의 빈번한 관형어적 기능은 국어에서 속성을 나타내는 명사의 일반
적인 특성일 뿐이기 때문이다.8) 실제로 『학습사전』에서는 다음과 같이
'-적'류를 명사로 기술하고 참고 정보 내에서 실제 용법상의 특수성을 제

시하여 기능적인 부분을 설명하고 있다.

> (9) **객관적**(客觀的) 몡 있는 그대로, 또는 다른 사람의 처지에서 사물을 생각하
> 는 것. ¶여행이란 자신을 객관적으로 바라볼 수 있는 시간이다. 뺀 주관
> 적. 참 주로 '객관적 ~, 객관적으로, 객관적이다'로 쓴다.『학습자』

단, 이러한 문법 체계의 분류와 실제 어휘의 사용 양상이 일치하지 않
는다는 문제가 있기는 하다. 실제로 '-적'류는 '객관적으로, 객관적이다'와
같은 형태로 쓰이기보다는 '객관적 사실'과 같은 관형사적 용법을 보이는
경우가 훨씬 빈번하기 때문이다. 이와 같이 문법 이론 체계와 실제 사용
빈도는 항상 평행한 것은 아닌데 이러한 불균형성은 사전 사용자의 관점
에서 고려되어야 한다.

한편, 아래의 '오늘, 다섯'과 같이 품사 정보를 사용하지 않고, 표제어
내에서 의미 기술에 반영하는 경우도 있다.

> (10) ㄱ. **오늘** 몡 Ⅰ ① 지금 지나가고 있는 이 날. ¶오늘부터 날마다 편지를
> 쓸지도 모릅니다. / 오늘은 태규가 온다는 날이다.② 지금 살고 있는
> 시대 …중략…Ⅱ〔부사적으로 쓰이어〕 지금 지나가고 있는 이 날에.
> ¶저는 오늘 선생님의 강연회에 참석하려고 남편을 결근 시켰습니다.
> / 엄마, 오늘 소양이 붙들고 얘기 좀 해 보지 그랬어요.
> ㄴ. **다섯**〔다섣〕줌 Ⅰ. 넷에 하나를 더한 수. ¶옆에 있는 남자들은 카드를
> 돌리는 이까지 다섯이었다.Ⅱ〔관형사적으로 쓰이어〕 넷에 하나를
> 더한 수의. ¶집에서 떠난 지 약 다섯 시간 후였다. / 다섯 식구가 봄
> 부터 땀 흘려 가꾼 곡식마저 다 타고 있었다.『연세』

위 예에서 '오늘, 다섯'의 품사 정보는 품사 정보와 뜻풀이에서 각기 기
술되어 있다. 이들은 체언을 기본 품사로 하는 사용상의 기능 전성으로
기술되어 있어서, 동형어로 기술되어 있는 '-적'류와는 다른 방식을 보이

---

8) 정희정(1997)에서는 명사·부사, 명사·관형사 품사 통용 현상과 관련한 많은 예들
을 다루고 있다. 명사의 품사 통용 현상과 관련한 더 상세한 논의는 정희정(1997)을
참조하기 바란다.

고 있다. 아래『표준』의 경우는 '오늘', '다섯'이 각기 다른 품사 정보 제시
방식을 보이고 있는데, '다섯'은 '객관적'과 같은 처리 방식을 보여 준다.

> (11) ㄱ. 오늘 「Ⅰ」「명」「1」 지금 지나가고 있는 이날. ≒금일02(今日) 〔1〕. ¶
> 오늘의 날씨 / 오늘이 첫 출근 날입니다. / 오늘부터 열심히 공부할
> 것이다.…중략…§「2」=오늘날. ¶오늘의 경제 발전/저에게 오늘이 있
> 기까지는 여러 사람의 도움이 있었습니다…중략…「Ⅱ」「부」 지금 지
> 나가고 있는 이날에. ¶그가 오늘 왔다. / 오늘 해야 할 일을 다음날
> 로 미루어서는 안 된다.§
> ㄴ. 다섯 「수」「관」 넷에 하나를 더한 수. 또는 그런 수의. ¶둘에 셋을 더
> 하면 다섯이다. / 오늘은 다섯이나 지각을 했다…이하 생략.『표준』

　　품사통용어 기술과는 또 다른 문제로, 각 품사의 세분류 정보를 어떤
범위까지 얼마나 상세하게 제시할 것이냐의 문제를 들 수 있다. 이와 관
련하여 국어사전에 나타난 용언의 품사 정보를 살펴보면, 동사·형용사
외에도 보조용언, 자·타동사 정보 등의 품사 세분류 정보와 존재사·지
정사9) 등의 정보를 제시하는 등 사전에 따라 분류의 형식이 각기 다르다.
이와 관련하여 제기할 수 있는 문제는 다음과 같다.

　　첫째, 자·타동사 정보가 필요한가 하는 것이다. 자·타동사 정보는 전
통적으로 국어사전에서 필수적인 정보로 인식되어 왔으나 최근 사전에 별
도의 문형 정보를 표시하게 됨에 따라 자·타동사 정보가 직접적으로 제
시되지 않는 경우도 많다. Sevensén(1993)에서도 지적된 바와 같이 영미
권 사전의 경우에도 격틀 정보를 제시하는 경우에는 자·타동사 분류가
불필요한 것으로 인식되어 온 경향이 있다. 물론 자·타동사 정보가 동사
의 문법적 속성을 설명하는 데 얼마나 유용한 것인지는 언어 유형에 따라

---

9) 『코스모스』에서는 용언을 동사, 형용사, 존재사, 지정사로 나누는데 존재사는 '없다,
있다' 두 표제어에 해당되고, 지정사에는 '이다, 아니다'가 해당된다. 단, '있다'의 존
대어인 '계시다'를 '자동사'로 품사 표시한 것은 특이하다. 또한 동사는 타동사(〔他〕로
표시)와 자동사(〔自〕로 표시)만으로 표시하기 때문에 동사는 표면적으로 드러나지
않는다.

다르며, 사용자의 관점에서 자·타동사 약호가 유용한지 문형 정보가 유용한지는 사용자 조사가 이루어질 필요가 있다.

둘째, 용언의 세분류 정보는 어디까지가 적당한가 하는 것이다. 이는 구체적으로 학습자사전의 경우 특수한 활용을 보이는 용언류나 특정 문형 정보나 특정 의미 부류로 분류할 수 있는 용언류를 어떻게 제시할 것인가에 하는 것과 관련된다. 지정사·존재사의 범주 제시 문제, 기능동사, 상호동사, 색채형용사 등이 그 예가 될 것이다.

체언 역시 마찬가지이다. 체언의 세분류 정보로 의존명사 이상의 하위 정보가 필요한 것인지, 고유명사, 인물명사, 색채명사, 기상명사 등의 구분이나 호칭어와 지칭어의 구분 등이 뜻풀이가 아닌 품사 정보로 제시될 경우 사전에서 유용한 정보인지는 사전의 사용자와 사전 유형에 따라 재론되어야 한다.

이외에도 부사 및 관형사의 하위 유형, 감탄사의 기능 범주, 인사말을 비롯한 특정 상황에서만 쓰이는 상투 표현 등을 비롯한 기능 범주 체계의 설정 가능성에 대해서도 고려해 볼 수 있다.

4. 맺음말

지금까지 국어사전의 품사 정보는 주로 9품사 체계를 중심으로 하는 사전학적 관행에 의존해 온 경향이 있다. <표 4-1>에서 살펴본 바와 같이 대부분의 사전에서 9품사 체계에 더하여 일부 준품사, 품사 세분류 표지가 추가로 주어지기는 했지만, 그러한 품사 표지의 효용성과 체계성에 대해서는 구체적으로 논의된 바가 없는 듯하다. 이 연구는 국어사전의 품사 정보 제시 방법을 살펴보고 사전의 품사 정보 제시에 있어서 논쟁이 될 만한 요소들을 두루 살펴봄으로써 향후 사전 편찬에 있어서 좀더 검증된 품사 체계를 설정하도록 하는 데 연구의 의의가 있다.

최근 말뭉치를 활용한 사전 편찬, 언어 연구가 진행됨에 따라 실제 사용에 기반한 기술 사전의 필요성, 실제 사용에 도움을 줄 수 있는 다양한 교육용 사전의 필요성에 대한 논의가 진행되고 있다. 품사 정보는 단지 품사를 제시하는 것을 넘어서서 어휘의 실제 사용상의 정보를 제공하는 데 근본적인 의의가 있다. 코빌드나 롱맨 사전 등 영미권 학습사전에서 복잡한 문법정보 표지를 주는 것은 학습자의 실제 언어 사용을 배려한 연구 결과이다.

향후 한국어의 특성을 고려한 사전 품사 정보 표지는 9품사 체계에 더하여 세분류 표지, 준품사 표지 등과 기능 및 화용 표지 등으로 분류하여 개발될 수 있다. 물론 이에는 품사 정보 활용과 관련한 사전 사용 분석 및 사용자 조사가 도움이 될 것이다.

더 읽을 거 리

말뭉치에 나타난 국어 품사의 다양한 모습들을 살펴본 저서로는 남기심 외(2007)을 참조할 수 있으며, 이를 통해 국어 품사 분류 체계와 사전 품사 기술의 관련성을 확인할 수 있다. 명사류의 품사 통용 현상은 정희정(1997)을, 동사·형용사의 품사 통용 현상은 한송화(2000), 남길임(2004ㄴ) 등을 참고하기 바란다.

연 습 문 제

❶ 다음은 '건전'의 용례이다. 다음 용례를 통해 '건전'을 기술할 때, '건전'의 품사는 무엇으로 하는 것이 좋겠는가? 용례를 통해 설명하라.

#	벌이고 있는 한국 부인회 총본부(회장 박 금순)는 제4회	건전	가정정착을 위한 심포지엄을 3일 남서울 호텔에서 열었다.
#		건전	가정 기능 회복 10개년 사업을 벌이고 있는 한국 부인회 총본
#	와 마찬가지로 경망스럽고 방정맞은 국적을 알 길이 없는 소위	건전	애국 가요이다.
#	폭력, 절도, 성 범죄 등 청소년 범죄의격증 현상이 예상된다며	건전	문화 풍토 조성을 위해 문공부 내에 청소년 유해 환경정화반을
#	종목 및 관리 종목 주식을 우선적으로 처분, 장세를 진정시키고	건전	매매 분위기를 유도키로 했다.
#	적어도 물질면에서는 고결한 정신환경에서	건전	건강하게 자란 규수라면 대환영이다.
#	문가들은 현재의 내부자 거래 추세를 계속방치할 경우 증시의	건전	성장은 아예 기대하기 어렵다고 전제, 미국 등 선진국들처럼 증
#	선택적 국민 투표 제의 비폭력,	건전	노선을고수.
#	이 이미 성공적으로 수행되고 있음을 입증한것이라며 비폭력과	건전	노선으로 통일시켜 중산층을 포함한 광범위한 국민의신뢰가 지
#	대해서도 결연히 싸워 나가겠다면서 *비폭력, 비용공 비반미의	건전	노선 고수 *정치 보복 근절 *안보의 절대 중시 및 군의 정치적

#		이장관은	___건전___	자주 문화 확립의 구체적 방안으로 문화 발전 정책 자문 위원
#		정부는 이 같은 확대 예산이	___건전___	재정을 해치지 않도록 원유가 하락 재원 7천 5백억 원을 농
#	88대회의 성공적 완수를위한 국론 통합과 새로운 한국상선양		___건전___	자주 문화창달을 적극 추진키로 했다.
#	으로 생각하며 밀수 행위의 수단으로 행하려고 할 때 이는		__건전이__	아니라 비건전한 행위로 보아야 할 것이다.
#	그의 친구인 K교수의 딸이 정신이		__건전치__	못한 30대 청년에게 피살된 것이다.
#	김 후보는 안기부는 함이 문란한 여성 문제로 사생활이		__건전치__	못해 86년 초부터 동 교동으로부터 소원하게 된 데 대해 불만
#	크리스천이란 레텔을 붙여서 이것을 종교적이라고 부르는 것은		__건전한__	신앙 태도가 아닙니다.
#	속엔 기운이 없었지만 대신		__건전하게__	느껴지는 식욕이 자리 잡고 있었다.
#	둘째, 선진국일수록 여가를 가족들과 같이		__건전하게__	보낸다는 점이다.
#	욕구를		__건전하게__	해소하는 데 서투른 10대들은 이들 업소에서 자신도 모르게
#	그 사회의 억압을 드러냄으로써 그 사회 속에		__건전하게__	자리 잡는다는 그 역설 현대 문학은 바로 그 역설 속에 갇혀
#	사회에서 남성과 협동적인 조화를 이루게 되어야만 우리 사회는		__건전하게__	발전할 수 있다.
#	앞으로 귀관들이 있는 한 우리 국군은		__건전하게__	발전해 나갈 수 있으리라 믿네.
#	이 가정 안에서 자녀들을 사랑하여 자라나는 아이들이 순하고		__건전하게__	성장할 수 있다.
#	국가라는 단위에 있어서도 내리사랑이 국민을 순하고		__건전하게__	만든다.
#	성은		__건전하게__	즐겨야 한다.
#	가장		__건전하게__	재단의 이익을 추구하겠다.
#	면, 이것은 그 기능이나 분위기나 비용면에서 말할 나위도 없이		__건전하고__	소박한 한국적 전통이라는 느낌이 들었다.
#	들의 고통과 아픔을 이해의 부드러운 손길로 쓰다듬어 주었으며		__건전하고__	밝은 세계로 뻗어 나가도록 타이르고 인도해 주었다.
#	여유와 사회적 독립성을 갖는 중산계층이 폭넓게 퍼져 있을 때		__건전하고__	안정된 민주정치가 잘 운영된다는 것은 하나의 상식이다.
#	이런 기술은 생태학적으로도		__건전하고__	, 민중의 지방자치와 참여를 권장하고, 많은 실업자들에게 직장

#			
#	기 위해 민주 공화당의 이념과 전통을 이어 받고 이 바탕 위에	__건전하고__	진취적인 신진 양심 세력을 중추 역량으로 결집, 민주화 시대를
#	온 사람일수록 성 행위의 기교가 다양하고, 그럼으로써 성을	__건전하고__	알차게 향유하며 나아가서 정신 건강과 신체건강에 이바지하
#	형이상학을 버리고 실제적인 효과로 돌아가는 것이	__건전하고__	보람 있는 진리와 생을 위한 길이 되기 때문이다.
#	그래야 그 집 살림이	__건전하고__	안전하다.
#	보통 우리는	__건전한__	육체에 건전한 정신이 깃든다라는 말을 자주 하는데 이것이
#	궁정의 가장 건실한 사람들이, 그 시대의 저술가들 중에서 가장	__건전한__	사람들의 글 쓰는 방식에 맞추어서 말하는 방식이다.
#	즉 바꾸어 말하면,	__건전한__	논리는 문법의 토대인 것이다.
#	을 벌어서 부모나 형제에게 신세지지 않겠다는 생각이 얼마나	__건전한가__	?
#	그리고 정신적으로 불안상태에 있거나 불건강한 사람의 생활이	__건전할__	수가 없다.
#	괘씸한 놈 내 정신은 결코	__건전할__	수 없을 거라구.

❷ 아래 말뭉치 '성상'의 용례를 기존 사전 기술의 예를 참고하여 분석하고, '성상'의 의미, 형태·통사적 특성을 고려할 때 '성상'은 몇 가지의 의미를 가지는지 논의하라. 그리고 각각의 품사는 어떠한지도 함께 살펴보라.

〈기존 사전 기술의 예〉

• 성상07(星霜) 「명」 「1」 별은 일 년에 한 바퀴를 돌고 서리는 매해 추우면 내린다는 뜻으로, 한 해 동안의 세월이라는 뜻을 나타내는 말. 「2」 (수량을 나타내는 말 뒤에 쓰여) 햇수를 비유적으로 나타내는 단위. ¶몇 백 성상을 그대로 내버려 두었는지 제멋대로 마구 들어서 있는 나무 사이에…. ≪장용학, 역성 서설≫ / 고국을 떠나 열두 성상을 보낸 이동진의 모습에는 황혼이 깃들었다. ≪박경리, 토지≫ §『표준』

• 성상06 (이)한 해 동안의 세월. ~이 바뀌다. 햇수를 나타내는 말. 삼십 여 ~을 보냈다. 작고한 지 벌써 십여 ~이 지났다. (星霜) 『우리말』

#1. 속세를 떠돈 지도 어언 십육 개 성상이 지났습니다.

#2. 어느덧 형님들의 4개 성상이 대학 생활의 막을 내리나 봅니다.

#3. 맹초가 절을 잃어버린 지가 물금 삼 개 성상이 흘렀습니다.

#4. 저는 내 나라를 등지고 이십여 성상을 독립운동에 몸 바치며 살아왔습니다.

#5. 돌이켜 보건대 스님께서는 20여 성상 동안 종단의 상징적 지도자로서 얼마나 심려가 많으셨습니까?

#6. 포성이 멎은 지 40여 성상. 지금도 낯선 산야, 이름 모를 계곡에서 통곡소리가 들려오는 듯하다.

#7. 그때 나는 40여 성상 동안 할머니의 가슴 속에 고여 있던 향수를 생각했다.

#8. 몇 백 성상을 그대로 내버려 두었는지 제멋대로 마구 들어서 있는 나무들.

#9. 고향을 버리고 남의 땅에서 긴 성상을 보낸 늙은 백성의 강렬한 소망을 인실은 느꼈다.

#10. 청지기였던 전 서방은 행랑아범으로 눌러앉아 긴 성상을 보낸 늙은이다.

#11. 성상(星霜)도 범(犯)하지 못한 아아 다함없는 젊음이여.

#12. 벌써 세월은 흘러서 7개 성상이 지났지만 나를 보듬어 주던 산천은 여전하구나.

#13. 수십 년 기나긴 **성상** 선생께서 헤매고 다닌 것은 무슨 까닭이요?

#14. 적어도 삼개 성상을 네가 이 자세와 씨름하지 않으면 이룩할 수 없을 것이다.

#15. 회고컨대 춘풍추우 4개 성상의 형설의 공을 쌓고 이제 사회에 진출하게 된 이 마당에서 감회가 없을 수 없습니다.

#16. 오랜 성상 고국에 갈 수 없었던 수많은 사람들의 마음이 오죽 하겠는가?

#17. 사진작가 최정숙 씨의 원색 사진을 곁들여 1천 4백여 년의 **성상**을 간직한 선암사의 고색창연함을 전해준다.

## 제5장

형태 정보

1. 형태 정보의 범위와 유형

사전에서의 형태 정보는 해당 표제어의 활용 또는 형태 결합에 대한 정보로, 표제항 중심의 사전 텍스트 구조에서 매우 중요한 지위를 차지한다. 일반적으로 사전에서 형태 정보 범주로 볼 수 있는 부분은 용언의 활용 정보, 파생어 정보, 어근이나 접사 표제어의 단어 형성 정보 등이 대표적이며, 학습자 사전을 비롯한 일부 사전의 경우에는 체언의 조사 결합 정보와 피·사동 정보 등이 포함되기도 한다. 하지만 실제로 한국어의 유형적 특성과 관련하여 사전 편찬 과정에서 형태론적 논의를 필요로 하는 부분은 사전 거시구조 및 미시구조 항목 전 영역을 걸쳐 매우 광범위하다.

다음은 사전에서 형태론적 논의가 필요한 부분을 구조별, 정보 항목별로 나열한 것이다.

- 사전에서 형태론적 논의를 필요로 하는 부분
  - 가. 거시구조 : 표제어 구성
    - ㄱ. 표제어 및 부표제어의 지위

　　　　　　－단어와 구의 변별 기준에는 어떤 것이 있는가?
　　ㄴ. 표제어 등재 기준
　　　　－생산적인 파생어의 등재 기준이 있는가?1)
　　　　－단어와 어근의 변별 기준 및 등재 기준이 있는가?
　　　　－어미·준꼴의 표제어 선정 기준 및 등재 단위에는 어떠한 기준이
　　　　　있는가?
　나. 미시구조
　　ㄱ. 표제어 형태
　　　　－복합어 표제어의 조어 분석 정보는 어디까지 어떻게 줄 수 있는가?
　　ㄴ. 품사 정보
　　　　－표제어의 품사 분류의 기준, 품사 제시는 어떠한가?
　　ㄷ. 예문
　　　　－접사나 어근을 표제어로 기술할 경우 파생어와 복합어에 대한 정
　　　　　보를 어떻게 어느 범위까지 제공할 것인가?
　　ㄹ. 활용 및 조사 결합 정보
　　　　－용언의 활용 정보, 체언의 조사 결합 정보의 유형, 제시 방법은
　　　　　어떠한가?
　　ㅁ. 관련 어휘 정보
　　　　－표제어의 조어법와 관련한 관련어 정보(파생어, 피동형, 능동형
　　　　　등)는 어떻게 제시할 것인가?

　　위의 목록들을 보면 국어의 다양한 형태론적 현상들 대부분이 사전 텍스트의 중요한 정보로 활용된다는 사실을 알 수 있다. 사전학적 관점에서의 문제는 표제항의 형태론적 특성 중 어떤 부분을 개별 표제항에서 다룰

---

1) 어기와 접사의 결합형을 파생어라 할 때, 이러한 복합 형태 모두가 사전 표제어로 등재되는 것은 아니다. 우선, 접사의 한계를 정하는 것도 어려운 문제이거니와 '-들, -짜리' 등을 비롯한 통사적 구성과 결합하는 접사는 제외되어야 할 것이고 구 구성과 같이 규칙적인 복합 형태의 등재 한계도 문제가 된다. 이러한 경우 Caluwe & Taeldeman (2003)에 의하면 파생어, 합성어의 표제어 선정 기준으로 다음과 같은 기준을 둘 수 있다. (1) 의미를 예측하는 것이 불가능한 단어, (2) 하나 이상의 의미를 가지는 경우, (3) 안정된 꽤 높은 빈도를 가진 경우, (4) 어떤 이유에서든지 그 이상의 설명이 필요한 경우 등이다. 실제로 이 기준들은 Woordenboek der Nederlandsche Taal(WNT)의 편찬 시에 적용되었는데 그럼에도 불구하고 사전학자의 주관에 따른 해석의 차이가 있을 수 있다는 문제가 있다.

것이며, 실제 사전 표제항의 구조 내 어떤 정보 항목에서 어느 범위까지 기술해 주어야 하는가이다. 이는 물론 사전의 특성과 사전 사용자의 수준, 사전 사용의 목적 등과 밀접한 관련이 있다.

사전에 따라 다소 차이는 있으나 어휘의 형태론적 양상과 사전의 정보 항목 간에는 다음과 같은 관련성이 존재한다. <표 5-1>은 이 장의 논의 의 초점이 되는 형태론 양대 영역(활용론·조어론)과 사전의 형태 정보를 다루는 미시구조 내 정보 항목과의 관계를 제시한 것이다.2)

형태론	형태 정보	정보 항목3)
활용론	용언의 활용, 체언의 조사 결합	활용, 참고 정보
조어론	합성어, 파생어 정보	관련어, 표제어, 예문

〈표 5-1〉 형태 정보의 유형과 미시구조 내 정보 항목

물론 지금까지 사전에서 기술된 이러한 정보들이 체계적으로 제시되어 왔는지, 사전 사용자들에게 충분히 효율적으로 활용되었는지에 대해서는 구체적으로 논의된 바가 없다. 특히 교착어라는 한국어의 특성을 고려할 때 형태의 불규칙성, 특정한 활용 형태의 의미·화용적 특성, 생산적인 접사의 파생어 형성의 범위 등은 외국인 학습자들에게 매우 중요한 정보 임에도 불구하고 다소 소략하게 제시되었다는 아쉬움이 있다.

여기서는 사전에서의 활용 정보를 중심으로 사전에서 형태 정보의 기술 방법 및 기존 사전 기술의 문제점을 살펴보기로 한다.

---

2) 활용론과 조어론 외에도 표제어에 대한 품사 정보나 표제어 선정에 있어서 단어, 형 태소(어근, 접사) 등 표제어 단위 선정 기준 등도 넓은 의미에서 형태론적 정보라 할 수 있다. 특히 품사 정보에서 동사와 형용사의 구분 문제나 표제어 단위에서 어근의 문제 등은 형태론적으로 매우 첨예한 부분임에는 두말할 나위가 없다. 그럼에도 불 구하고 여기서는 사전의 형태 정보와 관련한 논의를 우선 활용론과 조어론에 제한하 기로 한다.
3) 형태 정보의 유형은 정보의 유형에 따라 별도의 정보 항목을 통해 제시되기도 하고 부호(symbol)나 예문의 일부로 제시되기도 한다.

2. 기존 사전의 분석

국어사전에서의 활용 정보는 일반적으로 용언의 굴곡(inflection) 형태를 제시하는 것을 의미하지만 넓게는 체언과 조사의 결합을 제시하는 것까지 포함하기도 한다. 특히 학습자 사전에서 활용 정보는 매우 중요한 정보로 제공되는데, 이는 어미의 형태 및 기능이 복잡한 한국어의 특성에 기인한다. 국어사전에서 활용 정보를 제시하는 방식은 다음 (1)의 예와 같이 활용의 유형을 약어로 표현하는 형식과 (2)와 같이 실제 활용 형태를 제시하는 방식으로 구분할 수 있다.

    (1) ㄱ. 하다1 자어『동아』
        ㄴ. 하다2 동 여불『금성』
        ㄷ. 하다1 움(남) 여벗『한글』

    (2) ㄱ. devote /divout/ (devote, devoting, devoted) 『cobuild』
        ㄴ. 젊다　　#2〔점 : 따〕 #3 젊어, 젊으니, 젊고〔점 : 꼬〕, 젊지〔점 : 찌〕
          많다　　#2〔만 : 타〕 #3 많아〔마 : 나〕, 많으니〔마 : 느-〕, 많소〔만 : 쏘〕
          앉-히다 #2〔안치-〕 #3 -히어〔-어/-여〕(-혀), -히니
          넋　　　#2〔넉〕　　#3 넋이〔넉씨〕, 넋만〔넝-〕『표준』4)

   (1)은 불규칙 활용의 유형을 약어로 제시하고 있는데, 실제 사용자의 관점에서 약어는 매우 어려울 수 있다는 문제가 있다. (2)는 활용 형태를 구체적으로 제시하고 있는 예를 보인 것으로 표제어와 관련한 대표적인 활용 형태가 표제항 내의 별도의 항목으로 제시되기도 하고,『표준』에서처럼 활용 형태가 발음 정보와 함께 제시되기도 한다. 발음 정보와 함께 제시되는 활용 정보는 겹받침 용언처럼 활용 형태에 따라 발음이 달라져서 일관된 규칙으로 설명하기 어려운 경우에 더욱 유용하다.『Cobuild』,

---

4)『표준』에서는 개별 표제항에서 활용 형태를 제시함과 동시에 별도의 활용표를 부록 형태로 제시하고 있다.

『LDOCE』, 『학습사전』 등 학습자 사전에서는 불규칙 활용에 대한 정보가 부록으로 용언 활용표 전체가 첨가되기도 한다. 대부분의 학습자 사전의 경우에는 활용표가 부록으로 별도로 제시되는 경우가 일반적이다. 다음은 『학습사전』의 부록으로 제시된 "용언의 활용표(규칙이 아닌 것)"의 일부 예이다.

용 언	-아	-았다	-는/ㄴ	-(으)니	-ㄹ	-(으)면
가깝다	가깝다	가까웠다	가까운	가까우니	가까울	가까우면
가꾸다	가꿔(가꾸어)	가꿨다	가꾸는	가꾸니	가꿀	가꾸면
가늘다	가늘어	가늘었다	가는	가느니	가늘	가늘면
가다	가	갔다	가는	가니	갈	가면
가르다	갈라	갈랐다	가르는	가르니	가를	가르면
가르치다	가르쳐	가르쳤다	가르치는	가르치니	가르칠	가르치면

<표 5-2> 용언의 활용표(규칙이 아닌 것)의 일부 - 『학습사전』

한국어사전에서 용언 활용 정보와 관련된 쟁점은 국어의 수많은 어미 형태들 중 어떤 형태를 대표적 활용 형태로 제시할 것인가 하는 것이다. 한 어미사전에서 국어의 어미는 변이형를 포함하여 1,763개가 등재되어 있다고 기술하고 있듯이[5] 국어의 다양한 어미들 중 어떤 형태를 활용 정보로 제시할 것인가는 어미의 수가 영어를 비롯한 인구어에 비해 월등히 많으며, 용언에 따라 특수한 불규칙형을 보이는 경우가 있고, 불규칙의 양상이 용언이나 어미의 유형에 따라 다르다는 점에서 쉽지 않은 문제이다.

대부분의 사전에서는 두세 개의 고정된 활용 정보 형태를 제시해 놓고 불규칙적인 활용 형태를 보이는 경우에 한하여 부가적으로 정보를 더할 수 있는 지침을 준수하여 활용 정보를 기술하고 있다.

---

5) 이희자 · 이종희(2001).

사　전	활용 형태	비　고
『표　준』	'-어', '-으니'6)	
『연　세』	'-는/ㄴ', '-아', '-습니다'	
『학습사전』	'-는/ㄴ', '-아', '-습니다'	

〈표 5-3〉 사전별 활용 형태

　『표준』의 경우는 모음어미와 매개모음을 취하는 어미의 대표 어미로 '-어, -으니'를 제시하고 자음 어미는 표제어의 기본형 '-다'로 대신한다고 명시하고 있는 반면, 『연세』, 『학습사전』의 경우는 관형형 어미, 연결형, 종결형의 대표 형태를 제시한다고 명시하고 있어서 활용 어미의 선정 기준이 각기 다르다는 것을 알 수 있다.

　이와 같이 대표적 활용 형태를 개별 표제항에서 제시하는 방식은 활용의 유형만을 제시하는 방식보다는 사용자의 관점에서 훨씬 유용하기는 하지만 국어의 많은 어미들의 활용에 대한 정보를 전체적으로 제시하지 않는다는 점에서 충분한 정보라고 보기는 어렵다.7) 표제항 내의 기술이 부족한 것에 대한 대안으로 활용표를 부록으로 제시하는 경우가 있는데, 『표준』의 경우 773개의 용언에 대해 8개 어미의 활용을 표로 제시하고 있고,

---

6) 『표준』의 지침에 따르면 위 두 가지 활용형태의 제시 근거를 다음과 같이 설명하고 있다.
　　"활용형은 '-어, -으니(이들은 연결 어미이다)' 형을 대표적으로 제시한다. '-어'는 모음 어미의 대표 예이고, '-으니'는 매개 모음을 취하는 어미의 대표 예이다. 자음 어미의 대표 예는 '-다' 형으로 제시되는 표제어로 대신한다." 상세한 사항은 『표준국어대사전 편찬 지침』 참조.
7) 예를 들어 일반인들이 자주 오류를 범하는 '되다, 뇌다'의 경우 같은 활용 유형에 있는 부류임에도 불구하고 '되어(돼), 되니'의 활용 정보는 참고 정보의 형식으로 별도로 제시되어 있는 데 비하여 '뇌어(뇌), 뇌니'와 같은 정보는 상세히 기술되어 있지 않은 실정이다. 다음은 『표준』의 '되다'에 제시된 참고 정보이다.
　　"'되어', '되어라', '되었다'에서 '되-'와 '-어'가 결합하여 줄면 '돼-'가 되어 각각 '돼', '돼라', '됐다'가 된다. '되-'가 '-어'로 시작하는 어미와 결합하지 않을 경우에는 '돼-'로 줄지 않는다. '어머니는 착한 사람이 되라고 말씀하셨다'에서 '되라고'는 '되-'와 '-으라고'가 결합한 말이므로 '돼라'로 줄지 않는다." 『표준』.

『학습사전』의 경우는 불규칙, 축약활용 형태 등 어간이 음절상 변화를 보이는 경우에 한하여 폭넓게 제시하고 있다.

사 전	활용 형태
『표 준』	'-고', '-네', '-ㅂ니다/습니다', '-아', '-(으)면', '-(으)ㅁ', '-(으)ㄴ', '-(으)니'
『학습사전』	'-아', '-았다', '-는/ㄴ', '-(으)니', '-ㄹ', '-(으)면'

〈표 5-4〉 사전별 어미 활용 형태

다음에서는 말뭉치 예문을 중심으로 용언의 활용 정보 기술 방법을 살펴보기로 한다.

3. 말뭉치를 활용한 활용 정보의 기술

1) 용언의 활용 정보

용언의 활용 형태를 직접 제시할 때 문제가 되는 사항 중 중요한 것은 모든 용언이 똑같은 모든 어미 형태와 결합하는 것은 아니며 어미에 따른 결합의 빈도가 고르게 분포하는 것도 아니라는 사실이다. 즉 활용이 불완전한 불완전 용언이 상당수 있으며, 활용이 비교적 모든 어미에 고르게 분포한다 하더라고 특정한 어미와 결합하여 특정한 의미로 쓰이는 용언류도 있다. 대다수의 용언이 활용을 통하여 다양한 어미와 함께 쓰이는 반면, 매우 제한적인 어미와 결합하는 용언류들도 있는데 이러한 어휘 개별적 결합 관계를 사전에서 어떻게 제시해 주어야 할 것인가가 문제이다.

여기서는 (1) 활용에 제약을 보이는 용언류와 (2) 특정 활용형에 한하여 특수한 의미를 가지는 용언류를 구분하여 사전 기술 방법에 대해 살펴보기로 한다. 용언의 경우 용례를 본어절 중심으로 정렬하여 살펴보면,

해당 용언의 활용형의 특성과 활용 형태별 빈도를 쉽게 산출할 수 있다. 이러한 결과는 교육적 목적이나 빈도 제시 등 학술적 자료로 활용될 수 있다.

(1) 활용에 제약을 보이는 용언류

용언 자체의 활용이 온전하지 못하여 매우 제한된 어미로만 활용되는 용언을 '불완전동사', '불구동사'라고 하기도 하는데, 일반적인 활용과 달리 제한된 어미로만 활용한다는 정보를 유표적인 방식으로 제시할 필요가 있다. 다음은 '한국어교육표준말뭉치'에서 추출한 '관하다' 활용 형태 총 216개 중 일부를 보인 것이다.

는 흥미와 직업 성공의 관계에	관한	연구에 견주어 충분하다고 할 수가
그러므로 나에	관한	나의 생각과 남의 생각을 종합해
언제 어떻게 형성되는 것인지에	관한	연구와 이론은 무척 많다.
부모나 교사나 친구들의 자신에	관한	의견을 참고할 수도 있다.
셋째, 마음먹은 대학에	관한	정보, 학과에 관한 정보
대학에 관한 정보, 학과에	관한	정보, 그 학과에 관계되는
에 관계되는 가망 있는 직업에	관한	정보를 얻어야 한다.
직업에	관한	자세한 정보가 실려 있는 책은
나 친구들에게서 자신의 진로에	관한	의견을 들어 둘 만하다.
청개구리에	관한	이야기입니다.
중매에	관한	이야기는 몇 시간 뒤 다른
분단에서는 이 인물들이 한 일에	관해	좀 더 자세히 알아보고 싶어
유언비어와 이번 혈서사건에	관해	열두 시 정각 광장 발코니에서
않는 대신 더 이상 신학에	관해	글을 쓰지 않겠다는 약속을 받아
교육세에	관해	국민들에게 널리 알려 여러 의견을
만한 시설이 부족한 문제 등에	관해	국민들이 여러 의견을 말할 때에
국내 대기업의 한 연구소가 이에	관해	통계를 내놓고 있는데 아직 보편적인
'여학생의 흡연'에	관해	이른바 찬성쪽 의견을 실은 것은
개인의 지능에	관해서는	심리학에서 이론도 많고 학설도 많다

이 점에	관해서	많은 사람들의 꼬래비에 뒤따르는 애국의
남들이 나에	관해서	품고 있는 의견도 적지 않은
능력 , 흥미 , 성격에	관해서	말해 주고 평해 주는 것들은

〈용례 1〉 '관하다' 활용 형태

'관하다'의 용례를 살펴보면, 아래 표와 같이 네 가지 활용 형태로만 활용하고, 일반적인 용언의 활용 형태인 '*관하고, 관하니, 관하는데, 관하면…' 등으로는 활용하지 않는다. 특히 활용형태 '관한'이 85.65%로 매우 높은 빈도를 보이고 있음을 알 수 있다.

활용 형태	횟수(회)	비율(%)
관하어	9	4.17
관 한	185	85.65
관 해	7	3.24
관해서	15	6.94
합 계	216	100

〈표 5-5〉 '관하다'의 활용 형태별 출현 빈도

이와 같이 제한된 활용 형태를 보이는 동사류들은 생각보다 그 수가 많다. 다음은 대표적인 활용형 제약을 보이는 동사류 목록의 일부이다.

(3) 가로다, 각설하다, 감치다, 거들뜨다, 겉잡다, 고작하다, 관하다, 괄목하다, 팬하다, 국민되다, 굴하다, 기하다, 끄집다, 난데없다, 낯모르다, 넉넉잡다, 눈여기다, 더불다, 데리다, 돼먹다, 뒤돌다, 뜻하다, 막다르다, 말미암다, 무릅쓰다, 바래다, 부둥키다, 불문곡직하다, 비롯하다, 비하다, 주제넘다, 마지못하다, 아낌없다, 어림잡다, 인하다, 피나다 등.

'가로다'는 '가로되'로만 활용하며, '각설하다'는 '각설하고'로만 활용한다. 또, '거들뜨다'는 『표준』에서 '거들떠, 거들뜨니'로만 활용한다고 제시되어 있지만 실제로 '거들뜨니'로는 활용하지 않고 '거들떠보다'와 같이 합성동사로 쓰이는 듯하다. '감치다'도 유사한 예인데, '음식의 맛이 맛깔스러워 당기다'의 의미에서 다음과 같이 '감칠, 감치고'로 쓰인다고 제시되어 있지만 매우 드물게 쓰이며 오히려 현재에는 '감칠맛'과 같은 합성어로 굳어져서 쓰인다.

    (4) 처녀가 살며시 눈을 <u>거들떠보다</u>가 눈과 눈이 한 번 서로 마주치기까지 하였다. 『표준』

    (5) ㄱ. 꿀맛이 입에 <u>감치다</u>.

        ㄴ. 맥주가 입에 <u>감칠</u> 듯하다.

        ㄷ. 혀를 <u>감치고</u> 드는 알싸한 맛이 목구멍을 타고 넘어갔다. 『표준』

위의 불완전용언 목록들의 활용 형태는 일반적인 용언 활용 정보와는 달리 제한된 활용 형태를 명시해 주는 것이 필요하다. 다음의 『연세』, 『표준』, 『학습사전』에서는 이러한 제한된 활용 형태를 제시하기 위해 별도의 문법 괄호를 활용하거나 참고정보란을 활용한 예를 보여 준다.

사　전	활용 형태
『연　세』	-달다4[달라, 다오] 图 ['달라, 다오'의 명령형으로만 쓰이어] (자기에게 무엇을) 주기를 청하다. -데리다[데리고, 데리러, 데려]
『표　준』	-달다05　#5 「동」 ((주로 '달라', '다오' 꼴로 쓰여)) … -데리다　#5 「동」 (('데리고', '데리러', '데려' 꼴로 쓰여)) …
『학습사전』	-달다2[나에게] 图 '달라, 다오'와 같이 명령으로만 쓰고, 아랫사람이나 동등한 지위의 사람에게 쓴다. -데리다 图 주로 '데리고 가자, 데리러 가다, 데려다 주다'로 쓴다.

〈표 5-6〉 사전별 제한된 활용 형태 제시

『연세』, 『표준』이 각각 '[]', '(())'의 문법 괄호를 활용하고 있는 것과 달리 『학습사전』에서는 참고 정보란에서 활용 형태를 제시하고 있는데, 『학습사전』과 같이 참고정보란을 활용하면서 '데리고 가자, 데리러 가다' 등과 같이 고빈도로 나타나는 표현들을 직접 보여 주는 방법은 가장 적극

적인 방법으로 보인다.[8]

(2) 특정 활용형에 한하여 특수한 의미로 쓰이는 용언류

용언 자체가 전체적으로 활용 형태에 제약을 보이는 용언도 있지만, 용언의 다의적 의미(sense)에 따라서 특정한 활용 형태로만 쓰이는 용언류도 있다. 이러한 경우는 전체 활용 정보가 아닌 표제어의 하위 의미 항목 내에서 활용형의 제약 정보를 줄 필요가 있다. 다음의 '덥다'의 말뭉치 문맥 색인을 살펴보자. '덥다'의 경우 전체 용언의 활용의 제약은 없으나, '더운 물/밥/피~'과 같이 몇몇 명사 앞에서 수식형인 '더운'의 형태로만 나타나서 특정한 의미로 쓰이는 경우가 있다. 즉, '어떤 것의 온도가 따뜻하다'는 뜻일 경우 '덥다'는 '더운'으로만 쓰인다.[9]

#1 단방약으로 쓸 닥주를 캐러 왔다가 하더 <u>더우니까</u> 금방 세수를 한 모양이었다.
#2 난 <u>더우면</u> 샤워까지 합니다.
#3 배가 고프면 봉당의 자주감자를 샘물에 씻어 베어물 것이고 정 <u>더우면</u> 골짜기 개천 웅덩이에 들어가 몸을 식히리라.
#4 <u>더우시겠어요</u>

---

8) 실제로 학습자 사전에서는 잘 쓰이지 않는 기본형 표제어를 제시하는 것보다 제한된 활용형태 그대로를 표제어로 제시하는 것이 유용한 경우도 있다. 특히 '더불다'와 같이 대부분 하나의 활용형태 '더불어'로 활용하는 경우는 이 자체가 하나의 부사로 등재될 가능성이 있다. 『학습사전』에서는 '더불다' 대신 '더불어'를 등재하고 있다.
더불어 🖲 함께. 같이. 한가지로. 『학습사전』
9) 단 이와 같은 제약된 단일한 활용 형태가 몇 가지의 명사와만 함께 쓰일 경우 그 구성 전체가 하나의 합성어로 굳어질 가능성이 매우 높다. 실제로 『표준』에서는 '더운물, 더운밥, 더운피'를 하나의 단어 즉 표제어로 등재하고 있다. 반면 『연세』와 같이 '덥다'의 의미 항목의 하나로 제시하는 경우도 있는데, 이러한 현상은 합성어 판별 및 등재의 기준이 사전에 따라 다르다는 것을 보여 주는 예이다. 만약 '더운'이 '불, 밥, 피'와 같이 매우 한정된 명사 그룹과만 결합하고 더 이상의 생산성이 없으며 예측하기 어려운 특수한 의미로만 쓰일 경우는 표준의 예와 같이 하나의 단위로 보는 것이 타당하다.

\#5 화광이 충천하여 사람마다 얼굴에 불 그림자가 너울거리고 <u>더운</u> 불김이 사방에
    훅훅 끼쳤다.

\#6 <u>더운</u> 물은커녕 냉수도 시간 안 되면 종무소식이니.

\#7 세상에, 수도꼭지만 틀면 <u>더운</u> 물, 찬 물 콸콸 쏟아지 구 글쎄 연탄 갈 일이 없
    다는 구나.

\#8 하다는 생각을 안 갖기 위해 무슨 일이 있어도 하루에 두 끼는 <u>더운</u> 밥을 해 먹
    는다는 결심이 무너진 지 오래됐다.

\#9 아내가 부엌에서 떠가지고 온 <u>더운</u> 물 한 바가지를 목욕탕의 세숫대야에 부어
    놓고 나오면서 팔짱

\#10 <u>더운</u> 물은 일단 아파트 건물의 옥상으로 끌어 올려지고, 위에서부터

〈용례 2〉 '덥다' – 본어절 정렬

이러한 경우에는 '덥다' 자체의 활용 정보는 활용정보란에서 제시하면
되지만, 의미에 따라 제한된 활용 형태로만 쓰인다는 정보는 해당 의미
항목에서만 기술해 주어야 할 것이다. 다음 예의 밑줄 친 부분은 특정 의
미에서만 제한된 활용 형태로 쓰이는 '덥다'의 특수한 쓰임을 보여 준다.

'덥다'『연세』

  덥다(더운, 더워, 덥습니다) 형 ① (몸으로 느끼기에) 기온이 높다.¶ 더운 여
름이면 냇가에서 천렵을 하거나 원두막 그늘에 앉아 참외와 수박을 먹고는 했다.
② [주로 '더운'의 꼴로 쓰이어] (무엇의) 온도가 높다. 아주 따뜻하다. ¶ 다시 비
수로 황소의 목을 찌르자 더운 피가 콸콸 쏟아져 나왔다.

이러한 현상에 대하여 '죽다'는 좀더 흥미로운 예를 보여 준다.

(6) ㄱ. 일은 <u>죽도록</u> 하구서는 손에 돈도 쥐어보지 못하구 우리는 그래 이게
    무슨 꼴이냐.

   ㄴ. 당신은 <u>죽어라고</u> 그들에게 충성을 했지만 남는 게 뭐요?

   ㄷ. <u>죽자고</u> 일하고 어떤 놈은 기집 끼고 상다리 두들겨대고,

(7) ㄱ. 배고파 <u>죽겠어</u>.

   ㄴ. 아이구 <u>죽겠다</u>, 음.

(6)의 예는 '죽다'가 '죽도록, 죽어라고, 죽자고'로 활용하여 있는 힘을
다하여 어떤 일을 한다는 뜻을 나타내며, (7)은 항상 '죽겠-'의 형태로 쓰
여서 '죽다' 본래의 의미에서 확장된 의미를 나타낸다. 이들 각각의 확장
된 의미들은 활용 형태와 밀접한 관련이 있어서 아래와 같이 다른 어미로
교체할 경우 비문이 되거나 같은 의미로 해석되지 않는다.

> (8) ㄱ. 일은 {죽도록/*죽게} 하구서는 손에 돈도 쥐어보지 못하구 우리는 그
>   래 이게 무슨 꼴이냐.
>   ㄴ. 당신은 {죽어라고/*죽겠다고} 그들에게 충성을 했지만 남는 게 뭐요?
>   ㄷ. {죽자고/*죽겠다고} 일하고 어떤 놈은 기집 끼고 상다리 두들겨대고,
> (9) ㄱ. 배고파 {죽겠어/*죽을 거야/죽을 것 같네}.
>   ㄴ. 아이구 {죽겠다/*죽을 거야/죽을 것 같다}, 음.

(6)의 '죽도록, 죽어라고, 죽자고'의 활용 형태가 가지는 의미적인 특수
성은 사전에서 하위 의미 항목별로 기술될 수도 있고(『표준』), 부표제항을
통해 기술될 수도 있다(『연세』). 물론 이 두 가지 방법 중에서 정보의 명시
성을 높이는 방법은 후자이다. 다음 예를 살펴보기 바란다.

'죽다'『표준』
죽다 …중략… 10. (주로 '죽도록', '죽어라 (하고)', '죽자고' 따위의 꼴로 쓰
여) 있는 힘을 다한다는 뜻을 이르는 말. ¶죽도록 일하다 / 그는 그녀를 죽자고
따라다녔다. / 우리는 결승점을 향해 죽자고 뛰었다. / 범인은 죽어라 하고 도망쳤
다. / 그는 선생님께 죽어라 하고 용서를 빌었다. / 처자식 죽도록 고생시키는 것
보다야 낫지. ≪최일남, 거룩한 응답≫§

'죽다'『연세』
죽다 …중략…
죽도록 / 죽어라고 / 죽어라 / 죽자고
① 있는 힘을 다하여
  ¶ 얼마간을 죽도록 달리고 나서야 한적한 골목에서 멈추고 땀을 훔쳤다. /
  평생을 죽자고 일해 와도 가난을 벗어날 수 없었다.
② 거의 죽게 되다.

¶ 온몸이 죽도록 맞은 듯 아프고 견딜 수가 없었다. / 하지 않아도 될 고생을 죽도록 했지만 어쨌든 목적은 달성되었다.
③ 〔주로 '죽도록 / 죽어라고 / 죽자고'의 꼴로 쓰이어〕 매우. 아주 많이.
¶ 집에 들어오기는 죽어라고 싫은데 뭘로 먹고 살아가겠습니까? / 성일의 어머니는 성일이 축구 선수가 되는 것을 죽도록 싫어했다.

한편 (7)에서 (7ㄱ)은 항상 '-아/어 죽겠-'의 형태로만 쓰여 앞말이 뜻하는 상태나 느낌의 정도가 매우 심함을 나타내며, (7ㄴ)의 '죽겠다'는 주어에 대한 서술의 의미 기능을 가진 서술어라기보다는 감탄사로 보는 것이 바람직하다. 다음 예는 말뭉치 용례의 '-아/어 죽겠다'의 예를 보인 것이다.

갑갑해	[죽겠어.]
어찌 공부를 싫어하는지 속상해	[죽겠어.]
답답해 죽겠다메?] [그래, 답답해	[죽겠어.]
나 기가 막혀	[죽겠어.]
귀여워	[죽겠어.]
있지 않구, 어딜 돌아다니는지 속상해	[죽겠어.]
아니지?] [섭섭하긴, 나도 답답해	[죽겠어.]
"저는 당신 때문에 창피해	[죽겠어요]
보고하라고 그러던데요…… 선생님이 짠해	[죽겠어요]
어휴 배고파	[죽겠어요.]
[어지러워	[죽겠어요.]
또 술렁거리지 않을까 걱정돼	[죽겠어요"]
저희들이 자꾸만 죄송스러워서	[죽겠어요"]
많고… 아아, 서울로 가고 싶어	[죽겠어요"]

〈용례 6〉 '죽다' - 말뭉치용례

실제로 『표준』에서는 위의 '죽다'를 보조형용사로 기술하고 있기도 하다. 단, 아래에서 보는 것처럼 이때 '죽다'가 주로 '죽겠다'의 꼴로 쓰인다는 정보가 빠져 있는데, 정보를 보완할 필요가 있는 부분이다. 아래 (10)

에서 보듯이 보조형용사로 쓰인 '죽다'는 '죽겠다' 이외의 '죽었다, 죽는다' 등의 활용꼴에는 제약이 있다.

> **'죽다'『표준』**
> **죽다**…Ⅱ「형」「보」(형용사 뒤에서 '-어 죽다' 구성으로 쓰여) 앞말이 뜻하는 상태나 느낌의 정도가 매우 심함을 나타내는 말. ¶배고파 죽겠다. / 목말라 죽겠다. / 예뻐 죽겠다. / 우스워 죽겠다. / 심심해 죽겠다. / 하루 종일 집에만 있으려니 갑갑해 죽을 지경이었다. / 경애는 분하고 미워 죽겠는 모양이다. ≪염상섭, 삼대≫§

(10) ㄱ. 배고파 죽겠다 / *죽었다 / *죽는다.
　　 ㄴ. 심심해 죽겠다 / *죽었다 / *죽는다.

또한 위의 말뭉치 예에서도 살펴볼 수 있듯이 보조형용사적 쓰임을 보이는 '죽다'는 1인칭 이외의 2, 3인칭 주어와는 함께 쓰이지 않는데 이때의 '죽다'는 마치 심리서술어와 같은 통사적 특성을 지니고 있어서 보조형용사로서의 '죽다'의 기술 시에는 형태 정보와 더불어 통사 제약 정보도 필요하다.[10]

(11) {내가 / *네가 / *그가} 배고파 죽겠다.

2) 체언의 조사 결합 정보

체언의 경우는 용언과 달리 자음동화, 구개음화 현상 등 조사 결합에

---

10) 이와 더불어 보조형용사로서의 '죽다'는 '속상하다, 갑갑하다, 짠하다, 답답하다, 걱정되다…' 등의 심리 술어와 자주 쓰이는 경향이 있는데, 위 말뭉치의 예를 검토해 보면, 확연히 드러난다. 보조용언을 표제어로 하는 표제항에서 그 보조용언과 함께 자주 결합하는 본용언이 일정한 의미 부류를 형성하는 경우가 있는데 이러한 통사 정보 역시 사전에서 기술되어야 할 부분이다. 이 장은 형태 정보를 다루는 부분이므로 이에 대해서는 상세하게 다루지 않기로 한다.

따른 발음의 변화를 보여 줄 필요가 있는 체언류에 한정해서 조사 결합 정보가 제시된다. 체언의 조사 결합 정보가 필요한 경우는 대부분 명사에 해당되며, 어떠한 조사 결합을 형태적 정보로 제시할 것인가는 형태·음운론적 문제로 활용의 문제라기보다는 명사의 마지막 음절과 관련된 음운 현상에 초점이 맞추어져 있다.

『표준』, 『연세』를 비롯한 대부분의 사전에서는 주격조사 '이', 보조사 '만'의 결합 정보를 대표적으로 제시하고 있는데, 전자는 구개음화 현상, 후자는 자음동화 현상이 일어나는 경우에 한하여 제시되는 것이 일반적이다. 한편, 『학습사전』의 경우는 연음 현상이 일어나는 예들까지도 폭넓게 제시함으로써 학습자들의 발음의 편의를 돕고자 하였다. 명사의 조사 결합형 중 발음 정보와 관련한 상세한 기술은 제3장의 발음 부분에서 제시하기로 하고 여기서는 명사의 조사 결합 정보 중, 음운론적 관점에서가 아니라 형태·통사론적 해결책이 필요한 조사 결합이 제한된 명사의 형태 정보에 대해서만 다루기로 한다.

명사의 조사 결합 정보 역시 용언과 마찬가지로 명사의 특성상 (1) 조사 결합에 제약을 보이는 명사류와 (2) 특정 조사와의 결합에 한하여 특수한 의미를 가지는 명사류로 구분해 볼 수 있다.

(1) 조사 결합에 제약을 보이는 명사류

용언의 활용에도 개별 용언에 따라 활용의 제약이 있는 것처럼 명사의 경우에도 조사 결합이 매우 제한되어 있는 부류가 있다. 다음의 말뭉치 용례는 명사 '단김', '가관'의 문맥 색인으로 이들 명사류가 각각 '단김에', '가관이다 / 가관이'의 형태로만 주로 쓰이는 것을 보이고 있다.

봤자 내가 우기면 될게구 참봉이 잠이 깨기를 기다려, 쇠뿔은 <u>단김에</u> 빼야 한다는 각오를 단단히 한 돌쇠는 단도직입적으로 시작했
쇠뿔도 <u>단김에</u> 빼랬다는 말이 있지, 어쩌구 그답지 않게 옛 속담까지 지껄이
윤보선은 기왕에 내친 걸음, 이 기회에 쇠뿔도 <u>단김에</u> 빼버리자는 속셈인 것이 역력했다.
쇠뿔도 단김에 빼랬다고 말이야.
그 양반이 쇠뿔은 <u>단김에</u> 빼자고 해서 같이 갔다가 그렇게 됐다.
호호호 빈삼각씨는 쇠뿔하늘소를 <u>단김에</u> 삼킨 중병아라 꼴로 모가지를 비틀어 세워 반면을 응시한다.
쇠뿔은 <u>단김에</u> 빼랬다고 그는 영이엄마에게 방세 독촉을 순서상 그냥 해보고
지도 않은 웃음소리를 눈물이 바울지도록 계속하더니, 그렇다면 <u>단김에</u> 뿌리뽑아야 된다며 금방 세상 만난 얼굴을 하며 억척스럽게 대
을 한 번 콱 찍으며 발을 탕 구르더니, 용서고 지지고 쇠뿔은 <u>단김에</u> 빼야 한다면서 자, 갑시다.
첫잔이 부어졌으나 김 준장은 아무 말 없이 잔을 들어 훌쩍 <u>단김에</u> 마셔 버리고 윤호에게 잔을 건넸다.

<용례 8> '단김' – 본어절 정렬

이라도 실어 나르는 것처럼 삼엄한 경계를 하고 있는 꼴이라니, <u>가관</u> 중에도 가관이었다.
경악으로 보라의 표정은 <u>가관이</u> 되었다.
람으로서는 여자나 남자나 새 사람이 되어야죠'라고 하는 것이 <u>가관이고</u>, 죽음에 이르는 과정이 아무렇게나 처리되었다.
씨팔, 거시기에 곰팡이 필까봐 안절부절 못하는 꼴이 참 <u>가관이군</u>.
그렇게 해서 나온 아이디어가 정말 <u>가관이다</u>.
꼬락서니가 <u>가관이다</u>.
마지 않던 늙은 애국자들의 발악이 서로 부딪치고 엉켜서 날로 <u>가관이다</u>.
뒷길에서 창문으로 연립주택 안을 보면 <u>가관이다</u>.
의당으로 개명하여 앞세우고 나오는 인물의 독백은 그야말로 <u>가관이다</u>.
마침 지난 비에 수문을 네개나 열어 놓아 물줄기가 <u>가관이다</u>.
봐 주고 잠자러 들어갔다가 고함소리에 뛰쳐나가 보면 참으로 <u>가관이다</u>.
주제넘은 꼴이 <u>가관이다고</u> 할 것이다.

> \# 애쓰는 속물. 해주는 대로 드라이까지 다 마치고 보니 정말 <u>가관이다</u>.
> \# 자기 생식기로 상여를 매고 가면서 그 점을 시비했으니 더욱 <u>가관이다</u>.
> \# 송곳이 밑에 이웃 동네 이빨이 겹쳐지고 포개지기까지 해서 <u>가관이다</u>.
> \# 교수라면 첩… 어쩌고 하는 소릴 듣고서 놀래는 표정들이 <u>가관이다</u>.
> \# 죽어 있는 꼴이 <u>가관이더군</u>.

〈용례 9〉 '가관' – 본어절 정렬

이들 중 '단김'은 항상 '단김에'로만 쓰여서, 사전 표제어 선정 시에 '단
김'을 사전에서 명사 표제어로 등재해야 하는지 '단김에'라는 부사 표제어
로 등재해야 하는지에 대한 논란의 여지가 있다. 조사 결합에 있어서 이
와 같이 특정 조사와만 결합하는 부류 중 조사 '의, 에'와 주로 결합하는
부류를 실제 사전 기술의 예와 함께 제시하면 다음과 같다.

조 사	결합 형태
'의' 형	만반의 (준비) / 미증유의 (사실) / 배전의 (노력) / 소기의 (목적) / 소정의 (원고료) / 일고의 (가치) / 일말의 (가치) / 저간의 (사정)
'에' 형	단김에 / 단방에 / 삽시에 / 성공리에 / 소란통에 / 잠결에 / 장마통에

〈표 5-7〉

조사 결합에 제약이 있는 체언의 기술 예 『연세』
단김 몡 ('단김에'의 꼴로만 쓰이어) 좋은 기회를 놓치지 않고 바로 그 자리에
　　　서. ¶쇠뿔도 단김에 빼렸다고 지금 해 치우자.
소기 몡 ('소기의 성과 / 목적…'의 꼴로만 쓰이어) 처음에 바라던. ¶소기의 목
　　　적을 달성했다. / 소기의 성과를 거두었다.
극비리 몡 ('극비리에'의 꼴로 쓰이어) 매우 중요한 비밀로 하여 남이 절대로
　　　알지 못하게. ¶그 회의는 극비리에 진행되었다.
고도(高度)〔고도 kodo〕 몡 참 주로 '고도의 기술'과 같이 '고도의 ~'로 쓴다.

사전에서 이러한 유형의 명사류를 '명사+조사'의 복합어 표제어로 제시
하지 않고 조사를 제외한 명사 형태 표제어로 등재하는 이유는 명사로서

의 '단김', '소기'의 의미와 기능 및 조사 '에, 의'의 의미 기능이 분석될 수 있다는 관점에 기인한다. 실제로 위의 '극비리, 고도'의 경우는 '극비리 도피', '고도 성장'과 같이 독립적으로 쓰일 수 있는 가능성도 있어서 명사로 제시하고 제한된 조사 결합 정보를 문법 정보나 참고 정보로 주는 것이 타당하다.11) 그러나 '단김'이나 '소기'와 같은 경우는 명사와 조사의 결합 빈도 및 배타적 결합 분포 등을 분석하여 하나의 복합어 표제어를 설정하거나 명사 표제어 아래에 부표제어로 명시적으로 제시할 수 있는 가능성도 고려할 수 있다.

이외에도 조사 결합이 제약된 대표적인 명사류는 '-적' 파생어류가 있는데, '-적' 파생어류는 '으로, 이다'외에 다른 조사와는 결합하지 않는다. 따라서 '-적' 파생어류 표제어에는 다소 잉여적으로 보일지라도 대부분의 표제항 내에 '으로, 이다'와만 결합한다는 문법 정보가 필요하다. 왜냐하면 '비교적'과 같이 그 자체가 부사로 쓰여 조사 결합이 불가능한 경우도 있기 때문이다. 다음에서 '-적' 파생어류의 몇 가지 유형에 대한 말뭉치 문맥 색인을 제시하기로 한다. 각각의 유형에 대한 사전적 기술 역시 차별적으로 제시되어야 함을 물론이다.

\# 우선 1945년의 시점에서 민족 해방에 대한 <u>객관적</u> 이해가 투철하지 못했던 점, 다음으로 한반도의 지정학적 위치

\# 목가치를 상승시켜 저임금 저미가를 효율적으로 지탱할 수 있는 <u>객관적</u> 역할을 담당했기 때문이다.

\# 아니며, 그 제약이 학문 환경에 연유되는 경우라도 그 속에서의 <u>객관적</u> 서술을 위한 노력은 필요하다.

\# 분단 시대의 역사를 민족사적 처지에서 <u>객관적</u> 시점에서 서술하지 못 할 바에는 차라리 그것을 역사 서술의

---

11) 실제로 『표준』에서는 '고도성장'을 독립된 복합어 표제어로 등재하고 있다. 그러나 형태·통사적 관점에서 '고도의 성장'이라는 분리가 가능하고 의미적으로도 구성 성분인 '고도'와 '성장'의 의미가 가진 본래 의미에서 벗어난 제3의 의미를 가지지 않으므로 완전한 복합어로 보기는 어렵다.

후 1928년의 '12월 테제'에서 "공산당 조직의 곤란성은 다만 <u>객관적</u> 조건에서만 초래되는 것이 아니라 조선의 공산주의 운동을 수년

즉 경제발전단계라고 하는 <u>객관적</u> 조건과 변혁의 주체라고 하는 주관적 조건의 문제를 둘러싸고

하는 것이 아니고 양대 혁명이 동시에 대항적으로 전개된다는 <u>객관적</u> 조건은 필연적으로 이 이중혁명에 있어서 헤게모니 문제를 제

3. 분단체제의 <u>객관적</u> 인식문제 해방 후의 민족사는 보는 각도에 따라서는 분단체제

그리고 공산주의 이론에 근거를 두고 당시의 주, <u>객관적</u> 정세를 평가하면서 당의 진로와 투쟁방침을 짜임새 있게 제시한

어쨌든 조선의 <u>객관적</u> 정세는 우리로 하여금 무조건하고 부르즈와민주주의혁명 과업의

국제정세의 발전추세에 관해 테제에서는 "국제적 <u>객관적</u> 정세는 자못 예측하지 못할 만한 급속한 템포로, 전개되고 있

그렇지만 이들을 <u>객관적으로</u> 바라보기에는 아직도 때가 너무 이른 것 같다.

구속하고 비인간화시키는 분단사회의 구조적 요인이 무엇인가를 <u>객관적으로</u> 파악해야 하는 일이다.

말의 뜻이 <u>객관적으로</u> 존재한다고 (말한 이의 먹은 마음 속에) 믿는다고 하여 '객관주

제는 한국사회의 자본주의적 성격과 분단이라는 사실을 어떻게 <u>객관적으로</u> 이해해야 하는가 하는 문제였다.

이렇게 보면 문명은 <u>객관적이고</u> 몰개성적인 것이다.

더구나, 이런 유의 <u>객관적이고도</u> 원칙론적인 개념 규정이 특히 그 당시에는 매우 절실하게 필요

은 그런 까닭에 음악보다 훨씬 더 모방적이며, 더 사실적이며, <u>객관적이기도</u> 하다 (물론 미술이나 문학에서 자연에서 볼 수 없는 환상적 형상

그래서 모든 문학에 대한 논의는, 아주 <u>객관적이라고</u> 내세우는 것일지라도, 사실은 주관적인 값매김이라고 주장하는

왜 그런고 하니 현실에 관한 것은요 <u>객관적이란</u> 데만 비추어 보면 결정이 되지만, 여기 정신 세계에 들어오게

비추어 보면 결정이 되지만, 여기 정신 세계에 들어오게 되면 <u>객관적이란</u>게 있을 수가 없어요

는 각 분야, 각 계층의 경험들을 총정리하여 보다 통합적이고 <u>객관적이며</u> 보다 체계적인 이해에 도달해야 하는 까닭에, 주관적인 경향에

렇다면, 이제 민중 문학론과 문학적 급진주의는 보다 냉철하고 <u>객관적이며</u> 실제 적으로 민중 사회의 실현을 위한 구상에 접근해야 하며 '민

마술과 연금술 대신 실제적, 기술적 지식을 그것이 공개적이고 <u>객관적이며</u> 인류 의 복지를 위하며 협동적이고 따라서 발전을 보여주었다고

그는 자신이 <u>객관적이지</u> 못하다는 평을 듣게 될까봐 능력이 인간관계보다 우선적 으로 배

어때, 얼핏 보기에 아주 사실적이고 <u>객관적이지?</u>

적 투쟁을 위한 조직적 기반이 구조적으로 설정되는 방향에서는 <u>객관적인</u> 저해요 소를 극복할 만한 주체적 역량은 아직도 미흡한 상태에

낸, 근대적 인문주의와 과학이 부여한, 우주의 영원한 질서이자 <u>객관적인</u> 가치 체 계로서의 이성의 세계, 지나침과 모자람을 다 같이 벗어

〈용례 11〉 '-적' 파생어류1 : 명사와 관형사로 쓰이며 명사로 쓰일 때
'으로, 이다'와만 결합하는 부류

음악 예술의 양식적 변천을 고악보의 해독을 통하여 <u>비교적</u> 자세하게 고찰해 볼 수 있는 시대가 바로 다섯째 시대임을 주목

판소리는 <u>비교적</u> 제한된 음악 향수층을 위하여 연주했으나, 창극 활동은 무대 공

은 경찰과 군인의 경우 각기 70퍼센트와 61퍼센트에 달하였고 <u>비교적</u> 찬성률이 적은 노동자와 학생의 경우도 각각 52퍼센트, 43퍼센

한편 <u>비교적</u> 오랫동안 협력관계를 유지하고 있었던 '연안파'와 김일성세력

는 민주적 민족교육연구회 개최와 학도호국단 설치에 자극되어 <u>비교적</u> 단시일내 에 전국적으로 보급되기도 했다.

여기에 전쟁으로 인한 기간사업의 피해, <u>비교적</u> 자원이 풍부한 북한 지역과의 단 절은 남한의 산업구조가 대외

그러나 북한의 단독정부는 빠른 시일내에 <u>비교적</u> 안정된 국내적 기반을 확보함으 로써 점차적으로 소련의 대국주

조직을 복구하여 그것을 통해 정책을 시행하고자 계획함으로써 <u>비교적</u> 체계성을 지닐 수 있었던 북한의 남한 점령정책과는 많은 차이

안고 있었던 북쪽에 비해 미군의 풍부한 물자와 공군력 덕분에 <u>비교적</u> 전쟁지원 의 부담이 적었고 공급의 위험으로부터도 벗어나 있

이 무렵 북한문학은 <u>비교적</u> 남한사정에 대하여 근접한 인식으로 사건전개에는 무 리가 없었

이는 남로당계열의 노선을 북로당계열의 노선과 비교하여 <u>비교적</u> 긍정적으로 평
가하는 쪽과 평가절하시키는 쪽으로 나누어 볼
지 못한 한계를 가지고 있다는 점을 비판하면서 이 기획에서는 <u>비교적</u> 확실한 입
장을 일관되게 견지하고 있다.
문학평론가가 1946년 3월 25일 창간한 현대일보 는 당조직과는 <u>비교적</u> 연관관계
가 적은 독립적 좌익지로서의 고경흠이라는 여운형 계
이 자신의 문하가적 전통에 계속 애정을 가지고 있어서 그런지 <u>비교적</u> 지속적인
연구가

〈용례 12〉 '–적' 파생어류2 : 명사나 관형사가 아닌 부사로만 쓰인 예

이 혼담의 성사를 시킬려고 하는 적극적인 의도가 있었다기보다 <u>가급적</u> 되기를
바랬다.
어쨌든 <u>가급적</u> 조속한 시일내에 완쾌되어 다시 귀가할 수 있도록 우리로서도
전문의들은 수사학에도 일가견이 있는지 똑같은 어휘의 반복을 <u>가급적</u> 피하고 있
었다.
그래서 노인들은 <u>가급적</u> 농촌에 사는 것이 좋다는 결론이고, 그것이 노인의 절박
감을 푸
나 이것은 그런 계산법이 아니고 타산에 맞지 않는 지출을 하여 <u>가급적</u> 소소한
얽매임에서 벗어나 흙을 만지고 싶은 것이었다.
그리고 <u>가급적</u> 그러기로 했어.
어 주었으면 그나마도 다행일 것을, 우리 쪽에 유리한 사료는 <u>가급적</u> 빼고 자꾸만
고구려, 백제, 신라 삼국을 작게만 적으려 들었던
창자, 참여자들이 '공동체', '생활 공동체'에 대한 개념 정립을 <u>가급적</u> 피하고 있
다는 사실이 이 운동의 원대한 중요성에 비해 그에 맞
보다는 내 자신의 문제로 다가와 있는 새로운 주창들에 대해 <u>가급적</u> 공정해 지기
위한 것이었다.
그래서 황달칠은 여느 때와는 달리 <u>가급적</u> 그날그날 집으로 돌아와 자기로 하고
있었다.
그래서 꼭 내리지는 않더라도 <u>가급적</u> 역사쪽으로 자리를 잡거나 그 쪽 창가로 가
서 옛 애인이 살던
<u>가급적</u> 단양과 충주를 중심한 중원 지방까지 돌아오기로 했다.
밥도 내다 먹고 세수도 냇가에서 하고 그리고 <u>가급적이면</u> 날이 희붐히 새면사 나

가서 어둑어둑 어둠이 깔려서야 돌아오는

\# 그리고 <u>가급적이면</u> 모든 면에서 지출을 줄인다.

\# <u>가급적이면</u> 이혼을 않고 해볼테니까 잘 안 되면 지원을 해줘.

\# 한 두 학기 휴학을 하여 아르바이트를 하든지, <u>가급적이면</u> 그대로가 좋겠지만, 어떻게 돈을 버는 방법이 있을 것이다.

\# <u>가급적이면</u> 관대해지는 게 좋겠군요.

\# 본적지에 얽힌 사연이 대강 이러했으므로 <u>가급적이면</u> 그 지번에 대한 연상은 삼갈 양으로 있는 것이 나의 입장인 셈

\# <u>가급적이면</u> 나의 심적인 부담을 줄이기 위해 과장되어 씌어진 것들이었읍

\# <u>가급적이면</u> 나는 램의 편에 서고 싶었다.

\# 서로 출신 환경이 다르므로 그녀는 그에게 <u>가급적이면</u> 자가용을 손수 운전하지 말라고 종용하고 있는 터이다.

〈용례 13〉 '-적' 파생어류3 : 주로 부사로 쓰이나 '이다'와 부분적으로 결합 가능하여 명사적 쓰임을 보이는 경우

위 용례들을 살펴보면, '객관적'은 명사 또는 관형사로 쓰이며 명사로 쓰일 때 '으로, 이다'와만 제한적으로 결합하며, '비교적'은 부사로만 쓰인다는 것을 알 수 있다. 한편 '가급적'의 경우는 주로 부사로 쓰이는데 드물게 '가급적이면'으로 쓰여서 '이다'와 결합한다. 그런데, 이러한 용례와 이들에 대한 기존 사전의 사전적 처리를 살펴보면 다소의 문제를 발견할 수 있다.

'-적' 파생어류 사전적 처리 『연세』

객관적1(客觀的) 〔명〕 객관에 의한 것. 객관의 태도를 지키는 것. ¶진실은 결코 객관적으로 할 수도 없고 발견되는 것도 아닌 게야./산문은 객관적인 문장이어야 한다고 말한다. 〔참〕 주로 '으로, 이다'와 함께 쓰임.

객관적2(客觀的) 〔관〕 객관의 의한. 객관의 태도를 지키는. ¶우리도 베스트 셀러의 판매 부수를 밝히고 조사 방법의 객관적 평가를 통해 베스트셀러의 신뢰도를 높여야 한다.

비교적(比較的) 〔부〕 다른 것보다 꽤. 상당히. ¶나는 교통이 비교적 편리한 동네

에 살고 있다. / 그는 자기가 계획하던 일이 비교적 만족스럽
게 처리되어서 매우 기뻤다.

가급적1(可及的) 몡 될 수 있는 대로의 것. ¶가급적이면 오늘 안으로 연락을
주세요. / 저는 가급적으로 그런 자리엔 가고 싶지 않습니다.
참 주로 '으로, 이다'와 함께 쓰임.

가급적2(可及的) 뮈 될 수 있는 대로. 가능한 한. ¶글을 쓸 때에는 가급적 생
활 주변에서 먼저 소재를 찾아보도록 하자. / 당국은 정치적
이유로 해직된 교수들을 복직시켜 가급적 2학기부터 강의를
맡기로 결정했다.

문제는 '가급적'의 경우인데, '가급적'이 명사로 쓰이는 경우는 '이다'와
결합하는 경우, 더 분명히 말하자면, '가급적이면'으로 쓰이는 경우로 제한
된다. 대부분의 '-적' 파생어류와 다른 형태적 특성을 보이는 것이다. 그럼
에도 불구하고 『연세』, 『표준』에서 '가급적'을 '으로', '이다'와 함께 결합한
다는 식의 정보를 제시하는 것은 지나친 일반화로 판단된다.

한편 이러한 '에, 의'나 '으로, 이다'와만 결합하는 명사류 외에도 조사와
의 결합이 매우 드물어서 어근적인 성격이 강한 명사류 역시 사전에서 특
별한 형태·통사적 정보를 필요로 하는 부류이다. 대표적인 예는 다음
(12)와 같다.

(12) 극비리 (도피) / 적시 (안타) / 절찬리 (상영) / 진두 (지휘) / 성황리 (분
    양 중)

이러한 부류의 사전 기술의 문제는 품사 정보와 형태·통사적 정보와
관련된다. 품사 정보의 경우, 제한적으로 조사와 결합하는 경우는 명사
표지를 제시하는 것이 바람직하지만, 조사 결합이 불가능한 경우는 어근
이나 관형어 등의 범주로 보는 것이 타당할 것이다. 또한 형태·통사 정
보 역시 후행 명사와의 결합의 생산성이나 형태·통사적, 의미적 특성을
고려하여 부가적 정보를 제시할 필요가 있다.

(2) 제한된 조사와 결합에 한하여 특수한 의미로 쓰이는 명사류

여기서는 위 (1)과 달리 명사 자체가 조사 결합의 제한이 있는 것이 아니라 다의적 명사의 하위 의미에 국한하여 특정 조사와만 결합하는 부류를 제시하기로 한다. 다음의 '세기, 참말' 등은 명사 자체로는 다양한 조사의 결합에 제한이 없지만 다의어 의미 항목 내에서 특정 조사와만 결합하여 특정한 다의적 의미를 생산하는 경우이다.

제한된 조사와 결합하여 특수한 의미로 쓰이는 명사의 기술 예 『연세』

세기 명 Ⅰ〔'세기의'의 꼴로 쓰이어〕 썩 드문 것. 100년에 한 번 있음직한 것. ¶초대 기독교적 교부들은 모두 이러한 세기의 고뇌와 싸워 회심의 기적을 체험한 새 인간들이었다.

Ⅱ〔의존적으로 쓰이어〕 ① 100년을 단위로 하는 기간을 나타냄. 100년 동안. ¶그의 주장은 그 글이 발표된 지 한 세기에 가까워 오는 오늘날, 아직도 많은 사람들에게 강력한 호소력을 보여 주고 있다. ② 〔서력 기원을 기준으로 하여 그 전과 후의 시간을 100년씩으로 나누어 매긴 차례를 나타내는 숫자 뒤에 쓰이어〕 '~번째의 100년'의 뜻을 나타냄. ¶우리는 이제 대망의 21세기를 코앞에 두고 있다.

참말 명 Ⅰ 거짓이 없고 사실과 조금도 다름이 없는 말. ¶이렇게 굳은 표정으로 말하는 것은 그가 참말을 하고 있다는 증거였다.

Ⅱ〔'참말로', '참말이지'의 꼴로 쓰이어〕 사실 그대로. 진실로. ¶공기는 맑고 물은 깨끗하고 태양은 풀잎에 반사하여 참말로 가슴이 부풀어 오름을 느낍니다. ¶이제는 참말이지 더 이상 못 참겠다.

밑줄 친 정보들은 해당 표제어의 조사 결합 제약을 제시한 것으로 반드시 해당 형태로 쓰였을 경우에만 특정한 의미를 생산함을 알 수 있다.

4. 맺음말

이 장에서는 국어사전의 형태 정보 기술 방법을 용언의 활용 정보와 체언의 조사 결합 정보를 중심으로 살펴보았다. 어휘 단위를 중심으로 하는 사전의 텍스트 구조상, 형태 정보는 통사 정보나 음운 정보 등 다른 문법 영역의 정보보다 훨씬 중요한 지위를 차지한다. 이 결과 사전은 문법서가 아님에도 불구하고 사전의 유형이나 사용자 집단에 따라 일반적 문법 규칙뿐만 아니라 문법서에서조차 보여줄 수 없는 상세한 문법적 현상들을 제시해야 하는 경우가 많다. 이때 사전 정보 기술에서 결정해야 할 것은 일반적인 규칙과 어휘 개별적인 현상들은 어느 범위까지 어떤 항목에서 제시해야 하는가이다. 위에서 제시되었던 용언 활용어미의 형태나 어휘 개별적(idiosyncratic) 활용의 제약, 조사 결합의 예외적 현상 등이 그 대표적 예라 할 것이다.

활용 정보 외에도 사전에서 형태 정보로 고려할 수 있는 예들이 많다.

우선, 대표적으로 조어 정보를 들 수 있다. 조어법은 활용론과 함께 형태론의 중요한 양대 범주를 형성하고 있음에도 불구하고 활용 정보에 비해 조어 정보는 사전에서 비교적 소홀하게 다루어져 왔다. 어휘 표제항 중심의 사전 거시구조에서 단어 이하의 범주인 어근이나 접사 범주는 소홀하게 취급되는 경향이 있었고, 인쇄사전의 특성상 지면의 제약으로 인해 해당 표제어 요소의 생산성 정보 등 조어 정보가 구조적으로 충분하게 제시될 수 없는 환경이었던 것이다. 하지만 조어법은 활용과 달리 언어 특징적 요소가 강하여 어휘별 학습이 필요하며, 화용적 맥락과 관련한 말맛을 가지고 있는 경우도 많아서 사전 사용자에게 유용한 정보이다. 특히 해당 어휘의 조어 능력은 무엇보다 학습자들의 의사소통능력을 향상시키는 데 매우 중요한 능력임은 주지의 사실이다.12) 향후 지면의 제약에서

---

12) 접사나 조어법에 대한 지식이 학습자에게 끼치는 영향에 대해서는 Marslen-Wilson
et al(1994), Schreifers(1999)를 참조할 만하다. 전자는 접미사 접두사의 규칙이

비교적 자유로운 전자사전 편찬을 고려할 때 조어 정보는 지금까지의 국면과는 다소 다른 관점에서 재조명될 필요가 있다. 어근 및 접사의 생산성 정보, 접사 표제어가 생산하는 파생어의 충분한 용례 정보, 결합 어기의 범위 정도, 빈도 정보 등이 고려될 수 있을 것이다.[13]

또한 학습자를 위한 한국어 용언의 활용 유형에 대한 연구도 필요하다. 모국어 화자가 인식하는 활용의 불규칙과 외국인 학습자가 인식하는 불규칙의 범위는 다르므로 사전에서 제시해야 할 불규칙 용언의 목록과 유형 분류를 재검토할 필요가 있다. 이와 더불어 표제어의 성분 분석 정보 역시 향후 연구되어야 할 형태 정보 중 중요한 부분으로 판단된다.

어휘 습득에 지대한 영향을 미친다고 하였으며, 후자는 조어법에 대한 지식이 심리 어휘부에 영향을 미친다고 한 바 있다.

13) 학습자를 위한 사전의 조어 정보에 대해서는 남길임(2007)을 참조.

더 읽을 거리

❶ 활용형에 제약이 있는 동사, 형용사 각각의 사전적 처리에 대해서는 한송화(1997), 유현경(1997)을 참고할 수 있다. 또한 한국어 어미·조사에 대한 사전으로는 이희자·이종희(2001)가 대표적이며, 서상규 외(2006)에서는 학습자를 위한 용언 활용표를 부록에 제시하였으므로 이를 참고할 수 있다.

❷ 조어법에 대한 사전학적 연구는 많지 않다. Hacken(2006)에서 학습자 사전에서의 조어 정보의 중요성과 전자사전에서의 기술 방안에 대해 실제 사전 기술을 중심으로 소개된 바 있다. 준말이나 준꼴에 대한 사전 기술에 대해서는 이희자(1997)를 참고하기 바란다.

연 습 문 제

❶ 다음은 학습자 오류 말뭉치에 나타난 조어법상의 오류이다. 이러한 오류를 방지하기 위해 사전에서 어떤 형태 정보를 제시할 수 있을지에 대해 거시구조적 관점과 미시구조적 관점에서 논의하라.

---

(1) ㄱ. 저녁이면 같이 모여 앉아 식사를 같이 하면서 이야기도 나누고 식사가 끝나면 TV 보면서 커피 한잔 같이 하는 것이 행복한 스럽다(✓행복이다)
    ㄴ. 향기스럽다(✓향기롭다), 흥미스러운(✓흥미로운), 소심스러운(✓소심한), 편찮스러운(✓편찮은)
(2) 빨이(✓빨리), 무척히(✓무척), 소설자(✓소설가), 규칙적한 생활(✓규칙적인 생활), 인공적한것(✓인공적인 것)

---

❷ 형태 정보에 대해서는 미시구조의 명시적인 정보보다 거시구조의 문제에서 해결되어야 할 점들도 많이 있다. 대표적으로 어미, 조사와 관련한 문제인데, 어미·조사의 변이형태나 복합 형태 기술 문제를 들 수 있는데, 실제 사전을 찾아보면, 사전에 따라서 복합어미, 복합조사의 기술이 일정하지 않다는 것을 알 수 있다. 『표준』과 『연세』에서 '–더–'와 결합한 복합 어미 표제어와 '–에서'와 결합한 복합 조사 표제어를 검색하고, 두 사전에서의 거시구조, 미시구조의 차이를 분석해 보라. 그리고 이론언어학적 관점에서 더 정확한 사전 기술 방안에 대해서도 논의해 보자.

❸ 다음은 '주제넘–'의 용례이다. 다음 용례를 보고 '주제넘–'의 사전 원고를 기술하되, 활용 정보에 유의하여 기술하라. 그리고 각자 기술한 원고의 활용 정보를 비교해 보고 제한된 활용형을 보이는 용언류의 활용 정보를 효과적으로 제시하는 방안에 대해 논의하라.

#	따지고 자시고 하는 것부터가	__주제넘거나__	한가한 짓이다.
#	가난의 문제, 자유의 문제가 대수롭잖다고 해서가 아니라	__주제넘게__	그런 문제에 끼어들었다가 주위의 눈총을 받는 게 두려웠다.
#		__주제넘게__	무슨 주머니 타령이냐.
#	그리고 우리 부부 사이에 일은	__주제넘게__	아가씨가 상관할 일도 아니구요.
#	그만하지 못해 저분들에 관해서는 너가	__주제넘게__	나설 문제가 아냐.
#	꼭 그런 줄만 알고 석주는	__주제넘게__	오늘만은 좀 코취를 해 주어야 하겠다는 생각에 무심코 문을
#	아니 그보다 종업원들을 저토록	__주제넘게__	분수 모르고 날뛰게 만드는 게 무어란 말인가?
#	"지가	__주제넘게__	부탁은 받았은디 부탁대로 잘해 줄지 심히 걱정시럽네요.
#	건방지게	__주제넘게__	인간이 인간을 감히 심판할 수 있을 것 같아?
#		__주제넘게__	그의 라이너 타령에 사족을 붙인다면 그 무엇이 왜 왔는가를

#		이 연극에	__주제넘게__	무슨 이론이나 주의는 없다.
#			_주제넘게도_	난 쑥으로 한방 떠드리고 싶은 걸 꿀꺽 참았다.
#	최선달과 이부위가 바로 그 꼴인데, 서른 안팎의 어린 나이에		_주제넘게시리_	덩달아 기첩을 장만하긴 했으나 당장 먹여 살릴 도리가 막연했
#			___주제넘고___	도리가 아닌 줄 알면서도 그 압자 당호를 미리 '해월당'이라
#	로, 이렇게 나이든 얼굴로 누구인가를 사랑한다는 일이 얼마나		___주제넘고___	어울리지 않는 일인가.
#	빠져들어 있을 때는 개성 따위를 따지고 어쩌고 하는 것부터가		___주제넘고___	부질없는 짓이 될 것이다.
#	또 어떤 나라에 그런 자동차들이 많다고 해서 걱정하는 것도		___주제넘기___	짝이 없는 것이다.
#	알고 보면 나도 생각이 있어 한 짓이다'		_주제넘다는_	한 가지 이유만으로 주머니를 건사하지 않았다가 그녀의 편지를
#	이후 근대사를 훑어본 우리는 더 이상 할 게 없어지재(참으로		___주제넘은___	소리다) 러시아, 일본의 역사로 건너가 기웃거리기도 했고 나
#	쪽을 내 것으로 정하려 했으나, 뭔가 자꾸 아내에게 미안하고		___주제넘은___	것 같은 느낌이 들어서 결국은 쪽을 차지하게 되었다.
#	내가 너무		___주제넘은___	얘기를 한 것 같다.
#	에, 제가 잠시		___주제넘은___	연설을 했구만요.
#	내가 너무		___주제넘은___	소리를 자꾸 하는 듯하다.
#	그윽이 생각하건대, 쥐구멍에 홍살문을 세우려고		___주제넘은___	궁리를 해본 적이 없었고, 쥐구멍에 소를 몰아넣으려는 허튼수
#			___주제넘은___	일을 하고 돌아온 듯 좀 멋적게 느껴졌던지 바스는 혼잣말을 하
#	닭은, 정치의 지도자들이 아직 민중은 양심생활을 할 수 없다는		___주제넘은___	판단으로 정치권력 자체를 양심 없이 다루고 있기 때문이다.
#	제가 좀		___주제넘은___	참견인진 모르겠읍니다만 딸꾹… 윤 선생님은 왜 그렇게 자신
#	한 성의를 보이자는 뜻에서 책을 펴냈는데, 막상 나오고 보니		___주제넘은___	짓을 한 듯한 생각이 앞섭니다.

#	생각했으나 나도 아직 피난민 행색을 못 면한 꼬락서니에 무슨	__주제넘은__	생각이나 싶어 그냥 저대로 팽개쳐 두고 있지요.
#	우리가 괜히 너무	__주제넘은__	꿈을 꾸고 나섰어" 임원들 가운데서조차 남의 일이나 되듯
#	운 대인 관계나 범속한 사회에 대한 실망에서라든가 하는 그런	__주제넘은__	생각에서도 결코 아니다.
#	와 같은 이 집안의 생활을 기웃거릴려고 하는 자는 그에게는	__주제넘은__	침범자나 다름 없었다.
#	아닌게 아니라 남의 일에 웬	__주제넘은__	꼴이 가관이라고 할 것이다.
#		__주제넘은__	핼난기까지 섞고 있는 참견이었다.
#	사실은 우리가	__주제넘은__	수작을 하고 있는 지도 몰라.
#	좋을까 하고 한참 동안 생각하던 끝에 '아니, 두 분 어른	__주제넘은__	말씀 같습니다만, 두 분께서 사이좋게 열 닷 냥씩 나눠 가지시

제6장

통사 정보

1. 사전에서의 통사 정보

사전에서의 문법 정보는 형태 정보와 통사 정보로 나눌 수 있다. 어휘의 형태론적 양상은 표제어의 거시구조나 미시구조에 관련되어 다양하게 정보로 제시되는 반면 어휘의 통사론적인 현상들은 사전의 정보로 활용되는 경우가 그리 많지 않다. 어휘가 문장에서 어떠한 규칙으로 통합되는지 다른 어휘와 결합할 때 어떠한 제약을 가지는지 등이 어휘의 통사 정보로 사전에 수록될 수 있지만 지나치게 많은 통사 정보의 제시는 사전 사용자들에게 자칫 거부감을 줄 수도 있기 때문이다. 어휘가 가지는 통사 제약은 이론적인 배경을 가지고 있으며 전문적이고 복잡한 설명을 수반하게 되므로 대부분의 사전에서 통사 정보는 소홀히 다루어지는 경향이 있다. 그러나 읽기, 듣기 등의 이해만을 위한 사전이 아니라 말하기, 쓰기 등의 표현을 위한 사전이라면 어휘의 통사 정보는 더 중요한 요소가 될 것이다. 통사론은 어휘의 통합 관계(syntagmatic relation)를 주로 다루는데 실제 문장에서 어휘는 다른 어휘들과 통합되어 쓰이기 때문에 그 어휘를 어떻게 사용할 것인가의 문제와 밀접한 관련을 가지고 있다. 이러한 측면에서 사전의 통사 정보는 사전 사용자에게 유용한 정보를 제공할 수 있다.

사전에서 형태 정보는 용언의 활용형이나 체언의 곡용형에 대한 정보에 주로 초점을 맞추게 되며 통사 정보에서는 용언의 문형(이하 격틀이라 함)과 논항 정보에 대한 논의를 주로 하게 된다. 사전의 통사 정보에서 표제어 지위를 갖는 용언뿐 아니라 부표제어의 지위를 갖는 관용구의 격틀과 논항 정보도 중요한 부분이 될 수 있다.

표제어의 품사에 대한 정보는 통사적인 측면을 아울러 가지고 있는데 특히 용언의 유형에 대한 정보는 통사 정보와 관련이 있다. 한국어에서 용언은 크게 동사와 형용사의 두 가지 부류로 나누어지고 동사는 다시 자동사와 타동사로 분류된다. 자동사와 형용사는 논항으로 목적어를 가질 수 없으며 타동사는 목적어를 논항으로 취할 수 있다. 이러한 측면에서 기존의 국어사전에서 용언의 품사 정보는 문형에 대한 정보를 대신했다고 볼 수 있다. 그러나 국어의 자동사와 타동사는 목적격조사 '를'의 유무만으로 판단하기 어려운 복잡한 측면을 가지고 있다. 다음의 예를 보자.

  (1) ㄱ. 철수는 밥을 먹었다.
      ㄴ. 철수는 영희를 보았다.
      ㄷ. 철수는 학교를 갔다.
      ㄹ. 철수는 여행을 갔다.
      ㅁ. 철수는 두 시간을 갔다.
      ㅂ. 철수는 한 달에 두 번을 쉰다.

타동구문은 문장 안에 목적어가 있다는 것을 전제로 하는데 한국어의 목적어는 주어 이외의 성분에 자동적으로 주어지는 것이 아니라 목적격조사 '를'이 결합된 명사구의 유무로 판단하게 되는데 예문 (1)은 한국어의 목적어에 대한 확인, 나아가 타동사를 판별하는 것이 어려운 작업이라는 것을 보여 준다. (1ㄱ)은 전형적인 타동구문이다. 타동성(transitivity)이란 주어의 행위가 행위의 대상에 영향을 주는 것을 전제로 한다. (1ㄴ)의 '보다'도 타동사이지만 (1ㄱ)의 '먹다'에 비하여 대상에 미치는 영향성의 정도가 덜하다. (1ㄷ)의 '학교를'은 '학교에'나 '학교로'로 교체될 수 있다는 점에서 목적어라고 하기 어렵지만 (1ㄹ)의 '여행을'의 목적격 조사는 다른 조사로 바꿀 수 없다. 그러면 (1ㄷ)과 (1ㄹ)의 '가다'는 타동사인가?『우리말』에서는 (1ㄷ)은 자동사로, (1ㄹ)은 타동사로 분류하고 있으며『금성』은 (1ㄷ)과 (1ㄹ)을 모두 타동사의 용례로 올렸으며『조선말』은 (1ㄷ), (1ㄹ) 모두 자동사의 용법으로 보았다. (1ㅁ)과 (1ㅂ)은 논항이 아니라 부가어에 조사 '를'이 결합된 예이다. (1ㅁ)과 (1ㅂ)을 타동구문으로 본 사전은 없으나 (1ㄷ)과 (1ㄹ)의 처리가 사전마다 다르다는 것은 그만큼 자동사와 타동사의 구분이 힘들다는 것을 간접적으로 보여 준다. 정희정(1996)에서는 자동사와 타동사의 분류가 서술어로서 쓰였을 때의 의미적 특성에 의한 것이고 목적어의 기능이 명확하게 밝혀지지 않았기 때문에 목적어의 유무에 기댄 자동사와 타동사의 구별이 무의미하다는 것을 지적하였다. 다시 말해서 자동사와 타동사, 형용사와 같은 용언의 하위분류를 사전에서 제시하는 것만으로는 표제어의 통사적, 의미적 특성을 충분히 설명하기 어렵다. 최근에 출간된 국어사전에서는 용언을 자동사, 타동사, 형용사로 나누어 이를 품사 정보로 주는 대신 용언이 가지는 기본적인 문형에 대한 정보를 제시하기도 한다.

　다음에서는 최근에 출간된 국어사전을 중심으로 통사 정보를 어떻게 제시했는지에 대하여 분석 결과를 기술하고 용언의 격틀과 논항 정보 제시의 방법과 문제점, 그리고 마지막으로 관용구의 통사 정보 제시에 대하여 논의하기로 한다.

2. 기존 사전 분석

국어사전 중 용언의 격틀과 논항 정보에 관한 정보를 제시한 사전은 『연세』(1998)를 시작으로 『표준』(1999), 『초등』(2000), 『학습사전』(2004/2006) 등이 있다. 이외에 정규 국어사전은 아니나 통사 정보에 초점을 맞춘 『동사구문사전』(1997)이 있다.

『동사구문사전』은 한국어 동사 770여 개를 대상으로 통사적·어휘적 속성에 따라 형식적으로 체계화한 사전이다. 이 사전은 뜻풀이나 발음, 어원 등의 정보는 과감히 생략하고 표제어 어휘가 쓰일 수 있는 단문 구조를 한정하고 각각의 구조를 특징짓는 통사, 어휘적 속성을 기술하는 것을 목표로 하였다.

(2) 견주다 태 ① N0 N2-에 N1-을 V
〈피〉 불가 1. N0=인물, N1=사물·추상, N2=Ni(-의 Nj), Ni-사물·추상, Nj=속성(질, 양, 수준, 상황)
¶이제 우리 나라의 전자 산업(의 수준)은 선진국에 견줄 만하다.(=비교하다) / 설악산 단풍에 견줄 데가 있겠나?
2. N0=인물, N1=인물, N2=인물
¶신랑감 후보로 철수를 영수에 견줄 수야 없지.
② N0i N2j-와 N1-을 (서로) V ↔ N0i N0j-와 N1j-을 (서로) V 〔대칭〕
Ni=인물 Nj=인물 N1=속성
¶철수는 영수와 키를 견주어 보았다. / 그들은 (서로) 실력을 견주어 보았다.
참 '-어 보다'의 연쇄로 주로 사용.
③ N0 N1i-을 N2j-와 (서로) V ↔ N0 N1i-을 (서로) N1j V 〔대칭〕
1. N0=인물 Ni=사물·속성, Nj=사물·속성(질, 양, 상황)
¶숙희는 자신의 몸매를 영희의 몸매와 서로 견주어 보았다 : 숙희는 자신의 몸매와 영희의 몸매를 서로 견주어 보았다. / 금강산의 아름다움은 그 무엇과도 견줄 수가 없다. / 설악산 단풍 경치와 견줄 만한 데가 있겠니?

    2. N0＝인물 Ni＝인물 Nj＝인물
    ¶영희는 신랑감 후보로 철수와 영수를 서로 견주어 보았다.
    ㉔ '-어 보다'의 연쇄로 주로 사용.

  예 (2)는 『동사구문사전』의 표제어 '견주다'의 기술 전문이다. 『동사구
문사전』에서는 자동사, 타동사, 숙어 동사, 기능 동사, 보조 동사 등의 표
제어 유형에 대한 정보를 주었다. 표제어 바로 아래에 능동과 피동, 주동
과 사동의 대응 관계에 대한 정보를 주었으며 격틀에 따라 ①, ②, ③ 등
으로 나누고 그 아래 의미 항목별 번호를 붙였다. 각 의미 항목별로 달라
지는 논항에 대한 정보를 주었으며 논항은 어순에 관계없이 주어에 N0,
목적어 N1, 그밖에 논항을 N2로 표시하였고 각 논항 자리에 오는 명사구
의 의미 자질을 제시하였으며 격틀과 논항 정보 사이의 공지시를 위하여
'i, j'와 같은 기호를 사용하였다. 논항 정보 제시에서 주어의 경우 격조사
를 제시하지 않고 목적어 등 다른 논항에는 격조사를 제시하였다. 이는
한국어에서 주어가 필수적인 요소이며 주격조사는 '이/가'가 자동적(default)
으로 주어지는 것으로 본 것이다. 이러한 시각은 『표준』의 통사 정보에도
영향을 주었다. 이밖에도 동사가 필수적으로 요구하는 보문절에 대한 기
술이나 숙어 동사의 구조를 상세하게 보여 주었다. 용례는 표제어의 구문
적 특성을 잘 보여줄 수 있는 예문을 만들어서 사용하였다. 『동사구문사
전』은 국내에서 최초로 동사의 통사 정보를 정교하게 제시한 사전으로서
그 의의를 찾을 수 있다. 이 사전은 표제어의 수가 770여 개에 불과하고
뜻풀이 없이 문형만을 제시한 사전이기 때문에 일반 사용자들보다는 전문
가용 사전이라고 할 수 있다.
  『연세』는 일반 국어사전으로는 최초로 문형 정보(격틀)와 논항에 관한
정보를 제시하여 그 이후의 사전 편찬에 많은 영향을 끼쳤다. 『연세』는
이전의 사전에서 자동사와 타동사, 형용사 등의 표제어의 지위에 대한 정
보 제시가 무의미하다고 보고 용언 표제어의 품사를 동사, 형용사, 보조
동사, 보조형용사의 네 가지로 줄여 제시하고 있다. 그 대신 격틀과 문형

에 대한 상세한 정보를 주었다. 『연세』에서는 격틀과 논항에 대한 정보를
본문이 아닌 난외에 배치함으로써 사전 사용자들이 의미 항목에 따라 달
라지는 격틀과 논항 정보를 보다 쉽게 참조할 수 있게 하였다.1) 『연세』에
서는 격틀이 달라지거나 문법적인 부류가 다를 때 로마 숫자를 사용하여
표시하였다.

(3) **굶주리다**〔굶주리다〕〔굶주리는, 굶주리어(굶주려),　　㉠ 주리다
굶주립니다〕 동 Ⅰ 먹지 못해 배가 고프다. ¶굶주　　Ⅰ
리는 사람들 생각에 밥알을 버릴 수가 없었다. /　　①이 굶주리다
굶주린 야수들이 먹이를 발견하고 달려들었다. /　　① 유정명사
흉년이 계속되어 백성들은 헐벗고 굶주려 있었다.
Ⅱ (무엇이 부족하여) 몹시 모자람을 느끼다. ¶그　　Ⅱ
동안 얼마나 고기에 굶주렸던가? / 그는 계모 밑에　　①이 ②에 굶주리다
서 굶주리며 자랐다고 한다. / 그는 대화에 굶주려　　① 사람명사
있었다.

『연세』에서는 『동사구문사전』의 N0, N1, N2 등의 기호 대신 ①, ②와
같은 숫자를 사용하여 격틀을 표시하였으며 숫자 다음에 조사의 형태를
직접 표시하였다. 『연세』는 『동사구문사전』과 달리 주어를 자동적으로 주
어지는 것으로 보지 않고 격틀 안에 표시하였으며 논항 자리에 올 수 있
는 명사구의 정보를 격틀 아래 제시하였다. 용언의 통사 정보뿐 아니라
관용구의 통사 정보도 상세히 제시하고 있다.

(4) 판
판2(版) 명 Ⅰ① 인쇄를 위한 글씨, 그림 따위를
새긴, 납작한 나뭇조각이나 쇳조각. ¶팔만대장경
은 나무로 만든 판
(중략)

---

1) 『연세』의 난외 참고란은 종이사전에서는 장점으로 작용할 수 있으나 전자사전으로
　변환하는 데는 많은 문제점이 노출되어 그 이후의 사전에서는 이러한 형식이 기피되
　었다.

판에 박다 Ⅰ 생김새가 같은 판에서 박아 낸 것처
럼 똑같다. ¶저 아이는 제 아버지를 판에 박았어.　　Ⅰ
Ⅱ 말이나 행동이 하나의 틀로 격식화되다. ¶이　　①이 ②를 판에 박다
노래가 합창으로 끝나면 판에 박은 훈화가 있던　　Ⅱ
것은 말할 것도 없다. / 문헌 상의 기록도 대단히　　①이 판에 박다
희미해서 판에 박은 듯한 몇 가지 사료가 인용되
고 있을 뿐이다.

(4)는『연세』의 '판2'의 부표제어인 관용구 '판에 박다'의 기술이다. 관
용구 '판에 박다'는 두 가지의 격틀을 가지고 있다는 것을 보여 주고 있다.

『표준』의 문형 정보는『연세』와 달리 주어가 자동적(default)으로 주어
지는 것으로 보고 목적어, 보어 등 필수적인 논항에 대한 정보를 제시하
되 조사의 형태만 제시하는 것으로 한정하였다. 논항에 어떠한 요소가 올
수 있는지에 대한 정보는 제공하지 않았다.

(5)『표준』문형 정보 제시의 예
　　먹다²〔 따〕〔먹어, 먹으니, 먹는〔멍 〕〕
　　• …을
　　　음식 따위를 입을 통하여 배 속에 들여보내다.
　　　밥을 먹다 / 술을 먹다 / 약을 먹다 / 물을 먹다 / 음식을 배불리 먹다 /
　　　닭이 모이를 먹다 / 몸이 약해진 누나는 보약을 몇 차례나 먹어도 늘 골
　　　골거렸다.
　　　(중략)
　　　남의 재물을 다루거나 맡은 사람이 그 재물을 부당하게 자기의 것으로
　　　만들다.
　　　경리 직원이 회사의 공금을 먹었다.
　　• …에
　　　날이 있는 도구가 소재를 깎거나 자르거나 갈거나 하는 작용을 하다.
　　　이 고기에는 칼이 잘 먹지 않는다. / 대패가 잘 먹는다.
　　　(중략)
　　　돈이나 물자 따위가 들거나 쓰이다.
　　　공사에 철근이 생각보다 많이 먹어 걱정이다. / 낡은 집 수리에는 자칫
　　　새로 짓는 것보다 비용이 더 먹을 수 있다.

• 동사 뒤에서 '어 먹다' 구성으로 쓰여 앞말이 뜻하는 행동을 강조하는 말.
주로 그 행동이나 그 행동과 관련된 상황이 마음에 들지 않을 때 쓴다.
잊어 먹다 / 노예처럼 부려 먹다 / 종으로 부려 먹다 / 그는 아이들의 순
진함을 이용해 먹는 장사치였다. / 야구공으로 유리를 깨 먹었다. / 그
노릇도 이젠 해 먹기 힘들다.

싫다¹ [실타] [싫어[시러], 싫으니[시르], 싫소[실쏘]] …이 기가 마음에
들지 아니하다.
싫은 사람 / 난 그 사람이 좋지도 싫지도 않다. / 나는 수다스러운 사
람이 싫다. / 난 이제 다 싫어. 결혼도 싫고 줄 타는 것도 싫고. ≪한
수산, 부초≫
(이하 생략)

주다¹ [주어(줘), 주니]
• …에/에게 …을
물건 따위를 남에게 건네어 가지거나 누리게 하다.
개에게 먹이를 주다 / 아이에게 용돈을 주다 / 왜 고기만 주니, 털도 주
고 가죽도 주지. ≪오정희, 중국인 거리≫
(이하 생략)

『표준』에서는 로마 숫자를 이용하여 문법적인 부류를 나누고 다시 격틀
에 따라 나누었고 격틀 정보는 대표적인 격조사를 보이는 형식으로 제시
하였다. '싫다'의 경우처럼 '나는 수다스러운 사람이 싫다'와 '나는 밥먹기
가 싫다'의 두 가지의 격틀이 가능할 경우 이를 병기하였으며 '주다'와 같
이 주어 이외의 둘 이상의 성분을 필수적으로 요구하는 경우에는 격틀 괄
호 안에 함께 보여 주었다.

『초등』에서도 문형 정보를 일부 제공하고 있으나 사전 사용자가 초등학
생임을 감안하여 의미 정보 안에서 해당 부분을 고딕체로 처리하여 사용
자들이 문법 정보 제시에 어려움을 느끼지 않도록 배려하였다.

(6) *주다 ① ((남**에게** 어떤 것을)) 가지게 하다. 예 창수는 어머니께서 주신
용돈으로 과자를 샀습니다. 높 드리다 ② ((남**에게** 손해·고통·창피 따

위를)) 겪거나 당하게 하다. 예 홍수는 우리에게 많은 피해를 준다. ③ ((어디에 힘·충격 따위를)) 받게 하다. 예 목에 힘을 주고 큰 소리를 냈다. ④ 〔'읽어 주다'와 같이 써서〕 '남을 위하여 어떠한 일을 하다.'라는 뜻을 나타낸다. 예 그 병원의 위치 좀 알려 줄래?

『초등』은 위의 (6)에서 보듯이 뜻풀이 안에서 괄호를 이용하여 격틀과 논항 정보를 제시하였다.

『학습사전』은 2004년도 초판에서는 한국어에서 가능한 문형 정보에 고유번호를 매겨 학습자들이 이를 작문이나 말하기 등 표현에서 사용할 수 있도록 하였다.

(7) **가꾸다**★☆★ 〔가꾸다 kak'uda〕 동
   ① (식물을) 잘 자라게 하다. 심고 보살피다. ¶할머니는 마당에 채소를 **가꾸셨다**. / 꽃을 정말 예쁘게 **가꾸셨어요**. / 하루종일 꽃 **가꾸고** 산책하는 게 내 일이지요. ▷ 〔600〕 1이 (2에) 3을 가꾸다 〈1 사람명사 3 식물을 나타내는 명사〉 비 기르다 · 키우다.
   ② 깨끗하고 좋게 만들다. ¶사무실을 아름답게 **가꿉시다**. / 저도 꽃 심고 정원을 **가꾸는** 걸 좋아합니다. / 많은 여성들이 얼굴과 몸매를 예쁘게 **가꾸는** 데에 신경을 쓰는 것 같아. ▷ 〔500〕 1이 2를 가꾸다 〈1 사람명사 2 논밭 / 정원 / 마당 / 집안 / 얼굴 / 몸매 / 외모…〉 비 꾸미다.
   ③ (생각이나 마음을) 올바르게 하다. ¶서예를 하면 마음을 **가꾸는** 데 도움이 된다. / 나는 어릴 때부터 화가가 되려는 희망을 **가꾸며** 살아 왔다. ▷ 〔500〕 1이 2를 가꾸다 〈1 사람명사 2 꿈 / 희망 / 세계…〉

(7)의 밑줄 친 부분과 같이 각 의미 항목마다 해당 격틀 번호와 격틀, 논항 정보를 보였다. 『학습사전』(2004)에서 제시한 격틀의 유형은 다음과 같다.

(8) 〔100〕   1이 V
    〔101〕   1이 -어서 V
             1이 -느라고 V
             1이 -(으)니 V

〔111〕　　　〔1이/-는 것이〕 V
〔112〕　　　〔1이/-음이〕 V
〔113〕　　　〔1이/-기가〕 V
〔120〕　　　1이 2가 V
〔121〕　　　1이 〔2가/-는 것이〕 V
〔121a〕　　1이 〔2가/-는지가〕 V
〔122〕　　　1이 〔2가/-기가〕 V
〔123〕　　　1이 2 V
〔123a〕　　-은 지 1 V
〔130〕　　　(1에) 2가 V
〔131〕　　　(1에서) 2가 V
〔140〕　　　1이 2와 V(1과 2가 V)
〔140a〕　　1이 2와 〔뮈/-게/3같이〕 V
〔141〕　　　1이 2와 V
〔141a〕　　1이 2 V
〔150〕　　　1이 2보다 V
〔160〕　　　1이 〔뮈/-게/3같이〕 V
〔170〕　　　1이 2에 3이 V
　　　　　　1이 2와 3이 V
〔200〕　　　1이 2에 V
〔201〕　　　1이 2N까지 V
〔202〕　　　1이 2와 3에 V(1과 2가 3에 V)
〔210〕　　　1이 〔2에/2로〕 V
〔220〕　　　1이 〔2에/-는 것에〕 V
〔221〕　　　1이 〔2에/ -는 데에〕 V
〔222〕　　　1이 〔2에/ -기에〕 V
〔223〕　　　1이 〔2에/ -음에〕 V
〔230〕　　　1이 2에서 V
〔231〕　　　1이 〔2에/2에서〕 V
〔232〕　　　1이 〔2에서/2로부터〕 V
〔300〕　　　1이 2에게 V
〔301〕　　　1이 2에게 〔뮈/3처럼/-게〕 V
〔310〕　　　1이 2에게서 V
〔400〕　　　1이 2로 V
　　　　　　(1에게) 2가 3으로 V

	(①에) ②가 ③으로 V
	①이 (②에서) ③으로 V
	①이 ②와 ③으로 V
[410]	①이 ②로/이라고 V
[420]	①이 ②로 V/ -다고 V
[421]	①이 ②로 V/ -는 것으로 V
[430]	①이 [뭐/-게] V
[500]	①이 ②를 V
	①에서 ②가 V
[510]	①이 [②를/-는 것을] V
[511]	①이 [②를/-기를] V
[512]	①이 [②를/-음을] V
[513]	①이 [②를/-는지를] V
[514]	①이 [②를/-기로] V
[515]	①이 ②를/-다고 V
[520]	①이 ②와 ③을 V(①과 ②가 ③을 V)
[521]	①이 ②를 ③과 V(①이 ②와 ③을 V)
[530]	①이 [②를/②가] V
[540]	①이 ②를 ③을 V
[550]	①이 ②를 ③을 V
	①이 ②로 ③을 V
	①이 -기로 ②를 V
	①이 -다고 ②를 V
[560]	①이 (-다고) ②를 V
[600]	①이 ②에 ③을 V(①이 ②를 ③에 V)
[601]	①이 [②에/②로] ③을 V
[602]	①이 ②을 [③에/③과] V
[603]	①이 [②에/ -는 것에] ②를 V
[610]	①이 ②에 [③을/ -다고] V
[620]	①이 ②에서 ③을 V
[700]	①이 ②에게 ③을 V
[701]	①이 [②에게/②와] ③을 V
[701]	①이 ②에게 [③을/③이] V
[710]	①이 ②에게 [③을/ -는 것을] V
[711]	①이 ②에게 [③을/ -기를] V

〔712〕   ①이 ②에게 〔③을/ -음을〕 V
〔713〕   ①이 ②에게 〔③을/ -는지를〕 V
〔714〕   ①이 ②에게 〔③을/ -다고〕 V
〔715〕   ①이 ②에게 〔③을/ -게〕 V
         ①이 ②에게 〔③을/ -도록〕 V
〔716〕   ①이 〔②를/②가〕 -게 V
         ①이 〔②를/②가〕 -도록 V
         ①이 〔②를/②가〕 -으라고 V
〔720〕   ①이 〔②에게/②에게서〕 ③을 V
〔721〕   ①이 (②에게/②에게서) 〔③을/-다고〕 V
〔800〕   ①이 ②를 ③으로 V
〔801〕   ①이 ②를 〔③으로/③에〕 V
〔802〕   ①이 ②를 〔③으로/③이라고〕 V
〔803〕   ①이 ②를 〔③으로/뭐/-게〕 V
〔810〕   ①이 ②를 ③으로 V/①이 -는 것으로 V
〔820〕   ①이 ②를 -는 것으로 V

(8)과 같이 문형 정보를 몇 가지의 유형으로 형식화 하는 것은 *Oxford Advanced Learner′s Dictionary of Current English*(OALD) 등의 영어 학습사전에서 시도했던 것으로 OALD에서는 51가지의 문형 유형을 형식화하여 제시한 바 있다. 격틀 유형을 번호로 표시한 형식의 정보는 『학습사전』(2006) 개정판에서 삭제되었다.

다음은 말뭉치 용례 분석을 기반으로 하여 어떻게 문형 정보와 논항 정보를 추출하고 사전에서 제시할 수 있는지 말뭉치 용례를 기반으로 한 통사 정보의 기술 방법론에 대하여 구체적으로 살펴보기로 하겠다.

3. 말뭉치 기반 통사 정보 기술 방법론

1) 문형 정보(격틀)의 개념

국어에서 일반적으로 문장(sentence)은 술어를 중심으로 그와 관련된 명사구들과 함께 이루어진다. 문장 내에 실현되는 명사구들은 그 문장의 술어인 동사나 형용사의 의미와 무관하지 않으며, 술어의 통사·의미적 특성에 따라 일정한 격표지를 수반하고 나타난다. 따라서 사전에서 동사와 형용사에 대하여 기술할 때 의미 정보와 함께, 용언이 어떠한 명사구들과 함께 문장을 구성하는지에 대한 문형 정보가 포함되어야 한다. 용언에 따라 일정한 격표지로 실현되는 명사구들과 동사와의 관계인 문형 정보를 격틀(case frame)이라고도 한다.

격틀이란 서술어의 종류에 따라 그 서술 용언에 이끌리어, 반드시 나타나야만 문장이 될 수 있는 최소한의 문장 성분으로 이루어진 구조를 말한다. 여기서의 '최소한의 문장 성분'을 논항이라 한다면, 문장의 격틀은 서술어와 그 서술어가 요구할 수 있는 논항, 그리고 격을 구체적으로 실현시키는 격표지로 이루어져 있다고 할 수 있다. 격은 문법적인 기능과 의미적인 역할을 하는 추상적인 문법 범주로, 문장의 형성에서는 그 기능과 의미에 부합하는 격표지를 선택하여 격범주가 실현된다(우형식 1996 : 27).

격틀은, 서술어와 서술어의 논항(argument)으로 이루어진다. 격틀을 설정함에 있어서, 용언의 격틀에 포함되는 논항과 동사의 격틀에 포함되지 않는 부가어(adjunct)의 구분 기준이 마련되어야 한다. 논항 중에서도 수의 논항과 필수 논항을 구분할 수 있는 기준이 세워져야 한다.2)

문장 내에서 완전히 수의적이며, 만일 그 명사구가 문장 내에 나타나지

---

2) 이에 대한 이론적 연구는 이미 유현경(1996), 한송화(1997)에서 어느 정도 이루어진 바 있다.

않았을 경우 복원이 불가능하다면 부가어로 본다.[3]

> (9) ㄱ. 그 달 11일에 그는 {서울에/*ø} 이르렀다.
>   ㄴ. 아이가 {집에/ ø} 오는 즉시 데리고 갈 테니까 그리 아세요.
>   ㄷ. 남편은 아이들과 {집에서/ ø} 노는 걸 별로 좋아하지 않아요.

(9ㄱ)의 명사구는 '서울에'는 생략이 불가능한 필수 논항이다. 반면 (9ㄴ)과 (9ㄷ)의 '집에'나 '집에서'는 나타나지 않더라도 비문이 되지는 않는다. (9ㄴ)의 '집에'는 비록 나타나지 않더라도 이는 화용적 생략일 뿐이며, '오다' 동사에 의해 하위범주화되는 논항으로 볼 수 있고 위와 같이 생략되는 경우에는 생략된 명사구의 복원이 항상 가능하다. 반면, (9ㄷ)의 '집에서'는 완전한 수의 성분으로서 문장 내에 나타나지 않았을 경우에는 복원이 불가능하다. 따라서 (9ㄷ)의 '집에서' 명사구는 동사의 격틀에 포함되지 않는 부가어이다.

그런데 다음과 같이 수의적 성분인 명사구가 동사의 통사 구조에 영향을 미쳐, 동사의 격틀 변환에 참여하기도 한다.

> (10) ㄱ. 세상이 어수선하면 {세상엔/ ø}NP$_1$ 도둑과 강도가NP$_2$ 들끓기 마련
>   이었다.
>   ㄴ. 세상이 어수선하면 세상은NP$_1$ 도둑과 강도로NP$_2$ 들끓기 마련이었
>   다.

(10ㄱ)에서처럼 '들끓다' 동사의 'NP$_1$-에' 명사구는 수의적 성분이나, (10ㄴ)에서처럼 장소보어교차 구문을 이루는 데 참여하여 변이 구문에서는 'NP$_1$-이' 명사구로 나타난다. 따라서 'NP-에' 명사구는 '들끓다' 동사의 논항으로 보며, '들끓다' 동사는 '(NP$_1$-에) NP$_2$-가 V'와 'NP$_1$-이 NP$_2$-로 V' 격틀을 갖는다.

---

[3] 자세한 논의는 한송화(1997)의 2장을 참조하기 바람.

2) 용언의 통사 정보 기술

(1) 말뭉치와 격틀

용언의 격틀은 해당 표제어의 말뭉치 예문을 세밀하게 분석하여 귀납적으로 추출할 수 있다. 실제 사용된 용례에 근거하여 표제어에 대한 정보를 주는 것은 살아 있는 말의 모습을 그대로 보여줄 수 있다는 장점이 있다. 그러나 말뭉치 용례는 만든 예문처럼 정제된 것이 아니기 때문에, 다양하게 나타나는 많은 문장들 중에서 어떤 것을 기본적인 격틀로 삼아야 하는가가 문제된다. 다음에서는 실제 말뭉치 예문을 제시하고 어떠한 방법으로 해당 표제어의 격틀을 추출하였는지를 살펴보자.

다음의 예는 연세말뭉치 중 표준말뭉치에서 뽑은 '그득하다' 예의 일부이다.4)

(11) 예 : 그득하다

①#	지워지지 않은 그의 낙서가	그득하게	차 있었다.
②#	이름 있는 교회당, 위의가	그득한	교회당, 세상 명사들이 택시 타고 넥타이 매고 드나드는 교회
③#	나일강 좌우 언덕에는 석재가	그득하다	
④#	북해도는 어딜 가도 먹이풀이	그득하다	
⑤#	그곳의 골목길은 쏟아져 나온 아이들로	그득하고	오히려 아이들은 참견하는 이 없는 자기네 왕국을 건설
⑥#	좁은 방에	그득하게	쌓여진 책더미 옆에 작을 찌개 냄비랑 알루미늄 밥그릇들이 포
⑦#	정말, 벌떡녀의 대바구니 속엔 갓 캐낸 연한 쑥이파리가 제법	그득하니	들어 있다.
⑧#	그 가게에	그득한	물건들 가운데서 무엇을 샀을까 보면 실망할지도 모른다.
⑨#	갓 부린 새우 황새기 민어 농어 가오리 꼴뚜기들이 좌판 위에	그득하게	무더기로 쌓여 있었다.

---

4) '그득하다'는 표준말뭉치(1,121만 마디)에서 28개의 용례가 나왔다. 그 빈도가 높은 유형을 빠짐없이 고른 것이 본문의 예 (11)이다. 본문에 나오는 말뭉치 용례는 지면 관계상 필자가 임의로 고른 것이기는 하지만 모든 유형을 빈도가 많이 나오는 대로 보여 주려 하였다.

⑩# 　　　　　　그 눈엔	그득한	사랑이 괴어 있었다.
⑪# 할아버지가 열어 보이는 주머니에는 깨어진 유리 조각이	그득하였다	
⑫# 이 시를 두번 세번 외어 보노라면, 가슴속에는 고독이	그득하게	넘쳐지며, 한숨이 절로 나왔다.
⑬# 　　　　　　논마다 물이	그득하게	괴어 있었습니다.
⑭# 어른들 넷에 아이들 넷이 모이자 방이	그득하였다	
⑮# 도막이 올랐고 볶은 소고기며 달걀로 부친 햄이며 나물반찬이	그득했다	

(11)의 예를 보면, 형용사 '그득하다'는 그득한 장소(NP₁), 그득한 물건(NP₂)의 두 개의 의미적 참여자가 있음을 알 수 있다. 그중에서 ⑤, ⑥, ⑭는 '그득한 장소'가 주어로 나오는 예이고, 그 나머지는 '그득한 물건'이 주어로 나온다. 그득한 물건이 주어로 나오는 경우, 장소는 '에명사구'의 형태로 나올 수 있고, 이때의 '에명사구'는 수의적으로 생략이 가능하다(①, ②). 그득한 장소가 주어로 나올 때, ⑤에서 그득한 물건이 '로명사구'의 형태를 취하여, '쏟아져 나온 아이들로'처럼 논항으로 실현될 수도 있다. 즉, 다음과 같은 두 가지의 격틀을 상정하는 것이 가능하다.

(12) ㄱ. (NP₁-에) NP₂-이 Adj (①, ②, ③, ④, ⑦, ⑧, ⑨, ⑩, ⑪, ⑫, ⑬, ⑮)
　　　ㄴ. NP₁-이 (NP₂-로) Adj (⑤, ⑥, ⑭)

'그득하다'가 동일한 의미를 가지고 (12ㄱ)과 (12ㄴ)의 두 가지의 격틀을 가지고 쓰일 때, 논항의 순서, 즉 어순의 문제와 논항의 필수성 여부의 문제가 대두된다. (12ㄱ)과 (12ㄴ) 중 빈도로 볼 때, (12ㄱ)이 훨씬 더 우세하고, 기본적인 어순에 있어서도 '석재가 나일강 좌우 언덕에는 그득하다.'보다는 '나일강 좌우 언덕에는 석재가 그득하다.'가 훨씬 자연스럽다. 그러므로 (12ㄱ)을 '그득하다'의 기본 어순으로 하고, (12ㄴ)은 변환 관계에 있는 격틀로 본다. (12ㄱ)의 'NP₁-에'나 (12ㄴ)의 'NP₂-로'는 수의적으로 생략이 가능하기 때문에 부가어로 볼 수도 있지만, 부가어로 보고 격틀에 반영하지 않으면, (12ㄱ)과 (12ㄴ)의 변환 관계를 설명할 수가 없다.

'그득하다'와 비슷하지만, (12ㄴ)의 'NP₁-로'가 수의적이 아니라 필수적
으로 나타나는 형용사의 부류도 있다. 다음의 '자욱하다'의 예를 보자.

(13) 예 : 자욱하다

①# 　안개가	자욱한	어느 여름 새벽이었죠.
②# 그 골짜기는 어둡고 깊숙한 데다 안개가	자욱하여	아무리 유심히 내려다보아도 아무 것도 분간할 수 없었다.
③# 부엌 안에 연기가	자욱했다	
④# 멀리 보이는 수원성 남문 밖에 저녁 짓는 연기가	자욱하게	퍼져 있다.
⑤# 다방 안은 담배 연기가	자욱했다	
⑥# 담배 연기가	자욱하다	
⑦# 들은 체도 않고 선계 대사가 있는 방에 갔더니, 이상한 향기가	자욱했고	승려들이 몰려 들어가며 제각기 놀랐다.
⑧# 소금 냄새와 풀 냄새가	자욱하게	퍼졌다.
⑨# 한식집에 불고기 굽는 냄새가	자욱하였다	
⑩# 초당 주위는 은은한 차 냄새가	자욱하였다	
⑪# 터널 속에는	자욱한	먼지들이 덩어리를 이루어 지척이 보이지 않는 공간이었다.
⑫# 비좁은 술집 홀은 쉴새없이 피워대는 담배 연기로 안개처럼	자욱하고	매캐했다.
⑬# 전각의 주변은 파르스름한 연기로	자욱했고	그것은 이상하게도 현실이 아닌 꿈 속의 일로 보이기까지 했다
⑭# 그런데 어느 해, 아침 안개가 온 세상을	자욱하게	덮던 날이었습니다.
⑮# 하늘엔 별들이	자욱했다	

(13)의 '자욱하다'도 '그득하다'처럼 자욱한 장소(NP₁)와 자욱한 물질
(NP₂)을 상정할 수 있다. 그러나 자욱한 물질(NP₂)가 문장의 주어로 나올
때, 장소(NP₁)는 ②, ③, ④, ⑤, ⑨, ⑩, ⑪, ⑮처럼 문장에 나올 수도 있
고, ①, ⑥, ⑦, ⑧, ⑭와 같이 생략이 될 수도 있다. 그러나 장소(NP₁)이
주어인 경우, 자욱한 물질(NP₂)은 ⑫, ⑬처럼 반드시 나와야만 적격한 문
장이 된다. 그러므로 '자욱하다'의 격틀은 다음과 같이 상정할 수 있다.

(14) ㄱ. (NP₁-에) NP₂-이 Adj (①, ②, ③, ④, ⑤, ⑥, ⑦, ⑧, ⑨, ⑩, ⑪,

ㄱ. NP₁-이 NP₂-로 Adj (⑭, ⑮)
ㄴ. NP₁-이 NP₂-로 Adj (⑫, ⑬)

'축축하다'도 축축한 장소와 축축한 물질을 상정할 수 있지만, 말뭉치 예문을 찾아보면, '그득하다'나 '자욱하다'와 달리, 축축한 장소만이 주어로 나올 뿐 축축한 물질은 주어로 나오지 않는다.

(15) 예 : 축축하다

①#		축축한	전신에 젖는 밤공기가 기분좋게 서늘했다.
②#	눈을 쓸어내고 마른풀 위에 앉은 거라 엉덩이가	축축해	왔지만 개의하지 않는다.
③#	엄마의 손은 불덩이처럼 뜨겁고	축축했다	
④#	청년들은 모두 어둡고	축축한	역전광장에 웅크리고 앉아 있었다.
⑤#	바위 위에는 매끄럽고	축축한	이끼가 드문드문 돋아나 있었다.
⑥#	살갗을 파고드는 대기는	축축하고	싸늘했다.
⑦#	영옥의 손에서	축축하게	땀이 배어 나오고 있었다.
⑧#	겨우 들어서 트렁크 안에 싣고 나니 러닝셔츠가 땀으로 젖어	축축했다	
⑨#	온몸이 이슬에 젖어	축축했다	
⑩#	등줄기가 식은땀으로 젖어	축축했다	
⑪#	그 벌판이 비에 젖어	축축했다	
⑫#	모래밭은 물에 젖어	축축한	습기가 종아리까지 휘감았다.
⑬#	이슬이 내린 마당은	축축해	보였다.
⑭#	비가 그치지 않고, 아직도 내리고 있는데도, 바닥이	축축하고	어둡게 반짝였다.
⑮#	천천히 주먹으로 눈두덩을 문질렀더니 손등이	축축하게	젖어 나왔다.

'축축한 물질'이 주어로 나온 것을 굳이 찾는다면, ⑫를 들 수 있겠는데, 이도 '습기가 축축하다'의 서술형으로 환원해 보면 어색한 문장이 된다. ⑧, ⑨, ⑩, ⑪처럼 축축한 물질이 문장에 나오기도 하지만, 이때의 'NP-에'5)나 'NP-로'는 '축축하다'의 논항이 아니라 '젖다'의 논항이다. 그러므로

---

5) 이때의 '에'명사구는 장소를 나타내는 것이 아니라 원인의 의미를 지닌다는 점에서 (12) 'NP-에'와 다르다.

'축축하다'의 격틀은 다음의 (16)으로 볼 수 있다.

   (16) NP-이 Adj

'그득하다', '자욱하다', '축축하다'의 의미구조 안에는 '장소'와 '그런 상태를 유발하는 물질'의 두 명사구가 다 들어 있으나, 의미적 참여자인 두 명사구가 통사적인 논항으로 실현되는 양상은 셋이 모두 다르다. 즉, 용언의 의미가 비슷하다고 해서 격틀이 같은 것이 아니라는 것을 알 수 있다.

(2) 필수적 부사절의 문제

논항을 서술어로부터 의미역과 격을 할당받는 성분이라 하고 부사절을 논항의 일종으로 본다면, 우리말에서 서술어가 부사절에도 의미역과 격을 준다고 볼 수밖에 없다. 그러나 부사절은 그 성격상 부가어에 가까워서 특정한 의미역을 부여하기 어렵고, 격조사와 결합하지 않기 때문에 격을 받는다고 보기가 힘들다. 다음의 예를 보면서, 필수적으로 나타나는 부사절을 격틀에서 어떻게 표시해야 하는가에 대한 문제를 살펴보자.

용언 중에서 부사절을 필수적으로 요구하는 것들이 있다.

   (17) ㄱ. 눈앞에는 무섭게 생긴 문지기들이 문을 둘러싸고 지키고 서 있었다.
       ㄴ. 볼품없이 생긴 젊은 여자 하나가 남자 곁으로 다가붙었다.
       ㄷ. 병이 더 심해지면 잎 전체가 하얗게 됩니다.
       ㄹ. 장남인 네가 잘 되어야 우리 집안이 산다.
   (18) ㄱ. 그는 내가 아무리 화를 내어도 상관없는 모양이었다.
       ㄴ. 나는 그가 오지 않아도 괜찮다.

(17)과 (18)처럼 명사구나 명사절 대신 부사절이나 부사를 서술어가 필수적으로 요구하는 것은 대부분 서술어 의미의 불완전성 때문이다. 다시 말해서, 서술어의 불완전함을 보충하기 위하여 부사나 부사절 등이 나오는 것이라고 볼 수 있다. 이와 비슷한 것으로, 서술어의 의미 구조를 보

충하기 위하여 필수적으로 나와야 하는 성분 중에 인용절이 있다.

    (19) ㄱ. 그녀는 배고프지 않다고 말하고 싶은 모양이었다.
        ㄴ. 어려움을 뚫고 나가는 것이 군인의 임무라고 생각하고 있습니다.

(19)의 인용절이 위의 (17), (18)과 다른 점은, (19)의 인용절은 논항의 성격을 가진 명사구로 대치될 수가 있다는 것이다.

    (19)′ ㄱ. 그녀는 그 이야기를 말하고 싶은 모양이었다.
         ㄴ. 나의 미래를 생각하고 있습니다.

(17)의 경우도 부사나 부사절이 '명사+조사'의 형태로 대치될 수 있으나, '바보같이, 거지처럼' 등의 부사구라고 할 수 있는 것이기 때문에, (19)의 경우와는 다르다.

격틀에 나오는 절은 명사절, 부사절, 인용절이 있는데, 그 중 명사절은 명사와 동등한 자격을 줄 수가 있고, 인용절은 목적어에 상응하는 자리에 오기 때문에 격과 의미역을 받는다고 볼 수 있다. (17), (18)에 나오는 부사나 부사절의 경우는 이론적으로 볼 때 (19)의 인용절과는 다른 것이며, 격과 의미역을 받을 수 없기 때문에 엄밀한 의미에서 부가어로 보아야 한다. 그러나 사전에서의 격틀 문제는 이론적인 측면과 아울러 사용자들의 편의를 고려해야 하기 때문에, 이러한 종류의 필수적인 부사절과 부사도 격틀 안에서 표시를 해 주는 것이 좋을 것이라 생각한다.6)

---

6) 만약 이 두 가지 절의 차이를 격틀상에 표시한다면, 명사구와 대치가 가능한 (19)의 인용절은 독립적인 '절'로 표시를 하고, (17), (18)과 같이 부사절이나 부사를 필수적으로 요구하는 경우는 '[절/부-V]v'로 표시할 수도 있겠다. '[절/부-V]v'는 절이나 부사가 동사, 형용사의 의미를 보충해 주면서 동사나 형용사와 한 덩어리가 되어 하나의 서술어처럼 기능한다는 것을 의미한다.

(3) 격틀에서의 논항 제시 순서

동사의 각 논항 간의 순서도 격틀 제시에 있어서 큰 문제로 대두된다. 국어는 어순이 자유로운 언어이므로 각 논항 간의 기본 어순을 정하기는 쉽지 않다. 일반적으로 국어의 어순은 '주어−목적어−서술어', 혹은 '주어 −부사어−서술어'의 순이다. 따라서 이러한 일반적인 어순에 따라 논항의 순서도 정하였다.

'NP-이' 논항은 일반적으로 문두에 위치한다. 그런데 일부 예외가 있다.

> (20) ㄱ. {청동 화로에 / 청동 화로가}NP$_1$ 온통 녹이NP$_2$ 슬었다.
>   ㄴ. 한참 뒤에야 난 {양말에 / 양말이}NP$_1$ 구멍이NP$_2$ 났다는 사실을 알
>   았다.

'슬다'나 '나다'의 'NP$_1$-에' 논항은 'NP$_2$-이'보다 앞에 위치하며, 이는 'NP$_1$-이' 명사구로도 나타날 수 있다.7) 그리고 'NP$_2$-이' 논항이 'NP$_1$-에' 논항보다 동사와 인접해 있으므로 'NP-이 V' 동사구가 하나의 동사처럼 '녹슬다, 구멍나다'로 재구조화되어 한 동사처럼 쓰인다. 이와 같이 명사구 와 동사의 재구조화는 기본 어순을 결정하는 데 도움이 된다. 즉 재구조 화의 가능성이 있는 '명사구＋동사'는 인접해 있어야 한다.

> (21) ㄱ. 우린NP$_1$ 계옥이네와 영석이네에NP$_2$ 세를NP$_3$ 놓았다.
>   ㄴ. 그 산에는 휘어진 소나무가NP$_1$ 비탈진 박토에NP$_2$ 뿌리를NP$_3$ 박고
>   있어 동양화를 보듯 운치를 돋구고 있었다.

위의 예문에서 보듯이 '놓다'나 '박다' 동사의 'NP$_2$-에'와 'NP$_3$-를' 논항 의 기본 순서를 정하는 데에도 재구조화는 충분조건을 제시한다. 'NP$_3$-를

---

7) 문두에 있는 'NP$_1$-에' 명사구가 'NP$_1$-이'로도 변환될 수 있음은 'NP$_1$-이 NP$_2$-에 V'의 격틀 구조에서 어순 도치되어 'NP$_2$-에'가 문두에 오는 경우에도 가능하다. 그러나 이 경우는 'NP$_1$-에 NP$_2$-이 V'와는 구조가 다르므로 'NP-이 V'가 재구조화되지 않는다 (자세한 논의는 한송화(1997) 참조).

V' 동사구는 '세놓다, 뿌리박다'로 쓰여 하나의 동사처럼 재구조화되나 'NP₂-에 V' 동사구는 재구조화가 불가능하다. 따라서 동사 '놓다'나 '박다' 의 격틀은 'NP₁-이 NP₂-에 NP₃-를 V'이다.[8)

(4) 격틀과 통사적 전이

하나의 단어가 항상 하나의 의미로만 쓰이는 것은 아니다. 쓰임이 많아 짐에 따라 한 단어는 의미적으로 전이되면서 다의성을 가지게 된다. 동사 의 의미 변이는 격틀에 의해서 뒷받침될 수 있다. 격틀이 다르면 해당 동 사의 의미 변이를 객관적으로 확인할 수 있다. 격틀이나 격틀에 나타나는 논항의 수에 차이가 있는 경우 이들의 격틀을 따로 제시하여 의미 차이를 명백히 할 수 있다.

 (22) ㄱ. 오늘 나는 바닷가에 갔었어요.
    ㄴ. 어떤 나그네가 산길을 가다가 호랑이를 만났습니다.
    ㄷ. 위력의 시대가 가고 도의의 시대가 오는도다.
    ㄹ. 뼈에 금이 간 것 같다고 그러더군요.
 (23) ㄱ. 아이들이 과자를 먹는다.
    ㄴ. 그는 책을 사지는 않고 중요한 대목을 베끼다가 서점 주인에게 욕을
      먹기까지 했다.
    ㄷ. 할머니는 벌레 먹은 사과가 맛있다고 하셨다.
    ㄹ. 대패가 잘 먹어 일이 한결 쉽구나.
 (24) ㄱ. 숙이는 나를 보고는 울먹이는 소리를 냈다.
    ㄴ. 이젠 자살을 그냥 남의 얘기나 남의 일로 보아 넘길 일이 아니다.

---

8) 이와 같이 'NP₃-를 V' 구가 재구조화되는 경우는 동사의 기본 의미가 아니라 동사가 다의적 쓰임을 보일 때이다. 특히 'NP₃-를' 논항의 'NP₃' 명사가 구체성이 적고 추상 적 자질을 보일 때 재구조화가 일어난다. 이러한 점을 고려한다면 이렇게 제한된 경 우를 중심으로 'NP-에'와 'NP-를'의 어순을 정하는 것은 무리가 없지 않다. 따라서 재 구조화 조건과 어순에 대해서는 좀 더 면밀한 연구가 있어야 한다. 이 글에서는 재구 조화 조건이 명사구의 순서를 결정하는 데 필요충분조건은 되지 않더라도 충분조건 은 된다는 점만 밝혀 둔다.

(22)′ ㄱ. 의미 : (한 곳에서 다른 곳으로) 옮겨 움직이다.[9]
　　　　　　격틀 : NP_1-이 NP_2-에 V
　　　ㄴ. 의미 : (어떤 표면을 길 삼아서) 움직이다. 이동하다.
　　　　　　격틀 : NP_1-이 NP_2-를 V
　　　ㄷ. 의미 : (어떠한 시기가) 끝나다.
　　　　　　격틀 : NP_1-이 V
　　　ㄹ. 의미 : (줄, 금 따위가) 생기다.
　　　　　　격틀 : NP_1-에 NP_2-이 V
(23)′ ㄱ. 의미 : 음식물을 입을 통하여 넘기다.
　　　　　　격틀 : NP_1-이 NP_2-를 V
　　　ㄴ. 의미 : 남으로부터 욕이나 핀잔을 듣다.
　　　　　　격틀 : NP_1-이 NP_2-에게 NP_3-를 V
　　　ㄷ. 의미 : 원래의 상태가 손상되다.
　　　　　　격틀 : NP_1-에 NP_2-가 V
　　　ㄹ. 의미 : 대패나 톱 등이 잘 들다.
　　　　　　격틀 : NP_1-이 V
(24)′ ㄱ. 의미 : 눈으로 인식하거나 느끼다.
　　　　　　격틀 : NP_1-이 NP_2-를 V
　　　ㄴ. 의미 : (무엇을 어떠하다고) 생각하다. 판단하다.
　　　　　　격틀 : NP_1-이 NP_2-를 NP_3-로 V

'가다', '먹다', '보다' 동사에서 보듯이 격틀과 논항의 수가 달라짐으로써 동사의 의미 변이를 객관적으로 확인할 수 있다. 위와 같이 의미적인 다의성은 동사의 통사적인 격틀에까지 영향을 미쳐 동사의 통사적 전이를 수반하기도 한다. 따라서 동일한 형태의 한 동사는 하나 이상의 격틀을 갖는다.

격틀이나 통사적 특성이 달라지면 별개의 단어인 동음어로 취급하는 입장도 있다. 남기심(1992)에서는 '만들다'를 격틀이 달라짐에 따라 동형어로 가르고 있으며, 홍재성(1991)에서도 '돌다'를 격틀이 달라짐에 따라 10개의 동형어로 나누었다. 그러나 이러한 입장은 언어 사용자의 직관에도 맞지

---

9) 이 외에도 의미를 더 세분할 수 있으나 이 글에서는 각 격틀에서의 대표적인 의미만
　을 보이기로 한다.

않을 뿐더러, 의미적 전이는 인정하면서 통사적 전이는 인정하지 않는 불공평함을 범하게 된다. 또한 어휘가 의미적 전이와 더불어 통사적 전이도 수반함은 비단 동사에만 그치는 것이 아니다. 예를 들어 명사 '오늘, 내일' 등은 그 의미적 특성을 그대로 유지하면서 부사로 전용되기도 하며, 명사 '사람' 등은 일반 명사로 쓰이기도 하고 단위 명사로 쓰여 불완전 명사처럼 쓰이기도 한다. 또 명사 '군(軍)' 등은 일반 명사로 쓰이면서 '연합군, 방위군…'처럼 접미사로 쓰이기도 한다든지, '-적(的)' 꼴의 명사는 관형사처럼 쓰이기도 한다.10)

통사적 전이를 인정하는 것이 일반 언어 사용자의 직관에도 부합하며, 통사적 전이가 동사뿐 아니라 모든 품사에 걸쳐 일어나는 현상이므로 유연성이 있으면서 격틀이 다른 동사를 다의어로 처리하는 입장을 취해야 한다. 이러한 처리 방식은 동일한 형태의 동사가 어떠한 방식으로 통사적 전이를 보이는지 살필 수 있으며, 이러한 통사적 전이를 유형화시킬 수도 있다. 예를 들어 '가다, 오다, 오르다…' 등의 이동동사는 다음에 보이는 것과 유사한 통사적 전이를 보인다.11)

(25) ㄱ. NP_1-이 NP_2-에 V
ㄴ. NP_1-이 NP_2-를 V
ㄷ. NP_1-이 V
ㄹ. NP_1-에 NP_2-이 V
(26) ㄱ. 그 때 서울에 오면 뭔가 새 인생을 찾을 수 있지 않을까 하는 희망이

---

10) 이러한 현상을 품사 통용으로 보기도 하는데 예를 들면 다음과 같다.
예) 오늘을 사는 우리(명사) / 오늘 그가 오기로 했다.(부사)
너는 사람이 되려면 멀었다.(명사) / 이 일을 하는 데는 한 사람만 있으면 된다.(의존적용법)
객관적으로 보면(명사) / 객관적 기준(관형사)
11) 그러나 이러한 통사적 전이는 이동동사 중 고유어이면서 쓰임의 빈도가 높은 단어에만 국한된다. 이는 빈도가 높은 단어가 의미적 변이도 많으며 따라서 통사적 전이도 많이 일어나기 때문이다. 그리고 본문에서와 같이 이들 이동동사가 모두 동일한 통사적 전이를 보이는 것은 아니고 동사에 따라 통사적 전이의 종류는 조금씩 다르다.

있었으니까요.
ㄴ. 먼 길을 어렵게 왔는데 그렇게 쉽게 돌아갈 수 없어요.
ㄷ. 통일의 그 날이 하루 빨리 왔으면 좋겠어요.
ㄹ. 그를 제거하면 지하 경제에도 큰 변동이 오겠지요.
(27) ㄱ. 그는 지난 주일부터 거의 하루에 두 번씩 산에 오른 셈이었다.
ㄴ. 그가 회전식 층계를 오르며 말했다.
ㄷ. 계속 펄펄 뛰어 봤자 혈압만 오르지 이득이 없었다.
ㄹ. 그를 생각하면 온 몸에 옻이 오른 기분이 되곤 했다.
(28) ㄱ. 두 형제는 보물 창고에 들어갔다가 올가미에 걸리고 말았다.
ㄷ. 이제 여름옷은 다 들어가 버렸다.
ㄹ. 신규 사업에 돈이 자꾸 들어가서 그 외의 일은 잠시 미루어야 할 것
같다.
(29) ㄱ. 온 식구가 비행장에 나가 새 식구를 맞았다.
ㄴ. 그녀는 남편에게 차 시간도 알려주지 않고 개찰구를 나갔다.
ㄷ. 무더운 여름날이었는데 온 동네 전기가 나갔다.

위의 예에서 보는 바와 같이 '오다'와 '오르다'는 '가다'와 동일하게 (25
ㄱ), (25ㄴ), (25ㄷ), (25ㄹ)의 통사적 전이를 모두 보이며, '들어가다'는
(25ㄱ), (25ㄷ), (25ㄹ)의 통사적 전이를 보이고, '나가다'는 (25ㄱ), (25
ㄴ), (25ㄷ)의 통사적 전이를 보이고 있다. 이와 같이 이동동사끼리는 동
일하지는 않더라도 비슷한 유형의 통사적 전이를 보이고 있는 것이다. 따
라서 의미적 유연성을 최대한 고려하는 관점에서, 통사적인 격틀이 다르
더라도 의미적 유연성을 지니면 이들은 한 동사의 다의적 쓰임으로 본다.
그러나 격틀이 다르면, 의미는 물론이고 통사적 특성을 달리하므로 이를
사전에서 반영하여야 한다.

(30) '가다'의 예12)
가다 〔동〕 Ⅰ① (한 곳에서 다른 곳으로) 옮겨 움직   Ⅰ
이다. ¶오늘 나는 바닷가에 갔었어요. / 오빠는 올   ①이 ②에/로 가다
케를 데리고 서울로 갔다. ② 일을 보기 위해 일정

---

12) 이 글에서는 격틀 분리 원칙을 명시적으로 보이기 위해 실제 사전보다는 간략히 보
였다.

한 장소로 움직이다. ¶중학교 시절에는 날마다 교
회에는 가지 않고 친구들과 공을 찼습니다…
Ⅱ ① (어떤 표면을 길 삼아) 움직이다. 이동하다.　　Ⅱ
¶어떤 나그네가 산길을 가다가 구덩이 속에 빠진　　①이 ②를 가다
호랑이를 만났습니다. ② 어떤 일을 하려고 있던
곳을 떠나 움직이다. ¶언니는 휴가 갈 거야?…
Ⅲ ① (시간이) 흐르다. 지나다. ¶해가 갈수록 겨　　Ⅲ
울을 나기가 더욱 힘들어지는 구나. / 컴퓨터는 날　　①이 가다
이 갈수록 점점 발전해 가고 있다. ② (어떠한 시
기가) 끝나다. 지나다. ¶위력의 시대가 가고 도의
의 시대가 오는구나…
Ⅳ ① (말이나 소식 등이) 전하여지거나 알려지　　Ⅳ
다. ¶아, 글쎄 기다리면 곧 연락이 갈 거라니까요.　　①에 ②가 가다
② (줄, 금 따위가) 생기다. 그어지다. ¶순녀의 그
고운 얼굴에는 주름이 가고 몸은 허수아비처럼 말
라비틀어졌다…

위의 예에서 보는 바와 같이 의미와 격틀이 달라지면 이들 다의어는 Ⅰ,
Ⅱ, Ⅲ 등 로마자로 분리하여 처리한다. 반면에 격틀은 동일하며 의미적 전
이만이 나타나는 경우에는 ①, ②, ③ 등 원번호로 분리하여 설명한다.

(5) 기본 격틀과 변이 격틀

격틀이 달라짐에 따라 항목을 분류하는 것은 동사의 의미가 달라진다는
전제 아래 성립하는데, 동사의 의미 구조는 달라지지 않고 조사 교체에
따른 조사의 의미 차이만이 드러나는 경우가 있다. 이러한 경우는 통사적
전이와는 달리 격틀을 달리하지 않는다. 즉 동일한 격틀 아래 조사가 교
체됨을 보인다.

(31) ㄱ. 오늘 나는 바닷가에 / 바닷가로 / 바닷가를 갔었어요.
　　 ㄴ. 두 형제는 창고에 / 창고로 / 창고를 들어갔다가 형이 실수로 올가미
　　　　에 걸리고 말았다.
(32) ㄱ. 노인은 날씨가 좋은 날이면 으레 뜨락에 / 뜨락으로 나앉아 고기 그

물을 손질하곤 했다.
ㄴ. 이들은 법원을 포위하고 법정에 / 법정으로 난입하여 판검사에게 협박을 서슴지 않았다.

(33) ㄱ. 영국 왕은 국가를 대표하는 일은 많으나, 직접 정치에 / 정치를 간섭하는 일은 드물다.
ㄴ. 왕명을 받아 가던 몸이니, 이렇게 지체가 되면 왕명에 / 왕명을 거역하는 것이 되오.

(34) ㄱ. 우리 직원들은 실력과 기술에 있어서 결코 다른 회사의 직원에 / 직원보다 뒤지지 않는다.
ㄴ. 그는 당시의 현실에서는 경제적 자유가 정치적 자유에 / 자유보다 선행되어야 한다는 신념을 가지고 있었다.

(35) ㄱ. 원리 원칙에서 / 원리 원칙을 / 원리원칙에 벗어나는 행동을 조금도 한 일이 없다는 사람일수록 남에 대해서 가혹하다.
ㄴ. 여자 인부 하나가 정원에서 / 정원을 / 정원에 어정거리고 있었다.

(36) ㄱ. 현수는 거의 모든 면에서 종수를 / 종수보다 앞서고 있다.
ㄴ. 남자아이들의 수가 점차 여자아이들의 수를 / 수보다 웃돌기 시작했다.

(37) ㄱ. 그녀는 자기에게 서서히 관심을 보이는 남편이 / 남편에게 싫증나기 시작했다.
ㄴ. 그는 / 그에겐 이 일이 좀 힘들겠지만 그래도 마음은 편할 거다.

위와 같이 격틀의 논항수는 같고 조사가 교체되는 경우, 조사의 교체가 자유로우면 이때의 의미 차이는 동사의 의미 구조의 문제가 아니라 조사의 의미 특성에 따른 것으로 본다. 그리고 위 (31)의 '가다'나 '들어가다'의 격틀은 'NP$_1$-이 NP$_2$-에/로/를 V'가 된다.

또 격틀의 논항수는 같고 격틀 구조가 일정한 대응 관계를 보일 때 이들도 별도의 격틀로 분류하지 않고 동일 격틀로 본다.

(38) ㄱ. 오늘이 세일 마지막 날이어서 그런지 백화점에 많은 인파가 들끓고 있었다.
ㄴ. 오늘이 세일 마지막 날이어서 그런지 백화점은 많은 인파로 들끓고 있었다.

(39) ㄱ. 문이 자물쇠로 잠겼음을 확인한 다음, 노리쇠를 뒤로 뺐다가 밀어서 실탄을 장전했다.

ㄴ. 문에 자물쇠가 잠겼음을 확인한 다음, 노리쇠를 뒤로 뺐다가 밀어서
실탄을 장전했다.

(40) ㄱ. 바닥엔 카펫이 깔려 있었고, 벽은 붉은 빛깔을 띤 고급벽지로 장식
되어 있었다.

ㄴ. 바닥엔 카펫이 깔려 있었고, 벽엔 붉은 빛깔을 띤 고급벽지가 장식
되어 있었다.

(41) ㄱ. 때로는 악수하는 시간이 연설 시간과 거의 맞먹을 경우도 있다.

ㄴ. 때로는 연설 시간과 악수하는 시간이 거의 맞먹을 경우도 있다.

위의 예문 (38), (39), (40)에서 'NP$_1$-에 NP$_2$-가 V' 격틀의 경우나 'NP$_1$-이 NP$_2$-로 V' 격틀인 경우, 동사의 의미 구조는 변하지 않고 논항의 수나 그 의미역은 변함없이 명사구에 결합되는 격조사의 형태만이 달라졌으므로, 이들 격틀을 분리하지 않고 동일 격틀의 기본 격틀과 변이 격틀로 처리한다. 이와 같이 둘 이상의 격틀이 한 격틀로 묶일 때 제약이 없는 격틀을 기본 격틀로 보고 나머지를 변이 격틀로 본다. 그리고 변이 격틀은 참고란에 참고 정보로서 제시한다. (41)은 대칭 동사의 예로 'NP$_1$-과 NP$_2$-가 V' 구조가 항상 'NP$_1$-이 NP$_2$-와 V'와 대응 관계를 이룬다.[13] 이와 같은 경우에는 두 격틀을 기본 격틀에 제시한다.

위와 같이 동사의 의미 구조는 변하지 않고 조사만 교체되거나, 의미 구조나 논항수는 같고 둘 이상의 격틀 구조가 일정한 대응 관계를 보일 때 격틀 제시의 방법은 두 가지가 있다. 첫 번째는 기본 격틀에 '/'을 이용하여 조사 교체가 가능함을 보이는 방법이다. 즉 조사 '에'와 '를'의 교체가 자유로운 경우 그 격틀은 'NP$_1$-이 NP$_2$-에/를 V'로 제시한다. 조사 교체가 별 제약 없이 자유로운 경우 이러한 제시 방법을 택한다. 두 번째 방법은 기본 격틀을 제시하고, 조사가 교체되는 변이 격틀을 표제어 옆의 참고

---

13) 다음과 같은 경우에는 대응 관계를 이루지 않는다.
예) 그는 하루 종일 일과 싸우느라고 피곤했다.
*하루 종일 그와 일이 싸우느라 피곤했다.
위와 같은 경우에는 대응 관계를 이루는 '싸우다'와는 격틀을 분리하여 'NP$_1$-이 NP$_2$-와 V' 격틀만을 가지는 다의어로 처리한다.

정보로 제시하는 것이다. 조사 교체에 제약이 있는 경우, 이러한 방법을 택한다.

용언의 기본 격틀과 관련된 문제는 크게 두 가지를 들 수가 있다. 첫 번째는 복수 격틀의 문제이다. 하나의 용언이 같은 통사, 의미 구조를 유지하면서 두 개 이상의 격틀을 가질 때, 이를 각각의 다른 격틀로 보지 않고 격틀 변환 관계에 있는 것으로 보는데, 복수의 격틀 중 어느 것을 기본 격틀로 할 것인가가 문제된다. 이때, 사전에서 복수 격틀의 정보는 격틀을 나열할 수도 있고, 참고의 정보로 줄 수도 있다.

용언의 기본 격틀과 관련한 또 다른 문제는 주격중출 구문의 문제이다. 용언은 의미 특성상 주격중출 구문을 이루는 빈도가 높은데, 그중 어떤 것을 기본 격틀로 보는가에 관한 문제가 제기된다.

먼저, 복수 격틀을 가지는 용언의 경우를 살펴보자. 복수 격틀을 가지는 용언의 유형으로는 위에서 언급한 이른바, 장소교차 용언과 대칭 용언을 들 수가 있다. 앞에서 예로 든 ‘그득하다, 자욱하다’ 등과 같은 장소교차 형용사의 경우, 예문에서 보듯이 두 가지의 격틀을 가지고 있다. 그 중 빈도가 높고, 다른 격틀에의 변환을 설명할 수 있는 격틀을 기본 격틀로 한다. 변환 관계에 있는 격틀은 참고 정보로 주어, 그렇게 쓰일 수 있음을 보여 준다.

대칭 구문은 자동사, 타동사, 형용사에 고루 분포되어 있는 용언의 한 유형으로, 복수 격틀을 가진다는 특징을 지닌다. 대칭 용언의 복수 격틀을 어떻게 사전의 정보로 줄 것인가에 대하여 살펴보자. 대칭 용언의 하나인 ‘비슷하다’는 비교대칭14)의 특성을 가지고 있다.

---

14) 대칭 형용사는 비교대칭과 상호대칭의 두 가지의 하위 유형이 있다. 비교대칭의 경우는 두 가지의 논항을 비교하게 되는데, 두 논항에 공통적으로 있는 특정한 성질 하나가 비교되는 성질이 되며 이는 수의적 논항의 형태로 격틀에 나오게 된다. 상호대칭은 두 논항의 상호적인 측면만이 부각될 뿐, 비교되는 성질은 없다. 이에 관해서는 유현경(1996)을 참고할 것.

(42) 예 : 비슷하다

①#		정 씨는 만철 씨와 나이가	비슷해	어렸을 때 가장 가깝게 지냈던 사이이다.
②#		시든 풀들이 반지 색깔과	비슷해서	그런지 반지는 좀처럼 눈에 띄지 않았다.
③#	이 고장 사람들의 생활은 서울이나 다른 도시의 생활과	비슷합니다.	
④#		나이는 둘이 다	비슷했다.	
⑤#	윤경이와 성아는 성적도 비슷하고, 그림 그리는 실력도	비슷하였습니다.	
⑥#		또 담배와 달래의 소리도	비슷하다.	
⑦#		세 계집아이들은 모두	비슷한	나이 또래처럼 보인다.
⑧#		촌락과 도시는 서로	비슷한	점보다는 다른 점이 더 많습니다.
⑨#		그들은 서로	비슷하면서도	전혀 다른 국면을 가지고 있었다.
⑩#		김해댁과 부산댁은 처지가 서로	비슷해서	허물없이 터놓고 지내는 사이였다.
⑪#		시와 노래는 그 형식은	비슷하나	이름이 별개이다.
⑫#		두 팀은 실력이	비슷해서	좀처럼 승부가 나지 않았습니다.
⑬#		여러 도시들은 그 모습이	비슷한	점도 있지만, 다른 점도 많습니다.
⑭#		농촌, 산촌, 어촌은 자연과 생활 모습이	비슷한	점이 많지만, 다른 점도 있습니다.
⑮#		그러고 보니 얼굴이 노파와 주인이 많이	비슷했다.	

'비슷하다'의 의미구조 안에 있는 참여자는 비교가 되는 대상 둘(NP$_1$, NP$_2$)과 비교되는 성질(NP$_3$), 이렇게 셋이 있을 수 있다. 이 의미적 참여자가 통사적 논항으로 실현되는 양상은 개별 문장마다 약간씩 다르다. 먼저, 비교되는 성질(NP$_3$)은 ②와 ⑨를 제외하고는 모두 문장에 나와 있다. ③, ⑥처럼 NP$_1$과 NP$_2$의 소유물의 형태, 즉 'NP$_1$-의 NP$_3$', 'NP$_2$-의 NP$_3$'의 꼴로 나오거나, ①, ④, ⑤, ⑦, ⑧, ⑩, ⑪, ⑫, ⑬, ⑭, ⑮의 경우처럼 'NP$_3$-이'가 독립적인 논항으로 실현될 수가 있다. 'NP$_3$'은 수의적인 측면이 강하지만, ④, ⑤, ⑥, ⑫에서처럼 비교되는 성질인 'NP$_3$'이 나오지 않으면 문장이 어색해지거나 그 의미가 바뀌는 경우가 있기 때문에, 수의적인 논항의 일종으로 본다.

NP$_1$과 NP$_2$의 경우는 다음의 (43)의 세 격틀과 같은 형태로 나온다.

> (43) ㄱ. NP$_1$-이 NP$_2$-와 Adj(①, ②, ③, ⑭)
>   ㄴ. NP$_1$-와 NP$_2$-이 Adj(⑤, ⑥, ⑧, ⑩, ⑪, ⑮)
>   ㄷ. NP$_1$(복수)-이 Adj(④, ⑦, ⑨, ⑫, ⑬)

(43ㄱ)의 'NP$_2$-와'는 (43ㄴ)의 'NP$_1$-와'는 조금 성질이 다르다. (43ㄱ)의 'NP$_2$-와'는 독립된 논항으로 주어와 별개의 성분이지만, (43ㄴ)의 'NP$_1$-와'는 명사구의 일부로서 'NP$_1$-와 NP$_2$-이' 전체가 주어가 된다. 이런 측면에서, 형태적으로는 (43ㄱ)과 (43ㄴ)이 유사하나, 주어가 복수이냐의 여부를 놓고 볼 때, (43ㄴ)과 (43ㄷ)을 같은 격틀로 볼 수 있다.

(43ㄴ)과 (43ㄷ)을 같은 격틀로 보고, 수의적인 논항인 'NP$_3$'을 고려하면 대칭 용언 '비슷하다'의 격틀은 다음의 (44)와 같이 상정할 수 있다.

> (44) ㄱ. NP$_1$-이 NP$_2$-와 (NP$_3$-이) Adj
>   ㄴ. NP$_1$(복수)-이 (NP$_3$-이) Adj

장소교차 용언의 경우는 둘 중 하나를 기본 격틀로 보고 나머지는 변환 관계로 보았으나, 대칭 용언의 격틀은 (44ㄱ)과 (44ㄴ)을 모두 기본 격틀로 본다. 이는 (44ㄱ)과 (44ㄴ)은 서술어의 자릿수가 둘에서 하나로 줄어들기 때문에 변환 관계로 보기 힘들기 때문이다.

같은 대칭 용언이라고 할지라도 비교의 뜻이 없고, 상호의 뜻만을 가진 경우는 (44)와 약간 다른 격틀을 가진다. 다음의 상호대칭 용언인 '친하다'의 용례를 보자.

(45) 예 : 친하다

①#		우리는 유별나게	친했다.	
②#	그러는 동안에 동준이는 군인 아저씨들과	친하게	되었습니다.
③#	나는 미화를 비롯해 몇 명의 여자애들과	친하게	지냈다.
④#	그 뒤부터 나는 다시 아이들과	친하게	지내기 시작했다.

⑤#		그가 강대규 선생과	친했던	것도 두 사람의 취미가 비슷했기 때문일 것이다.
⑥#	도영은 연화가 자리에 앉자마자 둘이 고등학교 때 얼마나	친했는가를	애써 강조하며 설명했다.
⑦#	도대체 서영이하고 나하곤 어느 만큼이나	친한	건지 그것조차 나는 짐작할 수 없었다.
⑧#	김성원과 김윤제는 퍽이나	친하게	지내어 개울 건너 마주보고 사는 것도 멀다고 느꼈던 모양인지
⑨#	송아지와 돌이는	친한	친구와 같다.
⑩#	다음부터 경철이는 종수를 더욱 좋아하게 되었고, 둘이는 더	친하게	되어, 무슨 일이든지 서로 돕게 되었습니다.
⑪#	어쨌든 그런 얘기까지 한 뒤로부터 윤동삼과 김대순은 더욱더	친하게	지내게 되었다.
⑫#	그런데 우리는 지금 북한 어린이들과 서로 어울려	친하게	지낼 수가 없습니다.
⑬#	여기서 두 사람의 주요한 목표는 아내와 남편이 서로	친해지는	법을 배워야 한다는 것입니다.
⑭#	그러나 영희는 동수와	친하지	않습니다.
⑮#	우리 아버지는 아무개라 하는데 서재필 선생과 특히	친하셨다	합니다.

'비슷하다'와 달리 (45)의 '친하다'는 비교의 의미가 아니고 상호의 의미를 지닌 대칭 형용사이기 때문에, 비교되는 성질을 나타내는 논항이 나오지를 않는다. 즉, '친하다'의 의미구조 안에는 대칭적인 성질을 가진 두 명사구(NP_1, NP_2)만이 있고 'NP_3'은 없는 것이다. 그러므로 '친하다'와 같은 상호대칭 형용사는 다음과 같은 격틀을 갖는다.

(46) ㄱ. NP_1-이 NP_2-와 Adj
    ㄴ. NP_1(복수)-이 Adj

앞서 논의한 복수 격틀의 문제 이외에, 형용사의 기본 격틀을 정할 때, 가장 문제가 되는 것은 형용사가 주격중출 구문의 서술어로 쓰였을 경우이다. 형용사는 특히 형용사가 가지고 있는 비대격의 자질 때문에 주격중출 구문의 서술어로 빈번하게 쓰인다.[15]

---

15) 비대격 서술어란 논항구조 상에 원래 외재논항이 없는 술어를 말한다. 이에 관해서는 필머터(Perlmutter : 1978)을 참고할 것. 특히 우리말의 비대격 서술어에 대해서는 김영주(1990), 고광주(1994), 유현경(1996)을 참조할 것.

  (47) ㄱ. 철수의 동생이 아프다.
     → 철수가 동생이 아프다.
    ㄴ. 철수의 연필이 길다.
     → *철수가 연필이 길다.

 비슷한 구조의 두 문장의 주격중출 구문으로의 변환 관계를 살펴본 (47)에서, (47ㄱ)은 주격중출 구문으로의 변환이 가능하고 (47ㄴ)의 경우는 주격중출 구문으로 변환되지 않는 것을, 비양도적 소유(inalienable possession)의 관계로 설명해 왔다.16) 그러나 다음의 예문을 보면, 비양도적 소유의 관계만으로 주격중출 구문의 변환을 설명할 수 없다는 것을 알게 된다.

  (48) 철수의 동생이 학교에 간다.
    → *철수가 동생이 학교에 간다.

 (48)을 보면, '철수'와 '동생'과의 관계가 비양도적 소유 관계임에도 불구하고 서술어로 쓰인 동사가 비대격의 자질을 갖지 못하면 주격중출 구문으로 변환할 수 없다.

 (47)과 (48)을 통해서, 주격중출 구문으로의 변환은 명사구의 자질과 아울러, 서술어로 쓰이는 용언의 자질도 함께 고려해야 함을 알 수 있다. 우리말에서 비대격 서술어는 형용사와 일부의 자동사를 들 수 있는데, 형용사의 비대격 자질 때문에 형용사는 주격중출 구문의 서술어로 자주 쓰이게 되는 것이다. 형용사가 주격중출 구문으로 쓰일 때, 그 중 어떤 것은 기본 격틀로 보아야 할 것이 있고, 어떠한 것들은 기본 격틀이 아니라 변환된 격틀로 보아야 한다. 이 두 가지 경우가 다 나타나는 형용사 '예쁘다'의 예를 살펴보자.

---

16) 비양도적 소유란 두 개체 간의 영구적 관계를 말하는데, 신체의 일부분이거나 친족 관계 등이 이에 해당한다.

> (49) ㄱ. 그 여자는 마음이 착할 뿐만 아니라 얼굴도 <u>예뻐요</u>.
> ㄴ. 신명났을 때의 김대순의 얼굴은 마치 발그레한 복사꽃같이 <u>예뻤다</u>.
> ㄷ. 그는 마누라가 <u>예뻐서</u> 처가 쪽 하늘에서 날아오는 까마귀만 보아도
> 절을 한다.

(49ㄱ), (49ㄷ)은 주격중출 구문이다. 그러나 (49ㄱ)과 (49ㄷ)은 기본 격틀이 다르다. (49ㄷ)의 경우, 겉으로 드러난 격틀은 (49ㄷ)처럼 주격중출 구문과 동일하게 보이지만, (49ㄴ)과 같은 것으로 보는 것이 옳다. 만약 (49ㄱ)을 주격중출 구문으로 본다면, 서술어로 쓰인 '예쁘다'가 '그 여자'와 '얼굴'에 모두 의미역과 격을 할당해야 한다. 그러나 (49ㄱ)의 '예쁘다'가 두 명사구에 각각 의미역과 격을 주는 것으로 보면, (49ㄴ)을 고려할 때 '생긴 모양이 아름답고 귀엽다'라는 동일한 의미로 쓰인 하나의 서술어가 두 개의 격틀을 가진 것으로 보는 모순이 생긴다. 이때의 '예쁘다'는 '얼굴'에만 의미역을 준다고 보아야 한다. 그러므로 (49ㄱ)과 (49ㄴ)의 격틀은 다음의 (50)과 같이 설정할 수 있다.

> (50) NP-이 Adj

(49ㄷ)은 (49ㄱ)이나 (49ㄴ)과 달리 '누가 어떠한 대상에 대하여 귀엽고 사랑스러운 느낌이 들다'는 뜻으로 쓰인 '예쁘다'인데, 이런 의미로 쓰일 때는 느낌을 갖는 주체인 '경험주'와 그 느낌을 갖게 하는 '대상'이 반드시 필요하다. 그러므로 (49ㄷ)의 '예쁘다'는 주격중출 구문을 기본 격틀로 한다. 다음의 (51)은 (49ㄷ)의 격틀이다.

> (51) NP_1-이 NP_2-이 Adj

(51)에서 서술어 '예쁘다'는 주어인 'NP_1'에는 경험주역을, 두 번째 명사구인 'NP_2'에는 대상의 의미역을 할당한다. '예쁘다'와 비슷한 뜻을 가진 '예쁘장하다'는 격틀 (50)을 갖는 성상형용사이다. (49ㄱ)과 (49ㄴ)의 '예

쁘다'는 '예쁘장하다'와 마찬가지로 성상형용사로 쓰인 예문이다. 그러나 (49ㄷ)의 '예쁘다'는 성상형용사가 아니라 심리형용사로 쓰였기 때문에, '예쁘장하다'와 유의어 관계가 성립될 수 없다.

>(49)′ ㄱ. 그 여자는 마음이 착할 뿐만 아니라 얼굴도 예쁘장해요.
>   ㄴ. 신명났을 때의 김대순의 얼굴은 마치 발그레한 복사꽃같이 예쁘장했다.
>   ㄷ. *그는 마누라가 예쁘장해서 처가 쪽 하늘에서 날아오는 까마귀만 보아도 절을 한다.

(49)′를 보아도 (49ㄱ)과 (49ㄴ)은 (49ㄷ)과 다른 격틀을 가지고 있음을 알 수 있다. (50)과 같이 주격중출을 기본 격틀로 갖는 형용사들은 '예쁘다, 좋다, 싫다' 등 일부의 심리형용사가 있다.

(6) 논항의 의미적·통사적 정보

동사의 격틀은 동사의 의미 구조와 무관하지 않으며, 동사의 의미 구조가 달라지면 동사의 격틀도 달라진다. 동사의 의미를 명확히 밝히려면 동사의 격틀은 물론 격틀의 논항에 어떠한 명사류가 올 수 있는지에 대한 논항 정보도 중요하다.

>(52) ㄱ. 오빠는 올케를 데리고 서울로 갔다.
>   ㄴ. 계엄이 내려질 정도라면 사태는 갈 데까지 다 갔다는 이야기겠죠?
>(53) ㄱ. 나는 허영훈의 별장에서 나와 인공 호수로 갔다.
>   ㄴ. 질서는 합리성에서 나오는 것이다.
>(54) ㄱ. 그는 자동차를 끌어다 놓은 주유소의 주소가 적힌 쪽지를 그녀에게 주었다.
>   ㄴ. 그는 눈을 감고서 아이에게 실제로 도움을 줄 수 있는 길을 생각했다.

동일한 격틀에서 동사의 의미는 (52ㄱ), (53ㄱ), (54ㄱ)처럼 격틀의 논항에 유정명사 혹은 사람명사가 오는지, (52ㄴ), (53ㄴ), (54ㄴ)처럼 추상명사가 오는지에 따라 달라질 수 있다.

논항에 오는 명사의 의미적 정보 외에도 논항의 통사적 정보 또한 의미를 구분하는 데 유효하다. 논항의 통사적 정보의 예로는 논항에 명사나 이에 상당하는 명사절이 올 수 있는지 여부를 제시해 주는 것이다.

> (55) ㄱ. 마침내 나는 그 애에게 내 비밀을 가르쳐 주리라 마음먹었다.
> ㄴ. 곧 위험이 닥칠지도 모른다는 것을 그에게 가르쳐 주고 싶었다.
> ㄷ. 어머니는 아이들에게 춤과 노래를 가르치셨다.
> (56) ㄱ. 과학적인 지식을 얻기 위해서는 사실이 발견되고 입증되고 검증될 때까지 되풀이 관찰하여야 한다.
> ㄴ. 관광 공해가 돌이키기 어려운 환경 파괴의 지경으로 치닫고 있는 것이 제주도 일대에서도 입증되고 있다.

예문 (55ㄱ), (55ㄴ), (56ㄱ), (56ㄴ)에서처럼 '사실, 비밀, 말, 소문…' 등의 보문명사나 이에 상당하는 명사절이 논항에 올 수 있음은, (55ㄷ)처럼 논항에 명사절이 올 수 없는 경우와 비교해 볼 때, 동사의 의미를 밝히는 데 반드시 필요한 정보가 된다.

따라서 동사의 의미는 동사의 격틀과, 격틀의 각 논항에 대한 논항 정보로 확인되는 셈이다. 동사의 각 격틀에 오는 논항 정보는 다음과 같은 용어를 사용하여 보일 수 있다.

> • 명사의 일반 분류 방법
> 유정명사 / 사람명사 / 무정명사 / 구체명사 / 추상명사 / 장소명사 / 복수명사
>
> • 명사의 상위 개념으로 묶는 방법
> 수를 나타내는 명사 / 불을 나타내는 명사 / 단체를 나타내는 명사 / 재료를 나타내는 명사 / 날씨를 나타내는 명사 / 감정을 나타내는 명사 / 몸의 일부를 나타내는 명사 / 시간을 나타내는 명사…
>
> • 나열식 방법
> 학교, 군대… / 기관, 부서… / 결의, 신념, 기대, 근심… / …

• 통사적 정보를 보이는 방법
 '-음' 꼴의 절, '-기' 꼴의 절, '-것' 꼴의 절

위의 논항 정보에는 다음과 같은 문제점이 있다. 첫째, 명사의 일반 분류 방법으로 명사를 분류한 '유정명사, 무정명사…' 등의 용어 사용에 있어서 두 가지 기준이 혼재하고 있다는 것이다. '유정명사, 무정명사, 구체명사, 추상명사…' 등의 용어는 명사 자체가 지닌 의미적 특성을 중심으로 사용한 용어이나 '장소명사'는 명사 자체가 지닌 의미적 특성을 나타내기도 하고, 동사에 의해 명사구에 할당된 의미역을 나타내기도 한다.

> (57) ㄱ. 오늘 나는 바닷가에 갔었어요.
>   ㄴ. 오빠는 올케를 데리고 서울로 갔다.
> (58) ㄱ. 대합실 안에는 예상보다 많은 인파들이 붐비고 있었다.
>   ㄴ. 퇴근 시간이라서 도로에는 자동차들이 붐볐다.
> (59) ㄱ. 선생은 불구의 몸으로 창작을 위해 우리나라 곳곳을 누볐다.
>   ㄴ. 그는 심각한 얼굴로 첩첩이 쌓인 독과 항아리 사이를 누비고 다니며
>   무얼 찾고 있다.

위의 'NP-에', 'NP-를' 명사구의 논항 정보로서 '장소명사'라는 정보를 제시할 수 있다. 그런데 '장소명사'라는 논항 정보가 명사 자체의 의미자질인지 아니면 해당 논항의 의미역에 대한 설명인지 모호하다. 어느 정도까지를 명사의 〔+장소성〕의 의미 자질로 보아야 하는지 기준이 명확치 않다. 위 예문의 (57ㄱ), (58ㄱ), (59ㄱ)은 〔+장소성〕의 의미자질을 가진 것으로 볼 수 있으나 (57ㄴ), (58ㄴ), (59ㄴ)도 〔+장소성〕을 지닌 명사로 볼 수 있을지 문제이다. 왜냐하면 다음과 같이 다른 조사가 붙으면 장소명사로 해석되기 힘들기 때문이다.

> (60) ㄱ. 서울은 우리나라의 수도이다.
>   ㄴ. 이곳은 여러 고장으로 이어지는 도로가 뻗어 있다.
>   ㄷ. 나중을 위해서 독과 항아리 사이를 비워 둬라.

　따라서 '곳, 데, 안…' 등 항상 장소로만 해석되는 명사 외에는 엄격히 장소명사로 볼 수 있는 명사는 없을 것이다. 따라서 '장소명사'라는 용어에 대한 재검토가 필요하다.

　둘째, 명사를 명사의 의미 자질의 상위 개념으로 묶어 '~을 나타내는 명사' 꼴로 논항 정보를 준 경우, 각 명사의 의미 자질을 어떻게 범주화할 수 있는가 하는 문제이다. 또 일정한 공통의 의미 자질로 묶인 동일 범주 내에 있는 명사라 하더라도 동사에 따라 제약이 있을 수 있다. 예를 들어 '병을 나타내는 명사'인 '감기, 암, 폐렴, 피부병, 무좀…' 등은 '걸리다' 동사에는 아무 제약 없이 연결이 가능하나, '앓다' 동사와의 연결에는 다소 제약이 있다. 즉 '감기를 앓다, 폐렴을 앓다, 피부병을 앓다…' 등은 가능하나 '암을 앓다, 무좀을 앓다'는 어색하다. 또 명사의 상위 개념이 필요할 수도 있다. 예를 들어 '병을 나타내는 명사'는 '걸리다, 발병하다, 덧나다, 낫다, 치료하다…' 등의 동사와 연결될 수 있으며 이 중 '덧나다, 낫다, 치료하다'는 '병을 나타내는 명사' 외에도 '상처…' 등의 명사와도 연결될 수 있다. 따라서 '덧나다, 낫다, 치료하다' 동사의 논항 정보에서는 '병을 나타내는 명사'만으로는 부족하며 '상처…'를 포괄할 수 있는 상위 개념의 용어가 필요하다. 이와 같이 명사의 상위 개념으로 논항 정보를 제시하는 방법은 간단명료하고 명시적이나, 정확하지 않으며 기준이 모호하다는 결점이 있다. 따라서 명사의 의미 자질에 의한 상위 개념에 의해 명사를 분류하기 위해서는 명사 자체의 의미적 속성 외에도 동사와의 연계성을 고려하여야 한다.

　셋째, 명사의 상위 개념으로 논항 정보를 준 경우에도, 첫째 문제와 마찬가지로 명사의 의미 자질에 의한 명사 분류와 의미역 특성에 의한 명사 분류 방식이 혼재한다.

　　(61) ㄱ. 삼백까지 수를 세고 나온 석이네는…
　　　　　　([1]이 [2]를 세다 [2] 수를 나타내는 명사)
　　　　 ㄴ. 성학 연구회는 발족한 지 7년 만에 해산되고 말았다.

> (①이 발족하다 ① 단체를 나타내는 명사)
> ㄷ. 민후는 잠시 팔다리를 긁적거리다가…
> (①이 ②를 긁적거리다 ② 몸의 일부를 나타내는 명사)
> ㄹ. 나는 집안을 벽돌로 내장한 아담한 집에서…
> (①이 ②를 ③으로 내장하다 ③ 재료를 나타내는 명사)
> ㅁ. 그는 조기축구회의 명예 코치로 뛰고 있다.
> (①이 ②로 뛰다 ② 자격을 나타내는 명사)

(61ㄱ), (61ㄴ), (61ㄷ)의 '수를 나타내는 명사, 단체를 나타내는 명사, 몸의 일부를 나타내는 명사' 등은 명사의 의미 자질에 의한 명사의 분류로 볼 수 있으나 (61ㄹ), (61ㅁ)의 '재료를 나타내는 명사', '자격을 나타내는 명사' 등은 논항의 의미역을 나타내는 용어이다. 따라서 이들의 명확한 분리가 필요하다.

넷째, 위에서 제시한 논항 정보를 위한 명사 분류는 의미 자질에 의한 분류에만 치중했다는 문제점이 있다. 이 외에도 통사적 특성에 의한 명사의 분류가 필요하다. 논항에 대한 통사적 정보를 제시한 것은 논항에 올 수 있는 명사절의 형태를 보인 것이다. 예를 들어 '말하다'라는 동사는 'NP-를' 논항에 '계획, 상황, 방침, 방법, 사실, 말, 소문…' 등의 보문을 가지는 명사나 '-음, -는 것' 등의 명사절이 올 수 있다. 이 중 명사절의 형태는 사전에서 주어졌으나 보문을 가지는 명사에 대한 정보는 제시하지 않고 있다. 따라서 보문 명사에 대한 정보가 더 주어져야 할 것이다. 또 보문을 대신하는 행위 명사에 대한 구분도 필요하다. 예를 들어 '우리 기업이 중동에 진출을 시작했다'와 '우리 기업이 중동에 진출하기 시작했다'에서 '진출하기'를 대신하여, 'NP-를' 명사구에 '진출'이라는 행위명사가 올 수 있다는 논항 정보의 제시가 필요하다.

(7) 논항의 의미역 문제

격틀은 단순히 형태적인 면에서의 격틀만을 제시하고 있다. 그러나 'NP₁-

이 NP₂-에 V'의 동일한 형태의 격틀이더라도 이 격틀에 나타난 논항의 의미역이 대상(theme)인지 장소(location)인지 지향점(goal)인지 원인(source)인지에 따라 동사의 특성은 달라진다.

(62) ㄱ. 언치새는 까마귀과에 속하였다.
　　 ㄴ. 실존은 본질에 앞선다.
　　 ㄷ. 그는 항상 옷에 잘 어울리는 액세서리를 할 줄 안다.
　　 ㄹ. 초가집이 불길에 휩싸였다.
　　 ㅁ. 어쨌든 그 집 밥에 이젠 물렸어.
　　 ㅂ. 겨울이 되면 우리 바다에 가요.

위 (62)의 동사는 모두 형태상으로는 'NP₁-이 NP₂-에 V'의 격틀을 보인다. 그러나 위 동사들의 'NP₂-에' 명사구의 의미역은 장소(62ㄱ), 비교 대상((62ㄴ), (62ㄷ)), 원인(62ㄹ), 대상(62ㅁ), 지향점(62ㅂ)으로 각기 다르다. 그리고 'NP₂-에' 명사구의 의미역에 따라 다음의 (63)에 보는 것처럼 조사 교체 양상이 다르다.

(63) ㄱ. 언치새는 까마귀과에 속하였다.
　　 ㄴ. 실존은 본질에 / 본질보다 앞선다.
　　 ㄷ. 그는 항상 옷에 / 옷과 잘 어울리는 액세서리를 할 줄 안다.
　　 ㄹ. 초가집이 불길에 휩싸였다. ↔ 초가집에 불길이 휩싸였다.
　　 ㅁ. 어쨌든 난 그 집 밥에 / 밥이 이젠 물렸어.
　　 ㅂ. 겨울이 되면 우리 바다에 / 바다로 가요.

이와 같이 명사구의 의미역에 따라 동사의 특성도 달라질 뿐 아니라, 동일한 형태의 격틀을 공유하는 동사끼리보다, 동일한 의미역의 논항을 지니는 다른 격틀의 동사와 더 유사한 특성을 공유하기도 한다. 예를 들어 (63ㅁ)의 '물리다' 동사는 (63)의 '속하다, 앞서다, 어울리다…' 등의 동사보다는 (64)의 '거슬리다, 재미나다…' 등의 '경험주(experiencer)-대상' 논항을 가지는 동사들과 의미적, 통사적으로 유사하다.

(64) ㄱ. 나는 그들의 언사가 거슬렸다.
　　　ㄴ. 난 뚜렷하고 멋진 목표가 생기니 요즘 사는 것이 재미난다.

‘물리다’는 ‘거슬리다, 재미나다’와 같이 화자의 심리 상태를 나타내는 의미적 공통성 외에도 주어의 인칭 제약이 있는 등 (63)의 다른 동사보다는 (64)의 ‘NP$_1$-이 NP$_2$-가 V’ 격틀의 동사와 유사하다. 따라서 격틀에는, 격조사와 결합된 명사구의 형태적인 면과 더불어 격틀에 나타난 각 논항의 의미역이 함께 고려되어야 한다. 그러므로 동일한 부류의 동사를 유형화하기 위해서는 형태상의 격 표지와 더불어 각 논항의 의미역도 포괄할 수 있는 격틀이 필요하다.

다음의 문제점으로는 앞에서도 지적하였듯이 논항 정보의 제시를 위한 메타언어의 통일과 정립이 필요하다. 그리고 용언을 기준으로 하는 명사의 의미적 분류 작업이 필요하다. 즉 논항 정보의 정확한 제시를 위해서는 각 논항의 통사적 정보를 위한 명사의 분류 작업이 선행되어야 할 것이다.

셋째, 용언의 격틀에 있어서 명사에 따라 격틀이 달라지는 것에 대한 정보를 제시하여야 한다.

(65) ㄱ. 잊으려면 그와 정을 떼라면서…
　　　ㄴ. 그와 연락 / 소식 / 거래를 끊고 지낸 지가 어언 10년이 넘는다.
　　　ㄷ. 이마에 흉터 / 흠집을 만들고…

(65)에서 ‘와명사구’나 ‘에명사구’는 동사에 의해 하위범주화되는 논항이 아니라 명사 ‘정, 연락 / 소식 / 거래, 흉터 / 흠집’에 의한 논항이다. 따라서 명사에 따라 동사의 격틀이 달라질 때 이에 대한 정보를 적절한 방법으로 사전에 제시해야 할 것이다.

3) 관용구의 통사 정보의 특징

용언 이외에 부표제어의 지위를 갖는 관용구 중에도 용언과 마찬가지로 격틀과 논항을 가지는 부류들이 있다. 주로 '명사+용언(NV)꼴'의 관용구들이다. 관용구의 통사 정보에 대한 기술 방법론도 용언의 기술 방법론과 동일하므로 다음에서는 NV꼴 관용구의 통사 정보의 특징을 중심으로 논의하기로 한다.

관용구는 구성 단위의 통사적, 의미적 정보의 합만으로는 예측할 수 없는 측면을 가지고 있기 때문에 풍부한 문법 정보의 수록이 필수적으로 요구된다. 기존의 사전에서 관용구에 대한 정보는 의미적인 것이나 관련어 정보가 주를 이룬다. 관용구의 문법적 특성 중 가장 중요한 것은 직설적 용법17)에 비해 달라지는 문형에 대한 정보이다.

문형을 가지는 'NV'꼴의 관용구의 경우 문장 안에서 서술어의 역할을 하기 때문에 문형에 관한 정보를 수록해야 하는데, 이러한 작업은 관용구만이 가지는 문형의 특징과 유형에 대한 이론적인 연구가 병행되어야 가능하다. 관용구의 어휘성이나 고정성, 합성성 등은 관용구가 가지는 일반적인 의미·통사적 특질에 기인한다. 문형을 가지는 'NV'꼴의 관용구에서 용언(VP)만이 의미역 할당이나 격 할당에 관여하는 것이 아니라, 명사(NP)도 용언과 함께 문장의 구조에 관여한다. 'NV'꼴 관용구와 일반적인 용언은, 모두 문장의 핵(head)으로서 자신의 논항을 하위범주화하며, 이 때 문형에 포함되는 논항의 수가 일정한 숫자18)를 넘지 않는 등 공통점을 가지고 있다. 다음에서는 관용구의 통사 정보가 어떠한 특징을 가지고 있는지

---

17) 예를 들어 '미역국을 먹다'라는 관용구가 있을 때, 관용적 용법으로는 '시험에 떨어지다'의 의미를 지닌다. '미역국을 먹다'의 '직설적 용법'이란 문자 그대로(literally) '미역으로 만든 국을 음식으로 섭취하다'의 뜻을 나타낼 때를 말한다. 관용구는 대부분 직설적 의미와 관용적 의미를 함께 가지고 있다.

18) 일반언어학적으로 한 문장에 포함되는 논항의 수는 4개를 넘지 않는 것으로 알려져 있다. 국어의 경우에도 3개를 넘지 않는다.

에 대하여 설명하기로 하겠다.

(1) 직설적 용법과의 차이

'NV'꼴 관용구의 문형은 직설적 용법의 문형과 차이가 있다. 직설적 용법의 의미 구조에 없었던 성분이 관용적 용법일 때는 수의적인 성분이나 필수적 성분이 되는 경우가 있다. 예를 들어 다음과 같은 것이다.

> (66) **목이 마르다**
> ㄱ. 직설적 용법 : NP₁-가 목이 마르다(그는 목이 마르는지 얘기를 멈추고 물을 마셨다.)
> ㄴ. 관용적 용법 : NP₁-가 NP₂-에 목이 마르다(그 애는 사랑에(*ø) 목이 말라 있었다.)
>
> (67) **못을 박다**
> ㄱ. 직설적 용법 : NP₁-가 (NP₂-에) 못을 박다 (아버지는 벽에(ø) 못을 박았다.)
> ㄴ. 관용적 용법 : ① NP₁-가 NP₂-에 못을 박다(어머니는 네가 꼭 그런 식으로 내 가슴에(*ø) 못을 박아야겠냐고 하셨다)
> ② NP₁-가 〔절〕 못을 박다(NP₁ : 사람명사, 〔절〕 : '-다고'꼴의 절) (윤지숙은 싫으면 그만두라고(*ø) 못을 박았다.)

(66)의 '목이 마르다'의 문형에서, 직설적 용법에서는 나타나지 않았던 성분인 'NP₂-에'가 관용적 용법에서는 필수적 성분으로 쓰였다. 직설적 용법과 비슷한 문형인 (67ㄴ)의 ①에서는 수의적인 성분이 관용적 용법에서 필수적인 성분이 되었고, (67ㄴ)의 ②와 같이 관용구일 때만 나타나는 문형이 생기기도 한다.

직설적 용법과 관용적 용법의 문법적인 차이는 문형 정보뿐 아니라 논항 정보[19])에서도 드러난다. 대부분의 'NV'꼴 관용구는 문형에서는 직설

---

19) 용언의 경우는 문형이 서술어와 서술어가 요구하는 필수적, 수의적 논항으로 이루어져 있기 때문에 문형에 필수적, 수의적으로 나오는 논항에 어떠한 의미·통사적 자질을 가진 명사구가 나오느냐에 대한 정보를 '논항 정보'라 할 수 있지만, 관용구

적 용법과 별다른 차이를 보이지 않지만, 논항 정보에서 차이를 보이는
경우가 있다.

> (68) ㄱ. 거리가 멀다 (NP₁-가 NP₂-와 거리가 멀다)
>   ㄴ. 애 떨어지다 (NP₁-가 애 떨어지다)
>   ㄷ. 싹이 노랗다 (NP₁-가 싹이 노랗다)

   (68ㄱ), (68ㄴ), (68ㄷ)의 관용구의 예들은 직설적 용법으로 쓰일 때와
같은 문형을 갖는다. 그러나 (68ㄱ)의 '거리가 멀다'는 직설적 용법일 때
는 'NP₁'과 'NP₂'에 장소명사가 와야 하지만 관용적 용법으로 쓰이면 장소
명사가 아닌 추상명사나 구체명사가 와야 한다. (68ㄴ)은 직설적 용법일
때 주어 자리에 반드시 임신한 여자가 와야 하는 반면, 관용적 용법으로
쓰일 때는 임신하지 않은 여자나 남자도 주어 자리에 올 수 있다. (68ㄷ)
은 직설적으로는 주어에 식물을 나타내는 명사가 와야 하는 데 비해 관용
적인 용법으로 쓰이면 반드시 〔+인성〕의 자질을 가진 사람명사가 와야만
한다.[20]

(2) 부가어를 포함하는 문형

   관용구 문형 설정에서 가장 문제가 되는 것은 'NP-의' 꼴의 필수 성분
을 문형의 일부로 인정해야 하는가 하는 것이다. 일반적인 용언의 문형에
서는 'NP-의'와 같이 서술어에 직접적으로 이끌리지 않는 명사구는 부가

   의 경우 문형에 용언의 문형의 논항보다 넓은 범위의 성분들이 포함되기 때문에 엄
밀한 의미에서 '논항 정보'라고 하기 힘들다. 그러나 적절한 용어로 대치될 때까지
용언의 '논항 정보'의 개념을 빌어, 'NV'꼴의 관용구의 '논항 정보'를 관용구 문형에
나오는 필수적, 수의적 성분들의 의미·통사적 자질에 대한 정보라는 뜻으로 사용
하기로 하겠다. 사전에서의 문형과 논항 정보에 관한 자세한 논의는 유현경(1998
ㄴ)을 참조할 것.

20) 어떤 구 단위가 직설적 용법과 관용적 용법을 가질 때, 서술 구조 및 선택 제한이
    다른 것은 국어뿐 아니라 관용구의 일반 언어학적인 특성이다. 영어 관용구의 이러
    한 측면에 대해서는 이정민(1993)을 참조.

어로 보고 논항으로 인정하지 않기 때문에 'NP-의'가 필수적이라 할지라도 문형에 포함시키지 않는다. 그러나 'NV'꼴 관용구에서는 용언뿐 아니라 명사구도 문형을 결정하는 데 관여하므로 명사구에 직접 이끌리는 성분인 'NP-의'도 문형 안에 포함시켜야 할 것으로 보인다.

(69) ㄱ. 태종은 사신을 보내 태조의(*ø) 마음을 사기 위해 노력했다.
ㄴ. 겸허한 마음으로 자기를 돌아보면서 일의(*ø) 매듭을 풀어 가는 것이 현자의 할 일이다.

(69)에서 관용구 '마음을 사다'와 '매듭을 풀다'는 앞에 나오는 'NP-의'가 나오지 않으면 비문이 되거나 관용구로서의 의미를 잃어버린다. 그러므로 '마음을 사다'와 '매듭을 풀다'의 문형은 다음의 (70)과 같이 상정할 수 있다.

(70) ㄱ. 마음을 사다[NP$_1$-가 NP$_2$-의 마음을 사다(1 : 사람명사, 2 : 사람명사)]
ㄴ. 매듭을 풀다[NP$_1$-가 NP$_2$-의 매듭을 풀다(1 : 사람명사, 2 : 일, 사건…)]

다음의 (71)은 'NP-의'뿐 아니라 다양한 성분들이 나오는 경우이다.[21]

(71) ㄱ. 이제 지성수는 이야기의(*ø) 매듭을 지으려 하고 있었다.
ㄴ. 일단 자기가 과장에게 사표를 요구한 이상, 어떤(?ø) 매듭을 지어 놓아야 할 것이었다.
ㄷ. 정부는 이번 주 안으로 예산 편성 기본 지침을(*ø) 매듭 지을 예정이다.

---

21) 'NP-의'가 나오는 자리에 관형절이나 관형사가 오는 경우의 문형 설정이 문제가 될 수 있다. 예를 들어 '맛을 보이다'와 같은 관용구는 '주먹(의) 맛을 보이다'보다는 '매운 맛을 보이다. 따끔한 맛을 보이다'처럼 용언의 관형절을 동반하는 경우가 더 많다. 그러나 'NP-의'가 나올 수 있는 경우라면 기본 문형은 될 수 있으면 명사구의 형태로 주고 관형절은 참고 문형 정보로 주는 것이 나을 듯하다. 이는 기본 문형의 형태와 수는 일정하게 통제하는 것이 이상적이라고 생각되기 때문이다.

(71)의 '매듭을 짓다'는 (71ㄱ)처럼 'NP-의'가 관용구 앞에 나올 수도 있지만 (71ㄴ)처럼 용언의 관형형이 오기도 하고 관용구 안의 조사가 생략되면 'NP-의' 대신에 'NP-를'이 나오기도 한다. 이 경우에도 'NP-의' 등의 성분이 생략되면 비문이 되거나 어색해지므로 문형에 반영해 주어야 한다. 이런 경우 (71ㄱ), (71ㄴ), (71ㄷ) 중에서 어느 것을 기본 문형으로 잡을 것인가가 문제되는데, (71ㄷ)의 'NP-를'은 주로 관용구 안에 조사가 생략될 때 나오며 (71ㄴ)은 문형 안에 수용하기 어려운 점을 감안할 때 (71ㄱ)을 기본 문형으로 삼고 나머지 성분을 포함하는 문형은 참고 정보로 주어야 할 것이다. 그러므로 (71)의 '매듭을 짓다'의 문형은 다음의 (72)로 볼 수 있다.

(72) 매듭을 짓다〔NP$_1$-가 NP$_2$-의 매듭을 짓다(1 : 사람명사, 2 : 일, 사건⋯)〕

관용구 문형에 나오는 필수적인 논항으로서의 'NP-의'는 직설적 용법의 문형에서의 'NP-의'와 형태는 같지만 서로 다른 특성을 가지고 있다. 앞에서 '매듭을 짓다'를 예로 들어 살펴보기로 하겠다.

(73) ㄱ. 나는 실의 매듭을 지었다.
    ㄱ′. 나는 흰 / 검은 / 헌 실의 매듭을 지었다.
    ㄴ. 나는 이야기의 매듭을 지었다.
    ㄴ′. 나는 *어려운 / *?신나는 / *대강의 이야기의 매듭을 지었다.

(73ㄱ)은 직설적 용법의 '매듭을 짓다'이고, (73ㄴ)은 관용적 용법의 '매듭을 짓다'이다. (73ㄱ′)와 (73ㄴ′)에서 보듯이 직설적 용법에서 'NP-의'는 관형어 수식에 별다른 제약이 없는 데 비해, 관용적 용법의 'NP-의'는 관형어 수식에 제약을 가진다. (73ㄴ′)의 밑줄친 부분을 다음과 같이 부사어로 바꾸어 보면 자연스러운 문장이 된다.

(74) ㄱ. 나는 *희게 / *검게 / *헐게 실의 매듭을 지었다.

ㄴ. 나는 어렵게 / 신나게 / 대충 이야기의 매듭을 지었다.

(74ㄱ)에서 보듯이 직설적 용법의 경우는 관형어를 부사어로 바꾸면 비문이 되지만, (73ㄴ′)에서 관형어 수식을 받아 비문이 되었던 것이 부사어로 바꾸어 수식을 하면 (74ㄴ)처럼 자연스러운 문장이 되는 것을 알 수 있다. 즉, 이는 (73ㄱ)에서 직설적 용법의 'NP-의'는 뒤에 오는 피수식어인 '매듭'의 내부적 구성으로서 문장의 구조와 직접적으로 관계가 없으나, (73ㄴ)에서 필수적인 'NP-의'는 '매듭'과만 관계를 맺는 것이 아니라 '매듭을 짓다' 전체와 관계를 가진다는 것을 말해 주는 것이다.

　　(75) ㄱ. 내가 매듭을 지은 실
　　　　　ㄴ′. *내가 매듭을 지은 이야기

(75)에서 보듯이 직설적 용법의 'NP-의'는 분열문 형성의 초점이 될 수 있지만, 관용적 용법의 필수적인 성분인 'NP-의'는 분열문 형성의 초점이 될 수 없다. 관용구 내부의 성분들이 수식이나 어순 재배치, 삽입, 주제화, 분열문 형성 등에서 제약을 가진다는 것에 관해서는 이미 기존의 논의에서 지적된 바가 있다.22) 그러나 주어, 목적어, 부사어 등의 문장 내에 필수적인 성분들은 수식, 어순 재배치, 주제화, 분열문 형성 등 통사적 변형에서 제약을 가지지 않는 것이 일반적이다(유현경 1994). 관용구 내부의 성분 뿐 아니라, 관용구가 요구하는 필수 성분이 이러한 제약을 가지고 있다는 것은 직설적 용법의 논항들과 형태적으로 동일하다고 해서, 이들을 같은 것으로 볼 수 없음을 보여 준다.

이는 'NP-의' 이외의 관용구가 필수적으로 요구하는 다른 성분들에서도 찾아볼 수 있는 제약이다.

　　(76) ㄱ. 그는 사랑에 목이 말랐다. −/→ *그가 목이 마른 사랑

---

22) 최경봉(1992), 시정곤(1994), 이희자(1995), 고광주(2000) 등 참조.

ㄴ. 그는 내 가슴에 못을 박았다. −/→ *그가 못을 박은 내 가슴
ㄷ. 나의 생활은 돈과는 거리가 멀다. −/→ *나의 생활과 거리가 먼 돈

(76)에서 보듯이 관용구 문형에 나오는 필수적인 논항 중에서 주어를
제외한 나머지 성분들은 직설적인 용법의 경우나 일반 용언의 문형에 나
오는 필수적, 수의적 논항들보다 제약이 많다. 이는 관용구가 요구하는
성분들의 범위가 매우 한정되어 있고 그 의미도 주로 추상적인 데에 기인
하는 것으로 보인다. 논항이 되는 명사구의 의미 자질이 구체적일수록 여
러 가지 통사적 제약에서 자유롭고, 명사의 의미 자질이 추상화되면 어순
이나 관계관형화 등에서 제약을 가지게 되는 경향이 있다.

관용구의 문형에 나오는 논항들은 'NP-의'를 제외하고는 일반 동사가
요구하는 명사구의 종류와 거의 같다. 관용구 문형에 나오는 논항들은 관
용구의 의미 구조에 따라 'NP-가', 'NP-를', 'NP-에', 'NP-로', 'NP-와',
'NP-에게', 'NP-에서' 등이 있다. 명사구 중에서 'NP-가', 'NP-를', 'NP-
에', 'NP-로', 'NP-와', 'NP-에게'는 일반 동사 구문의 문형에서 폭넓게 분
포하면서 주로 논항으로 기능하는 반면, 'NP-에서'는 논항보다는 부가어
로 많이 쓰이는 명사구이다.

(77) ㄱ. 나는 방안에서 미역국을 먹었다.
ㄴ. 민수는 약수터에서 물을 먹었다.
ㄷ. 영철이는 화장실에서 손을 씻었다.

예 (77)은 직설적인 용법으로 쓰인 '미역국을 먹다', '물을 먹다', '손을 씻
다'이다. 이때의 'NP-에서'는 완전한 부가어로 기능하면서 주로 장소를 나
타낸다. (77)의 예들은 관용적 용법으로 쓰이면 다음의 (78)과 같이 된다.

(78) ㄱ. 나는 이번 시험에서 미역국을 먹었다.
ㄴ. 민수는 반장 선거에서 물을 먹었다.
ㄷ. 영철이는 주먹 세계에서 손을 씻었다.

행위를 나타내는 동사의 경우 그 행위가 이루어지는 장소를 상정할 수 있기 때문에, 장소를 나타내는 'NP-에서'는 거의 모든 동작동사 구문의 부가어로 나올 수 있다.23) 직설적 용법인 (77)에서는 'NP-에서'가 부가어인 데 반해, 관용적 용법의 (78)에서는 'NP-에서'가 필수적인 성분으로 기능한다.

요컨대, 관용구 문형에서는 일반 용언 구문에서 주로 부가어로 쓰이는 'NP-의'나 'NP-에서'와 같은 성분이 필수적인 논항이 되는 경우가 많다.

(3) 타동 구문과 자동 구문

'NV'꼴 관용구 중에서 '가슴을 치다'와 같은 'NP-을 용언' 구성은 전체의 58.2%에 이른다(김한샘 1999 : 45). 'NP-을 용언' 형태의 관용구에서 '용언'에 해당하는 동사는 'NP-을'을 요구하므로 모두 타동사로 볼 수 있다. 그러나 'NP-을 용언'이 관용적 용법으로 쓰일 때는 타동 구문이 될 수도 있고 자동 구문이 되기도 한다. 다시 말해서 'NP-을 용언' 구문은 직설적 용법으로 쓰일 때는 '용언'이 타동사 범주에 속하기 때문에 문장 전체가 타동 구문이 되지만, 관용적 용법으로 쓰일 때는 관용구의 의미에 따라 전체 문장을 타동 구문으로 볼 수도 있고 자동 구문으로 볼 수도 있다.

> (79) ㄱ. 나는 그녀의 뒤를 밟았다.
> ㄴ. 나는 그녀를 뒤를 밟았다.
> ㄷ. 나는 그녀를 미행했다.

(79)의 경우는 '뒤를 밟다'가 타동사의 의미를 가지고 있어서 또 다른 'NP-을' 논항을 요구할 수 있으므로, (79ㄱ)은 타동 구문이라고 할 수 있다. 하지만 관용적으로 쓰인 'NP-을 용언'이 자동사의 의미를 가지게 되면 용언이 타동사인 것과 상관없이 자동 구문이 된다.

---

23) 부가어라고 해서 서술어의 의미 자질과 전혀 무관한 것은 아니다. 예를 들어 장소를 나타내는 'NP-에서'는 부가어라 할지라도 자동사나 형용사 구문에서는 나올 수 없다.
　ㄱ. *정원에서 꽃이 피었다. ㄴ. *마당에서 꽃이 예쁘다.

(80) ㄱ. 최근 소비 풍조가 다시 고개를 들기 시작했다.
   ㄴ. 최근 소비 풍조가 다시 (*무엇을) 고개를 들기 시작했다.
   ㄷ. 최근 소비 풍조가 다시 생기기 시작했다.

(80)의 '고개를 들다'는 자동사인 '생기다'의 의미를 가지기 때문에, (80
ㄴ)에서처럼 '고개를 들다' 앞에 'NP-을' 논항이 나올 수 없다. 이와 같이
관용구로 쓰이는 'NP-을 용언'이 자동사의 의미를 지니는 예는 다음의
(81)과 같다.24)

(81) 큰소리를 치다(허풍떨다), 장단을 맞추다(동조하다), 홍역을 앓다(고생
하다), 고개를 떨구다(낙담하다), 고개를 숙이다(굴복하다), 고개를 끄덕거리다
(동의하다), 고개를 쳐들다(생기다), 기지개를 켜다(시작되다), 냄새를 풍기다
(수상하다), 다리를 뻗다(편해지다), 머리를 들다(일어나다), 새끼를 치다(늘어
나다), 혀를 내두르다(놀라다)…

'용언'이 타동사인 'NP-을 용언'이 타동사의 의미를 가지기도 하고 자동
사의 의미를 가질 수도 있다는 것은, 'NV'꼴 관용구가 형성하는 문장의 구
조 즉 문형 설정에 '용언'만이 관여하는 것이 아니라, 'NP-을 용언' 관용구
전체가 관여한다는 것을 보여 준다.

(4) 문형 없는 관용구

항상 문형을 가지는 일반적 용언과 달리, 'NV'꼴 관용구 중 의미 구조
를 보면 예상되는 문형을 상정하기 어려운 경우가 있다.

(82) ㄱ. 말이 새지 않도록 조심해라.
   ㄴ. 명색이 좋아 사장이지 빈털털이야.
   ㄷ. 말로 때우는 것도 한두 번이지. 이번에는 꼭 한턱 내셔야 해요.
   ㄹ. 걱정도 팔자다. 뭘 그런 걸 가지고 그러니?

---

24) 본문의 (81)의 예에서 괄호는 타동 구문 관용구에 대응하는 의미의 자동사를 적어
   놓은 것이다.

(82)의 '말이 새다', '명색이 좋다', '걱정도 팔자다', '말로 때우다'와 같은 경우는 앞뒤의 문맥으로 볼 때 주어를 상정할 수 있을 것 같으나 주어가 나오면 오히려 문장이 어색해진다. 이런 부류들은 주로 (82ㄹ)처럼 고정된 형태로 굳어져 쓰이는 것이 대부분이다.

(5) 기타 특징들

관용구 문형과 관련한 기타의 특징으로는 들 수 있는 것으로, 주어 자리에 오는 명사들이 [+인성(human)]의 자질을 가진 것들이 많다는 것이다. 이는 관용구를 구성하는 명사들이 주로 '몸, 눈, 손, 발…' 등 신체 부위와 관련된 것이 많다는 통계와 직접적으로 관련이 있다. 박진수(1985)에 의하면 신체 부위와 관련된 명사의 수가 관용구 표현 전체의 55.5%에 해당된다고 하며, 김한샘(1999)에서는 신체 부위 명사가 관용 표현 전체의 65.4%라고 보고한 바 있다.[25]

'NV'꼴 관용구는 관용구 안에 있는 주격 조사나 목적격 조사가 생략되는 경우가 많다. 'NV'꼴 관용구가 합성적인 성격과 구의 성격을 동시에 지니고 있다는 지적(한영균 1997 : 110)과 통하는 것이다. 'NV'꼴 관용구는 구성 요소 사이의 조사가 생략되고 긴밀히 연결되어 반복적으로 사용되면서 동사나 형용사 등으로 합성어화 된다(이상억 1933 : 336). 이러한 'NV'꼴 관용구의 합성어화 가능성은 관용구 문형에도 영향을 미친다. 관용구의 내부의 조사가 생략되면 관용구의 문형도 이에 따라 달라지는 경우가 있다.

---

25) 이영숙(1992), 홍사만(1994)은 신체 부위와 관련된 관용구를 집중적으로 다룬 연구이다.

4. 맺음말

국어사전에서 통사 정보는 형태 정보나, 의미 정보, 발음 정보에 비하여 소홀하게 취급된 경향이 있다. 최근 국어사전 편찬에서 통사 정보에 대한 기술이 시도되고 있으나 제시된 통사 정보가 실제로 사전 사용자들이 어떻게 이용되고 있는지 어떠한 도움을 주고 있는지에 대한 조사는 전무하다. 한국어를 모국어로 하는 사전 사용자들은 언어학 전공자가 아니라면 통사 정보에 관심을 갖는 경우는 드물 것이라 생각한다. 그러나 한국어를 학습하는 외국인 학습자나, 모국어 사전 사용자라 할지라도 글쓰기 등 표현과 관련된 작업을 하는 경우에는 통사 정보가 반드시 필요할 것이다. 즉 학습사전이나 표현사전의 경우에는 상세한 통사 정보가 제시되어야 한다.

한국어의 경우 격틀에 제시되는 격조사의 형태가 분명하기는 하지만 조사가 교체되는 경우가 많고 그 교체에 대한 제약을 규칙화하기 어려운 측면이 있기 때문에 격틀을 형식화하는 것이 매우 힘들다. 격틀을 수십 가지로 형식화하여 유형화하려는 시도가 있어 왔으나 아직까지 이러한 시도가 성공적이었다고 보기 어렵다. 앞으로 격틀과 논항 정보 등 표제어의 통사적 측면이 좀더 활발하게 활용되기 위해서는 일반 사전 사용자들이 보다 쉽게 이해할 수 있고 실제 글쓰기 등 표현에 활용될 수 있는 방안이 마련되어야 할 것으로 보인다.

지금까지 국어사전에서 주로 용언과 관용구의 통사 정보에 초점을 맞추었는데 술어명사나 논항을 가지는 부사들에 대한 고려도 필요하다. 예를 들어 '공격, 침략, 공부' 등의 술어명사가 논항을 가지게 되는 경우, '함께, 같이, 더불어…' 등과 같이 논항을 가지는 부사들에 대한 통사 정보도 기술하는 것이 바람직하다.

더 읽 을 거 리

❶ 사전에서 자동사와 타동사의 정보를 줄 것인지의 문제에 관해서는 홍재성(1989), 정희정(1996)을 보라.

❷ 용언의 격틀과 의미역에 관한 것은 우형식(1996), 유현경(1996), 한송화(1997), 한송화(2000), 유현경(2005) 등을 참조하라. 유현경(2005)는 부사절을 필수적으로 요구하는 구문에 대하여 자세히 기술하였다.

❸ 관용구 사전에 관한 논의에는 유현경(2001), 박영준·최경봉(2001), 천미애(2001), 이희자(2003), 이희자 외(2007) 등이 있다.

연 습 문 제

❶ 다음의 말뭉치 용례를 분석하여 동사 '만들다'의 격틀과 논항 정보를 제시해 보라.

솥	[만드는]	사람이 그 일로써 천하제일이 되려고 노력했듯이 똑같은 이유로 신하의 도리를 다하는 것이 최고의 충이었다.
수레	[만드는]	기술자는 사람들이 모두 부귀해지기를 바라고 관을 짜는 기술자는 사람들이 일찍 죽기만 기다린다.
수레	[만드는]	사람이 더 착하고 관 만드는 사람이 더 악해서가 아니다.
순자는 예를	[만들고,]	그 예를 가지고 남들을 가르치는 역할이 통치자들의 몫임을 분명히 하였습니다.
첫째는 도구를	[만드는]	공학적 인간이고, 둘째는 질서를 지키는 소시민적 인간이며, 셋째는 역사적 요청에 응하는 대답하는 인간입니다.
하느님께서 흙으로	[만드신]	아담이 홀로 에덴 동산에 있는 것이 보기에 좋지 않아 아담을 잠들게 하시고 그의 갈비뼈를 뽑아 여자를 만들어 짝을 지어 주십니다.

그 아이는 크레인을	[만들고는]	즐거워하지만, 몇 번 반복하다가 이내 싫증을 내고 만다.
그런 일을 가능하게	[만든]	과학은 무엇이고, 그런 일을 거부하는 도덕은 또 무엇인가?
나무를 쪼개서 책상을	[만드는]	일을 생각해 봅시다.
다만 성인이나 신인이	[만들었다거나]	하늘이 내려준 신비한 기적으로 주역 탄생의 신비성을 말할 수 있을 뿐입니다.
사람의 손발과 지혜가	[만들어]	낸 주역이 우리를 끈질기게 붙들고 있습니다.
하느님은 무에서 유를	[만드신]	창조자임을 고백하고 있습니다.
명가라는 이름은 한대에	[만들어졌습니다.]	
산업화는 기업을 윤택하게	[만든]	반면, 여성들이 수세기 동안 즐겨 오던 생산 활동을 박탈했고 가정과 일터를 분리시키는 불행을 낳았다.
짚, 바구니, 레이스 등으로	[만든]	세공품도 덧붙이고 있다.
하였을 때 놀랍게도 석고로	[만든]	성모 마리아가 그 푸른 옷자락을 들어 곡예사의 이마에 흐르는 땀방울을 씻어 주려고 성단에서 내려오는 것이었습니다.
가장 부유하고 강대한 나라로	[만들었고]	효과적인 행정의 모범을 세웠습니다.
결국 인간을 사랑하고 참되게	[만들려는]	표현에 불과합니다.
그것이 여성 문제를 더욱 복잡하게	[만든다.]	
그러나 저들이 내는 세금이 무기를	[만들어]	원수들을 살해하고 있다는 구조적인 측면을 그들은 깨닫지 못했습니다.
반드시 지도가 필요하다는 절실감에서	[만들어졌다고]	한다.
상수학적 방법론의 중요성을 무시하게	[만들었다고]	비판하였습니다.
예수께서 자식을 전달하는 선생이나 자식을	[만드는]	학자가 아니었습니다.
이런 모습은 공손룡을 궤변론자처럼 보이게	[만듭니다.]	

❷ 다음의 용례에서 '못을 박다'가 관용구로 쓰인 경우와 그렇지 않은 예를 분류한 후 이 두 가지 경우의 격틀과 논항 정보를 비교 기술해 보라.

지팡이 끝에	[못을]	박아 담배꽁초를 줍고 다니는 자루 멘 노인들도 흔히 볼 수 있었다.
그는 다시 한 번	[못을]	박았다.
부모님의 가슴에	[못을]	박지 않고도 얼마든지 제 할 일을 할 수 있었을 텐데.
그곳에는 이중으로	[못을]	박은 포석이 시험적으로 깔려 있었어.
형사놈들 자네 집에	[못을]	박아놓고 있는데 말이야."
기왕 내친 김에 한 번 더	[못을]	박아 두어야겠다고 나는 생각했다.
한마디의 말로 내 가슴에	[못을]	박았다.

배운 학생이 부모님 가슴에	[못을]	박아서야 되겠습니까."
하나하나가 눈에 와 가슴에	[못을]	박는 것 같았고 밤새 뛰는 가슴을 누를 길이 없었다.
각계의 대표라고 우선적으로	[못을]	박았지만, 그 각계라는 것부터가 분류하기 어려웠다.
4분의1 정도 편 뒤 우산 기둥에	[못을]	박아 우산이 다시 접히지 않도록 한다 ② 약간 펴진 채 고정된 우산의 살과 살을 철사로 엮는다.
검찰의 주장은 유족들의 가슴에	[못을]	박는 것이나 다름 없다.
익어가는 곡식은 쓰라린 마음에	[못을]	박기도 한다.
구체적인 인생 목표를 대통령으로	[못을]	박아 놓았다는 것이다.
나누게 하는 등 그 농민들 가슴에	[못을]	박는 일들을 서슴지 않고 하고 있습니다.
엉뚱한 짓을 해서 이 애비 가슴에	[못을]	박어?
잘 아는 사람한테 교장은 또 한번	[못을]	박아 집안에서 개망나니로 만들었다고 이를 갈고 있던데
환이는 모금 운동이 활발하다는 데	[못을]	박는다.
개최를 자청해 [가까운 시일]이라고	[못을]	박아 직접적이고 공개적인 위협을 하고 나왔다.
내두르던 머리를 바로하더니 두봉이	[못을]	박듯 또박또박 입을 연다.
아, 이건 절대적이고 독특한 것으로	[못을]	박아야 될 줄로 믿습니다.
가기도 전에 이 정도는 되어야 한다고	[못을]	박을 필요는 없었다고 봐요.
열일곱인데 개똥이는 김서방 가슴에다	[못을]	박아놓은 천치였다.
'춘호야 니가 기어이 이 에미의 가심에	[못을]	박고 떠나갔구나.
세워 놓은 기둥에 슬레이트를 기대 놓고	[못을]	박았다.
두 번씩이나 자신을 아끼는 팬들의 가슴에	[못을]	박은 이승철은 물론 이제 더이상 그들 앞에 설 자격이 없다.
마치 자기 존재를 잊어버리지 않도록 아주	[못을]	박자는 작정이듯, 그 강렬한 꿈으로 명훈을 찾아왔던 것이다.

제7장

의미 정보

1. 사전에서의 의미 정보

　사전에서 의미 정보는 사전이 사용자에게 줄 수 있는 가장 중요한 정보이다.[1) 표제어가 어떤 의미를 가지고 있는지에 대한 정보는 뜻풀이를 통해 주어진다. 각 사전은 일러두기에서 뜻풀이의 원칙을 제시하고 있지만 대부분 원론적이고 추상적인 측면이 강하다. 언어는 음성이라는 형식과 의미라는 내용으로 이루어져 있고 이 둘의 관계는 자의적이다. 사전에서의 의미 정보는 언어의 내용적 측면을 주로 다루게 되지만 언어학의 하위 분야인 의미론에서 다루는 의미와는 차이가 있다. 언어학의 하위 분야인 의미론에서는 어휘의 의미뿐 아니라 문장의 의미도 함께 논의하게 되지만 사전에서의 의미 정보는 주로 표제어가 되는 형태소나 단어, 그리고 구 단위의 어휘 항목의 의미를 주로 다루게 된다. 사전의 의미 정보 기술에

---

1) 이상섭(2000 : 69)에서는 국어사전 사용에 관한 설문조사를 통하여 사전 사용자의 91%가 뜻풀이를 보기 위하여 사전을 찾는다는 사실을 밝혀내었다. 설문조사 중 이 항목의 결과는 국어사전을 사용하는 목적을 세 가지 고르라는 복수 응답을 전제로 한 것이다. 뜻풀이 다음은 맞춤법(72%), 한자(53%)의 순이다.

서 의미론 연구가 기여할 수 있는 것은 주로 어휘 의미에 관련된 부분이다. 사전의 의미 정보는 다른 텍스트에서 볼 수 없는 독특한 형식을 가지고 있으며 이는 사전이 가진 양적인 한계와, 표제항의 되풀이 구조에서 비롯된 것으로 보인다.

사전의 의미 정보는 사전의 유형에 따라 달라질 수 있으며 한 사전 안에서도 표제어가 어휘 항목이냐 문법 항목이냐에 따라 뜻풀이의 형식이 달라질 수 있다. 같은 어휘 항목일지라도 어휘의 종류에 따라 달라질 수 있는데, 즉 전문용어나 은어나 비속어, 방언 등의 특수어의 뜻풀이는 일반적인 어휘들과 다른 특징을 가지고 있다. 사전의 의미 정보는 표제어가 가지는 의미에 대한 정보만을 제공하는 것이 아니라 표제어의 문법적인 속성과도 깊은 연관이 있다. 뜻갈래를 나눌 때 의미적인 측면과 함께 문법적인 측면도 고려되어 비슷한 의미라 할지라도 문법적인 부류가 달라지면 뜻풀이의 갈래를 나누는 것이 일반적이다. 문법적인 문제뿐 아니라 화용적인 정보 또한 뜻풀이를 분할할 때 영향을 미친다. 그러므로 사전의 의미 정보는 순전히 의미론적인 영역이라기보다 표제어의 내용적 부분이 전반적으로 반영되어 있다고 볼 수 있다.

이 장에서는 사전의 의미 정보의 핵심적인 부분인 뜻풀이의 일반적인 원칙에 대하여 먼저 살펴보고 사전의 유형에 따라 의미 정보가 어떻게 달라질 수 있는지에 대하여 논의한다. 다음에서는 사전을 편찬할 때 표제어 항목의 특성과 종류를 고려하여 뜻풀이가 기술되는 방식에 대하여 살핀 후 사전의 의미 정보 영역 안에 있는 문법 정보와 화용 정보의 관계에 대하여 논하려 한다. 문법 정보와 화용 정보에 대하여서는 별도의 장을 두어 상세히 기술할 것이므로 이와 관련하여 이 장에서 논의할 부분은 주로 의미 정보 안에 어떻게 제시되어 있는가 하는 형식적인 측면에 중점을 두게 될 것이다. 그리고 이와 관련하여 다의어 분할의 문제도 다루게 된다.

2. 사전 뜻풀이의 일반적 원칙

조재수(2003 : 45)에서는 '언어사전의 뜻풀이로 말하면, 논설이나 논문에 서처럼 긴 표현으로써가 아니라, 한 뜻갈래는 약 20자 안팎의 간결하고 쉬운 문장(표현)으로 말의 속내를 밝혀야 하는 어려운 일'이라는 말로 뜻풀이의 원칙과 성격을 요약하였다. 이상섭(1998)에서도 사전의 뜻풀이에 대한 일반적인 원칙에 대하여 기술하였다. 이상섭(1998)은 논리학에서 말하는 정의(定義, definition)와 뜻풀이의 차이점에 대하여 논의하는 것에서부터 시작하였다. 이에 의하면 논리학에서 말하는 정의는 한 특정 담론에서 사용하는 어떤 관념의 적용을 그 담론 전개에 논리적으로 필요한 범위에 한정하는 것을 이른다. 생물학에서 '사람'은 '영장류의 일종'으로 정의되고 이 뜻매김(정의)에서 "사람이 사람 구실을 해야 사람답지" 따위의 일상생활의 담론에서 쓰이는 '사람'의 뜻은 제외된다. 뜻매김(정의)은 특정한 담론의 일관성을 위해서 그 일관성을 저해할 요소들을 제외하는 일정한 선을 긋는 일이다. 철학에서의 정의와 달리 사전에서의 뜻풀이는 실제 언어생활에서 드러난 문맥적 의미를 중요시하게 된다.

뜻풀이에는 언어사전식과 백과사전식이 있다. 다음의 예는 백과사전 1종과 언어사전을 표방하는 3종의 사전의 '개'에 대한 뜻풀이이다.

(1) 개 『**두산백과사전**』
한자로 견(犬)·구(狗)·술(戌) 등으로 표기한다. 포유류 중 가장 오래된 가축으로 거의 전세계에서 사육되며 200여 품종이 있다.

개는 이리·자칼(jackal) 등이 조상이라고 하는데, 이는 개와 교배하여 계대(繼代) 번식의 가능성이 있는 새끼를 낳을 수 있다는 것을 뜻한다. 즉 개에 이들의 혈액이 혼혈될 가능성이 있다는 것이다. 그러나 두개골이나 치아의 구조를 보면 개는 혼합된 것이 아니며, 또 그들 중의 어느 것에서 생긴 것이라고도 여겨지지 않는다. 아마도 개는 오스트레일리아에 야생하는 딩고(dingo)나 남아시아에 반야생상태로 서식하는 개와 흡사한, 절멸된 야생종에서 생긴 것으로 추측된다. 이와 같은 야생종이 세계의 몇 개 지역에서 별개로 가축화되어 그들의 선택과

그들 사이의 복잡한 교배에 의해 현재와 같은 다수의 품종이 생겨난 것으로 여겨
진다. 개가 인간에게 사육되었다는 가장 오래된 기록은 페르시아의 베르트 동굴
의 것으로 BC 9500년경으로 추산되고 있다.

이에 이어 BC 9000년경의 것으로 추산되는 독일 서부의 셍켄베르크개가 있
는데, 크기와 두개골의 형태가 오스트레일리아의 딩고와 놀라울 정도로 유사하
다. 그 후 신석기시대에는 몇 품종이 사육되었는데, 최초의 가축화는 적어도 제4
빙기로 거슬러 올라간다고 보고 있다.

(2) 개 『조선말』

개1〈2:〉 명 ① 집짐승의 한 가지. 냄새를 잘 맡고 귀가 매우 밝으며 사람을 잘
따른다. 수천 년 전부터 원시인들에 의해서 늑대를 길들여 집짐승으로 만들었으
며 오늘 그 품종은 세계적 범위에서 헤아릴 수 없이 많다. 집지키기, 사냥, 수색,
실험용으로 쓰이며 털가죽도 쓸모 있게 리용된다. 한 해만에 쌍 짓고 두 달 후에
는 한배에서 대여섯 마리, 많이 낳는 품종은 19~20마리의 새끼를 낳는다. 자연
수명은 약 15년이다. ② 나라와 인민을 배반하고 적의 더러운 앞잡이노릇을 하
는 자를 비겨 이르는 말. ③ 하는 짓이 더럽고 못된 자를 욕으로 이르는 말.

(3) 개 『표준』

개3〔개 : 〕 명 「1」 『동』 갯과의 포유동물. 가축으로 사람을 잘 따르고 영리하
다. 일반적으로 이리·늑대 따위와 비슷하게 생겼으며 날카로운 이빨이 있다. 냄
새를 잘 맡으며 귀가 밝아 사냥이나 군용, 맹인 선도와 마약 및 폭약 탐지에 쓰
인다. 애완용으로 기르거나 식용하기도 한다. 전 세계에 걸쳐 모양, 크기, 색깔이
다양한 200여 품종이 있다. (Canis familiaris) 「2」 행실이 형편없는 사람을 비
속하게 이르는 말. 「3」 다른 사람의 앞잡이 노릇을 하는 사람을 낮잡아 이르는
말.

(4) 개 『연세』

개 명 사람을 잘 따라서 귀염을 받고 냄새를 잘 맡고 귀가 매우 밝아 도둑을
쫓거나 사냥을 도우며, '멍멍'하고 짖는 집짐승.

(1)은 백과사전에서의 '개'의 기술이다. 백과사전은 사물이나 사실에 관
한 모든 지식을 전달하기 위한 도구이므로 뜻풀이가 다소 길고 전문적인
정보와 상식 등 여러 가지 정보가 함께 섞여 있다. (2), (3)은 남북한에서
나온 대표적인 언어사전인데 기본의미로 제시된 첫 번째 뜻풀이를 보면
『조선말』과 『표준』 모두 백과사전식의 정보가 반영되어 있다. (2), (3)의
뜻풀이가 (1)의 백과사전과 변별되는 것은 오히려 기본의미가 아닌 전이

된 의미 즉 '개'가 문맥 속에서 비유적 의미로 쓰인 두 번째와 세 번째의 의미에서이다. (4)에서 제시된 『연세』의 '개'의 뜻풀이는 (1), (2), (3)에 서의 뜻풀이와는 차이가 있다. 『연세』는 언어사전을 표방한 사전으로 뜻 풀이 기술에서 백과사전식의 의미 정보 제시를 지양하고 실제 언어 사용 속의 문맥적 의미를 중요시한다. (4)에서 '개'의 뜻풀이는 (2), (3)과 달리 백과사전적인 정보를 배제하였으며 비유적 의미를 제시하지 않고 단의어 로 기술되어 있다.

아리스토텔레스의 방식에 기초한 전통적인 사전 뜻풀이의 일반적인 원 칙으로는 유(類, genus)와 종차(種差, differentia)를 이용한 방식이다. 단어는 먼저 그것이 속한 사물의 종류에 따라 정의되며 다음에 그 종류 가운데에 서 다른 모든 사물로부터 구별되어야 한다.

(5) **국화** 『**연세**』
  잎은 쑥과 비슷하고, 대개 화분에 심어 기르며, 여러 가지 색깔이 있으나 주로 희거나 노랗고, 향기가 좋은 <u>가을 꽃</u>.
(6) **장미** 『**조선말**』
  장미과에 속하는 잎지는 <u>딸기나무의 한 가지</u>. 키는 1~2메터 정도이며 가지에 는 굳고 큰 가시가 있다. 어린 가지는 붉은 밤색 또는 붉은 보라색을 띤다. 잎은 5개의 닭알모양의 쪽잎으로 이루어진 홀수 깃모양 겹잎이다. 꽃은 한해에 한번 피는 종류와 봄부터 가을까지 피는 종류가 있다. 우리나라에서는 원림식물로 심 어기르며 꽃은 향료원료로 쓴다.

(5)의 뜻풀이를 보면 표제어 '국화'가 속하는 유(類)인 '꽃'이 문장의 끝 에 오고 종차(種差)를 보여 주는 수식어가 앞에 오는 구조를 가지고 있다. 이는 아리스토텔레스의 유와 종차를 이용한 전형적인 방식을 보여 준다. (6)의 풀이는 '~의 한가지'의 형식으로 표제어 '장미'의 유개념을 나타내 고 있다.

이기황(2007)에서는 『연세』의 명사 뜻풀이문의 문말 어휘를 분석하였는 데 37,047개의 뜻풀이문에서 추출된 문말 어휘는 4,198개로, 상대적으로 매우 적은 개수의 문말 어휘가 사용된 것을 알 수 있다. 이 연구에서는 뜻풀이문의 문말 어휘가 '것(19.09%), 사람(5.05%), 일(2.48%), 곳(1.68%)' 등 표제어의 유개념을 나타내는 경우가 많다는 것을 보여 주었다. 뜻풀이문의 문말 어휘뿐 아니라 빈도 상위의 문말 두 어절의 패턴도 조사하여 뜻풀이문의 기능적 구조를 파악할 수 있게 하였다. 이기황(2007)에 의하여 빈도 상위 문말 두 어절 패턴으로 10위까지를 열거하면 '하는 것, 이르는 말, 하는 사람, 있는 것, 단위를 나타냄, 되는 것, 있는 사람, 주는 것, 않는 것, 없는 것' 등을 들 수 있다. 이러한 어절 패턴에서 메타언어 표현들을 추출할 수 있고 표제어가 되는 명사가 속하는 범주와도 연관시켜 볼 수 있을 것이다. 이기황(2007)의 결과는 귀납적으로 『연세』의 뜻풀이문의 문말 어절 패턴을 조사한 것인데 이는 사전을 편찬할 때 표제어의 유형에 따라 어떤 문말 어절 패턴을 취해야 할지 연역적으로 적용할 수 있을 것이다. 이렇게 되면 사전 뜻풀이 기술 양식의 정확한 파악이 가능하며 뜻풀이 문장의 일관성을 유지할 수 있고 나아가 이를 사전편집기에 도입하면 자동적인 뜻풀이 문장의 생성에도 응용할 수 있을 것으로 보인다.

사전 뜻풀이의 일반적인 원칙으로 Zgusta(1971 : 257~258)에서 제시한 다음의 네 가지를 들 수 있다.

① 뜻풀이에 있는 모든 단어는 설명되어야 한다.
② 사전적 뜻풀이는 뜻풀이에 사용되는 단어보다 이해하기 어려운 말을 넣어서는 안 된다.
③ 뜻풀이에 사용되는 말이 그 뜻풀이에 이용되어서는 안 된다. 독립하여 뜻풀이가 되지 않는 한 뜻풀이에 사용되는 단어의 파생어나 복합어도 함께 그 뜻풀이에 사용되어서는 안 된다.
④ 뜻풀이는 뜻풀이되는 말의 품사에 대응해야 한다.

이상섭(1998 : 7~13)에서는 톰 매카더의 사전 뜻풀이 원칙을 제시하였다.

① 참조의 틀
② 뜻이 아주 명백한 낱말의 풀이
③ 순환적 뜻풀이

④ 동의어 또는 풀어쓰기에 의한 뜻풀이
⑤ 종과 특이성에 의한 뜻풀이
⑥ 뜻풀이를 생략하는 방식

첫 번째 제시된 참조의 틀이라 함은 뜻풀이는 사람의 구체적인 경험에 관련되는 것이어서 문화의 차이까지 고려되어야 한다는 것을 말한다. 예를 들어 우리말에서 쌀을 풀이할 때 영어에서의 rice와는 다른 뜻풀이가 될 것이다. 한 사회 안에서도 각자의 교육적, 직업적, 지역적 배역에 따라 참조의 측이 달라질 것이지만 사전 편찬자가 사전 사용자의 문화적 배경까지 정확히 추정하는 것은 어려운 일이다. 두 번째 원칙은 뜻풀이에서 오히려 쉬운 낱말일수록 뜻풀이가 더 어렵다는 것을 의미한다. 예를 들어 '어머니'나 '집'과 같은 명사나 '노랗다, 빨갛다' 등의 색채어, '하나, 둘, 셋, 넷' 등의 수사, '나, 너' 등의 대명사 등이 뜻풀이를 하기 어려운 말들이다.

세 번째로 제시된 원칙인 순환적 뜻풀이에 관한 것은 사전의 뜻풀이 원칙에서 가장 중요하면서도 지키기 어려운 원칙이다. 다음의 예는 형용사인 '깨끗하다'의 유의어인 '맑다, 깔끔하다, 순수하다, 말끔하다, 말쑥하다, 완벽하다' 등의 뜻풀이를 보인 것이다(유현경·강현화 2002).

(7) '깨끗하다'류 유의군의 뜻풀이의 예시 『연세』

- 깨끗하다 I① 때나 먼지가 없다. 정결하다. 말끔하다. ② (지저분하지 않고) 말쑥하다. 단정하다. ③ (잡것이 섞이지 않고) 맑고 순수하다. ④ (마음씨나 행동이) 올바르고 떳떳하다. 정직하다. ⑤ (맛이나 느낌이) 개운하다. 상쾌하다. ⑥ (마음이) 구김살이 없다. 맑고 순수하다. ⑦ 분명하고 올바르다. II① ㉠ ['깨끗하게'의 꼴로 쓰이어] 뒤탈 없이 말짱하다. ㉡ ['깨끗하게'의 꼴로 쓰이어] 아무런 유감이 없다. 아깝지 않다. ㉢ ['깨끗하게'의 꼴로 쓰이어] 아무것도 남은 것이 없이 말끔하다. ② ['깨끗하게'의 꼴로 쓰이어] 완전하다. 완벽하다.
- 정결하다(淨潔-) 맑고 깨끗하다.
- 청결하다(清潔-) 맑고 깨끗하다.
- 맑다 ① 잡스럽거나 더러운 것이 섞이지 않아 투명하고 깨끗하다. ② 구름이나 안개가 끼지 않아 날씨가 좋다. ③ (정신이) 또렷하다. ④ ㉠

　　(마음이) 순수하고 고결하다. ⓛ 불순한 데가 없이 깨끗하고 순진하다.
　　⑤ (소리가) 트이어 탁하지 않다.
・말쑥하다 ① 말끔하고 깨끗하다. ②(차림이) 세련되고 깨끗하다.
・말끔하다 정돈이 되고 환하고 깨끗하다.
・개운하다 ① (몸이나 기분이) 상쾌하고 가볍다. ② (입맛에) 잘 맞다.
　　(맛이) 좋아 기분이 상쾌하다.
・상쾌하다(爽快－) (기분이) 답답하지 않고 시원하고 산뜻하다.
・순수하다(純粹－) ① ⑦ 조금도 불순한 것이 섞이지 않다. ② 사사로운
　　욕심이나 못된 생각이 없다.

　위에서 '깨끗하다'류의 유의어군의 뜻풀이 중에서 의미의 순환성을 보이
는 부분을 밑줄로 표시하였다. 이를 그림으로 나타내 보이면 다음과 같다.

(8) '**깨끗하다**'류 유의어군의 의미적 순환성

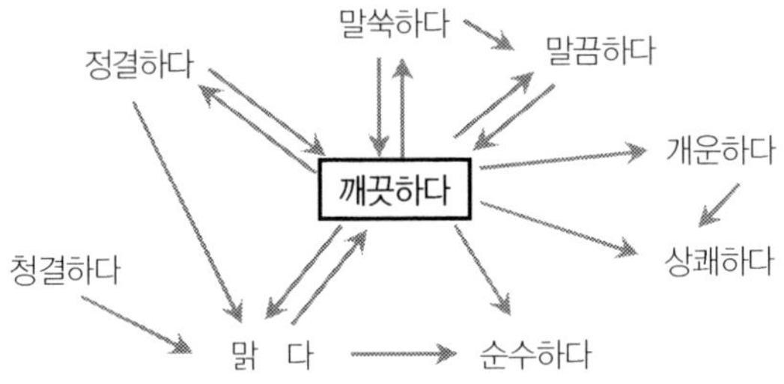

　'깨끗하다'류뿐 아니라 거의 모든 사전에서, 형용사나 부사의 경우 의미
적 순환성을 보이는 경우가 많다. 예를 들어 '튼튼하다'의 의미를 보면 '몸
이 건강하다『연세』'로 되어 있고 '건강하다'를 찾아보면 '몸이 튼튼하다『연
세』'로 풀이되어 있다. 어떤 측면에서 보면 형용사나 부사의 뜻풀이는 관
련된 유의 어휘를 나열하는 것에 불과하다고 볼 수도 있다. 이러한 의미
적 순환성은 형용사나 부사의 뜻풀이의 한 특징이면서 극복해야 할 난제
이다.
　이러한 의미적 순환성은 뜻풀이 정보 안에서 풀 수도 있지만 유의 관계
를 가진 어휘군의 의미 관계를 보임으로 해서 해결할 수도 있다(유현경・강

현화 2002).

> (9) 말뭉치 분석에 의한 '깨끗하다'의 유의어 갈래
> - '맑다' 군—말갛다. 순수하다, 해맑다, 순진하다, 청렴하다.
> - '깔끔하다' 군—말끔하다, 말쑥하다, 완벽하다, 완전하다, 개운하다, 상
>   쾌하다, 멀쑥하다, 단정하다, 깐깐하다
> - '순수하다' 군—해맑다, 순진하다
> - '말끔하다' 군—개운하다, 상쾌하다
> - '말쑥하다' 군—멀쑥하다, 단정하다
> - '완벽하다' 군—깐깐하다

(10) **'깨끗하다'류의 유의어군의 의미 관계**

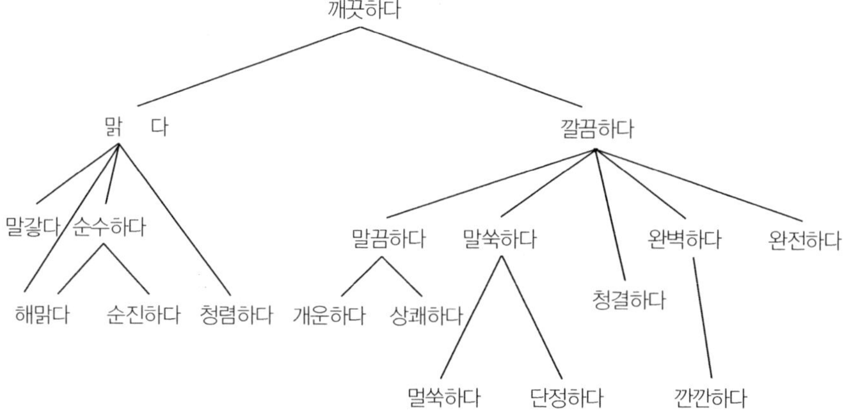

　(9)의 유의어 갈래는 말뭉치 예문을 치환 검증법으로 분석한 결과이며 이를 바탕으로 '깨끗하다'류의 유의어군의 의미 관계를 그림으로 나타낸 것이 (10)이다. (10)을 보면 '깨끗하다'와 유의 관계에 속하는 어휘들이 서로 어떤 관계를 맺고 있는지를 알 수 있기 때문에 뜻풀이에서 나타내는 순환성을 어느 정도 해소할 수 있다.

　다음은 의미적인 정도성을 가진 '차다'의 유의어군의 뜻풀이에 대하여 살펴보기로 하겠다.

(11) '차다'의 사전 분석

표제어	표준국어사전	연세한국어사전
차 다	① 몸에 닿은 물체나 대기의 온도가 낮다. ② 인정이 없고 쌀쌀하다. 성격이 차고 매섭다. ③ 약재(藥材)나 약제(藥劑)의 성질이 차서 몸의 열을 내리게 하는 작용이 있다. ④ 성격이 곧으면서도 냉철하다.	① 느끼기에 온도가 낮다. 따뜻한 느낌이 없다. ② (표정이나 분위기가) 냉냉하다.
차갑다	① 촉감이 서늘하고 썩 찬 느낌이 있다. ② 인정이 없이 매정하거나 쌀쌀하다.	① (살에 닿는 느낌이) 싸늘하게 차다. ② (마음씨나 태도가) 인정이 없고 매정하다. 냉정하다.
싸늘하다	① 물체의 온도나 기온이 약간 찬 느낌이 있다. '사늘하다'보다 센 느낌을 준다. ② 사람의 성격이나 태도 따위가 약간 차가운 듯하다. '사늘하다'보다 센 느낌을 준다. ③ 갑자기 놀라거나 무서워 약간 찬 기운이 느껴지다. '사늘하다'보다 센 느낌을 준다.	① (날씨 따위가) 선뜩한 느낌이 들 정도로 차갑다. ② (표정이나 태도가) 매우 쌀쌀하다. ③ [주로 '싸늘하게'의 꼴로, '식다'와 함께 쓰이어] 온도가 내려가서 차다.
선선하다	① 시원한 느낌이 들 정도로 서늘하다. ② 성질이나 태도가 쾌활하고 시원스럽다.	① (시원한 느낌이 들만큼) 서늘하다. ② (성질이) 까다롭지 않고 시원스럽다.
시원하다	① 덥거나 춥지 아니하고 알맞게 서늘하다. ② 음식이 차고 산뜻하거나, 뜨거우면서 속을 후련하게 하는 점이 있다. ③ 막힌 데가 없이 활짝 트이어 마음이 후련하다. ④ 말이나 행동이 활발하고 서글서글하다. ⑤ 지저분하던 것이 깨끗하고 말끔하다.	① (더위가 가실 정도로) 기분좋게 서늘하다. ② (마음에 부담을 주던 것이 해결되어) 가뿐하고 후련하다. ③ (가렵거나 좋지 않은 느낌이) 말끔히 사라져 상쾌하다. ④ (기대나 욕구에 충분할 만큼) 만족스럽다. ⑤ (성격이나 언행이) 막히지 않고 활발하다.

표제어	표준국어사전	연세한국어사전
시원하다	⑥ ('시원하지' 꼴로 '않다', '못하다'의 앞에 쓰여) 기대, 희망 따위에 부합하여 충분히 만족스럽다. ⑦ 답답한 마음이 풀리어 흐뭇하고 가뿐하다. ⑧ 가렵거나 속이 더부룩하던 것이 말끔히 사라져 기분이 좋다.	⑥ (막힌 데가 없이 활짝 트여) 답답하지 않다. ⑦ (음식이) 기분 좋게 차고 산뜻하거나, 뜨거우면서 속이 후련하다.
쌀쌀하다	① 날씨나 바람 따위가 음산하고 상당히 차갑다. ② 사람의 성질이나 태도가 정다운 맛이 없고 차갑다.	① (날씨가) 싸늘하게 느껴질 정도로 차다. ② (성질이나 태도가) 정다운 데가 없고 차다.
서늘하다	① 물체의 온도나 기온이 꽤 찬 느낌이 있다. ② 사람의 성격이나 태도 따위가 차가운 데가 있다. ③ 눈 따위가 시원스러운 느낌이 있다.	① (날씨가) 싸늘하게 느껴질 정도로 차다. ② (성질이나 태도가) 정다운 데가 없고 차다.
춥 다	기온이 낮거나 기타의 이유로 몸에 느끼는 기운이 차다.	① 기온이 낮다. ② 날씨가 차다. ③ 찬 기운이 느껴지다.

<표 7-1> '**차다**'의 사전 분석

　기존의 사전에서 '차다'의 의미풀이를 분석해 보면, '깨끗하다'처럼 의미의 순환성을 가지고 있으며, '차다'의 모든 유사 어휘들의 기본 의미(①)는 온도에 대한 상태('차다')를 나타낸다는 것을 알 수 있다.
　'차다'의 유의어군들은 아래의 예에서와 같이,

　　(12) 날씨가 〔차다 / 차갑다 / 싸늘하다 / 선선하다 / 시원하다 / 쌀쌀하다 / 서늘하다 / 춥다〕.

　하나의 문장에서 바꾸어 쓰일 수 있지만, 사전에서의 뜻풀이를 보고 각각의 의미의 차이를 구별해 내기는 힘들다. 이러한 정도성의 차이는 다음과 같은 나열 검증법을 통하여 드러내는 것이 효과적일 것이다.

$$[+cool] \text{————————————————} [+cold]$$
(13) 선선하다—시원하다—서늘하다—싸늘하다—쌀쌀하다—차다 / 차갑다—춥다

그러나 다음의 예에서,

(14) 국이 [차다 / 차갑다 / *싸늘하다 / *선선하다 / 시원하다 / *쌀쌀하다 / *서
늘하다 / *춥다].

음식의 온도를 표현하는 문장에서는 '차다'와 '차갑다', '시원하다'를 제
외하고 나머지 유의 어휘들은 쓰일 수 없다.2)

(15) ㄱ. 지연의 목소리는 찬바람이 휙휙 느껴질 정도로 [찼다 / 차가웠다 / 싸
늘했다 / *선선했다 / *시원했다 / 쌀쌀했다 / *서늘했다 / *?추웠다].
ㄴ. 언니는 [선선하게 / 시원하게] 내 말을 들어 주었다.

사람의 행동이나 태도, 말씨 등을 나타낼 때는 '서늘하다', '춥다' 등은
쓰일 수 없다.

(16) ㄱ. 에어컨을 틀어서 방안이 [*?차다 / *차갑다 / ?싸늘하다 / 선선하다 /
시원하다 / 쌀쌀하다 / 서늘하다 / 춥다].
ㄴ. 지리산 정상은 [*?차다 / *차갑다 / ?*싸늘하다 / 선선하다 / 시원하다
/ 쌀쌀하다 / 서늘하다 / 춥다].

주어에 장소를 나타내는 명사가 올 때는 '차다', '차갑다', '쌀쌀하다'는
비문이 되거나 어색하고 나머지 유의 어휘들은 자연스럽다.

(17) 나는 [*차다 / *차갑다 / *싸늘하다 / *선선하다 / *시원하다 / *쌀쌀하다 /

---

2) '국이 싸늘하게 식었다'는 가능하다. 그러나 '국이 싸늘하다, 물이 싸늘하다'는 어색하
기 때문에 서술형으로는 쓰이지 않는 것으로 본다.

*서늘하다 / 춥다]. 그래서 코트를 입었다.

(17)에서 보듯이, 경험주를 주어로 하여 외부에 대한 주관적인 감각을 표현할 수 있는 것은 '춥다' 하나뿐이다.

위와 같이 '차다'류의 유의 어휘군은 정도성을 기준으로 하여 나열하는 방법을 제시할 수 있다. '차다'류의 유사 어휘군은 주어에 올 수 있는 명사항의 의미 자질에 따라 선택 제약이 있음을 보였는데, 이에 대한 유의 어휘군의 정보는 다음과 같이 표를 이용하여 제시해 주는 것을 고려해 볼 수 있다.

(18) **변별표를 이용한 유사 어휘군 정보 제시의 실례**

cold의 정도		날씨 / 기후	구체물의 온도(음식물)	사람의 태도, 언행	장소 명사	주관적 감각
★	선선하다	○		○	○	
★★	시원하다	○	○	○	○	
★★★	서늘하다	○			○	
★★★★	싸늘하다	○		○		
★★★★★	쌀쌀하다	○		○		
★★★★★★	차다 / 차갑다	○	○	○		
★★★★★★★	춥다	○			○	○

〈표 7-2〉 변별표를 이용한 유사 어휘군 정보 제시의 실례

유의 어휘 간의 의미적 순환성 문제를 (10)이나 (18)에서와 같이 부가 정보로 해결하는 방법보다는 뜻풀이 안에서 순환적 요소를 제거하는 것이 더 좋은 방법일 것이다. 그러나 실제로 사전 편찬 과정에서 형용사나 부사의 뜻풀이의 의미적 순환성을 완전히 해결하기는 힘들어 보인다.

『롱맨 영어 사전』이나 『캠브리지 국제 영어 사전』과 같은 사전에서는 뜻풀이에 사용되는 낱말 즉 설명하는 말(definiens)을 기초 어휘 2,000여 개로 한정하기도 했다. 즉 뜻풀이에 쓰이는 어휘를 따로 정하여 그 어휘만을 가지고 뜻풀이를 하는 형식이다.[3]

　네 번째 원칙은 동의어 또는 풀어쓰기에 의한 뜻풀이이다. 아리스토텔레스에 의하면 동의어로 뜻매김을 하지 말라고 하였는데 실제 사전에서는 뜻풀이의 방법으로 애용되고 있다. '인간'은 '사람'으로 뜻풀이를 하는 것이다. 이러한 방식도 일종의 동의어에 의한 뜻풀이 방식이다. 다음에는 각종 주요 국어사전에서 '조부(祖父)'를 어떻게 풀이했는지를 보여 준다. 모든 사전에서 '조부'의 뜻풀이에서 동의어 대치 형식을 취하였다.

(19) 『연세』
　　조부(祖父) 몡 할아버지.
(20) 『조선말』
　　조부01 몡 ⇒ 할아버지.
(21) 『표준』
　　조부02祖父 몡 「1」＝할아버지〔1〕. 「2」＝할아버지〔2〕.
(22) 『우리말』
　　조부01祖父 (이) ＝할아버지〈1〉.
(23) 『금성』
　　조부02祖父 몡 '할아버지①'의 지칭.

　풀어쓰기에 의한 방법은 '청년'을 '젊은 사람'이라고 하는 것이다. 다음은 각 주요 국어사전에서 제시한 '청년'의 뜻풀이를 보인 것이다. 이 중 (24)에서 보인 『연세』의 뜻풀이가 바로 풀어쓰기에 의한 뜻풀이 방식이다.

(24) 『연세』
　　청년(靑年) ① 젊은 사람. ② 젊은 남자.
(25) 『조선말대사전』
　　청년＜22＞「명」젊은 나이의 사람을 소년, 장년, 로년 등에 상대하여
　　이르는 말.
(26) 『표준』
　　청년靑年「명」신체적·정신적으로 한창 성장하거나 무르익은 시기에 있
　　는 사람. 나이가 20대 정도인 남자를 이르나 때로 그 시기에 있는 여자

---

3) 제21회 언어정보연구원 연찬회프로시딩(2008) 참고.

를 포함해서 이르기도 한다.

(27) 『우리말』

청년靑年 (이) 〈1〉나이가 스물 또는 서른 살 안팎에 있는 젊은 사람.
〈2〉나이가 스물 또는 서른 살 안팎에 있는 젊은 남자.

(28) 『금성』

청년靑年 「명」 청춘기에 있는 사람. 특히 남자를 가리킴.

이 두 방식은 분명 장점과 단점을 가지고 있다. 동의어 대치나 풀어쓰기에 의한 뜻풀이 방식은 간결하고 선명하여 사전 사용자가 쉽게 낱말의 의미를 이해할 수 있다. 그러나 이 방식의 단점은 동의 관계에 있는 어휘들 간의 차이를 보여 주지는 못한다는 것이다. 동의어 대치 방식에서도 (28)의 『금성』의 경우 동의어를 이용하면서도 '조부'가 호칭으로는 쓰이지 못한다는 것을 뜻풀이에 드러낸 경우이나 나머지 사전에서는 이러한 용법의 차이를 무시하였다.

네 번째 원칙인 종과 특이성에 관한 원칙은 앞서 서술하였으므로 간단하게 언급하기로 하겠다. 표제어가 속한 유와 종차에 의한 뜻풀이 방식은 모든 사물의 설명에 유용하지는 않으며 추상명사나 동사, 형용사, 부사 등의 뜻을 서술하기에는 부적합하다. 그러나 조사나 어미와 같은 문법형태소의 뜻풀이에서는 그 형태소가 속하는 상위 범주에 관한 정보를 뜻풀이에 제시하기도 한다.

(29) 『연세』

-자마자 연결 어미. 동사에 쓰이어, 앞의 행동이 진행되는 순간과 뒤의
행동이 일어나는 순간이 거의 동시적인 상태에 있음을 나타냄.

(30) 『조선말』

-자마자 「어미」 (동사 어간이나 어미 -으시- 뒤에 붙어) 앞 절의 동작이
이루어지자 잇따라 곧 다음 절의 사건이나 동작이 일어남을 나타내는 연
결 어미.

(31) 『표준』

-자마자 「어미」 (동사 어간이나 어미 -으시- 뒤에 붙어) 앞 절의 동작이
이루어지자 잇따라 곧 다음 절의 사건이나 동작이 일어남을 나타내는 연

결 어미.
(32) 『**금성**』
-자마자 「어미」 동사의 어간에 붙어, '그 동작을 하자 곧'의 뜻을 나타
내는 연결 어미.

(29)~(32)는 연결어미 '-자마자'의 뜻풀이를 보인 것인데 해당 표제어
가 속한 상위 범주의 정보가 제시되어 있고 '-자마자'의 문법적 의미에 대
하여 풀이하게 된다.

다섯 번째 원칙으로 '뜻풀이를 생략하는 방식'을 들 수 있는데 이는 흔
히 파생어의 경우에 적용된다.

(33) 『**금성**』
조용-하다03 형 「여불」【○종용(從容)하다】 ① 아무런 소리도 들리지
않고 잠잠하다. ‖ 인적이 드문 조용한 거리. ② (말이나 소리, 행동 등이)
나지막하거나 은근하다. ‖ 조용한 목소리로 말하다 / 음악이 조용하게 흐
르다 / 여자는 묻는 말에 대답 대신 조용하게 웃었다. ③ (성격이) 말이
없고 얌전하다. ‖ 조용하면서도 다정다감한 여자. ④ 말썽이 없이 평온하
다. ‖ 부부 사이의 불화로 집안이 조용할 날이 없다. 조용-히#$ 「부」 ‖ 옆
사람한테 들리지 않게 ~ 말해라.
공부01 工夫 명 학문이나 기술 등을 배우고 익히는 것. ‖ 국어〔입시〕 ~ /
~ 벌레 / ~를 잘하다. 공부-하다#$ 「동」(자)(타)「여불」 ‖ 역사를 ~ / 밤
이 늦도록 열심히 ~. 공부-되다#$ 「동」(자)

(33)은 표제어 '조용하다'와 '공부'의 예시이다. '조용하다'의 부사 파생
어인 '조용히'는 부표제어 형태로 제시하고 뜻풀이는 생략되어 있는 것을
볼 수 있으며 '공부'의 경우 접사 '-하다', '-되다'가 붙어 동사로 파생되는
경우 뜻풀이는 생략하고 용례만 제시하였다.

지금까지 뜻풀이의 일반적 원칙을 하나하나 살펴보았는데 다음에서는
국내외에 출판된 사전들에서는 뜻풀이에 대한 원칙을 어떻게 적용하고 있
는지에 대하여 기술하겠다.

3. 기존 사전 분석

먼저 『연세』의 일러두기에 제시된 뜻풀이에 대한 원칙은 다음과 같다.

〔1〕 가능한 한 평이한 말로 뜻풀이를 하였다.

〔2〕 뜻풀이에 한자를 사용하지 않았다.

〔3〕 뜻풀이를 할 때 동사는 동사의 꼴로, 형용사는 형용사의 꼴로 뜻풀이를 하는 등, 각 품사에 맞는 풀이 방식을 취하였다. 단, 활용꼴이 굳어진 것은 로마 숫자로 갈라 굳어진 꼴로 뜻풀이를 하였다.

〔4〕 뜻풀이에서 뜻의 갈래를 표시하는 방식은 다음과 같다.

① 일반적인 경우 : 로마 숫자는 원칙적으로 격틀이 다르거나 문법적인 부류가 다를 때 사용하고 동그라미 속의 숫자는 그 외의 의미 분류에 사용되고 동그라미 속의 글자는 의미를 더 세분하여야 할 필요가 있거나 용법상의 차이점 등을 보일 때에 사용하였다.

② 동사의 경우 : 사용자의 편의를 위해서 되도록 기본 격틀에 가까운 문장으로 풀이를 하였다. 뜻풀이의 하위 분류의 순서는 통사 구조를 가장 우선으로 하였고 격틀이 같을 경우 기본 의미부터 배열하되 기본 의미가 명확하지 않을 때는 사용 빈도순에 따랐다.

③ 명사의 경우 : 한 낱말이 자립적으로 쓰이고 의존적으로 쓰이는 경우에는 로마 숫자로 구별하였다. 이 때 비자립적인 쓰임을 보이는 것을 기술할 때, '〔의존적으로 쓰이어〕'라는 정보를 주었다. 또한 명사가 부사적 혹은 관형사적으로 쓰일 때도 로마 숫자로 구분하여 그 앞에 '〔부사적으로 쓰이어〕, 〔관형사적으로 쓰이어〕'라는 정보를 주어 대별하였다.

④ 어미나 조사의 경우 : 문법적으로 서로 다른 부류에 속할 때 로마 숫자를 사용하여 이를 대별하였다.

〔5〕 뜻풀이에서 괄호 〔 〕는 통사적 제약이나 문법적 설명, 보충 설명 등에 사용하고 괄호 ( )는 순전히 뜻풀이에 해당하는 내용을 구별하고자 할 때나, 표제어나 말뜻의 갈래가 어떤 특수한 분야나 또는 시기에 국한될 때에 사용하였다. 또한 용언의 뜻풀이에서 그 용언이 쓰인 전형적인 문맥을 보이기 위하여 괄호 안에 넣어 설명하였다.

〔6〕 동물이나 식물 등을 나타내는 명사의 뜻풀이의 경우 생물학적 정의와 기능적 정의를 절충하는 입장을 취하며 전문적인 생물학적 정의는 피하였다.

〔7〕 주로 입말로 쓰이면 옆 참고란에 입말 혹은 입말투라는 정보를 주었다.

〔8〕 색채어의 뜻풀이는 비유를 통해 설명하는 방식을 취하였다.

〔9〕 화용적 정보는 개별 단어의 특성에 따라 괄호 안에 넣거나 참고란에서 설명하거나 뜻풀이 난에서 직접 써 주었다.

『연세』의 뜻풀이의 특징 중 눈에 띄는 것은 뜻풀이에 있어 한자를 사용하지 않았다는 것이다. 이는 국내의 다른 국어사전에서와 다른 점이다. 『연세』의 뜻풀이 원칙 중 특이한 것 중에 하나가 동사와 형용사의 의미 항목 중 특정한 활용꼴로만 쓰이는 경우 이를 로마자로 나누어 분류하고 뜻풀이도 동사나 형용사의 일반적인 형태인 기본형을 취하는 형식으로 하지 않고 굳어진 활용형을 따른 것이다. 다음의 예는 주요 국어사전의 '하얗다'의 뜻풀이를 보인 것이다.

(34) 『**연세**』
　하얗다〔하야타〕 〔하얀, 하얘, 하얗습니다〕
　Ⅰ① 갓 내린 눈이나 새 솜 같은 빛깔이다.
　　② 〔주로 '하얗게'의 꼴로 쓰이어〕 겁이 나서 얼굴에 핏기가 없다.
　Ⅱ 〔'하얗게'의 꼴로 쓰이어〕 뜬눈으로, 잠들지 않은 채로.

(35) 『**조선말**』
　하얗다─타<2:21> (하야니, 하야오, 하얘서) 「형」 ① 새뜻하고 깨끗하게 희다. ② ('하얗게'형으로 '붙다, 모이다' 등 단어와 함께 쓰이어) '굉장히 많다'를 강조하여 이르는 말. ③ ('하얗게'형으로 '새우다, 밝히다' 등 단어와 함께 쓰이어) '사뭇 뜬눈으로'의 뜻을 나타낸다.

(36) 『**표준**』
　하얗다하 : 야타 〔하얘〔하 : ─〕, 하야니〔하 : ──〕, 하얗소〔하 : 야쏘〕〕 「형」 「1」 깨끗한 눈이나 밀가루와 같이 밝고 선명하게 희다. 「2」 춥거나 겁에 질리거나 하여 얼굴이 핏기가 없이 희다. 「3」 (주로 하얗게 꼴로 쓰여) 굉장히 많다. 「4」 (주로 하얗게 꼴로 쓰여) 사뭇 뜬눈으로 지내다.

(37) 『**우리말**』
　하:얗다(그) (여벗) 짙게 희다.

(38) 『**금성**』
　하:얗다─야타「형」「ㅎ불」〈하야니, 하야오, 하얘〉【하야(∨희＝(희다)+─아)＋하다1】 매우 희다.

(34)를 보면 굳어진 활용형으로만 쓰이는 의미 항목을 로마자 II로 갈라 일반적인 활용형을 가지는 로마자 I과 구분하였으며 뜻풀이 형식에 있어서도 부사의 형식을 취하였다. 이러한 방식은 (35)의『조선말』에서도 찾아볼 수 있으나 나머지 남한 사전인『표준』이나『우리말』,『금성』등에서는 취하지 않는다.『연세』의 뜻풀이 방식의 특징은 이 사전이 말뭉치 용례 분석을 기반으로 하여 말뭉치에 나타난 활용형 제약을 뜻풀이에도 반영한 결과이다.

『연세』의 의미 정보에서 로마자를 사용하는 것은 앞에서 설명한 바와 같이 동사나 형용사 등 용언의 활용형이 굳어져 쓰이는 경우도 있고 표제어의 품사 정보와 다른 품사로 전용되어 쓰이는 경우, 조사, 어미와 같은 문법형태소의 용법이 서로 다른 범주에 속할 때이다.

(39)『**연세**』
　　오늘 I ① 지금 지나가고 있는 이 날. ② 지금 살고 있는 시대.
　　II 〔부사적으로 쓰이어〕 지금 지나가고 있는 이 날에.
(40)『**조선말**』
　　오늘<23>「명」① 지금 지나가고 있는 이날. ② =오늘날.
(41)『**표준**』
　　오늘「I」「명」「1」지금 지나가고 있는 이날.≒금일02(今日)「2」=오늘날.「II」「부」지금 지나가고 있는 이날에.
(42)『**우리말**』
　　오늘〈오늘(이)〈1〉지금의 이 날 하루. 〈2〉=오늘날..
(43)『**금성**』
　　오늘「명」① 지금 지나가고 있는 이 날. 금일(今日). ② ‘오늘날’의 준말.

'오늘'의 품사는 대부분의 사전에서 명사로 되어 있으나 조사 결합 없이 부사어로 쓰일 수 있다. 이러한 용법을『연세』,『표준』에서는 로마자로 갈라 보이고 있으나 여타 다른 사전에서는 제시하지 않는다.

(44)『**연세**』
　　-도록2

Ⅰ 종속적인 연결 어미. ① 〔뒷문장의 내용이 일어나게끔, 의도적으로 이끌어 가는 방향이나 목적을 나타내어〕 '-게끔'의 뜻. ② 〔주로 자동사의 어간에 붙어서, 한계나 정도를 나타내어〕 '-ㄹ 정도로'의 뜻. ③ 〔시간의 한계를 나타내어〕 '-ㄹ 때까지'의 뜻.
Ⅱ ① 〔주로 '하다, 만들다' 등과 함께 쓰이어〕 그렇게 하게 함을 나타냄.
  ② 〔'-도록 하다'의 꼴로 쓰이어〕 권장 사항을 나타냄.
Ⅲ 〔종결 어미처럼 쓰이어〕 명령하는 뜻을 나타냄.

(44)에서 어미 '-도록'은 종속적인 연결어미로도 쓰이지만(Ⅰ) 사동 구문에서 '하다, 만들다'와 같은 동사와 긴밀한 구성을 이루기도 하고(Ⅱ) 종결 어미처럼 쓰이는데(Ⅲ) 이러한 용법의 차이를 『연세』에서는 의미 정보에서 로마자로 분리하여 보여 주었다.

한편 『표준』의 뜻풀이의 일반적 원칙은 다음과 같다. 『표준』은 뜻풀이의 일반 원칙을 『표준국어대사전 편찬 지침』에서 비교적 상세하게 기술하고 있으므로 여기에서는 일반적이고 기본적인 원칙만을 살펴보기로 한다. 『표준국어대사전 편찬 지침』에는 일반적, 기본적 원칙 이외에도 전문용어, 북한어, 옛말의 뜻풀이 원칙도 상세히 기술되어 있다.

〔1〕 뜻풀이의 일반적, 기본적 원칙
  ① 순환적인 뜻풀이를 피해야 하며 뜻풀이에 표제어의 일부나 관련 어휘를 사용해서는 안 된다. 다만, 다음의 경우는 표제어의 일부를 뜻풀이에 사용할 수 있다.
    -표제어의 중심 성분을 뜻풀이에 사용해야만 표제어의 뜻을 이해하기 쉬운 경우
    -중심 성분을 다른 유개념(類槪念)으로 대치하는 것이 불가능하거나 어색한 경우
    -표제어가 복합어인 경우
    -생산적인 접사(-답다, -스럽다, -롭다, -님, -질)에 의한 파생어의 경우
  ② 하나의 단어만을 정의항으로 쓸 수 없다. 단, 용언의 활용형은 사용할 수 있으며 옛말의 뜻풀이에서는 현대어 단어를 정의항으로 쓸 수 있다.
  ③ 기존 사전에 나와 있는 뜻풀이를 가급적 포괄하되 기존 사전과 동일한

뜻풀이는 피한다. 다만, 기존 사전의 뜻풀이가 전형적이며 잘 되어 있
는 경우에 한하여 이를 수용할 수 있다.
④ 유사 표제어이면 뜻풀이에서 불균형을 보이지 않게 한다.

〔2〕 뜻풀이 형식
① 정의항은 기본적으로 '종차＋유개념'의 형식을 따른다. 이때 명사는 명
사(형)으로, 동사나 형용사는 각각 동사와 형용사로, 부사와 관형사는
각각 그에 맞는 용언의 활용형으로 뜻풀이한다.
② 표제어에 대한 정보가 더 필요한 경우 부가 뜻풀이를 정의항 다음에
제시한다. 이때 '짧은 정의＋설명' 형식으로 뜻풀이하고 '설명' 부분은
반드시 종결어미 '-다'로 끝나는 형식으로 한다.
  1) 기본적인 정의항에는 포함되지 않으나, 그 표제어의 특성・구조・
    용도・예시 따위를 나타낼 때
    간01 #5 「명」「1」음식물에 짠맛을 내는 물질. <u>소금, 간장, 된장 따
      위를 통틀어 이른다.</u>
    가랫-장 #5 「명」『민』고싸움놀이에서 쓰는, 고의 머리 쪽에 가로
      로 댄 통나무. <u>멜꾼들이 이것을 어깨에 메고 손으로 받쳐
      들어 고를 움직인다.</u>
  2) 문법 정보 "(( ))"에 넣기 어려운 문법 정보를 제시할 때
    거01 #5 「1」「명」「의」'것01'을 구어적으로 이르는 말. <u>서술격 조
      사 '이다'와의 결합형은 '거'로, 주격 조사 '이'와의 결합형은
      '게'로 나타난다.</u> …
    -거니02 #5 「어미」 & 「1」「1」(('이다'의 어간, 용언의 어간 또는
      어미 '-으시-', '-었-', '-겠-' 따위의 뒤에 붙어))((예스러
      운 표현이나 문어체에 쓰여))이미 정해진 어떤 사실을 인
      정하면서 그것이 다른 사실의 전제나 조건이 됨을 나타내
      는 연결 어미. <u>흔히 뒤에는 의문 형식이 온다.</u> …
③ 상위 언어적(meta-linguistic) 뜻풀이 : "'…'의 뜻을 나타낸다", "… 임
  을 나타낸다", "… 이라는 뜻을 나타낸다", "'…'을 가리킨다", "'…'을 이
  른다." 따위의 형식을 사용한다. '…의 뜻을 나타내는 말'과 같은 형식
  도 사용한다.
④ 다른 표제어를 참고하게 하는 정의는 아래의 형식을 따른다.
  1) 다른 표제어를 참고하게 하는 정의항 유형
    가) 본말, 준말 : '…'의 본말, '…'의 준말.
    나) 높임말, 낮춤말 : '…'의 높임말, '…'의 낮춤말.

　　　다) 원말, 변한말 : '…'의 원말, '…'의 변한말.
　　　라) 피동사, 사동사 : '　'의 사동사, '　'의 피동사.
　　　마) 순화한 말 : '…'로 순화.
　　　바) 비표준어 : '…'의 잘못.
　　　사) 동의 관계 : =동의어. / 뜻풀이.　=동의어.
　　　아) 취음 표기 : '…'의 음역어 / '…'의 잘못. '…'을 한자를 빌려서 쓴
　　　　　말이다.
　　　자) 특수어 : …에서, …을 이르는(던) 말. / …의 말로, …을 이르
　　　　　는(던) 말.
　　　차) 어근 : '…'의 어근.
　　　타) 불규칙 어간 : '규칙 기본형'의 불규칙 어간.
　　　파) 북한어, 방언, 옛말 : '주표제어(부표제어)'의 북한어 / 방언 / 옛말.
　　　하) 식물명과 그 열매명 따위가 동일한 경우와 같이 상·하위 관계
　　　　　에 있으면서 동일 표제어 안에 다의어로 존재하는 경우에는 다
　　　　　음과 같이 뜻풀이를 한다. 여기에 해당하는 경우로 '…의 뿌리
　　　　　/ 줄기' 따위가 있으며 뜻풀이에 해당 표제어가 그대로 나와야
　　　　　하는 경우도 있다.
　　2) 다음의 경우에는 뜻풀이를 다른 표제어로 돌리지 않는다.
　　　가) 뜻의 차이가 조금이라도 있는 경우
　　　나) 관련어가 그 뜻풀이에 모두 대응되지 않는 경우
　　3) 뜻풀이를 참조하는 표제어가 다의어인 경우 그 번호를 밝혀야 한
　　　다. 관련 어휘 지침에 따라 정밀하게 보여 준다.
⑤ 서로 관련되는 표제어, 예를 들어 동일 접사에 의한 파생어나 동일 구
　성을 이루는 합성어, 비슷한말이나 반대말 따위는 같은 뜻풀이 형식을
　사용한다.
⑥ 동일한 유형의 표제어의 뜻풀이는 동일하게 한다.
⑦ 뜻풀이가 용례에 나타난 뜻을 충분히 포함하지 못하였으면 뜻풀이를
　수정한다.
⑧ 뜻풀이에 표제어가 어깨번호와 함께 나타날 때 뒤에 오는 조사는 번호
　를 고려하지 않은 형태가 온다.
⑨ 뜻풀이에서 사용하는 기호의 예외적 표현
⑩ 별칭어나 이칭어의 뜻풀이에서 "'…'을 달리 이르는 말" 뒤에 유래에 대
　한 설명을 제시할 수 있다.
⑪ 일부 명사의 뜻풀이에 '세는 단위는 …이다'라는 정보가 들어가 있다.
　이 정보는 삭제하고 그 단위는 용례에서 보인다.

[3] 뜻풀이 용어
　1. 뜻풀이에 사용되는 용어는 원칙적으로 뜻풀이된 표제어이어야 한다.
　2. 뜻을 정확하게 풀이할 수 있는 용어를 고르되, 가급적 쉬운 말을 사용
　　하도록 한다.
　3. 한자어와 고유어가 비슷한 빈도로 쓰이는 경우에는 고유어를 쓰는 것
　　을 원칙으로 하며, 자주 쓰이지 않거나 어려운 한자어는 문맥에 지장
　　을 주지 않는 범위 내에서 가급적 쉽게 풀어서 설명한다.
　4. 원칙적으로 준말은 사용하지 않는다. 다만, 준말이 사용 빈도가 높거
　　나 문맥상 준말이 더 자연스러운 경우는 준말을 사용할 수 있다.
　5. 한자어는 뜻의 이해에 도움이 되거나 한자를 변별할 필요가 있을 경우
　　에만 '( )' 안에 한자를 병기한다.
　6. 뜻풀이에 사용된 표제어를 ' '안에 제시할 때 '-, ^ ' 따위의 기호를 쓰
　　지 않는다.
　7. 북한어의 뜻풀이는 일반어이든 전문어이든 남한의 어휘로 뜻풀이하는
　　것을 원칙으로 한다. 뜻풀이의 띄어쓰기나 맞춤법도 남한의 어문 규범
　　에 따른다.

위에서 『표준』의 뜻풀이 원칙과 형식, 용어 등에 대하여 상세히 서술하
고 있는데 대체로 일반적인 원칙에 충실한 편이다.4) 앞서 제시한 원칙과
상반되는 것은 [1]②에서 제시한 하나의 단어만을 정의항으로 쓸 수 없다
는 것이다. 뜻풀이 형식에 있어서도 다른 표제어를 참고하게 하는 형식을
폭넓게 인정함으로써 사전의 뜻풀이의 반복적 서술을 지양하였으나 사전
사용자들이 다시 참고한 표제어로 다시 찾아가 뜻풀이를 확인해야 하는
번거로움이 단점으로 지적될 수 있다. 뜻풀이 형식 중 부가 뜻풀이를 통하
여 백과사전적인 정보를 제공하고 있다는 것을 특징으로 들 수 있다. 『연
세』와 달리 뜻풀이에서도 한자를 괄호 안에 병기할 수 있게 하였다.
　『조선말』에서 제시한 뜻풀이의 기본원칙과 일반준칙은 다음과 같다.

[1] 뜻풀이의 기본원칙과 일반준칙
　① 경애하는 수령 김일성동지와 친애하는 지도자 김정일동지께서 개념이

---

4) 『표준』의 뜻풀이에 관한 논의는 이병근(2000)을 참고할 것.

나 본질 또는 어휘적뜻을 정식화해주신 올림말의 풀이는 위대한 수령님과 친애하는 지도자동지의 명제를 정중히 모시고 그에 기초하여 뜻풀이를 하였다.

② 모든 올림말의 뜻풀이는 위대한 주체사상의 원리에 철저히 기초하여주었다.

③ 올림말에 대한 뜻풀이는 간결하고 알기 쉽게 하는것을 원칙으로 하였다. 그러나 올림말의 성격에 따라 일부는 어느 정도 상세하게 풀이하도록 하였다.

④ 뜻풀이에서는 문화어의 뜻체계를 정확히 반영하도록 하였으며 대사전의 특성을 고려하여 오늘날 쓰지 않는 낡은 뜻도 일정한 전제밑에 다 밝혀주도록 하였다.

⑤ 사회정치용어와 일부 과학기술용어들은 그 본질적내용 또는 개념을 정확히 풀이한 뒤에 필요한 보충풀이를 덧붙여주었다.

⑥ 고사와 유래가 있는 한자성어와 숙어 및 성구, 속담은 그 고사, 유래와 의미적근거를 밝혀주면서 그 뜻을 풀이하였다.

⑦ 한 올림말에 여러가지 뜻이 있는 경우에는 오늘날 우리 인민의 언어생활에서 많이 쓰이는 적극적인 뜻을 기본으로 하면서 의미발전의 과정도 정확히 알수 있도록 차례로 뜻배렬을 하였다.

〔2〕 뜻풀이의 방식

① 올림말에 대한 풀이는 원칙적으로 뜻같은말로 대치하는 방식을 쓰지 않고 뜻의 기본표식을 잡아 직접 풀이를 주도록 하였다.
그러나 뜻이 꼭같은 뜻같은말에 대하여서는 그중 하나에 풀이를 주고 다른것은 풀이한 뜻같은말과 련계를 지어주었다.

② 한 단어 안의 여러뜻은 수자를 부호 ○ 안에 넣어서 갈라주었으며 아직 옹근뜻으로까지 갈라지지 않은 뜻은 같은 번호안에서 부호 D로 갈라서 주는 방식을 썼다.

③ 단어의 뜻과 쓰임을 정확히 알도록 하기 위하여 올림말이나 개별적뜻이 일정한 시기 또는 일정한 부문에만 한정되거나 일정한 문체론적특성을 가지는경우에는 필요한 전제 또는 특성을 풀이의 앞과 뒤에 달아주었다.
원시사회에서 :
봉건사회에서 :
낡은 사회에서 :
고구려때 :

일제때 :

유교적관념에서 :

동의학에서 :

≪…≫을 높여 부르는 말

≪…≫을 롱으로 이르는 말

≪…≫을 비겨 이르는 말

≪…≫을 얕잡아 이르는 말

④ 명사말뿌리와 ≪하다≫, ≪되다≫가 어울려서 이루어진 동사가 새 뜻
을 가지지 않을 때에는 풀이를 주지 않았고 명사말뿌리와 ≪하다≫가
어울려서 이루어진 형용사는 풀이를 주고 그의 어근적 단어는 ≪(○○
하다)≫의 ≪어근적단어≫라고 준것으로 풀이를 대신하였다.

⑤ 여러개의 뜻을 가진 올림말에서 뜻파생의 갈래가 다르거나 문법적으로
서로 다른 부류에 속하는 뜻은 Ⅰ,Ⅱ,Ⅲ,Ⅳ 등으로 크게 갈라주는 방식
으로 풀이를 하였다.

⑥ 올림말의 뜻풀이가 끝난 뒤에 필요한 경우에 뜻같은말 또는 뜻반대말
을 주었다. 이때 뜻이 같은말이나 뜻반대말 앞에 부호 ⩵, ↔를 붙이
었다.

마른눈 ↔ 진눈

『조선말』의 뜻풀이는 사상적인 색채가 들어가 있다는 것을 그 특징으로
들 수 있다. 다음의 '사회'의 예를 보자.

(45) 『**조선말**』

사회01〈22〉「명」 ((철학)) ① "자연은 인간의 로동대상이고 인간생활의
물질적원천이며 사회는 사람이 생활하고 활동하는 집단입니다." (김정일)
사람이 생활하고 활동하는 집단 곧 자주성, 창조성, 의식성을 가진 사람
들의 유기적결합체이며 사람들이 물질적재부를 창조하고 리용하면서 서
로 관계를 맺고 그것을 발전시키면서 생활하고 활동하는 집단이다. 원시
공동체사회, 노예사회, 봉건사회, 자본주의사회, 사회주의, 공산주의 사
회로 구분한다. ② 군인, 학생 등이 "일반사람들의 생활령역"을 이르는
말. ‖ 학교를 졸업하고 ~에 나가다. § ③ 일정한 공통성을 가진 사람들
이 사업하는 령역. 【607】 社會

(46) 『**표준**』

사회07社會-회 / -훼 「명」 「1」 같은 무리끼리 모여 이루는 집단. ¶상류

{사회}/학생 {사회}.§「2」학생이나 군인, 죄수 들이 자기가 속한 영역
이외의 영역을 이르는 말. ¶{사회에} 진출하다 / {사회에} 적응하다 / 앞
으로 {사회에} 나가면 무슨 일을 할 작정이냐?§「3」『사』공동생활을 영
위하는 모든 형태의 인간 집단. 가족, 마을, 조합, 교회, 계급, 국가, 정
당, 회사 따위가 그 주요 형태이다. 「4」『역』촌민(邨民)이 입춘이나 입
추가 지난 뒤에 다섯째 무일(戊日)인 사일(社日)에 모이던 모임.

(46)의 『표준』에서는 표제어의 일상적인 의미만을 풀이한 데 비해 (45)
의 『조선말』의 '사회'의 뜻풀이에는 사회주의적 시각이 들어가 있는 것을
알 수 있다.

이외에도 『조선말』은 어근의 뜻풀이에서도 특징적인 면을 가지고 있으
며 뜻갈래를 나누는 데 있어서도 문법적인 측면과 의미적 측면을 함께 고
려하였다.

그밖에 국내에서 나온 사전 중에서 『학습사전』은 한국어를 배우는 학습
자를 위한 사전인데 의미 정보를 주는 데 있어서 모국어 화자를 위한 국
어사전과 변별되는 점을 가지고 있다. 대부분의 국어사전의 뜻풀이도 표
제어의 의미를 설명할 때 표제어보다 쉬운 말로 하는 것을 원칙으로 하고
있지만 외국인 학습자에게는 더욱더 뜻풀이가 쉬운 낱말로 설명되는 것이
매우 중요하다. 또한 표제어를 풀이하는 낱말이 사전의 표제어 목록 안에
들어 있어야 한다. 그러나 표제어에 따라 이러한 원칙을 지키기 어려운
경우가 있다. 이에 『학습사전』에서는 뜻풀이에 어려운 말이 사용되었을
때는 풀이가 끝난 후에 어려운 말에 대한 뜻풀이를 다시 달아 주었다. 예
를 들어 보이면 다음과 같다.

(47) 『학습사전』
단오(端午) 여자는 창포물에 머리를 감고 그네를 뛰며 남자는 씨름을 하
며 지내는 한국 명절. 음력 5월 5일. ⓗ 창포 : 옛날에 머리를 감을 때
썼던 식물.

그 외 국외 주요 사전에서의 뜻풀이 원칙에 대하여 간단히 살펴보면 『코

스모스』의 뜻풀이는 대응되는 일본어로 간단히 제시하였다. 『Longman Dictionary of Contemporary English』의 뜻풀이는 선명하고 간결한 언어로 단어의 의미를 설명하는 것을 원칙으로 하였다. 2,000개의 롱맨 정의 어휘를 사용하여 의미풀이에 쓰인 메타언어를 통제하였고 이를 부록으로 제시하였다. 2,000개의 메타 단어 이외의 단어를 사용할 경우 대문자로 보여주었다.

(48) 『Longman Dictionary of Contemporary English』
   couch1 /kauʧ/ n plural couches [C] 1 a comfortable piece of furniture big enough for two or three people to sit on ; =sofa, settee : *Tom offered to sleep on the couch*→see picture at SOFA 2 a long narrow bed for doctor's or PSYCHIATRISTS patient to lie on (밑줄 필자)

(48)에서 couch의 뜻풀이는 롱맨 정의 어휘를 사용하였는데 뜻풀이 2에서와 같이 부득이하게 정의 어휘 이외의 어휘를 사용하게 될 경우 대문자로 표시한 것을 볼 수 있다. 이 사전에서는 Signposts를 사용하여 사용자가 원하는 의미를 쉽게 찾을 수 있게 도와주었다.

(49) 『Longman Dictionary of Contemporary English』
   feed^2 n
   1 BABY [C] BrE one of the times when you give milk to a small
     baby : *the two a.m. feed*
   2 ANIMAL FOOD [U] food for animals : fish feed
   3 SUPPLY [C] a tube or piece of equipment which supplies a
     machine with something, especially FUEL
   4 TV/RADIO/COMPUTER [C,U] when a television or radio
     signal, computer information etc is sent somewhere, or the
     connection that is used to do this : *a live satellite feed from
     the space station*
   5 MEAL [C] *old-fashioned* a big meal

(49)에서 뜻풀이 번호 다음에 제시된 음영 표시의 대문자가 Signposts 인데 Signposts를 통해서 사전 사용자는 뜻풀이를 끝까지 읽지 않고도 자신이 원하는 의미를 찾을 수 있다.

『Cobuild English Dictionary for Advanced Learners』의 뜻풀이는 다음의 (50)에서와 같이 'if you…'라는 문장 형식을 사용하여 평범한 사람이 다른 사람에게 설명하는 형식을 빌려 뜻풀이를 하기도 하였다. 정의에 사용된 단어는 가능한 한 정의된 단어보다 더 빈도가 높은 것으로 한정하였다.

> (50) 『Cobuild English Dictionary for Advanced Learners』
> faithless /feiələs/ If you say that someone is faithless, you mean that they are disloyal or dishonest. (이하 생략)

4. 표제어 유형에 따른 뜻풀이 원칙 및 형식

사전의 뜻풀이는 표제어의 유형에 따라 달라질 수 있다. 품사별로 뜻풀이 형식이 달라질 수 있고, 표제어가 구나 절, 문장 등의 낱말보다 큰 단위이냐에 따라 혹은 단의어냐 다의어냐에 따라 뜻풀이 형식에서 차이를 보일 수 있다. 여기서는 주로 표제어의 품사에 따라 뜻풀이 원칙이나 형식이 어떻게 달라질 수 있는지를 중심으로 살펴보기로 하겠다.

국어사전에서 제시되는 품사 정보는 학교문법의 9품사 이외에 의존명사, 어미, 접두사, 접미사 등이 있다. 이 중 어휘형태소(lexical morpheme, 실질형태소라고도 함)로 분류되는 품사로는 명사, 대명사, 수사, 동사, 형용사, 관형사, 부사, 감탄사 등이 있고 문법형태소(grammatical morpheme, 형식형태소라고도 함)에는 조사, 어미, 접사 등을 들 수 있다. 어휘형태소와 문법형태소는 뜻풀이 형식에 있어서도 차이가 있다. 다음은 『연세』의 어휘

형태소의 뜻풀이이다.

(51) 학생 몡 학교에 다니면서 공부를 하는 사람.
(52) ㄱ. 너 대 손아랫사람이나 친구 사이에 쓰는 이인칭 대명사.
     ㄴ. 저 대 ① 대화에 참여하지 않았으나 눈앞에 보이는 사람이나 제삼자
        를 지칭하는 3인칭 대명사. ② 화자에게서 멀리 떨어져 있는 일이나
        사물을 가리키는 대명사.
(53) ㄱ. 셋 쥐 둘에 하나를 더한 수.
     ㄴ. 백 쥐 열의 열 곱절이 되는 수. 아흔아홉에 하나를 더한 수.
(54) ㄱ. 신다 통 신이나 양말 따위로 발의 전부나 일부를 덮다.
     ㄴ. 신기다 통 (신이나 양말을) 신게 하다.
(55) ㄱ. 자그마하다 혱 조금 작은 듯하다.
     ㄴ. 빨갛다 혱 (색깔이) 흐르는 피나 잘 익은 사과처럼 진하고 산뜻하게
        붉다.
(56) ㄱ. 헌 괜 오래된. 낡은
     ㄴ. 세 괜 둘에 하나를 더한 만큼의, 넷에서 하나를 뺀 수의.
     ㄷ. 저 괜 ① 대화하는 사람에게 보일 만큼 비교적 가까운 거리에 있는
        사람이나 사물을 가리킬 때 쓰는 말. ② ['이 ~ 저 ~ '의 꼴로 쓰이
        어] '여러 가지'라는 뜻을 나타냄. ③ [주로 관형어 앞에 쓰이어] 어
        떤 사물의 상태를 강조할 때 쓰는 말.
(57) ㄱ. 항상(恒常) 뛰 언제나.
     ㄴ. 매우 뛰 보통의 정도를 훨씬 더 넘게.
     ㄷ. 뽀드득 뛰 이를 갈거나 눈 따위를 밟을 때 나는 소리를 나타냄.
     ㄹ. 펄쩍 뛰 ① 가볍고 힘있게 한 번에 뛰거나 나는 모양을 나타냄. ②
        갑자기 정신이 들거나 놀라는 모양을 나타냄.
(58) ㄱ. 아무렴 갬 '말할 것도 없이 그렇다', '물론'의 뜻을 나타냄.
     ㄴ. 에구머니 갬 몹시 놀랐을 때 하는 말.
     ㄷ. 이런 갬 (생각한 것과 달리 일이) 뜻밖에 일어났을 때 내는 소리.

(51)~(58)의 예를 보면 뜻풀이 형식에 있어서 표제어의 품사 범주를
따르고 있음을 알 수 있다. 다시 말해서 명사는 명사로 끝나고 동사는 동
사의 형태로, 형용사는 형용사의 형태를 가지며 나머지 품사들도 표제어의
품사의 형태로 뜻풀이가 되어 있다. (52)는 대명사의 경우 직시적(deictic)
특성으로 인하여 '이인칭 대명사'라는 문법적 용어를 사용하여 뜻풀이를

한 것을 보여 준다. 이는『표준』에서도 마찬가지이다.

(59) 『표준』
너01 「대」 듣는 이가 친구나 아랫사람일 때, 그 사람을 가리키는 이인칭
대명사. 주격 조사 '가'나 보격 조사 '가'가 붙으면 '네'가 된다.

(53)은 수사의 뜻풀이이다. 고유어 계열과 한자어 계열의 뜻풀이 형식
이 크게 다르지 않다. (54)는 동사의 뜻풀이를 보인 것인데 ㄴ의 사동사
의 뜻풀이는 주동사를 이용하여 하였다.『조선말』이나『표준』에서는 사동
사의 뜻풀이를 '~의 사동사'의 형식을 취하고 있다. (55)의 형용사 뜻풀이
를 보면 형용사의 형식을 따르고 있음을 알 수 있는데 (55ㄴ)에서와 같이
색채형용사는 비유적 용법을 사용하여 뜻풀이를 하였다.『조선말』에서는
'희다, 검다, 붉다, 노르다, 푸르다' 등의 기본적인 몇 개의 색채형용사만
을 비유적 용법으로 하고 나머지 색채형용사는 이를 사용하여 뜻풀이를
하였다.

(60) 『조선말』
빨갛다 「형」 ① (색갈이) 매우 발갛다.
발갛다 「형」 ① (빛갈이) 산뜻한 맛이 나게 붉다.
붉다 「형」 ① 피나 익은 고추의 빛과 같다.

『우리말』,『금성』에서도 (60)과 같은 뜻풀이 형식을 취한다. 이와 같은
형식은 사전 사용자가 이러한 뜻풀이 원칙을 모를 경우 표제어를 여러 번
찾아봐야 하는 불편을 야기할 수 있다.
(56)의 관형사 뜻풀이를 보면 관형사의 하위 유형에 따라 뜻풀이 형식
에도 차이가 있음을 알 수 있다. (56ㄱ)의 성상 관형사는 동사나 형용사
의 관형사형으로 풀이되어 있으며 (56ㄴ)의 수관형사는 수사를 이용한 뜻
풀이가 되어 있고 (56ㄷ)의 지시관형사의 경우는 대명사인 (52ㄴ)의 뜻풀
이 형식과 유사하다. 부사의 뜻풀이를 보인 (57)에서 (57ㄱ)에서와 같이

비슷한 의미를 가진 다른 부사로 뜻풀이를 하거나 (57ㄴ)처럼 용언의 부사형으로 뜻풀이를 하는 유형이 있음을 알 수 있다. (57ㄷ)과 (57ㄹ)은 의성어, 의태어 등 상징어의 뜻풀이를 보인 것인데 '~ 소리를 나타냄', '~ 모양을 나타냄'의 형식을 가지고 있다. (58)에서 감탄사의 뜻풀이는 다른 어휘형태소와 달리 '~을 나타냄', '~할 때 하는 소리, ~할 때 하는 말'과 같이 오히려 문법형태소의 뜻풀이 형식과 더 비슷함을 볼 수 있다.

앞에서 동사와 형용사의 경우 표제어의 품사 형태를 따라 뜻풀이를 한다고 하였는데 이러한 원칙에 어긋나는 경우도 흔히 발견된다.

(61) 『연세』
　　 낡다 형 ① (물건이) 오래되어 헐거나 해진 상태에 있다. ② (생각이나 제도 등이) 새롭지 못하고 시대에 뒤떨어지다.
　　 맞다 동 Ⅰ① 틀리지 않다. ② 정해진 것과 잘 일치하다. ③ 더하거나 덜하지 않고 적당하다.④ 틀림이 없다. ⑤ 〔문장의 맨앞에 쓰이어〕 (앞 사람의 말에 동의하여) 그렇다. 옳다.
　　　　　 Ⅱ ① (크기나 규격이) 합치하다. ② ㉠한 쪽이 다른 쪽에 알맞게 어울리다. ㉡(감정, 마음, 입맛 등에) 들다. ③ 잘 어울리거나 조화를 이루다.
　　　　　 Ⅲ 서로 어긋나지 않고 일치하다.

(62) 『표준』
　　 낡다 「형」 「1」 물건 따위가 오래되어 헐고 너절하다. 「2」 생각이나 제도, 문물 따위가 시대에 뒤떨어져 새롭지 못하다.
　　 맞다 「동」 Ⅰ「1」 문제에 대한 답이 틀리지 아니하다. 「2」 말, 육감 따위가 틀림이 없다. 「3」 (앞 사람의 말에 동의하는 데 쓰여) 그렇다 또는 옳다 의 뜻을 나타내는 말.
　　　　　 Ⅱ 【…이】 「1」 어떤 대상이 누구의 소유임이 틀림이 없다. 「2」 어떤 대상의 내용, 정체 따위의 무엇임이 틀림이 없다.
　　　　　 Ⅲ 【…에/에게】 「1」 어떤 대상의 맛, 온도, 습도 따위가 적당하다. 「2」 크기, 규격 따위가 다른 것에 합치하다.
　　　　　 Ⅳ 【…과)】 (…과 가 나타나지 않을 때는 여럿임을 뜻하는 말이 주어로 온다) 「1」 어떤 행동, 의견, 상황 따위가 다른 것과 서로 어긋나지 아니하고 일치하다. 「2」 【…에 / 에게】 모습, 분위기, 취향 따위가 다른 것에 잘 어울리다.

(61), (62)의 '낡다'는 형용사로 품사 표지가 주어져 있는데 뜻풀이는 대부분 동사의 뜻풀이 형태를 하고 있고 이와 반대로 '맞다'는 동사인데 뜻풀이는 형용사로 되어 있는 의미 항목이 더 많다. 표제어의 품사 지위는 의미가 아니라 활용형에 근거하기 때문에 품사 정보와 의미 정보의 불일치가 일어날 수 있는 것이다.

9품사에는 들어가지 않지만 명사의 하위 유형 중 한국어에서 수도 많고 형태적으로도 의존적이어서 다른 품사들과 구별되는 의존명사는 국어사전에서 별도의 품사 정보를 주고 있다. 다음은 『연세』에서 의존명사의 뜻풀이를 보인 것이다.

> (63) ㄱ. 줄 ⑨ ① [어미 '-ㄹ' 꼴 뒤에 쓰이어] (어떤 것을 하는) 방법. ② 어떤 것을 하는 능력. ③ ['-ㄴ, -ㄹ' 꼴 뒤에 쓰이어] ㉠ 것. 사실. 사태. ㉡~ 것으로.
> ㄴ. 개 ⑨ (숫자 다음에 써서) 하나씩 떨어져 있는 물건들의 수를 나타냄.
> ㄷ. 마리 ⑨ 짐승, 물고기, 벌레 따위의 수를 세는 단위를 나타냄.

의존명사의 경우 특정한 관형사형 어미와 어울려 쓰이거나 수관형사 다음에 쓰이는 등의 형태적인 제약을 가지고 있는데 이러한 형태 정보가 의미 정보 구획 안에서 [ ]나 ( ) 등의 괄호를 사용하여 드러나 있다. (63ㄴ), (63ㄷ)은 단위성 의존명사 혹은 분류사라 하는 부류인데 '~의 수를 나타냄' 혹은 '~의 수를 세는 단위를 나타냄' 등의 형식을 사용하고 있다.

다음에서는 문법형태소의 뜻풀이에 대하여 살펴보기로 하겠다. 아래의 예는 『연세』에서 '어미, 조사' 등 문법형태소의 뜻풀이를 보인 것이다.

> (64) ㄱ. 가 ⑳ Ⅰ 주격 조사. ① 행위의 주체를 나타냄. ② 심리 작용의 주체를 나타냄. ③ 대상을 나타냄. ㉠ 어떤 상태나 조건에 놓여 있는 실체를 나타냄. ㉡ 어떤 행위가 수행되는 데 있어서 그 목적이 되는 대상임을 나타냄. ㉢ 심리 작용이 미치는 실체를 나타냄. ㉣ 상태나 조건의 변화를 겪는 실체를 나타냄.
> Ⅱ ['되다'나 '아니다'의 바로 앞에 오는 필수 성분에 붙어서]

대상을 나타냄. ① '그렇게 되는 대상임'을 나타냄. ② '부
정이 되는 대상임'을 나타냄.

Ⅲ 화용의 양상에서 살펴본 용법. ① 〔단순히 지적하거나, 여
럿 가운데 선택 지정된 말에 붙어 쓰이어〕 그것을 (특별히
선택하여) 지적함의 뜻을 나타냄. '다름 아닌 ~'의 뜻을
나타냄. ② 새 정보를 나타내는 데에 쓰임. ③ 강조함을 나
타냄. ㉠ 〔'않다, 못하다' 등과 함께 쓰이어〕 앞에 오는 말
에 붙어 이를 지적하여 강조함을 나타냄. ㉡ 〔일부 부사와
함께 쓰이어〕 이를 강조함을 나타냄. ㉢ 〔'부터'와 같은 보
조사 뒤에 쓰이어〕 이를 강조함을 나타냄. 인용되는 말의
출처를 나타냄. ⑤ 〔부사어 자리에서 수량을 나타내는 말
에 붙어 쓰이어〕 그 수를 지적하여 강조함을 나타냄. ⑥
관용 표현에 쓰임. ㉠ 〔'-ㄴ / -는 / -ㄹ 것이'의 꼴로 쓰이
어〕 당위적인 사실이나 판단의 기준 등을 끌어내어 뒤에
오는 말의 근거로 삼는 데에 쓰임. ㉡ 〔'-기가 무섭게'의 꼴
로 쓰이어〕 '어떤 행동이 이루어지자마자 곧'의 뜻을 나타
냄. ㉢ 〔'-ㄹ 수가 있다 / 없다'의 꼴로 쓰이어〕 어떤 행동
이나 현상의 가능성 여부를 나타냄.

ㄴ. 만 조 Ⅰ 〔어느 것을 선택하고 다른 것을 배제함을 나타내어〕 '오로
지, 단지, 오직'의 뜻.

Ⅱ 〔'딱 한 번' 등과 같이 제한함을 나타내는 말에 쓰이어〕 말하
는 이의 가장 낮은 기대를 나타냄. '최소로 제한하여'의 뜻.

Ⅲ 비교함의 뜻을 나타냄. ① 〔'~만 같지 못하다'의 꼴로 쓰이
어〕 뒤에 말한 행위나 상태가 앞의 것보다 나쁘거나 덜함
을 뜻함. ② 〔'~만 같다'의 꼴로 쓰이어〕 '~인 것과 꼭',
'~과 꼭'의 뜻을 나타냄. ③ 〔'~만(은) 못하다'의 꼴로 쓰
이어〕 '~에 비하여 그보다 못하다'의 뜻을 나타냄.

Ⅳ 강조의 뜻을 덧붙임. ① 〔앞말의 의미를 강조하여〕 그러한
행위나 상태가 지속됨의 뜻을 나타냄. ② 〔'-ㄹ / -ㄴ 것만 같
다'의 꼴로 쓰이어〕 '마치 정말 그런 듯하다'의 뜻을 나타냄.

(65) -니까 어미 연결 어미. ① 뒤에 오는 말에 대하여 원인이나 근거를 나타
냄. ㉠ 이유를 나타냄. ㉡ 원인을 나타냄. ② 앞의 사실이 진행된 결과
뒤의 사실이 그러함을 나타냄. ③ 앞의 행동을 진행한 결과 곧 뒤의 행
동이 일어나거나 어떠한 상태로 됨을 나타냄. ④ 이야기되는 내용의 근
거를 나타냄. '알고 보니까, 듣고 보니까, 듣자니까' 등의 꼴로, 관용어처

럼 쓰임.
(66) ㄱ. -개 **접두** ① 〔구체명사 앞에 붙어〕 '참 것이 아닌, 좋은 종류가 아닌,
함부로 된, 가치가 없는'의 뜻을 나타냄. ② 〔추상명사 앞에 붙어〕
'가치가 없는'의 뜻을 나타냄.
ㄴ. -개 **접미** 〔일부 동사 어근 뒤에 붙어〕 '작고 간단한 기구'를 뜻함.

『연세』는 어미, 조사 등의 문법형태소의 뜻풀이가 상세한 것을 그 특징
으로 들 수 있는데 뜻갈래도 먼저 로마자로 큰 부류를 나누고 그 다음에
원번호를, 맨 마지막 단계로 ㉠, ㉡, ㉢…의 하위 갈래를 보였다. (64ㄱ)
은 격조사의 예이고 (64ㄴ)은 보조사의 예이다. 격조사의 뜻풀이에 비해
보조사의 뜻풀이는 어휘적인 요소가 가미되어 있음을 알 수 있다.[5] (65)
는 어미의 뜻풀이인데 '~을 나타냄'의 형식을 취하고 있음을 보여 준다.
(66)의 접미사, 접두사와 같은 접사들도 '~을 나타냄, ~을 뜻함' 등의 형
식으로 뜻풀이가 되어 있다. 접사의 경우 뜻풀이 앞의 괄호에서 어근에
대한 정보를 주었다.

『표준』의 편찬 지침에서도 뜻풀이 원칙으로 상위 언어적(meta-linguistic)
뜻풀이인 "'…'의 뜻을 나타낸다", "'…'임을 나타낸다", "'…'이라는 뜻을 나
타낸다", "'…'을 가리킨다", "'…'을 이른다." 따위의 형식을 사용한다. "'…'
의 뜻을 나타내는 말"과 같은 형식도 사용한다는 것을 밝혀 주었다. 이러
한 상위 언어적 뜻풀이는 명사나 동사 어간이 제한된 조사나 어미와 쓰이
는 경우, 의존명사, 문법 형태소, 부사, 관형사, 대명사 등에 제한된다고
하였다.

이밖에 전문용어나 신조어의 뜻풀이를 기술할 때도 일반적인 표제어와
다른 측면이 많다. 남길임(2008)에서는 대사전에서 접할 수 있는 전문용어

---

5) 형태소를 어휘형태소와 문법형태소로 가를 때 중간 범주적 성격을 지닌 요소들의 처
리가 문제될 수 있다. 민현식(1999 : 6)에서는 파생접사 중에 한정접사는 어휘형태소
의 특징을, 지배접사는 문법형태소의 특성을 나타내고 보조사도 '은/는, 만, 도' 등은
어휘형태소의 특성을 가지고 있으며 '이야, 이나, 이든지' 등은 문법형태소의 특성을
나타낸다고 하였다.

의 범위의 문제와 전문용어 뜻풀이, 정의의 체계성을 중심으로『표준』을 분석한 바 있으며, 이현주(2007 : 59)에서는 일반 사전에 수록된 전문용어는 백과사전이나 전문어 사전의 항목을 그대로 옮겨온 것이 아니라 그 사전의 목적과 역할에 부응하는 단위여야 한다고 주장한 바 있다. 후자의 경우, 사전에서 제시될 수 있는 전문용어는 다음과 같다.

① 일상생활이나 신문, 잡지, 비학술적 전문잡지 등에서 만날 수 있는 전문용어 수록
② 비전문가가 이해하기 쉬운 정의
③ 전문용어와 그 정의에 대한 개정

위의 기준은 일반 사전에서의 전문용어는 비전문가를 위한 것이라는 것을 보여 준다. 그러므로 전문용어사전이나 백과사전이 아닌 일반적인 국어사전에서의 전문용어의 뜻풀이도 이러한 점이 고려되어야 할 것이다.

(67)『표준』
　　양서-류(兩棲類)〔양 : ㅡ〕圕 양서강의 동물을 일상적으로 통틀어 이르는 말. 어류와 파충류의 중간으로 땅 위 또는 물속에서 산다.
(68)『우리말』
　　양:서-류:(兩棲類) (이) 〈동〉 땅위와 물에 두루 잘 사는, 개구리·도롱뇽 따위의 동물. 〈한〉수륙양서류.
(69)『금성』
　　양:서-류(兩棲類) 圕 【Amphibia】『동』 척추 동물의 한 강(綱). 어류와 파충류의 중간으로, 땅 위 또는 물 어디에서도 살 수 있음. 개구리목·도롱뇽목·무족목 외에는 모두 화석종임. 어릴 때는 물 속에서 아가미 호흡을 하지만 변태 후에는 폐호흡을 함. 난생을 하며 변온 동물임. 비늘·털 따위는 거의 없음. 세계에 약 3,000종이 알려져 있으나 해산종(海産種)은 없음. 개구리강. 물뭍 동물.

전문용어인 양서류 뜻풀이 중 (69)의『금성』의 뜻풀이가 가장 백과사전식의 정의에 가까우며 (68)의『우리말』이 가장 쉬운 어휘로 뜻풀이를 하였다. 전문용어는 일반적인 어휘와 구별될 수 있지만 구분이 그리 쉬운

것은 아니다. 하나의 어휘가 전문용어와 일반용어의 뜻풀이를 함께 가지고 있는 경우도 있다.

(70) 『표준』
- 양성-자(陽性子) 몡『물』 중성자와 함께 원자핵의 구성 요소가 되는 소립자의 하나. 질량은 전자의 약 1,800배이고 양전하를 가지며 전기량은 전자와 같다. 원자핵 내의 양성자의 수는 그 원자의 원자 번호를 나타낸다. 기호는 P. ≒프로톤01(proton).
- 우주02(宇宙) 〔우:-〕 몡「1」 무한한 시간과 만물을 포함하고 있는 끝없는 공간의 총체. ¶{우주} 만물 / {우주에} 가득 차다 / 대의를 {우주에} 밝혀서 천하의 충신 의사로 하여금 나의 고충을 알리려 함이었던 것이다. ≪박종화, 임진왜란≫§「2」『물』 물질과 복사가 존재하는 모든 공간. 「3」『천』 모든 천체(天體)를 포함하는 공간. ¶광할한 {우주} / {우주를} 왕복하다 / {우주에} 관하여 연구하다. §「4」『철』 만물을 포용하고 있는 공간. 수학적 비례에 의하여 질서가 지위져 전체적으로 조화를 이루고 있는 상태를 강조할 때에 사용되는 피타고라스학파의 용어이다.
- 수술05(手術) 몡「1」『의』피부나 점막, 기타의 조직을 의료 기계를 사용하여 자르거나 째거나 조작을 가하여 병을 고치는 일. 피를 내며 하는 관혈적 수술(觀血的手術)과, 피를 내지 않고 하는 무혈적 수술이 있다. ¶맹장 {수술} / {수술이} 잘되다 / {수술을} 받다.§「2」 어떤 결함 따위를 근본적으로 고치는 일을 비유적으로 이르는 말.수술-되다#$〔--되-/--돼-〕「동」「1」『의』⇒수술05〔1〕. 「2」⇒수술05〔2〕.수술-하다#$「동」【…을】「1」『의』⇒수술05〔1〕. ¶환자를 {수술하다} / 골절 부위를 {수술하다}.§「2」⇒수술05〔2〕. ¶지금이야말로 사회 전반에 걸쳐 있는 부패를 {수술해야} 할 시기이다.§

(70)에서 '양성자'는 물리학 전문용어이며 일반 어휘로는 사용되지 않는 어휘이다. '우주'는 일반적인 어휘로서의 뜻풀이와 함께 물리학, 천문학, 철학의 전문용어로서의 쓰임을 함께 가지고 있으며 '수술'은 의학 용어로 기술되고 있다. (70)을 통하여 볼 때 전문용어와 일반용어는 그 구분 기준이 모호함을 알 수 있다.

최근 신조어가 증가하고 있는데 사전에 등재되는 신조어의 뜻풀이 정보를 어떻게 줄 것인가의 문제가 있다.

   (71) 『표준』
     홈^쇼핑 home shopping 『경』 구매자가 집에서 백화점이나 슈퍼마켓
     따위에서 보낸 상품 정보를 보고 상품을 골라 사는 통신 판매 방식.
   (72) 『금성』
     홈:쇼핑 home shopping 「명」『경』 외출하지 않고 가정에서 백화점·슈
     퍼마켓 등의 상품 정보를 보고 물건을 사는 통신 판매의 일종.
   (73) 『연세』
     홈쇼핑 몡 가정에서 백화점, 슈퍼마켓 등에 직접 가지 않고 광고나 텔레
     비전, 인터넷을 통하여 상품 정보를 보고 물건을 주문하는 일.

   (71), (72)는 신조어인 '홈 쇼핑'의 기술이다. 현재 사용되고 있는 '홈
쇼핑'의 의미와는 동떨어져 있다. (73)의 『연세』의 뜻풀이는 비교적 정확
하다. (71)은 1999년판 『표준』의 뜻풀이인데 최근 국립국어원에서 개정
된 인터넷판 『표준』의 '홈 쇼핑'의 뜻풀이는 다음과 같다.

   (74) 『표준』(2008, 인터넷 개정판)
     홈^쇼핑(home shopping)「명사」
     『경제』
     구매자가 집에서 텔레비전, 상품 안내서, 인터넷 따위를 보고 상품을 골
     라 전화나 인터넷을 통하여 사는 통신 판매 방식.

   신조어의 경우 어휘의 의미가 고정되어 있지 않고 상황에 따라 변하는
경우가 많기 때문에 뜻풀이 정보를 줄 때 이에 대한 고려가 있어야 한다.
'홈 쇼핑'처럼 어휘 자체가 새로 생기는 경우도 있지만 기존의 어휘에 새
로운 의미가 추가되는 경우도 있다.

   (75) 『표준』
     포장-마차布帳馬車「명」「1」 비바람, 먼지, 햇볕 따위를 막기 위하여 포
     장을 둘러친 마차. ≒황마차. ¶{포장마차를} 타다 / 서부 영화에나 나옴
     직한 {포장마차} 같겠구나. ≪김원일, 어둠의 축제≫§「2」 손수레 따위

> 에 네 기둥을 세우고 포장을 씌워 만든 이동식 간이주점. 주로 밤에 한
> 길가나 공터에서 국수, 소주, 안주 따위를 판다. ≒포장집. ¶{포장마차
> 를} 경영하다 / 그는 퇴근 후 회사 앞 {포장마차에서} 동료들과 한잔하였
> 다. / 어두운 길모퉁이 {포장마차} 속에서 떠들어 대며 소주를 마셨다.
> ≪유재용, 성역≫§

(75)의 '포장마차'의 2번 항목은 원래 의미에 새로 추가된 의미인데 최
근 손수레가 아닌 대형 실내 포장마차가 생기면서 뜻풀이를 수정해야 할
필요성이 생겼다.

5. 문법 정보와 화용 정보의 제시

품사 표지 뒤에서 용례 전까지는 의미 정보 구획으로 볼 수 있는데 앞
에서 살펴보았듯이 이 의미 정보 구획 안에는 뜻풀이뿐 아니라 형태·통
사적인 정보나 화용적인 정보가 제시되어 있는 경우가 많다. 이종희(2004)
에서는 기존 국어사전에서 의미 정보 구획 안에서 괄호를 사용하여 문법
정보나 화용 정보를 어떻게 제시하였는가에 대하여 살펴보고 올바른 괄호
사용에 대한 제안을 하였다. 문법 정보나 화용 정보의 내용적 측면에서는
별도의 장에서 상술하였으므로 여기에서는 이종희(2004)에서 문법 괄호인
〔 〕와 의미 설명 괄호인 ( )의 사용에 대한 제안을 요약함으로써 의미
정보 구획 안에 제시될 수 있는 문법 정보와 화용 정보에 대하여 알아보
기로 하겠다.

먼저 문법 괄호인 〔 〕의 사용은 다음의 경우에 한한다.

  1) 통사적 정보를 나타낸다.
    ① 품사의 전이를 나타낸다.
    ② 용언에서 활용형이 제약된 경우를 보여 준다.

③ 해당 표제어가 주로 쓰이는 꼴을 보여 준다.

④ 해당 표제어의 앞뒤 환경에 대한 정보를 준다.

2) 표제어의 형태적 정보를 나타낸다.

① 형태적 변이 형태의 환경 정보를 보여 준다.

② 둘 이상의 단어가 줄어든 꼴이거나 줄인 꼴의 경우, 줄어들기 전의 원래 형태들의 결합 정보를 줄 때 사용한다.

3) 표제어와 같이 어울려 쓰이는 단어들의 의미상의 선택 제한을 나타낸다. 해당 표제어가 특정한 의미를 지닌 단어들과 쓰인다든지 하는 정보를 보여 준다.

의미 설명 괄호인 (   )의 사용은 다음의 경우에 한한다.

1) 해당 표제어가 필요로 하는 논항에 대한 정보를 준다.

2) 해당 표제어와 바꿔 쓸 수 있는 의미 부분을 제외하고 그 단어의 의미를 잘 이해하도록 보충 설명하는 부분을 (   )로 나타낸다.

3) 해당 단어의 어법 정보를 나타낸다.

① 말의 어감을 설명한다. '친근하게 / 얕잡아 / 겸손하게 / 귀엽게…' 등의 메타 술어를 사용하였는데 각각의 메타 술어의 수와 사용법에 대하여 한정할 필요가 있다.

② 아이들의 말이나 지칭어, 호칭어를 나타낸다.

4) 화용적 정보를 보여 준다.

① 시공간적 배경을 나타낸다.

② 해당 표제어가 자주 쓰이는 특정 영역을 나타낸다.

③ 발화 상황을 설명하거나 발화의 유형과 억양에 대한 정보를 준다.

위의 제안은 형태·통사적 정보는 문법 괄호 안에 주고 의미를 보충하거나 어법 정보, 화용 정보 등은 의미 설명 괄호 안에 주어 일관성을 유지하게 하자는 것이다. 이는 의미 정보 구획에서 표제어의 뜻풀이에 대한 정보뿐 아니라 문법적인 정보나 화용적인 정보까지도 제시되고 있음을 보여 준다.

6. 맺음말

국어사전에서 뜻풀이는 가장 중요한 정보인데도 불구하고 현재까지 국내외에서 출판된 국어사전의 뜻풀이는 서로가 서로를 베끼는 수준에 머물러 있었다고 해도 과언이 아니다. 이러한 사전 편찬의 관행은 잘못된 뜻풀이가 수정되지 않고 계속 사전에 남아 있는 결과를 가져 왔다. 최근 말뭉치 용례 분석을 기반으로 한 사전들이 편찬되면서 이러한 문제점들은 차차 수정될 수 있다는 가능성을 보여 주었다. 사전이 살아있는 어휘의 모습을 투영하는 거울이라는 점에서 실제 용례 분석을 뜻풀이에 적극적으로 수용하는 방법론은 매우 긍정적이다. 그러나 말뭉치를 기반으로 한 사전 편찬론에서 말뭉치의 균형성 문제나, 오기, 오용 등 실제 용례에서 나타날 수 있는 실수로 인한 말뭉치의 신뢰성 문제 등 말뭉치를 어디까지 믿을 수 있을 것인가 하는 근본적인 문제가 제기된다. 최근 편찬 중인 사전에서 인터넷 용례를 적극적으로 수용하는 추세를 감안할 때 이러한 문제는 더욱더 심각하게 다가온다. 또 하나의 문제는 표제어의 특정한 의미 항목이 말뭉치에 나타나지 않는다고 해서 그 의미를 버릴 것이냐 하는 것이다. 말뭉치의 근본적인 문제, 즉 세상에 있는 모든 용례를 다 보여줄 수 없다는 문제로 인하여 의미 항목의 삭제나 표제어의 삭제는 신중하게 처리해야 할 것이다.

더 읽을 거리

❶ 뜻풀이의 원칙에 대하여서는 심재기(1987), 이기동(1995), 이상섭(1998), 이병근(2000), 조재수(2003), 조재수(2006) 등을 참조하라.

❷ 국어사전의 뜻풀이 어휘를 이용하여 어휘의 개념과 의미자질에 대한 논의를 한 연구로 김한샘(2000), 김준수·옥은주·이동수·옥철영(2001) 등이 있으며, 전문용어의 뜻풀이에 대한 논의로는 남길임(2008) 등이 있다.

연 습 문 제

❶ 다음에서 제시한 유의어군을 뜻풀이의 순환을 하지 않고 의미를 기술할 방안에 대하여 논의해 보라.

(1)

> 불쌍하다 : 처지가 안되고 애처롭다.
> 애처롭다 : 가엾고 불쌍하여 마음이 슬프다.
> 슬프다 : 원통한 일을 겪거나 불쌍한 일을 보고 마음이 아프고 괴롭다.
> 괴롭다 : 몸이나 마음이 편하지 않고 고통스럽다.
> 원통하다 : 분하고 억울하다.
> 억울하다 : 애매한 일을 당하여 분하고 답답하다
> 분하다 : 억울한 일을 당하여 화나고 원통하다.

(2)

> 따뜻하다 : 덥지 않을 정도로 온도가 알맞게 높다.
> 덥다 : 기온이 높거나 기타의 이유로 몸에 느끼는 기운이 뜨겁다.
> 뜨듯하다 : 뜨겁지 않을 정도로 온도가 알맞게 높다.

> 따사하다 : 조금 따뜻하다.
> 뜨겁다 : 손이나 몸에 상당한 자극을 느낄 정도로 온도가 높다.
> 따끈하다 : 꽤 따뜻하고 더운 느낌이 있다.

❷ 다음의 말뭉치 용례 분석을 기반으로 '마당', '자르다'의 뜻풀이를 기술하라.

(1) '마당'의 용례

#	그는 햇빛이 묶음으로 꽂혀 내리는	____마당____	한가운데로 내려서서 한동안 우두커니 서 있었다.
#	고 멍충하니 마당을 보고 있잖게, 풀내암하고 솔나무잎놀이 한	____마당____	차고 들면서, 나를 또 울게 맹글었다고 라우.
#	드넓은 바깥	____마당____	한 편엔, 양철 지붕의 커다란 창고가 한 길을 굽어보듯 우뚝 했다
#	여름이면	____마당____	귀퉁이에 모깃불이 타고 전등을 내다 건 평상 위에서 고모는
#	망과 절망, 기쁨과 슬픔을 번갈아 연기하는 한자리 질편한 놀이	____마당____	같은 게 인간 사회가 아닌가 하는 믿음만 짙어진다.
#	천성으로 목청이 좋은 그는 한 달 스무 날 만에 판소리 다섯	____마당____	가운데에 중요한 몇 대목을 배울 수 있었고 곧장 무대에 섰다.
#	우선은 대학로의 풍류	____마당____	개장을 탓하지 않는다는 전제 조건 아래서 이 사비가 기려져야
#	극장 건물에 설치된 무대이건, 임의로 설치된	____마당____	공간이건, 연극이 행해지는 공간은 그 속에 어떤 특정한 사건
#	그런 의미에서	____마당____	굿은 예술과 문학, 지식 세계, 사상계 전체를 통틀어서 우리
#	소 판화 섬유 미술 등 각 전공별로 주민들과 함께 벌이는 예술	____마당____	(각 학과의 특성에 맞는 대규모 퍼모먼스(식 영상제 같은 프로그

#	로 이루어져 있었으나, 지금 그 이야기가 전해지는 것은 여섯	__마당뿐이다__	
#	게다가 어차피 썩은 오물을 닫고 서 있는	___마당에___	못할 짓도 못할 말도 없는 것이었다
	그러나 어차피 이해를 구하고 부탁을 하는	___마당에___	그런 얘기를 못할 이유도 없으리라는 생각으로 곧이어 그는 의
	신과 타협이 잘된	___마당에___	리의 문제가 튀어나온 것은 여러모로 반갑지 않았다.
	아버지에게 굴복하기로 한	___마당에___	그건 말도 안 되지
#	주연은 대학을 그만두는	___마당에___	못할 말이 없다.
#	노인이 먼저 엽총을 찾아들고 마루에서	__마당으로___	내려섰다.
#	방문을 열고	__마당으로___	나가고 싶었다.
#	하여 실현시키고자 하였으며 더 나가서 그 교육이 이루어지는	_마당으로서는_	민주적 자유주의 사회의 건설을 기득하고 거기서 가치의 실현
#	이곳 서울 놀이	___마당은___	1984년 12월 15일 서울 강동구 잠실에 우리의 전통 예술을
#	다음날 아침, 홍우는	___마당을___	쓸다가 흘깃 부엌 쪽을 바라보았다.
#	해전부터 신라 문화제라는 민속 행사를 마련하여 해마다 놀이	___마당을___	펼쳐 보여 주는 것이다.
#	국민 감정상 여러모로 좋지 않고, 한일 문화 교류가 본격화 된	___마당이___	아닌데 우리측에서 주최하기에는 어색하다는 일부의 우려가
#	이제 화면은 생각하는	___마당이___	아니라 온몸으로 뒹굴 수 있는 표현하는 마당임을 인식시킨다.

(2) '자르다'의 용례

반으로	[자른]	드럼통에 물을 채워 목도를 메고 오는 것이다.	
산비탈을	[잘라]	만든 시멘트방벽 곁을 지나면서부터 차소리가 갑자기 증폭되어 크게 울려왔다.	
계장은 한마디로	[잘라]	말했다.	
장서방은 한지를	[잘라]	노끈을 꼬면서 느적느적 말을 했다.	
두만네가 넋두리를	[잘라버린다.]		
커트하고 뒷머리는 층을 주어	[잘래]	풍성한 입체감을 준다.	
팽이버섯은 밑동을	[잘라내고]	씻어 건져 물기를 뺀다.	
쓰신 글을 신문에서	[잘래]	내어 노트에 붙여 두고 여러 번 읽었습니다.	

김주사는 한마디로 딱	[자르며]	거절했다.
나무나 짐승은 함부로	[자르고]	잡아도 되는 것일까?
알미늄 파이프를 마구	[잘라내도]	날이 끄떡없는 부엌칼이 실제로 있지요.
얼굴과 몸이 반쪽으로	[잘라진]	아이도 보이는구나.
3. 면 실을 60cm 길이로	[잘라]	양끝에 너트를 단다.
안경 쓴 사내의 말머리를	[잘랐다.]	
가르시아는 냉담한 어조로	[잘라]	말했다.
신문과 방송을 떡 주무르고	[자르듯]	합하고 없앤다는 소문이 자자하더니
신씨가 경망스럽게 말허리를	[잘랐다.]	
작은 아이가 큰 아이의 말을	[자르고]	계속했습니다.
조심스럽게 나는 가목의 말을	[잘랐다.]	
영재는 종이를 반 도막씩으로	[잘라]	가지고 다시 풀칠을 하기 시작했다
위에 앉아서 대나무를 알맞게	[잘랐다.]	
인정할 수 없다"고 단호하게	[잘라]	말한다.
연기해 달라고 했더니 한 마디로 딱	[잘라버리잖아요.]	
작은 비리까지 쾌도 난마식으로	[자르는]	것은 부작용의 소지도 있다고 말하고 있다.
특성 때문에 문장을 아무렇게나	[잘라도]	의미가 통한다.
쑥의 새싹이 거의 없는데 늙은 쑥을	[잘라다가]	그늘에서 말린 뒤 현미로 쑥떡을 해먹으면 맛이 좋아요.
어떤 때는 어쩔 수 없이 무엇인가	[잘라진]	모습으로 그릴 수밖에 없는 경우도 있을 거야.
없는데 또 서 서방의 소 판 돈을	[자르듯]	무슨 짓을 해왔는지가 궁금했다.
의원들을 조사할 계획은 없다"고	[잘라]	말했다.
준비해 모자 크기보다 조금 크게	[잘라]	챙부분만 남기고 재봉틀로 박는다.
장미철에는 그 해에 자란 새 줄기를	[잘라]	모래에 꽂아도 뿌리가 내린다.
퍼져 있는 부정 부패의 악순환 고리를	[잘라내는]	수술의 시작이어야 한다.
4일 후쯤 전체 꽃자루를 밑동에서부터	[잘라]	버린다.
뚝 떼고 그냥 가벼운 말투로 한마디로	[잘랐다.]	
몰래 나와 어머니를 울리고, 남의 돈을	[잘라]	써 어머니를 욕되게 하고
권으로 만들고 인기 없는 작품은 마음대로	[잘라내]	1권으로 줄여 제작하는 등
그 동안 고생한 상당수 당직자들의 목을	[자르면서]	김 총재와 직간접으로 맥이 닿는 일부 인사들이 낙하산식으로 투하되어 들어 온 것이다.
T섬을 떠나 둘 사이에 움트는 애정을 싹둑	[잘라냄이]	울지 않을까?

❸ 다음은 1999년도에 출간된 『표준국어대사전』에 실리지 않았던 신조어가 2008년 인
터넷 개정판에 새로이 포함된 신조어의 뜻풀이이다. 뜻풀이가 적절하게 기술되어
있는지에 대하여 토론해 보자.

- 홈페이지 : 개인이나 단체가 월드 와이드 웹에서 볼 수 있게 만든 하이퍼텍스트.
  개인의 관심사나 단체의 업무, 홍보 따위의 내용을 다양하게 제공한다.
- 비밀번호 : 은행이나 컴퓨터 시스템 따위에서, 보안을 위하여 미리 약정하여 쓰는
  개인 고유의 문자열.
- 미시족 : 결혼을 했으나, 결혼하지 않은 젊은 여성과 같은 차림으로 다니는 여성
  들을 이르는 말.
- 댓글 : 인터넷에 오른 원문에 대하여 짤막하게 답하여 올리는 글.
- 누리꾼 : 사이버 공간에서 활동하는 사람
- 문자메시지 : 휴대 전화에서, 글자판을 이용하여 문자로 된 내용을 상대에게 전달
  하는 기능. 또는 그 글.

제8장

화용 정보*

1. 화용론(pragmatics)과 화용 정보

사전은 구조적으로 독립된 표제항(entry) 단위로 구성된 텍스트이다. 따라서 사전 텍스트의 기술 내용은 표제항(entry)을 구성하는 표제어(headword)의 독립적인 의미나 문법적인 현상을 위주로 구성되는 경향이 있다. 하지만 사용자의 관점에서 개별 표제어의 어휘적 계열적 관계, 통합 관계 정보가 중요한 것처럼 어휘가 실제 사용되는 상황 맥락 정보, 화용상의 용법 정보 등도 매우 중요한 정보이다. 특히 '이해'를 주요 목적으로 하는 수동사전(passive dictionary)이 아닌 '표현'을 위한 능동사전(active dictionary)의 경우 표제어의 형태·통사적 결합 정보, 화용적 맥락 정보 등은 개별 표제어가 단어 이상의 구, 절, 문장 단위로 확장되는 데 활용될 수 있는 실제적 정보를 제공하는 중요한 정보이다. 이 연구는 이러한 표제어의 실제 사용 정보로서 화용 정보의 외연과 유형을 밝힘으로써, 사전 텍스트 내에

---

* 이 장은 『텍스트언어학』 23집의 남길임(2007) "사전텍스트의 화용 정보 유형 연구"의 내용을 가져온 것이다.

서의 화용 정보의 가치를 정립하는 것을 목적으로 한다.

언어학에서 '화용론(pragmatics)'은 언어 사용에 대한 연구로, 언어 구조의 화맥 의존적 양상과 언어 구조와는 관계가 없는 언어 사용과 이해에 대한 원리를 다루어 왔다.[1] 이러한 화용론적 주제는 개별 어휘 항목 중심의 사전 텍스트 구조에서 가장 근접하기 어려운 주제이기도 하지만 사전 사용의 목적이 궁극적으로 한 언어의 이해와 표현이라고 전제할 때 화용론은 사전 편찬에서 핵심적으로 논의되어야 할 필요가 있다.

지금까지 사전에서의 화용 정보의 기술에 대한 논의, 사전학과 화용론의 상관관계에 대한 연구는 충분한 논의에 이르고 있다고 보기는 어려울 듯하다. 직시(deixis), 대화함축, 화행 등을 논의의 핵심으로 하는 화용론적 논의는 사전에서 대명사, 담화표지(discourse marker), 화행 동사의 기술 등에서 직접적으로 활용될 수 있을 것이다. 하지만 Levinson(1992 : 9)을 따라 '언어 사용 원리'의 전반으로 화용론의 영역을 사전 정보에 적용할 때, 화용 정보의 범위는 언어 사용상의 모든 양상을 포괄하는 원리로 확장될 수 있다. 즉, 사전 표제어의 사용역(register) 정보나 해당 표제어의 실제 사용과 관련한 사회·문화적 제약 정보, 텍스트에 따른 사용 빈도 정보 등은 유용한 화용 정보로 기능한다. 따라서 화용 정보의 외연과 화용 정보가 사전 텍스트에서 차지하는 위상을 살펴보기 위해서는 뜻풀이, 예문(exemplification), 사용역 표지, 참고상자(usage note) 등 표제항 내의 다양한 정보 항목에서 제시될 수 있는 화용 정보의 유형과 기술 범위를

---

1) 이 부분은 Levinson(1992 : 9)에 제시된 화용론에 대한 일반적인 정의 부분을 요약한 것이다. 화용론의 정의 및 학문적 범위에 대한 견해는 연구자에 따라 다소 다르며, 인접 분야의 연구 경계와 함께 광범위한 논의를 필요로 한다. Verschueren et al (1995), Mey(1998) 등은 언어 사용의 모든 양상을 포함하는 넓은 의미의 화용론을, Levinson(1992)은 함축, 전체, 화행, 지시와 직시 등의 한정된 주제의 화용론을 주요 연구 범주로 하고 있다. 이 연구에서는 화용론의 범주를 전자의 견해 즉, 모든 언어 사용 양상을 포괄하는 것으로 할 것이며, 언어적 요소뿐만 아니라 화자, 청자, 상황, 전략 등의 비언어적 요소까지 논의에 포함시키기로 한다. 화용론의 범주와 정체성에 대한 상세한 논의는 Levinson(1992 : 5~34), 박영순(2007 : 16~21) 참조.

포괄적으로 살펴볼 필요가 있다.

이 연구는 다음과 같이 구성된다. 2장에서는 사전학에서의 화용 정보에 대한 선행 연구를 살펴보고, 3장에서는 화용론 연구의 주요 대상인 화자 및 청자, 담화맥락, 의사소통 기능을 중심으로 사전에서의 화용 정보의 유형을 분류하고자 한다. 결론 부분인 4장에서는 사전 편찬 과정에서 고려되어야 하는 사전 표제항 내 화용 정보의 정확하고 체계적인 기술 방법론을 제안할 것이다.

2. 사전학(Lexicography)에서의 화용론(Pragmatics)에 대한 논의

지금까지 사전의 정보 항목에 대한 논의는 주로 사전의 뜻풀이와 더불어 음운, 형태, 통사적 영역에서 주로 논의되어 왔으며 사전 편찬학에서의 화용론적 연구는 의미나 통사적 정보를 기술하는 과정에서 부분적으로 연구되어 왔을 뿐 화용 정보를 주요 대상으로 한 연구는 흔치 않다. 여기서는 주로 영미권 사전학에서 논의되어 온 화용 정보에 대한 연구를 살펴보고, 기존 사전에서의 화용 정보 기술 양상을 분석하기로 한다.

선행 연구는 사전 표제항의 정보 항목 내에서 화용 정보의 범위를 어떻게 정하느냐에 따라 두 가지로 구분될 수 있다. 즉, 화용 정보의 범위를 표제어가 가진 언어 외적 사실 전반으로 규정하여 화용 정보의 범위를 표제어 구성에서부터 미시구조의 예문, 참고정보 등으로 확장시키는 관점과 화용 정보의 범주를 제한적으로 파악하여 언어 용법(usage)의 정보로만 한정하는 논의가 그것이다.

우선, 사전 내 화용 정보의 범위를 매우 광범위하게 규정하고 있는 대표적인 연구로는 Svensén(1993 : 4)과 Zgusta(1988)를 들 수 있다. 전자의 경우 화용 정보의 범위는 사전이 제시하는 형식적이고 의미적, 결합적인 특성과 대비되는 언어 외적 현상을 포함하여 상황 맥락에 따른 단어의 출현에 대한 정보까지로 매우 다양하며, 각 사전에서 이를 광범위하게 제시할 필요가 있다고 하였다. 즉, Svensén(1993 : 4)은 대화참여자, 상황맥락(context) 정보를 포함하여 어휘 결합 정보나 빈도 정보 등 표제어 단위 이상의 정보 모두를 포괄하는 것으로 해석한다. 한편, Zgusta(1988)의 경우는 사전 편찬 과정에서 화용론의 기능, 사전 편찬자가 화용적 정보를 나타낼 수 있는 가능성에 대해서 논의하고 있는데, 이에 따르면 사전을 비롯한 참조물(reference works)에서 화용론적 현상들이 구현되는 부분은 다음의 세 가지로 구분된다.

> ㄱ. 사전에서의 문화적 배경(cultural setting in dictionaries)
> ㄴ. 이중언어사전에서의 대응어(equivalence in bilingual dictionaries)
> ㄷ. 단일언어사전에서의 정의(definitions on monolingual dictionaries)[2]

하지만 이런 세 가지 요소 외에도 실제로 사전에서 화용적 현상들이 구현되는 부분은 사전의 미시구조를 구성하는 예문, 관련어, 참고, 참고상자 등 매우 다양하다. 본 연구에서는 연구의 대상이 단일언어사전에 집중되어 있으므로 이들 세 가지 요소 중 (ㄴ)을 제외한 (ㄱ), (ㄴ)의 요소를 비롯하여 화용 정보와 관련한 정보 항목을 포괄적으로 살펴볼 것이다.[3]

Svensén(1993), Zgusta(1988)의 논의는 공통적으로 사전 텍스트의 거시구조와 미시구조 전체에서 화용론이 차지하는 지위를 고려하고 있다는 점에서 매우 시사적이다. 하지만 두 연구 모두 화용 정보의 구체적인 기술

---

2) Zgusta(1988)에서는 위 세 가지의 정보 중에서 세 번째 요소를 중요하게 논의하고 있는데, 코빌드 식의 기술적 설명(descriptive explication)을 통한 정의 방식은 사용상의 맥락을 제공한다는 점에서 대체어 정의(paraphrastic definition)보다 사용자 친숙성(user friendliness)이 높다고 하였다. 여기서 코빌드식 정의(definition)란 문맥 속에서 해당 표제어를 정의하는 방법으로 예를 들어 'regret'에 대한 뜻풀이가 "If you regret something that you have done, you wish that you had not done it."와 같이 되는 것이다. 상세한 사항은 COBUILD 참조.

3) 상세한 논의는 3.-1) 참조.

방법에 대해 상세히 논의하고 있지는 않다.

이러한 논의와 대조적으로 화용 정보의 범위를 매우 제한된 관점에서 한정하는 관점도 있는데, 대부분 사전의 용법(usage) 정보의 일부분으로 화용 정보를 한정하는 관점이다. Burkhanov(2003)에서는 사전에서 화용 정보는 주로 참고상자(usage note)에서 제시되며 언어 표현에 담겨 있는 화자의 현실, 메시지, 대화 참여자에 대한 태도를 표현한다고 하였고, Kipfer (1984 : 41) 역시 마찬가지로 화용론과 관련한 사전학적 정보는 주로 용법 (usage) 항목에서 제시된다고 한 바 있다. 후자의 경우 화용 정보 범위는 언어의 변이형, 시·공간적 배경, 화자, 청자, 주제와의 관계를 지시하는 정보로 구성된다. 이들의 논의에서 사전의 화용 정보는 사전의 미시구조 내의 참고상자와 가장 밀접한 관련을 맺고 있다.

이들의 논의를 종합적으로 살펴볼 때, 지금까지 선행 연구에서 '화용 정보'에 대한 논의는 주로 사전 편찬 과정에서 화용론적 연구가 관여할 수 있는 측면들, 그리고 실제적으로는 사전 텍스트의 미시구조 기술에서의 참고상자의 기술에 한하여 논의되어 온 듯하다. 하지만 사용자 중심의 사전 편찬 과정에서 화용론적 정보가 특정한 정보 항목에 제한되어 있는 것이 아니라는 점에서 거시구조, 미시구조 전반을 구성하는 화용 정보의 유형에 대해 종합적으로 논의할 필요가 있다.4)

---

4) 이러한 관점은 Geeraerts(2003)에서도 언급된 바 있다. Geeraerts(2003)에서는 단어의 의미적 정보와 화용적 정보의 구분의 어려움을 언급하면서 화용적 정보가 특정한 정보 항목에서만 제한되어 제시되는 것이 아니라 어떤 영역에서라도 제시될 수 있다고 하였다.

3. 사전 텍스트와 화용 정보의 유형

1) 미시구조 내 정보 항목과 화용 정보

사전 텍스트는 표제어 목록과 배열을 주요 원리로 하는 거시구조(macro structure)와 개별 표제어의 표제항의 구조 즉 뜻풀이, 용례, 참고정보 등으로 이루어진 미시구조(micro structure)의 이중구조로 구성된 집합체이다. 이 각각의 다른 층위의 두 구조는 그 층위 내에서의 형식적·의미적 완결성을 지닌다. 여기서의 화용 정보는 표제항 단위인 미시구조의 구성 및 기술 방식과 밀접한 관련을 가진다.

언어학에서 화용론의 범위가 의미론, 통사론, 텍스트언어학 등 인접 분야와 밀접한 관련성이 있듯이 사전 정보 항목 내에서 화용 정보 역시 사전 텍스트의 미시구조 내 여러 가지 정보 항목 즉 뜻풀이, 예문, 용법 정보 등과 긴밀한 관계를 가지고 있다. 여기서는 다음 <표 8-1>의 일반적인 언어사전의 미시구조 모형 중 '뜻풀이'와 '용례', '참고상자'를 중심으로 화용 정보의 제시 가능성을 살펴보기로 한다.

표제어(어깨번호)(한자)[발음] [활용형] 품사 뜻풀이 용례 관련어 참고 참고상자

<표 8-1> 언어사전의 미시구조 모형

우선, 사전의 뜻풀이는 지시적 의미(denotational meaning)만을 제시하는 것이 아니라 감정적 의미, 문법적 의미, 화용적 의미와 같은 비지시적 의미도 제공한다5)는 점에서 화용 정보는 뜻풀이 즉, 표제어의 정의와 밀접한 관련을 가진다. 화용 정보는 표제어의 뜻풀이 중 감정적 의미와 화용적 의미에 해당된다.

---

5) Geeraerts(2003).

(1) ㄱ. 바지-저고리 #4 「명」 … 「2」 주견이나 능력이 전혀 없는 사람을 <u>놀림
　　　 조로 이르는 말</u>.
　　 ㄴ. 감다 #4 「동」 … 「3」 (<u>놀림조로</u>) 옷 따위를 호사스럽게 입다. 『표준』
(2) ㄱ. 똘마니 #4 「명」 <u>범죄 집단의 은어로</u>, '부하'를 이르는 말.
　　 ㄴ. 건-빵 #4 「명」 「2」 <u>군인들의 은어로</u>, '육군'을 이르는 말. 『표준』6)

『표준』에 나타난 위 예들의 밑줄 친 부분은 해당 표제어의 화용적 의미를 기술한 부분으로 (1)은 감정적 의미를 (2)는 표제어를 사용하는 사용자 집단을 제시하는 화용적 의미를 나타내고 있다.7)

뜻풀이 기술과 관련한 사전학적 문제는 간단하지 않다. 사전의 뜻풀이 기술에 있어서 표제어의 지시적 의미와 감정적, 화용적 의미는 어느 정도 구분이 가능한가, 구분이 가능하다면 구분하여 제시할 것인가, 위 『표준』과 같이 구분하여 제시할 경우 몇 가지 범주로 어떻게 구분하여 제시할 것인가 하는 점 등이 화용 정보와 관련하여 논의되어야 할 문제이다.

또한 화용 정보를 제시할 때 유용하게 활용할 수 있는 정보 항목으로 용례(exemplification)를 들 수 있다. '용례'는 화용 정보를 비롯한 형태·통사 정보, 어휘 결합 정보 등을 직접적인 설명보다는 간접적인 상황, 텍스트 등을 통해 제시하되, 가장 실제적이고 전형적인 상황 맥락을 통해 제시한다. 따라서 용례는 표제어의 실례를 제시하는 것 이상의 기능을 담당하는, 유용한 정보 항목이라고 할 수 있다.

특히, 화용 정보의 충실한 기술을 위해서는 용례를 적절히 활용할 필요가 있는데, 상세한 화용 정보를 함축한 용례가 필수적인 표제항 부류로 각종 담화표지(discourse marker) 관용구, 화용적 상투 표현(pragmatic convention), 속담 등 적절한 맥락이 필요한 표제어 및 부표제어를 들 수 있다. 다음 『학습사전』의 예는 표제어가 전형적으로 쓰이는 담화 상황, 장르 등

---

6) 본 연구에서는 사전 표제항 중 연구에 필요한 부분을 발췌하여 제시할 것이며, 예의 밑줄은 필자에 의한 것임을 밝혀 둔다.
7) (1)의 경우 '놀림조'라는 정보가 사용되는 방식이 (1ㄱ)과 (1ㄴ)이 다른데 이는 품사별 기술 차이일 수도 있고 일관된 지침의 부족일 수도 있다.

화용 정보를 용례를 통해 효율적으로 제시한 경우이다.

(3) ㄱ. 건1 【것은】 ((준꼴)) '것은'의 준말. ¶먹을 건 이것밖에 없다. / 내가
　　준 건 어떻게 했니? ㉛ 주로 말할 때 쓴다.

　　ㄴ. -건2 【가건 말건】 (어미) 어느 것이나 가릴 것 없이 다 포함됨을 나
　　타낸다. '-거나'의 뜻. ¶난 이제 그가 뭐라고 하건 듣지 않을래요. / 우
　　리 반 학생은 **누구이건** 다 믿을 만해요. ㉝-거나. ㉛ 주로 말할 때 쓴
　　다. 『학습사전』

(4) ㄱ. ▶그러고 보니8) ① 그러한 사정, 상황을 (다시금 새삼스레) 생각하여
　　보니까. 새삼스레 생각되는 일인데. ¶A : 어제 대청소를 했어요. B :
　　그러고 보니 집안이 깨끗하군요? / A : 김 선생님 아드님이에요. B :
　　그러고 보니 아버지와 꼭 닮았군요.

　　ㄴ. ▶그(것) 〔봐·봐라·보세요〕 어떤 일이 자기가 했던 말대로 되었을
　　때 쓰는 말. ¶그것 봐. 옷을 따뜻하게 입으라는 말을 안 듣더니 감기
　　걸렸잖아. / **그것 보세요**. 제 말이 맞지요? ㉛〈화〉 말할 때 말의 처음
　　에 쓴다. 『학습사전 결과보고서 2004』

(5) ▶아니 땐 굴뚝에 연기 나랴 【속담】 모든 일에는 다 까닭이 있다는 말. ¶
　　A : 그 사람이 바람을 피웠다는 소문이 사실이래요. B : **아니 땐 굴뚝에 연
　　기 나겠어요?** 『학습사전 결과보고서 2004』

　(3)은 축약 표현인 '건'이 주로 구어에서 쓰인다는 정보를 '㉛'에서의 정
보를 '구어 용례'를 통해 간접적으로 제시하고 있으며, (4), (5)는 각각 주
로 구어 담화에서 자주 쓰이는 관용 표현과 속담의 전형적인 상황들을 '대
화체 용례'를 통해 보인 경우이다. 특히 (3)의 '그러고 보니', '그것 봐' 등
의 표현은 대화에서 문장의 첫머리에 쓰이는 특성을 가지는데 위 예들은
화용적 맥락 정보와 문장 내 위치를 보여 주는 문법적 정보를 동시에 제
시해 주고 있다.

　마지막으로 정의, 용례와 더불어 화용 정보와 밀접한 관계를 가지는 것
은 참고정보, 참고상자(usage note) 등과 관련한 항목이다. 실제로 대부분

---

8) 사전에서의 약호 및 부호는 사전 텍스트를 이해하는 데 매우 중요하다. '▶'는 표제항
　중 부표제항을 나타내는 표지로 단어 단위의 표제항에 딸린 단어 이상의 구 범주, 속
　담 등을 나타낸다.

의 사전학 관련 연구에서는 화용적 요소를 참고정보에서 다루고 있다는 점에서 참고정보의 항목을 주의 깊게 살펴볼 필요가 있다(Geeraerts : 2003).[9]

특히 『학습사전』에서는 용법, 참고상자 등의 정보 항목을 활용하여 화용 정보를 강조하는 경우가 많다. CALED의 경우, 문체와 용법(Style and Usage), 화용(Pragmatics) 표지를 별도의 정보 항목으로 설정하여 화용 정보를 중요 정보로 제시하고 있다. 다음 표는 CALED의 서문[10]에 제시된 문체 표지와 화용 표지의 일부를 보인 것이다. 이 표지들은 실제 관련 표제항에서 별도의 표지로 명시되고 있다.

---

9) 참고정보는 주로 해당 표제어의 '용법(usage)'을 나타내는 것으로 인식되어 왔다. 물론 언어 표현의 '용법'의 정의 및 범주에 대해서는 연구자에 따라 차이가 있는데, 좁게는 사용역(register)에 대한 정보를 지칭하는 것, 가장 넓게는 언어 표현의 모든 실제적 쓰임을 지시하는 것, 두 가지 관점의 사용이 일반적이다. 용법의 범주를 광범위하게 정의하는 관점의 대표적인 예는 Allen(1992)이다. 이에 따르면 용법은 언어 요소가 관습적으로 의미를 생산하는 데 사용되는 방법으로 강세, 발음, 철자, 문장부호, 단어, 연어를 포함한다. 실제 영어권 용법 사전이나 오류 사전 등에서도 사전학적 이론과 실제에서 용법은 어휘 항목이 쓰이는 통사 구조와 굴곡의 제약, 조어상의 특성, 그들 어휘 단위의 문맥적 양상을 결정하는 연어, 어휘의미적 특성 등을 포괄하는 것으로 사용된다. 대표적인 사전류로는 『Cobuild English Usage』, 『ABC grammatical error dictionary』가 있다. 한편 사용역(register) 정보를 중심으로 용법의 범주를 제한하는 연구는 Landau(2001)를 들 수 있다. Landau(2001 : 217~272)에서는 일반 사전에서의 용법의 정보를 통용성이나 시간성, 지역성, 전문어/특수어, 금기어 등의 정보로 보고 다음의 8가지로 구분하고 있다.
(1) Currency or temporality, (2) Regional or geographic variation, (3) Technical or specialized termiolology, (4) Restricted or taboo sexual and scatological usage, (5) Insult, (6) Slang, (7) Style, functional variety or register, (8) Status or cultural level. 남길임(2007)에서 재인용.
10) 『CALED』 서문에서는 화용 정보를 의사소통의 핵심에 있는 정보로 미묘한 의미 차이, 언어 표현이 의도하는 정확한 의미를 수행하는 데 필수적인 요소로 명시하고 있기도 하다.

Style labels
BUSINESS, COMPUTING, DIALECT, FORMAL, HUMOROUS, INFORMAL,
JOURNALISM, LEGAL, LITERARY, MEDICAL, MILITARY, OFFENSIVE,
OLD-FASIONED, RUDE, SPOKEN, TECHNICAL, TRADEMARK, VERY OFFENSIVE,
VERY RUDE, WRITTEN
Pragmatics
approval, disapproval, emphasis, feelings, formulae, politeness, vagueness

〈그림 8-1〉 CALED의 문체 표지와 화용 표지

한편, 『학습사전』의 경우 참고정보란(찬)이나 참고상자를 활용하여 화
용 정보를 제시하고 있다. '찬'의 정보에서는 해당 표제어의 뜻풀이에서
제시하기 어려운 표제어의 담화 기능 등을, 참고상자에서는 유의어 간의
화용상의 차이를 주로 기술한다. 다음 예는 화용 정보를 제시하고 있는
참고정보의 일부를 보인 것이다.

> (6) ㄱ. **그래1** 깜 1. '그렇게 하겠다', '그렇다', '알았다' 등과 같이 상대방의 말
> 에 동의하거나 긍정하는 뜻으로 대답하는 말. …중략… 2. 도대체. ¶
> 그래, 네가 무슨 까닭으로 나한테 이러는지 그 이유나 들어보자. 찬
> <u>상대의 말을 따지거나 강조할 때 쓴다.</u> 『학습사전』
>
> ㄴ. ▶ 가만 [있거라·있자] '잠시 생각해 보자'는 뜻. ¶가만 있자, 그 사람
> 이름이 뭐더라? 찬 <u>주로 문장 처음에 쓰며, 남의 말이나 행동을 잠시</u>
> <u>멈추게 하거나, 어떤 일을 기억해 내려고 할 때 쓴다.</u> 『학습사전』

단, 여기서 문제는 실제 위의 참고정보란의 정보와 뜻풀이 정보와의 경
계가 명확하지 않다는 데 있다. 이 경우 밑줄 친 참고정보는 그 표제어의
화용적 의미, 담화기능에 해당하는 것으로 미시구조 내 뜻풀이에서 제시
될 수도 있다. 이때 중요한 것은 사전의 사용자의 접근성과 정보의 유표
성을 고려하여 해당 정보의 위치를 결정하는 일이다.

지금까지 사전 미시구조 내 정보 항목과 화용 정보의 상관성을 기존 사
전의 예를 중심으로 살펴보았다. 화용 정보는 해당 표제어의 지시적 의미

에서 제시될 수 없는 화용적 의미를 핵심 정보로 한다는 점에서 뜻풀이와
밀접한 관련이 있고, 담화 상황을 내포한 실제 사용상의 예를 필요로 한
다는 점에서 용례와도 밀접한 상관성이 있다. 마지막으로 살펴본, 기타의
용법, 참고정보 등의 정보 항목은 뜻풀이나 용례에서 제시할 수 없는 화
용 정보를 별도의 항목으로 체계적이고 명시적으로 기술할 수 있게 한다
는 점에서 사전 정보 항목에서 유용한 장치임에 틀림없다.

다음은 위 내용을 종합적으로 나타낸 것으로 사전 정보 항목에서 제시
될 수 있는 화용 정보를 항목별로 제시한 것이다. 그림에서 '→'는 <표
8-1 언어사전의 미시구조 모형 사전>에 따라 사용자가 사전을 활용할 때
화용 정보를 학습하는 순서를 표현한 것이다. 즉 이상적인 사용자는 뜻풀
이를 통해 화용적 의미를 확인하고, 전형적인 담화 상황, 텍스트 장르가
나타난 예문, 기타 참고정보를 통해 표제어의 사용역, 문체, 담화 기능 등
을 확인한 후, 더 나아가서 참고상자를 통해 표제어와 유의어쌍을 이루는
다른 어휘와의 비교를 완료함으로써 한 어휘에 대한 완전한 이해에 이를
수 있다.

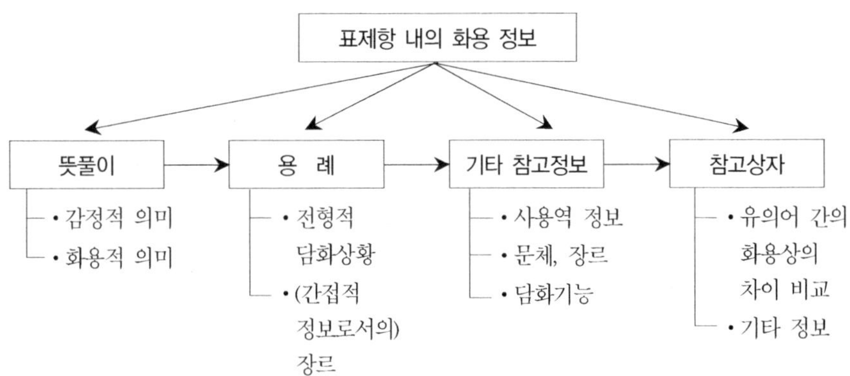

〈그림 8-2〉 사전 정보 항목과 화용 정보 유형

2) 발화의 구성 요소에 따른 화용 정보의 유형

위에서 살펴보았듯이 화용 정보는 표제어의 실제 사용상의 정보로 뜻풀이, 용례, 용법을 포함한 표제어의 기타 참고정보와도 밀접한 관계를 가지고 있어서 화용 정보와 뜻풀이의 경계, 화용 정보와 문법 정보, 용법 정보 등의 구분이 명확하지 않으며, 사용자의 관점에서 명확한 경계를 요구하지도 않는다.11) 달리 표현하면, 사전에서의 화용 정보는 뜻풀이의 문제이기도 하고, 용례와 밀접한 관련을 가지기도 하며, 사용역, 문체, 담화기능 등의 관점에서 참고정보와 가장 밀접한 관련을 가지기도 한다. 그렇다면 사전에서 화용 정보의 본질은 무엇이며, 표제항 내 미시구조의 어떤 정보 항목에서 어떤 범위까지 제시할 수 있을 것인가? 이에 대한 해답은 표제어의 기술을 실제 '언어 사용'이라는 상황에 두고 화용론적 관점에서 개별 언어 표현이 가지는 화용 정보의 유형을 분류함으로써 제시될 수 있다. 여기서는 화용론의 주요 연구 대상과 관련하여 사전에서 제시되는 화용적 정보를 다음과 같이 네 가지로 구분하여 살펴보고자 한다.

첫째, 언어 사용에서 '담화참여자'와 관련된 것으로, 이는 표제어를 사용하는 화자, 청자, 화자와 청자 간의 상호 작용 및 태도를 포함한다. 둘

---

11) 실제로 『학습사전』 편찬 과정에서 사전 편찬의 초반기에 화용 정보란을 별도로 두었다가 후반기 교정 작업에서 참고정보란과 통합한 일도 있었는데, 이와 같은 결정은 화용 정보와 참고정보의 별도의 제시가 학습자들에게 쉽지 않고 유용하지 않을 것이라는 판단, 화용 정보가 참고정보와 변별이 어렵다는 판단에서 나온 것이었다. 다음은 『학습사전』 편찬의 초반기 결과보고서(2002) 중 일부이다.
"『학습사전』에서는 의미 정보나 문법 정보와 구분하여 <화용>정보의 란을 따로 구분하여 두고 있으며, <화용>정보는 표제어의 의미 / 문법적 정보를 제외한, 실제 쓰임에서의 화용적 양상들을 담는 것이 원칙이다. 따라서 형태 결합 정보나 제약적 논항 정보 등은 참고, 부표로 구분하여 제시한다. 화용 정보는 순수한 뜻풀이나 문법 정보를 제외한 화용적 정보만으로 국한되며, 다음의 예와 같이 속된 표현이나 입말체, 글말체, 옛말, 높임말 등의 정보를 제시한다."
물론 이러한 원칙은 편찬 및 교정 과정에서 화용 정보와 참고정보를 통일하는 방식으로 수정되었다.

째, 표제 어휘가 전형적으로 사용되는 '담화 상황'에 대한 정보이다. 담화 상황에 대한 정보는 입말(spoken), 글말(written), 형식적 사용(formal), 비형식적 사용(informal), 전문 영역, 장르 등 사용역(register) 정보가 주를 이룬다. 셋째, 언어의 실제 사용과 관련된 화용 정보로 해당 표제어의 '담화 기능'에 대한 정보를 들 수 있다. 대표적으로 담화표지(discourse marker)의 개별 기능이나 화행 등 담화 기능 정보 등으로 지금까지 사전 기술에서 비교적 소홀하게 다루어져 온 부분이다. 마지막으로 화용 정보의 범위를 사회·문화적 사용 양상으로까지 확장했을 경우, 언어 외적인 정보로서 표제어와 관련한 사회·문화적 사용상의 정보나 출현 빈도 정보 등도 화용상의 정보로 볼 수 있는데 학습자 사전 등에서 그 언어 표현과 관련된 언어 외적인 정보를 주는 다음과 같은 경우가 이에 해당한다.

> (7) ▶**지역 번호** 전화 번호 앞에 붙는 각 지역에 해당하는 고유 번호. ¶대전은 지역 번호가 042(공사이)입니다. ㉛ 같은 지역에서 전화를 할 때는 필요 없다.

이러한 분류는 발화의 구성요소를 "SPEAKING"의 8가지로 분석한 Hymes(1972)[12])에서의 구성 요소나 Levinson(1992 : 34~47)에서의 화용론의 범위에 화맥(context), 기능, 상호작용 등의 개념들을 포괄하는 것으로, 이 연구에서는 실용적 관점에서의 사회·문화적 정보를 포함하기 위한 '사회·문화적 배경' 요소를 별도 유형으로 추가하였다.

위에서 제시된 네 가지 부류들은 각각이 가지는 언어학적, 화용론적 위

---

12) 물론 이는 발화 구조와 방법이 기본적으로 인종적·문화적 배경에 따라 달리 나타난다는 Hymes(1972) 민족지학적 관점을 고려한 것이기도 하다. Hymes(1974)에서 완전한 발화사태(speech event)를 분석하기 위해서 제시한 "SPEAKING"의 8가지 요소는 다음과 같다.
<발화사태를 구성하는 "SPEAKING"의 8요소> S : setting(장소), P : participants(대화참여자), E : ends(목표), A : acts(행위), K : keys(장르를 암시하는 어조나 문법 형태들), I : instruments(대화 경로, 문어, 구어, 등 발화의 형식), N : norm(발화의 생성과 해석의 규범), G : genre(텍스트 장르, 시, 공문서, 전화대화 등)

상이 다르고 사전 내 정보의 중요성에도 차이가 있다. 따라서 각각의 부류들은 사전 내에서의 기술 방식, 기술 범위가 각기 다를 수밖에 없다. 다음에서는 위에서 제시한 부류를 중심으로, 각 부류들의 하위 유형, 사전 정보 항목에서의 제시 방식 등을 구체적으로 논의하기로 한다.

(1) 담화참여자 관련 정보

담화참여자 정보는 해당 표제어를 사용하는 화자나 청자 즉, 대화 참여자에 대한 정보로, 화자, 청자, 화자와 청자와의 관계 등과 관련한 정보를 가리킨다.

여기서 '화자'는 표제어를 실제의 언어 표현에서 사용하는 사람으로 '화자' 정보는 크게 두 가지로 구분될 수 있다. 즉, 해당 표제어를 배타적으로 사용하는 화자나 화자 집단을 명시하는 경우와 화자의 표제어에 대한 태도를 명시하는 경우이다. 전자는 나이, 성별에 따라 달리 쓰이는 어휘류, 감탄사 및 담화표지, 특정 세대에서만 쓰이는 종결어미류 등에서 해당 표현을 배타적으로 사용하는 화자에 대한 정보를 제공하며, 후자는 '머리 / 대가리', 'famous / notorious'와 같이 지시적 의미가 같은 표현이라 할지라도 어휘나 표현에 따라 다른 말의 뉘앙스와 관련된 정보를 제공한다. 각각 다음과 같은 예를 들 수 있다.

> (8) ㄱ. **맘마** 몡 〔어린아이의 말로〕 먹을 것. 밥. ¶ 엄마가 곧 맘마 줄 테니까 울지 말고 조금만 기다려. 『표준』
> ㄴ. **강아지** #4 「명」 「1」 …「3」 죄수들의 은어로, '담배'를 이르는 말. 『표준』
> (9) **로스케** 몡 〔옛날에, 싫어하는 감정으로 부르던〕 러시아인이나 러시아 병사. ¶ 로스케는 두꺼운 차를 앞장 세우고 행군해 왔다. 『연세』

또한 '청자'에 대한 정보는 화자가 해당 표제어를 발화할 때 그 발화에 청자로 참여하는 대상에 대한 것으로 주로 '화자와 청자와의 관계' 정보 즉, 화자와 청자 사이의 상하 관계, 수평 관계 등에서 비롯되는 친밀함의 정도에 따른 정보를 제공해 준다. 대표적 예로 각각 (10), (11)을 들 수 있다.

> (10) **치하02**(致賀) 뗑 「1」 남이 한 일에 대하여 고마움이나 칭찬의 뜻을 표시함. 주로 윗사람이 아랫사람에게 한다. 『표준』
> (11) ㄱ. **-네5** ((어미)) …중략… 3 새롭게 안 사실을 확인하려고 물어볼 때 쓴다. ¶우리 이제 내일 놀러가도 **되네**? / 그럼 너도 어제 그곳에 **갔었네**? 쮐1. 친한 사람이나 아랫사람이나 친구에게 말할 때 쓴다. 2. 존대의 '요'와 결합해서 쓸 수 있다. 『학습사전』
> ㄴ. **-는답니다1** ((어미)) 화자가 알고 있는 사실을 청자에게 객관적으로 알려 주듯이 말할 때 쓴다. …중략… 쮐 윗사람에게 말할 때 쓴다. 『학습사전』

그런데, 실제 사전에서 이러한 정보들이 모두 충실하게 제시되어 있는 것은 아닌 듯하다. 사전마다 조금씩 차이를 보이지만 화용 정보 부족 및 화용 정보의 부정확성은 지금까지 사전에서 화용 정보에 대한 체계적인 연구가 부족한 데 기인한다. 예로 위 (10)의 '(우승을) 치하하다'와 같은 어휘는 반드시 화자가 청자보다 지위가 높을 경우에 사용할 수 있다는 정보가 필요한데, 『표준』에서는 화자와 청자 관계 정보가 명시되어 있으나 『연세』에는 그러한 정보가 없다.

> (12) **치하2**(致賀) 뗑 고마워하는 마음을 말과 예로 나타내는 것. 『연세』

실제 사전 편찬 과정에서 이러한 화용 정보가 정확하게 반영되기 위해서는 우선직으로 품사별, 어휘 부류별 화용적 의미 기능에 내한 체세적인 연구 및 기술 방법론의 개발이 필요하다. 또한 (8)~(12)에서 보듯이 대화참여자 관련 정보는 뜻풀이의 일부나 참고정보로 기술되는 경향이 있는데 정보 유형에 따른 기술 위치는 편찬 지침에서 명시될 수 있다.

(2) 담화 상황 정보

표제어의 사용상의 담화 상황 정보는 담화 맥락(context)에 대한 정보로 일반적으로 사전에서 사용역(register) 정보13)로 명시되는데, 실제 정보의 유형은 매우 복잡하다. 여기서는 우선 담화 상황 정보를 네 가지 영역, 즉 텍스트 장르별 표제어 사용 범위 정보, 시간적 시대 정보, 공간적 지역 정보, 텍스트 주제 영역으로서의 전문 영역 정보로 구분하여 사전에서 제시될 수 있는 담화 상황 정보의 유형을 살펴보기로 한다.14)

① 사용 범위 정보

표제어의 사용 분포가 실제 발화 혹은 글로 표현된 텍스트에 치우쳐 있는 경우에 이에 대한 정보를 제공한다. 대표적으로 문어·구어 정보가 있으며 더 상세하게 편지, 신문, 학술논문 등 텍스트의 장르를 명시해 주는 경우도 있다. 사용 범위에 대한 정확한 정보 제시를 위해서는 텍스트 장

---

13) 이상섭(1990 : 95)에서는 사용역(register)을 "어휘의 사용 범위를 암시하는 짧은 주석"으로 정의하고 각 낱말의 사용 범위에 관한 정보를 우선적으로 제공하는 역할을 한다고 논의한 바 있다. 본 연구에서는 '사용역'을 담화 상황 정보 네 가지를 아우르는 용어로 사용할 것이다. 사용역에 대한 상세한 논의는 이종희·안의정(2005) 참조.

14) 사용역에 대해서 이종희·안의정(2005)에서 상세하게 논의된 바 있다. 이에 따르면 사용역 정보는 다음의 8가지로 구분된다.
  ① 사용 범위에 따라 — (일상어) / 전문용어
  ② 규범성 여부에 따라 — (표준어) / 비표준어
  ③ 지역적인 차이에 따라 — (표준어) / 방언, (남한말 / 북한말)
  ④ 시간에 따라 — 새말 / (현대말) / 이전말 / 옛말
  ⑤ 사용자 집단에 따라 — 은어, 어린아이의 말, 노인들의 말, 장년층의 말, 부녀자들의 말…
  ⑥ 개별적이고 구체적인 발화 상황에 따라 — 문어 / 구어, 속어 / 비어
  ⑦ 발화자의 태도에 따라 — 모욕어 / 금기어 / 완곡어, 얕잡아 하는 말 / 친근한 말 / 놀리는 말 / 비꼬는 말…
  ⑧ 말하는 사람과 듣는 사람의 관계에서 — (평어) / 높임말 / 낮춤말
  여기서는 화용 정보 중 사용역 정보는 이들 중 ①~⑥으로만 보고 ⑦, ⑧은 사용역 정보가 아닌 표제어와 관련한 화자의 태도 정보로 따로 구분하기로 한다. 이에 대해서는 이전 기술을 참조하라.

르 및 텍스트 장르별 어휘, 문법적 특성에 대한 철저한 분석이 선행되어야 함은 물론이다.15)

② 사용 시대 정보

표제어가 주로 사용되었던 시간적 배경을 제시해 주는데, 사전에 따라 표제어의 시대적 특성을 매우 세밀하게 제공하는 경우도 있다. 표제어의 사용 시대의 증거는 실제 역사적 자료를 통해 분석되어야 하므로 광범위한 국어사 텍스트에 대한 자료 수집 및 역사적 고증을 필요로 한다.16)

③ 사용 지역 정보

해당 표제어의 사용 지역을 명시해 주는 대표적 정보로, 국어사전의 경우 방언 및 북한어 정보를 들 수 있다. 사용 지역 정보 역시 사용 시대 정보와 마찬가지로 방언 연구 등 현장 조사와 관련한 국어학 연구의 기반을 필요로 한다. 그러나 실제로는 국내의 경우 사전 편찬을 위해 전국적인 규모의 방언 조사가 이루어진 적이 없고 방언 연구가 산발적으로 이루어진 상태로 일부 사전에 제시되고 있는 방언 정보의 정확성에 대해서는 논란의 여지가 있다.

사용 지역 정보 역시 사전의 사용자나 사전 용도에 따라 정보의 유형이 달라질 수 있는데 표준적인 외국어 학습을 위한 학습자 사전의 경우에는 모국어 화자용 사전에 비해서 지역별로 제시되는 복잡한 방언 정보가 그리 중요하지 않다. 예로 영어권 학습자 사전의 경우, 미국식 영어와 영국식 영어의 구분, 기타 지역에 대한 대략적인 정보가 필요할 뿐 미국 내 주

---

15) 담화 상황에 대한 풍부한 정보를 주고 있는 LDOCE에서는 문어와 구어 말뭉치 분석을 통해 구어·문어의 정보를 주고 있을 뿐만 아니라 구어, 문어에서 빈도의 등위에 따라 별도의 표지를 제시하고 있다.

16) 『연세』에서는 '옛날에… 예전에, 옛말 / 옛말투 / 좀 옛말투 / 예스런 말투 / 예스런 글말 / 이전말,'와 같은 다소 일상적인 시대 구분이, 『표준』에서는 '고조선 때에 / 고구려 때 / 후삼국 시대에'와 같이 좀더 학술적인 시대 구분이 뜻풀이에 반영되어 있다.

에 따른 방언형 정보가 필수적인 것은 아니다. LDOCE에서는 영국영어 (BrE), 미국영어(AmE), 오스트레일리아영어(AusE)의 세 가지 표지만 명시 한 반면 CALED는 지역적 표지(Geographical labes)에서는 미국식 영어와 영국식 영어를 구분해 주는 표지(AM, BRIT)뿐만 아니라 다른 영어권 지역 즉, 'ASTRALIAN, IRISH, NOTHERN ENGLISH, SCOTTISH'도 제시 하고 있다.

④ 사용 전문 영역 정보

표제어가 사용되는 주제 전문 영역에 대한 정보는 별도의 전문 영역 표 지나 뜻풀이에서 제시된다. 사용 영역 정보에서 문제가 되는 것은 전문 영역의 분류의 기준 및 분류의 깊이 설정이다. 상대적으로 전문용어 표제 어를 대폭 수록하는 대사전의 경우 전문 영역 정보가 필수적인데『표준』 의 경우, 총 52개의 전문 영역을 설정하여 정보를 제시하고 있다.17) 한편 『연세』, 『학습사전』의 경우는 뜻풀이에서 간단한 사용 영역 정보를 제공 하며, 영어권 학습자 사전인 CALED, LDOCE의 경우는 다른 화용 영역 과 같은 정보 항목 내에서 10개 내외의 영역으로 제시하고 있다.

지금까지 표제어의 담화 상황 정보를 표제어의 '사용 범위, 사용 시대, 사용 지역, 전문 영역'의 네 가지를 중심으로 살펴보았다. 담화 상황에 대 한 정확한 정보는 다양한 텍스트 자료의 수집과 분석을 통한 객관적인 자 료의 확보로부터 담보될 수 있다.

---

17) 이 52개 영역은 '건설, 경제, 고적, 공업, 광업…' 등으로 보다 좀더 구체적이고 지엽 적인 정보가 필요한 경우는 뜻풀이의 일부에서 정보를 제시하였는데, 여기에는 "점 술에서, 풍수지리에서, 토속 신앙에서, 화학 반응에서, 형사 소송에서, 화투 따위의 노름에서, 농구(야구, 축구 따위)에서, 회의에서, 편지 글에서" 등과 같이 복합적인 영역 정보가 포함된다.

(3) 담화 기능에 대한 정보

담화 기능 정보는 특정 어휘나 언어 표현이 담화상의 기능을 수행하는 것을 명시적인 정보로 제시해 주는 역할을 한다. 이러한 담화 기능 정보를 필요로 하는 표제어류는 지금까지 화용론에서 논의되어 온 언표내적 효력(illocutionary force)을 가지는 수행동사류나 감탄사 외에도 담화표지 (discourse marker), 양태 표현을 담당하는 어미류 등을 들 수 있으며, 단어 이상의 차원에서의 상투표현,18) 관용어구 등도 적극적인 담화 기능을 담당한다. 이 중에서도 담화표지는 대표적인 기능 범주로 향후 사전 기술을 위한 연구가 필요하다.19)

한편, 아래 『학습사전』에서의 관용구는 구 표현의 담화 기능을 상세히 설명하고 있는 예다.

(13) ㄱ. ▶그러고 보니 그러한 사정, 상황을 듣고 다시 살펴보니까. ¶(가) 어

---

18) 여기서의 '상투표현'은 '안녕하세요?', '오랜만이에요' 등과 같이 일상생활에서 자주 쓰이며 의미와 형태가 고정되어 있는 어구들을 말하는데 관용표현 중 반드시 특정 담화 상황에서 전형적으로 쓰이는 부류에 해당된다.

19) 대표적 예로, 문법적으로 선·후행 어구의 접속 기능을 담당하는 접속 부사의 경우, 단순한 문법적인 접속 기능을 넘어서서 화용상의 기능을 제시할 때도 있다. 다음에서 볼 수 있듯이 '그런데'는 단순한 문장의 연결 기능 즉, '역접', '전환'의 연결을 넘어서서 화자가 자신의 청자에게 발언권을 빼앗기지 않기 위해 계속 유지하거나, 새로운 화제를 도입하는 기능으로 사용되기도 한다. 다음의 대화를 살펴보자.

2 : ─교류 성과 및 방문 취지를 무시한 채. 소수 참가자들의 미미한 우발적인 행위만을 침소봉대 일방적으로 친북 행위로 매도한 데 대해서 심각한 우려를 금치 못한다─고 기자들이─

1 : 네. 근데 한상렬 목사님.

2 : ─이야기하고 있습니다.

1 : 예 잠깐만요.

2 : 예.

1 : 근데 아~ 저~ 자. 잠 잠깐요.

지금까지 사전의 기술은 주로 문어에 나타난 '그런데(/근데)'의 논리적 연결 기능에 국한되어 왔지만 문어·구어를 포괄한 기술을 위해서는 구어 말뭉치에 나타난 '그런데(/근데)'를 보완하여 기술할 필요가 있다.

제 청소를 했어요. (나) : **그러고 보니** 집안이 깨끗하군요. …중략…
㉱ 이야기 도중에 상대방이 하는 말과는 상관없이 새로 깨달은 일을
말할 때 또는 다른 이야기를 시작할 때 쓴다.『학습사전』

ㄴ. ▶-ㄴ/은 것이 [아닌가아니겠어요] (이상하게도, 놀랍게도) 어떤 사실
이나 현상이 있다. ¶새벽에 갑자기 비가 내리는 **것이 아닌가?** ㉱ 앞
에서 말한 내용에 대한 의심이나 놀라움을 강조할 때 쓴다.『학습사
전』

위의 밑줄 친 ㉱에서 제시된 담화 기능 정보는 실제 담화 상에서 화자
가 의도하는 명제에 대한 양태적 의미를 설명해 준다. 여기서 '양태'는 화
자가 그 명제에 대해 가지는 '확실성, 개연성, 가능성'을 의미하는데, 실제
표제어의 지시적 의미를 중심으로 의미 기술을 하는 기존의 사전의 뜻풀
이에서 충실하게 제시되지 않았던 부분이다.

담화 기능에 대한 정보는 해당 표제항의 화용 기능을 명시적으로 부각
시켜 줌으로써, 특히『학습사전』의 사용자인 외국인들에게 해당 표제어를
활용하여 문장을 구성하고 표현하는 데 도움을 준다. 담화 기능에 대한
정보가 유표적인 기능을 하기 위해서는 표제항 내의 참고정보로 기술하는
것이 바람직하다.

(4) 표제어의 사회·문화적 정보

그 밖에도 사전 유형에 따라 표제어와 관련한 언어외적 정보 즉, 사
회·문화적 관습이나 생활과 관련된 부가적 정보 등이 필요한 경우가 있
다. 이러한 정보는 특히 학습자 사전의 경우에 유용한데, 외국 학습자들
에게 해당 언어뿐만 아니라 그 언어를 사용하는 문화, 사회에 대한 이해
를 돕는 데 도움을 줄 수 있으며, 비슷한 단어와 변별하여 사용할 수 있는
단서를 제공한다는 의의가 있다.

(14) ㄱ. **마을버스** 몡 동네 사람들이 편하게 이용할 수 있게, 가까운 거리를
다니는 중간 크기의 버스. ¶지하철역에서 집까지는 **마을버스를** 타고

다닙니다. ㉦ 일반 버스보다 요금이 싸다. 『학습사전 결과보고서 2004』

ㄴ. ▶**지역 번호** 전화 번호 앞에 붙는 각 지역에 해당하는 고유 번호. ¶ 대전은 **지역 번호**가 042(공사이)입니다. ㉦ 같은 지역에서 전화를 할 때는 필요 없다. 『학습사전』20)

위 예에서 볼 수 있듯이 '마을버스'의 '일반 버스'와의 차이, 우리나라에서의 지역번호 사용법 등은 그 어휘 자체의 의미에서 다소 벗어난 사회·문화적 정보에 해당한다. 다음의 '가위바위보, 강산'의 경우도 유사한 예이다.

(15) ㄱ. **가위바위보** 몡 사람들이 손가락과 손바닥을 이용해서 그 손의 모양으로 이기고 지는 것을 정하는 일. ¶**누가 먼저 갈 것인지 가위바위보**를 해서 정하자. ㉪ '가위'는 '보'를 이기고 '보'는 '바위'를 이기고 '바위'는 '가위'를 이긴다.

ㄴ. **강산**(江山) 몡 ① 강과 산. 자연 환경. ¶몇 년이 지나도 고향의 **강산**은 변함이 없었다. ㉠ 강토·산하. ② 나라의 영토. ¶우리 **강산**을 푸르게 만듭시다. ㉠ 강토·산하. ㉪ 주로 우리나라의 영토를 가리킬 때 쓰인다. 『학습사전 결과보고서 2004』

사용자의 실용적 편의를 고려한 이러한 정보는 뜻풀이, 예문 등에서는 제시되기 어렵고 참고정보의 일부나 특정한 항목을 도입하여 제시될 수 있다. 단, 주로 언어적 정보를 제시하는 사전 내에서 사회·문화적 활용 정보의 제시 범위, 기술 방법 등에 대해서는 향후 본격적인 연구가 필요하다.

지금까지 화용론 연구 영역에 따른 화용 정보의 유형을 살펴보았다. 대화참여자, 담화 맥락, 담화 기능, 표제어의 사회·문화적 활용 정보가 바로 그것이다. 여기서, 이러한 화용 정보의 유형은 표제항 내의 미시구조와 일정한 상관관계가 있음을 명시해 둘 필요가 있다. 화용 정보와 미시

---

20) (7)의 예를 다시 가져온 것임.

구조 정보 항목 간의 관련성은 사전의 유형과 사전 사용자를 고려하여 결정되는 것으로 정보 항목에 따라 달리 나타나는 정보의 명시성과도 밀접한 관계가 있다.

지금까지의 사전에서는 대화참여자의 정보를 제외한 대부분의 화용 정보를 참고정보의 일부로 기술해 왔다. 참고정보로 기술할 경우 정보의 명시성은 높아지지만 Tono(2001) 등의 사전 사용자 조사 등에서 밝혀진 바와 같이 뜻풀이와 멀어진 정보일수록 실제로 사용자에 의해 참조되지 않을 가능성도 있다. 반면에 화용 정보가 뜻풀이나 용례의 일부로 제시될 경우 정보가 명시적으로 드러나지 않는 문제가 있다.

사전학 관련 연구에서 화용 정보의 부족은 표제어의 실제 사용 정보의 취약성을 의미하는 것이다. 따라서 향후 사전 편찬에서 화용 정보의 유형에 따른 기술 방법론의 개발, 구어 및 각종 텍스트 자료의 수집을 통한 화용 정보의 연구가 필요하다.

4. 맺음말

이 연구는 독립적 표제항의 구성체로서의 사전텍스트가 어휘간의 관련성, 결합 관계, 어휘의 실제 사용 양상 등을 드러내기가 용이하지 않다는 전제 하에, 사전에서의 화용 정보의 위상을 정립하기 위한 시도에서 비롯되었다. 이를 위하여 화용 정보가 사전 구조의 다양한 정보 항목과 가지는 관련성을 살펴보고 화용 정보의 구체적 유형을 분석하였다. 여기서는 사전에서 언어 사용 정보로서의 화용 정보를 체계적으로 기술하기 위해서 고려되어야 할 몇 가지 사항들에 대해 언급함으로써 결론을 대신하고자 한다.

일반적인 사전의 정보 항목 기술과 마찬가지로 실제 언어 현실을 반영한 다양한 텍스트의 분석을 통해 화용 정보를 기술하기 위해서는 우선, 어떤 유형의 화용 정보를 어느 범위까지 기술할 것인가 하는 화용 정보의 유형을 정하고, 이러한 정보의 위치, 즉 미시구조 내 정보 항목의 위치를 정하는 과정을 거쳐야 한다. 하지만 품사, 형태·통사적 정보 등과 달리 화용 정보는 텍스트 사용의 맥락을 파악해야 하므로 표제어의 독립적인 분석만으로는 분석이 어려우며, 어휘 빈도를 비롯한 말뭉치의 계량적 분석 방법 등에 의존하기 어렵다는 한계가 있다. 따라서 향후 사전 편찬에 화용 정보를 반영하기 위해서는 다음과 같은 세 가지 사항의 고려가 필요하다.

첫째, 일반적인 말뭉치의 문맥 색인(concordance) 검색 범위와 관련하여 화용 정보 기술은 문장 단위 이상의 문맥 색인 결과가 필요한 경우가 많다. 다음과 같은 담화표지(discourse marker)나 감탄사, 특정한 상황에서 쓰이는 인사말과 같은 상투표현 등은 문장 단위 이상의 대화나 담화의 분석을 필요로 한다.

둘째, 화용 정보 기술은 다른 정보 항목보다 용례 검색에 있어서 용례의 출전 정보가 매우 중요한 기능을 차지한다. 특히 사용역 정보와 관련하여 해당 표제어의 사용 시대, 사용 지역, 사용 전문 영역과 관련한 정보는 사전 편찬자의 직관에 의한 정보가 아니라 철저하게 텍스트 장르별, 시대별 말뭉치 분석 결과를 대상으로 한 것이어야 한다는 점에서 용례 검색에서 용례의 출전 정보는 매우 중요하다. 따라서 사전 편찬 도구 제작에 있어서 이러한 기능을 구현할 수 있는 용례검색기의 제작이 필수적이다.

셋째, 모국어 화자라면 누구든지 가지고 있는 화용적 능력(pragmatic competence)을 기술하기 위해서는 언어에 따라 다른 화용적 표현(pragmatic convention)을 표제어로 등재해야 할 필요가 있는데, 한 언어에서 화용적 기능을 담당하는 표제어는 단어 이상의 단위 또는 기본형을 넘어선 단위가 상당히 많은 비중을 차지하고 있다는 사실이다. 따라서 텍스트 분석을 통한 해당 표현 표제어의 추출은 말뭉치의 질적 분석을 필요로 한다.

이외에도 실제 화용 정보 기술에 앞서 논의되어야 할 것은 화용 정보와 뜻풀이의 분리 기술 문제, 예문, 참고정보, 용법 상자 등 미시구조 내의 정보 항목 내에서의 화용 정보 기술의 범위 문제 등이다. 이러한 문제의 해결을 위해서는 지금까지 사전학에서 행해져 온 문법 연구 못지않게 사전학적 관점에서의 언어 사용에 대한 연구, 화용론과 사전학의 관련성에 대한 연구가 선행되어야 한다.

더 읽 을 거 리

사전학에서 화용 정보에 대한 논의는 그리 충분하게 이루어지지 못했다. 한국어사전의 화용 정보와 관련한 논의는 주로 사용적 정보나 구어 감탄사 기술 등에서 부분적으로 이루어졌는데, 사용역 정보의 유형과 기술 방안에 대한 논의는 안의정·이종희(2008)를, 감탄사를 비롯한 구어 어휘에 대한 사전 기술 방법은 전영옥(2006), 안의정(2007)을 참조하기 바란다.

연 습 문 제

1 다음은 『표준』에 소개된 친족어 몇 가지를 제시한 것이다. 일상생활에서 이들이 쓰이는 예들을 고려할 때, 아래의 뜻풀이는 충분한가? 충분하지 않으면 어떤 부분이 더 기술되어야 하는지 논하고, 사용 환경에 대해서도 기술해 보라.

> **삼촌** 명
> 아버지의 형제를 이르거나 부르는 말. 특히 결혼하지 않은 남자 형제를 이르거나 부른다.
> ¶고모는 할머니 못지않게 삼촌의 귀환을 철석같이 믿고 있었다. ≪윤흥길, 장마≫
>
> **이모** 명
> 어머니의 여자 형제를 이르거나 부르는 말.
> ¶우리 외가에는 이모가 여럿 있다. / 우리 엄마와 이모는 자매인데도 성격이 완전히 딴판이다. / 언니가 아이를 가진 지 얼마 안 됐는데 벌써 이모 될 날이 기다려진다.
>
> **언니** 명
> 「1」 같은 부모에게서 태어난 사이이거나 일가친척 가운데 항렬이 같은 동성의 손위 형제를 이르거나 부르는 말. 주로 여자 형제 사이에 많이 쓴다.
> ¶사촌 언니 / 그 집의 두 딸 가운데 언니가 동생보다 착하다. / 근데 언니, 그 사람 왜 아버지한테 안 보여? 그러면 언니 선보라는 공세 안 받을 거 아냐? ≪황순원, 신들의 주사위≫

「2」 남남끼리의 여자들 사이에서 자기보다 나이가 위인 여자를 높여 정답게 이르거나 부르는 말.
¶동네 언니/그보다도 언니! 남편 되시는 분 말이에요.
「3」=새언니.
¶"여보 언니, 그이 좀 또 한 번 만나 봐 주우.

❷ 다음의 예는 21세기 세종계획 구어 말뭉치의 예이다. 밑줄 친 표현은 전체 텍스트의 명제적 내용에는 기여하지 못하지만 담화 상황이나 화자의 전략에 따라 도입되는 "비내용어(non-content word)"로, 문어를 중심으로 한 사전 기술에서 기술되기 어려운 정보를 담고 있다. 이러한 내용을 사전에서 기술한다면 어떤 항목 아래에서 어떤 형태로 기술해야 하는가? 기존 사전의 기술을 참조하되, 일상생활의 대화 예문을 중심으로 문어·구어를 아우르는 표제항을 기술해 보라.

(1) 아무 것도 못 했어요. 뭐 놀러 다니지도 못하고, 월급 받은 거, 그런 거였어요, 월급 받은 돈을 쓸 시간에 없었던 거였어요. 그래서 그때는 정말 너무 바빠서? 그냥, 학원 다니고, 학원 집 학원 집 그러면서 애들 가르치는 것만 하고 그랬어요.
(2) 효과적인 근데 그런 거 있잖아요, 가장 적절한 표현을 골랐을 때, 그거 만 한 말이 없는 거 같애.
(3) 이렇게 얼굴표정과 손짓만 가지고 자기네 어떤 그러한 기업 이미지라든지 자기네 증권사의 어떤 그런 뭐~ 소신이라든지 이런 것들을 밝히고 있어요.
(4) 폭행을 한다거나, 뭐~ 또 그 또 인제~ 상습적으로 폭행하거나 뭐~ 부정행위를 계속 저질른다거나…

제 9 장

관련 어휘 정보

1. 관련 어휘의 개념 및 범위

단어들은 제각기 흩어져 있는 것이 아니라, 의미를 중심으로 어떠한 관계를 맺고 있다고 볼 수 있다. 곧 단어들은 의미적으로 관련된 체계 혹은 구조를 형성한다. 사전에서 표제어와 여러 가지로 관련된 어휘들에 대한 정보를 제공하는 것은 어휘 간에 어떤 관계를 가지고 있는지를 보여 준다는 측면에서 매우 중요하다. 대부분의 국어사전에서 여러 가지 유형의 관련 어휘에 관한 정보를 제시하고 있다. 그러나 사전마다 관련 어휘에 대한 명확한 개념 정의나 뚜렷한 기준 없이 관련 어휘 정보를 제공하고 있는 실정이다.

이희자·우재숙(2006 : 171)에서는 '관련어란 사전의 관련 어휘 정보 중의 하나로서, 상하 또는 부분·전체와 같이 포함 관계에 있는 말이나 동등한 계층에서 셋 이상의 유기적인 대립이 형성되는 등위 관계에 있는 말을 의미한다'고 하면서 관련어를 의미 관계에 있는 낱말로 국한하고 있다. 그러나 단어의 의미 관계는 종적으로 대치되는 관계인 '계열 관계(paradigmatic relation)'와 횡적으로 대치되는 관계인 '결합 관계(syntagmatic relation)'로 나눌 수 있다. 포함 관계나 등위 관계는 계열 관계만을 가리킬 뿐 통합 관계와는 관련이 없기 때문에 이희자·우재숙(2006)의 관련어 정의는 사전 표제어와 관련된 어휘의 일부만을 포함하게 된다. 사전 표제어와 관련이 있는 어휘군으로는 파생 관계에 있는 어휘들도 있을 수 있다. 계열 관계에는 상하 관계, 유의 관계, 대립 관계 등을 들 수 있고, 결합 관계로는 합성 관계, 관용 관계, 연어 관계 등을 들 수 있다. 따라서 이 연구에서는 관련 어휘를 표제어와 의미적, 형태적, 통사적으로 특정한 관련을 가지는 어휘들로 보다 넓게 정의하고자 한다. 관련 어휘는 표제어와 계열 관계에 있는 어휘군과 통합 관계에 있는 어휘군, 그리고 파생 관계에 있는 어휘군으로 나누어 볼 수 있다.

먼저 계열 관계 어휘군을 살펴보면 대표적인 것으로 유의어(synonym), 반의어(antonym)를 들 수 있고 유의 관계의 일종인 준말, 큰말, 작은말, 센말, 여린말 등이 이에 속한다. 표제어에 접사가 붙어 새로운 어휘를 만드는 파생어도 관련 어휘의 일종이다. 어휘는 모든 어휘와 자유롭게 공기(共起)하는 것이 아니라 특정한 어휘들하고만 결합하는 특성이 있는데 이를 통합 관계(syntagmatic relation)라고 한다. 사전에서는 통합 관계에 있는 어휘들에 대한 정보도 제공하게 된다.

사전의 목적이나 대상 언어의 특성에 따라 관련 어휘에 대한 정보도 달라지는데 국어사전의 경우 영어사전보다 관련 어휘 정보가 상세하게 제시되는 편이고 국어사전 중에서도 학습사전에서 관련 어휘 정보의 중요성이 커진다. 따라서 한국어 관련 학습사전에서 관련 어휘 정보가 가장 풍부하게 제시되고 있다. 국어사전에서 관련 어휘 정보가 비교적 다양한 것은 한국어의 언어 유형적 특성 때문이다. 한국어는 교착어로서 어근에 접사가 붙는 형식이 일반적인데 특히 조어법의 일종인 파생법이 발달되어 있어 파생어 정보가 매우 중요하다. 한국어는 상징어가 발달되어 있는데 자음의 평음－격음－경음의 교체에 따른 센말과 여린말의 관계나 양성 모음과 음성 모음의 교체와 관련된 큰말, 작은말 관계는 다른 언어에 비하여 특징적인 측면을 가지고 있다. 국어사전에서는 이러한 상징어 간의 관련 어휘 정보도 풍부하게 제시하는 것이 일반적이다.

이외에도 표제어와 특정한 관계는 아니나 표제어와 직접, 간접적으로 관련이 있는 어휘들을 '참고어(참)' 혹은 '관련어(관)'라는 관련 어휘로 제시하고 있으나 관련어는 편찬자의 주관이 개입되는 측면이 다분하여 정보로 제시하는 것이 사전 사용자에게 크게 도움을 주지 못한다.

2. 관련 어휘의 유형

관련 어휘는 계열 관계에 속한 유형과 통합 관계로 볼 수 있는 유형으로 나눌 수 있다. 계열 관계의 관련 어휘는 유의어, 반의어, 큰말, 작은말, 센말, 여린말, 파생어 등이 있고 통합 관계의 관련 어휘는 연어와 관용 표현 등을 들 수 있다.

1) 계열 관계의 관련 어휘

(1) 유의어

'synonym'이라는 용어를 우리말로 번역할 때, 동의어(同義語/同意語), 유의어(類義語/類意語)라는 용어를 주로 사용해 왔다. 어휘간의 개념적 의미의 동일성 여부에 따라 완전 동의어(혹은 동의어)와 부분 동의어(혹은 동의어)로 구분해 왔으나,[1] 국어의 많은 단어쌍 가운데 완전 동의어는 매우 드물거

---

1) 완전 동의와 부분 동의에 관해서는 김종택·남성우(1994), 박종갑(1996), 김준서

나 이론적으로 존재하지 않는다는 견해가 우세하다. 그러므로 동의어보다
는 유의어라는 용어가 적당하다.

　의미가 겹치는 정도에 따라 차이를 보이는 유의 관계를 그림으로 보이
면 다음과 같다.

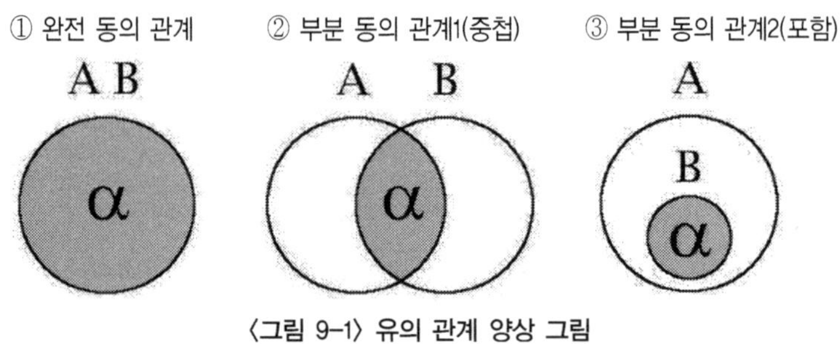

〈그림 9-1〉 유의 관계 양상 그림

　위의 그림에서 유의어의 세 가지 유형을 확인할 수 있는데, 유의어는
학자에 따라 협의로도 혹은 광의로도 정의될 수 있다. 즉, 학자에 따라 완
전 동의어는 주로 '동의어'라 하고 부분 동의어는 주로 '유의어'로 쓰기도
한다. 사전에 따라 그림 ①의 관계를 가지는 어휘는 동의어로 제시하고
그림 ②, ③은 유의어로 정보 제시를 하는 경우가 많다.

(2) 반의어

　반의 관계는 어휘의미론에서는 보통 대립 관계(oppositeness)라 하는데
사전에서는 보통 대립 관계보다는 좁은 의미로 반의 관계를 사용한다. 사
전에서의 반의 관계는 이원 대립(binary opposition)에 한정되는 경우가 대
부분이다. 한 쌍의 반의어는 의미 특성에 있어서 동질성과 이질성의 양면
성을 지니고 있을 때 성립된다. 두 어휘소는 공통된 특성을 많이 지님으
로써 의미상 근접성을 드러내며 하나의 매개 변수가 다름으로써 의미상

───────────────

　(2000) 등을 참조할 것.

소원성을 드러낸다(임지룡 1992 : 156~175).

사전에서 반의어로 간주하는 유형으로는 다음과 같은 것들이 있다.[2]

> (1) 모순 대립 : "a이기도 하고 b이기도 하다." 또는 "a도 b도 아니다."와 같이
> 모두 부정하거나 모두 긍정할 수 없는 관계.
> 남자↔여자
> (2) 양극 대립 : 두 대립되는 개념 사이에 중간 단계가 존재하는 관계.
> 춥다↔덥다, 검다↔희다
> (3) 공간(방향) 대립 : 어떤 구체적·추상적 공간에서 방향이 뒤바뀌는 관계.
> 좌↔우
> (4) 관계 대립 : 어떤 사회적 관계 내에서 대립이 되는 관계.
> 남편↔아내

(3) 큰말, 작은말, 센말, 여린말

국어는 의성어와 의태어 등의 상징어가 발달한 언어이다. 의성, 의태어 중에서 자음과 모음의 교체로 인하여 그 의미가 세밀히 달라지는 경우 표제어의 관련 어휘로 '큰말, 작은말, 센말, 여린말' 등의 정보를 제시하는데 사전에 따라 '거센말'이 추가되기도 한다(『표준』). 그 유형으로는 다음과 같은 것들이 있다.

의성어, 의태어나 자모음 교체를 보이는 표제어의 참고 어휘에는 '센말, 거센말, 큰말, 작은말', 자음교체형(센말이나 거센말은 아니지만 자음의 차이에 따라 그 의미가 미세하게 달라지는 경우), 모음교체형(큰말이나 작은말은 아니지만 모음의 차이에 따라 그 의미가 미세하게 달라지는 경우)을 제시한다.[3]

> (5) '센말, 거센말 ; 큰말/작은말 ; 모음교체형'이 제시된 경우
> **강장** ㉜ 깡짱·깡창 ; 경정 ; 강중.
> **강중** ㉜ 깡쫑·깡충 ; 경중 ; 강장.
> **경정** ㉜ 껑쩡·껑청 ; 강장 ; 경중.

---

2) 『표준』 편찬 지침 참조.
3) 『표준』 편찬 지침 참조.

경중 ㉔ 껑쭝·껑충 ; 경종 ; 경정.
(6) '큰말 ; 자음교체형'이 제시된 경우
　　아뿔싸 ㉓ 뜻풀이. ㉔ 어뿔싸 ; 하뿔싸.
(7) '큰말 ; 모음교체형'이 제시된 경우
　　호드득 ㉔ 후드득 ; 화드득.
(8) 모음교체형만 제시된 경우
　　응아-응아 ㉔ 응애응애.
　　응애-응애 ㉔ 응아응아.

(4) 파생어

표제어를 어근으로 하여 접두사나 접미사가 붙어 파생어를 이루는 경우 이에 대한 정보를 주는 경우가 있는데 이 파생어 정보는 어근에 '-하다', '-되다', '-거리다', '-대다', '-이다' 등의 접사가 붙어 용언이 파생되는 부류와 형용사에 '-이', '-히' 등의 접사가 붙어 부사가 파생되는 부류 등 생산성이 높고 규칙적인 파생어 부류에 대한 정보를 주는 것이 일반적이다. 예를 들어 동사 '덮다'에 접미사 '-개'가 붙어 '덮개'가 되는 것과 같이 파생의 범위가 그리 넓지 않은 것들에 대한 정보는 제시하지 않고 있다. 파생어 중에서 '-이-, -히-, -리-, -우-, -구-, -추-' 등의 접사가 붙어서 사동사나 피동사로 파생되는 것들은 ㉒, ㉕ 등의 약물로 표시한다.

2) 통합관계의 관련 어휘

(1) 연어(collocation)

통합 관계 중 가장 대표적인 것이 연어 관계이다. 연어에 대한 정의와 범위는 학자마다 다르기 때문에 이를 이론적으로 정확히 규정하기는 힘들다. 국어사전에서 연어는 대부분 구 단위 예문으로 처리하는 것이 일반적이다. 『연세』는 명사와 동사에 관련된 연어 관계만을 ㉓이라는 약물로 표시하였다.

(2) 기타

통합 관계 중 '미역국을 먹다'처럼 연어 관계보다 결합이 공고하거나 통합된 구성이 제3의 의미를 획득한 경우는 관용 표현으로 분류되는데 이러한 관용 표현도 통합 관계의 일종이다. 관용 표현은 아니나 '가격 파괴'처럼 명사와 명사가 자주 같이 쓰여 마치 한 단위로 기능하는 경우도 있으며 '뾰족한 수'나 '새빨간 거짓말'과 같이 특수한 표현도 가능하다. 사전에서는 이러한 통합 관계를 대부분 부표제어로 처리하고 있다.

다음에서는 주요 사전에서의 관련 어휘 정보에 대하여 살펴보기로 하겠다.

3. 기존 사전 분석

1) 『연세』의 관련 어휘 정보

『연세』에서는 표제어와 관련된 어휘로 '준말, 유의어, 반의어, 큰말, 작은말, 센말, 여린말, 파생어, 관련어, 연어, ☞, 참고어' 등 12가지의 정보를 난외에 제시하고 있다. 『연세』에서의 준말은 한 낱말의 일부분을 줄여 쓰는 말로 예를 들어 '디디다'를 '딛다'로 줄여 쓰는 것을 말한다. 이때 '딛다'를 준말이라고 하고 '디디다'를 본딧말이라고 한다.

(9) 준말과 본딧말 정보의 예

<table>
<tr><td>

디디다 [디디는, 디디어(디뎌), 디딥니다] 동 I
땅에 발을 대고 서다. ¶발을 살살 디뎌도 발
바닥이 너무 아팠다. / 언제부턴가 그 계단 하나가 발을
디딜 때마다 찌걱거리는 소리가 났다. / 놀라서 어설프게
디딘 발이 돌을 밟고 미끄러졌다. / 뭐라고 외치는 지혜
의 말이 잘 들리지 않아 정수는 땅에 발을 디뎌 그네타
기를 멈추었다.
(이하 생략)

</td><td>

준 딛다
I
1이 2를 디디다
1 사람명사
2 발

</td></tr>
<tr><td>

딛다 [딛는, 딛어, 딛습니다] 동 I 땅에 발을 대고 서다.
¶어렸을 적에는 눈밭 위에서 발을 딛을 때마다 뽀드득
소리를 내며 쫓아오는 발자국이 신기하기만 했다. / 목발
에 의지한 채 한쪽 발만 땅에 딛고 서 있던 친구가 함께
멀리 여행을 떠나자는 제의를 해 왔다.

</td><td>

참 '디디다'의 준말
I
1이 2를 딛다
1 사람명사
2 발

</td></tr>
</table>

(9)에서와 같이 『연세』에서는 본딧말에서는 '준'이라는 약물을 사용하여 준말 정보를 주고 표제어가 준말일 때는 참고 정보로 이것이 무엇의 준말이라는 정보를 주었다.

『연세』의 유의어는 표제어와 형태와 소리는 다르면서 그 뜻이 비슷한 낱말을 말한다. 예컨대 '맏형'과 '큰형, 장형'은 형태나 소리는 다르면서 그 뜻이 비슷하다. 이러한 낱말들을 유의어라고 하는데 동의어라는 용어는 의미가 똑같은 낱말이 없다는 전제하에 사용하지 않았다. 유의어는 유의 관계에 있는 표제어 각각에 '유'라는 약물을 사용하여 정보를 제시하였다.

(10)

<table>
<tr><td>

맏형(—兄) 명 형들 가운데 맏이가 되는 형. ¶자정을 넘겨
제사를 모시니 집으로 돌아갈 수가 없고 맏형 집에서 자
자니 잠자리가 불편하다는 둘째 운식이의 말이 있었다.

</td><td>

유 큰형 · 장형[4]

</td></tr>
</table>

---

4) 『연세한국어사전』에서 표제어 '큰형'의 유의어로는 '맏형'과 '장형[2]'를 제시하였는데 '맏

장형2(長兄)[장 : 형] 몡 맏이가 되는 형. 큰형. ¶마침 죄인의 장형이 되신다 하니 나오신 김에 이 문서에다 수결 좀 해 주십시오	㉴ 맏형·큰형
큰형(一兄) 몡 가장 손위의 형. ¶어제 저녁 큰형의 죽음을 알리는 조카의 시외 전화에다 대고 나는 아무런 말도 할 수 없었다.	㉴ 맏형·장형2

(10)에서 '맏형, 장형, 큰형'의 유의어군의 상호지시를 보였다. 이러한 유의어군은 관계를 표시하는 것도 중요하지만 유의어의 의미나 용법이 어떤 차이를 보이는지도 매우 중요하다. 예를 들어 '장형'이라는 어휘는 '맏형'이나 '큰형'보다 옛말투나 글말에서 주로 쓰이는데 대부분의 사전에서는 이러한 의미나 용법의 차이를 명시하지 않고 있다. 영어사전의 경우는 용법(usage) 정보를 박스로 처리하는 등의 방법을 통하여 제시하고 있어 국어사전도 이러한 유의어 간의 용법 정보를 상세하게 주어야 할 것으로 보인다.

『연세』에서는 표제어의 의미가 반대되는 짝을 이루고 있는 낱말을 '㉰'의 약물을 사용하여 제시하였는데 그 예로는 '오르다'와 '내리다', '아버지'와 '어머니' 등을 들 수 있다.5)

(11)

오르다[오르는, 올라, 오릅니다] 동 I ① 낮은 데서 높은 데로, 아래에서 위로 움직이다. 이동하다. ¶ 그는 지난 주일부터 거의 하루에 두 번씩 산에 오른 셈이었다. / 동산의 봉숭아 밭길로 오르자 멀리로 마을이 보였다. / 섬 백성이 벌써 모래 위에 오른 물고기처럼 살	I ▨1이 ▨2에 오르다 ① ① 유정명사 ② 장소명사 ㉰ 내리다

형'의 유의어를 제시할 때는 '장형'의 동형어 번호를 제시하지 않았다. 이는 단순 오류로 보인다.

5) 『연세』의 문법용어 풀이에서는 '오르다, 내리다', '아버지, 어머니'뿐 아니라 '빛, 어둠'도 반의어의 예로 들고 있으나 실제 처리에서는 '빛'과 '어둠'은 반의어 정보를 주지 않았다.

길을 잃었다는데…. ② 탈것에 타다. ¶그것은 기표와 같은 배에 오른 우리들의 공동 운명이었던 것이다. / 아이들이 다 차에 오르자 버스는 출 발했다. ③ 큰길에 나서다. ¶서울을 벗어나 춘천으로 난 국도에 오르니 벌써 아홉 시였다. / 그 집은 오솔길로 오르면 보이지 않는다. ④ 일정한 수준에 다다르다. ¶그가 직접 쌀 생산에 나선다 하더라도 어느 궤도에 오르기까지는 말 그대로 허리띠를 졸라매야 한다. / 일이 잘 풀리면 다시 정상 궤도에 오르는 거지. ⑤ 높은 지위에 있게 되다. ¶그는 어린 조카 단종을 몰아내고 왕위에 오른 세조의 패륜에 반기를 들고 끝까지 절의를 지켰다. / 나폴레옹은 엘바 섬을 벗어나 황제의 자리에 다시 올랐다. ⑥ 높은 등수에 들게 되거나 높은 등수를 차지하다. ¶그러한 책이 서점에선 아예 베스트셀러 순위에도 오르지 못 하는 경우가 비일비재한 실정이다. / 한국은 이 시합에서 이길 경우 4강에 오르게 된다. ⑦ 무슨 일이나 과정을 시작하다. ¶그는 새벽 4시부터 일어나 무슨 굉장한 탐험의 장도에라도 오르는 것처럼 서둘렀다. / 이른 봄 양복을 차려 입은 길대는 아내를 뒤에 달고 귀향길에 오른다. ⑧ 무엇이 화제가 되거나 거론되다. ¶규와 태영이 다니고 있는 학교의 교장 선생이 화제에 오르게 되었다. / 지금껏 계속된 연속 살인 사건에서 용의선상에 오른 사람은 서영준이었다. ⑨ 무엇이 문서나 책 따위에 적히다. 기록되다. ¶그의 어머니는 호적에도 오르지 못한 둘째 부인이다. / 학적부에 낙제생이라는 기록이 오르면 그것은 전과가 있는 범죄자처럼 평생 지울 수 없는 오점으로서 남을 것이다. ⑩ 무슨 음식이 상 위에 놓이다. ¶가끔은 먹음직한 찌개가 밥상에 오르기도 했다. / 모처럼 만에 된장국이 식탁에 오르니 구미가 당겼다. ⑪ [주로 '오르는'의 꼴로 쓰이어] 낮은 데서 높은 데로 움직이게 하다. ¶성당으로 오르는 좁은 언덕길을 앞서거니 뒤서거니 느릿하게 갔다. / 두 사나이는 묵묵히 옥상으로 오르는 계단을 밟을 뿐이었다. Ⅱ ① (무엇이) 아래에서 위로 움직이다. ¶우리는 솥에서 김이 무럭무럭 오르고 있는

참 '1이 2로-'로도 쓰임.
② 1 유정명사
2 차·배·비행기·말…
반 내리다
참 '1이 2로-'로도 쓰임.
③ 1 유정명사 2 길
참 '1이 2로-'로도 쓰임.
④ 2 궤도·절정·경지·정상…
유 이르다·다다르다
⑤ 1 사람명사
2 지위·수상·대장·왕위…
⑥ 2 상위·순위·결승·본선…
관 들다
⑦ 1 사람명사
2 여행길·유학길·귀양길…
참 '1이 2를-'로도 쓰임
⑧ 2 화제·구설수·대산·물망…
⑨ 1 말·이름…
2 책·호적·명단·수첩·사전…
유 실리다
⑩ 1 음식
2 상·식탁…
⑪ 1 길·계단…
2 장소명사

찐빵집으로 들어갔다. / 다시 꽃이 피고 아지랑이가 오르는 봄날이 찾아왔다. / 강 건너에 불길이 오르고 있었다. ② (무엇이) 아래에서 위로 뻗다. ¶담 밑에서는 이제 막 꽃대궁이 오르는 동백이 유별나게 짙은 푸름을 내 비추고 있었다. ③ (성과나 효과가) 나타나다. 능률이 높아지다. ¶정리하기도 크게 어렵지 않고 하니 자연히 상당한 능률이 오르는 것 같더군. / 과일을 종류대로 팔고 있는 터라 가게는 그럭저럭 매상이 오르는 눈치였다. ④ ㉠ (어떠한 기운이) 전체에 퍼지다. ¶술기가 오른 명수가 부엌을 향해 혜인이를 나오라고 고함을 쳐 댔다. / 시들시들 죽어 가던 나무에 갑자기 물기가 오른 듯했다. / 싱싱한 아이의 몸처럼 온몸에 생기가 오르는 것 같았다. ㉡ 흥분한 기운이 높아지다. ¶흥이 오를 대로 오른 그는 휘청거리는 걸음걸이로 되지도 않는 소리를 씨부렁거렸다. / 짤랑짤랑 쉴새 없이 흔들어 대는 할멈의 몸놀림엔 점차 신명이 오르고, 박수무당의 징소리 장고 소리가 점차 흥에 겨웠다. ⑤ 몸에 병의 기운이 퍼져서 붓다. ¶막상 수은독이 오르는 걸 생각해 보니, 무섭기는 했다. / 그를 생각하면 온몸에 옻이 오른 기분이 되곤 한다. ⑥ (살이) 많아지다. ¶처음 왔을 때는 피부도 거칠고 깡말랐던 옥례가 살도 오르고 피부도 윤기가 나 있는 것을 보니 현옥은 속으로 흡족했다. / 그 목욕탕은 비계살이 오를 대로 오른 살진 중년 여인들이 대부분이다. ⑦ 귀신의 기운이 돌다. ¶그들은 신이 오른 무당처럼 때로는 민속 농악대처럼 신명이 나서 두들기고 춤을 췄다.

Ⅲ ① ㉠ (온도나 열 따위의) 수치가 높아지다. ¶그 병은 갑자기 열이 39도~40도로 급격히 오르므로 주의해야 한다. / 계속 펄펄 뛰어 봤자 혈압만 오르지 이득이 없었다. ㉡ (값이) 높아지다. ¶물가가 오르면 중앙에서 적절히 통제하여 값을 내린다. / 요즘처럼 임대료가 오르는 데야 소기업의 이동이 잦을 수밖에 없을 것이다. ② (기운이) 많아지거나 세게 되다. ¶싸울 때마다 압승하는 전투 경험으로 사기가 오를 대로 올라 있었다. / 그가 물러서는 것을 보자, 기세가 오르는지, 개는 그를 바짝 따라오면서 짖기 시작했다.

㉝ 주로 ‘❶이 ❷로-’로 쓰임

Ⅱ

(❶에) ❷가 오르다
① ❷ 무정명사
② ❷ 가지…
③ ❶ 일
❷ 능률·성과·효과·전과…
㉝ ‘❶이 ❷가 -’로도 쓰임
④ ㉠ ❷ 취기·생기·물기…
㉴ 돌다
㉡ ❷ 신명·부화·흥·열기…
⑤ ❷ 독·옻·학질·옴…
⑥ ❷ 살
㉬ 내리다
⑦ ❷ 신

Ⅲ

❶이 오르다
① ㉠ ❶ 온도·열·혈압…
㉬ 내리다
㉡ ❶ 값·물가·세금·금리·비용…
㉬ 내리다
② ❶ 사기…

(11)에서 '오르다'의 반의어로 '내리다'를 줄 수 있는 것은 Ⅰ①, ②, ③, ⑥, Ⅱ①, ②의 의미일 때이고 나머지의 의미 항목은 반의어를 '내리다'로 줄 수 없다. 즉 유의어, 반의어 등 어휘간의 의미 관계는 어휘 전체에 해당하는 경우도 있지만 대부분의 다의어에서는 의미 항목별로 관계를 설정할 수 있다.

(12)

어머니 명 ① 자기를 낳은 여자. ¶어머니는 김치를 담그실 때에 무를 정말 예쁘게 써셨다. ② 아들이나 딸을 낳거나 가진 여자. ¶아이들은 어머니 뱃속에 있을 때부터 교육을 받아야 합니다. / 무엇보다도 오늘의 여성은 어머니가 되는 법도를 배울 곳이 없다. ③ '자기의 어머니와 나이가 비슷한 여자'를 친근하게 부르는 말. ¶어머니, 안녕하세요? 저는 철수의 친구입니다. ④ (어머니처럼) 사랑하고 보살펴 주고 걱정해 주는 여자, 또는 그런 존재. ¶그녀는 회사에서도 엄마라는 호칭을 받으며 많은 종업원들의 어머니가 되었다. / 자연은 인간의 어머니이면서 삶의 고향이다. ⑤ 무엇을 생겨나게 한 근본. ¶그곳에는 전쟁은 창조의 아버지요 문화의 어머니라는 문구가 써 있었다. / 필요는 발명의 어머니이다.	반 아버지 관 엄마
아버지 명 ① 자기를 낳은 어머니의 남편. ¶하루 종일 땀과 먼지 속에서 일을 하고 돌아온 아버지를 둘러싸고 온 가족이 둘러앉았다. ② 아들이나 딸이 있는 남자. ¶이제 한 아이의 아버지가 되고 나니까 부모님의 마음을 조금은 알 수 있겠어요. ③ ['~의 아버지'의 꼴로 쓰이어] 어떤 일을 처음으로 창시했거나 그에 크게 공헌한 남자. ¶뉴턴은 물리학의 아버지로 불린다. ④ (기독교 등의 종교에서) 하나님을 친근하게 이르는 말. ¶하늘에 계신 아버지시여.	반 어머니 관 가장·가친·춘부장

(12)에서 '어머니'의 전체 반의어로 '아버지'를, '아버지'의 전체 반의어로 '어머니'를 주고 있으나 각각의 의미를 상세히 살펴보면 어머니와 아버

지는 기본의미는 같으나 전이의미는 서로 다른 것을 알 수 있다. 어머니
①, ②와 아버지 ①, ②는 서로 반의 관계에 있으나 어머니 ③, ④와 아버
지 ③은 반의어가 아니라 유의어나 관련어의 관계를 가진다고 볼 수 있다.
아버지의 ④는 '어머니'와 아무 관계를 갖지 않는 의미이다.

'큰말, 작은말, 센말, 여린말'은 의미론적으로 유의 관계의 일종으로 볼
수 있으나 한국어의 특성상 따로 제시되는 관련 어휘이다. 『연세』에서 '큰
말'은 '작은말'과 대립되는 개념으로 뜻이 같으면서 어떤 모음이 쓰였느냐
에 따라서 어감이 밝고 작으면서 가벼운 것과 크고 어두우면서 무거운 것
으로 갈라지는 두 낱말이 있을 때 어감이 어둡고 크고 무거운 낱말을 '큰
말'이라고 하고 어감이 밝고 작으면서 가벼운 낱말은 '작은말'이라고 한다.
'깜깜하다'와 '껌껌하다'는 '매우 어둡다'라는 의미는 같으나 어미 'ㅏ'와 'ㅓ'
의 교체로 인하여 '깜깜하다'는 '껌껌하다'에 비해 어감이 작고 가벼우므로
'깜깜하다'는 작은말, '껌껌하다'는 큰말이라고 한다. 큰말과 작은말의 대응
쌍을 보이는 어휘들은 모음 'ㅏ, ㅐ, ㅑ, ㅘ, ㅚ, ㅛ'가 쓰이면 밝고 작고
가벼운 느낌을 주며 'ㅓ, ㅔ, ㅕ, ㅜ, ㅝ, ㅟ, ㅠ, ㅡ, ㅣ' 등이 쓰이면 어둡
고 크고, 무거운 느낌을 주므로 어떤 모음이 쓰였느냐에 따라 어감이 달
라진다. 작은말은 큰말에서 '작'이라는 약물을 사용하여 정보를 제시하고
큰말은 '큰'이라는 약물을 사용하여 표제어가 작은말일 때 제시하였다.

(13)

감감하다[감 : 감하다][감감한, 감감하여(해), 감감합니다] 톙 Ⅰ① 잘 보이지 않을 만큼 아득히 멀다. ¶생각할수록 그는 감감한 곳으로 멀어지는 것 같다. / 산골의 아이들은 오늘도 멀리 감감한 하늘만 쳐다보며 수십 리 길을 재를 오르내리고 물을 건너면서 학교를 오가고 있다. ② (소식 이나 응답이) 전혀 없다. ¶아버지가 행방불명으로 소식이 감감한데 그 아들은 군대에 가야 하다니 딱하군요 / 세월 이 아무리 지나도 남편은 돌아오지 않고 소식도 감감하다. ③ (어떤 사실에 대한 지식이나 기억이) 전혀 없다. ¶성 밖	Ⅰ Ⅰ이 감감하다 ① Ⅰ 장소명사 ② Ⅰ 소식·응답· 안부… ③ Ⅰ 기억·사실·

에서 생긴 일을 성안에 있던 백성들은 전혀 감감하게 알지 못했다. ④ (어떤 좋은 일이 생길 시기가) 아직 멀다. 요원하다. ¶아직도 국민 전체가 문화에 참여할 수 있는 교육 수준이 되기에는 감감한 실정이다. / 그가 올 날이 아직도 감감하다나요. Ⅱ (앞으로 해야 할 일에 대한 판단이나 생각이) 전혀 없다. ¶허 생원은 다섯 식구의 앞날이 감감했다. / 그는 도무지 어찌해야 할지 앞이 감감하였다. / 오빠조차 없는 집안에서 돈 벌 구멍이 감감해 종애는 이런 수모를 받으면서도 직장에 붙어 있을 수밖에 없었다.	현상… Ⅱ(쎈)캄캄하다 ①이 ②가 감감하다 ① 사람명사 ② 앞날·앞
깜깜하다 (형) Ⅰ ① 아무것도 안 보일 정도로 매우 어둡다. ¶담배를 붙여 물고 밖으로 나오자 사방이 깜깜하고 날씨가 차지기 시작했다. / 그 새 주위가 깜깜하고 전등불이 여기저기서 번쩍였다. ② (방법, 방도 따위가) 생각이 나지 않다. ¶아이 키울 생활비가 다 어디서 나올지 깜깜했다. / 그것을 찾을 방법은 깜깜했다. Ⅱ 어떤 일에 관해 아는 것이 전혀 없다. ¶그 앤 그저 각목이나 휘두를 줄 알았지 다른 일엔 깜깜하다. / 아버지는 한평생 공부만 하신 분이라 세상 물정에는 깜깜했다. / 아무리 수학에 깜깜해도 기본 공식조차 모르고 있다는 게 말이 되냐? 눈앞이 깜깜하다 앞으로 있을 일에 대하여 절망스럽다. ¶아까는 희양을 못 만날까 봐 그리도 눈앞이 깜깜했었는데…. / 네 앞을 생각하면 눈앞이 깜깜했었어.	☞깜깜 ①이 깜깜하다 ① ① 장소명사 (큰)껌껌하다 (여) 감감하다 ② ① 방법·일… Ⅱ ①이 ②에 깜깜하다 ① 사람명사 ①이 눈앞이 깜깜하다
껌껌하다[껌껌한, 껌껌하여(해), 껌껌합니다] (형) 빛이 아주 모자라 안 보일 만큼 어둡다. ¶마을의 진입로인 고갯길이 도무지 껌껌하고 외져서 여자들이 야밤에 나다닐 수가 없다. / 그날 밤 껌껌한 방에 가만히 누워 있자니 죽은 영감 얼굴이 어른거렸다.	(작)깜깜하다 (쎈)컴컴하다 ①이 껌껌하다 ①장소명사
컴컴하다[컴컴한, 컴컴하여(해), 컴컴합니다] (형) ① 시커멓게 보이도록 매우 어둡다. ¶아랫집 우사에만 불이 켜져 있을 뿐 그 밖의 집들은 컴컴했다. / 컴컴한 땅굴 속에 들어	①이 컴컴하다 ① (작)캄캄하다

가 일하면서 처자식 못지않게 양조장 인부 시절이 그리웠다. ② 음흉하고 욕심이 많다. ¶너는 왜 그렇게 속이 컴컴하니? / 개의 컴컴한 속셈을 누가 알아? ③ 앞날이 거칠고 희망이 없다. 아무런 도리가 없다. ¶입사 시험에서 탈락한 사실은 며칠 동안 그를 컴컴한 절망으로 몰아넣었다.	② ① 속·속셈… ③ ㉣캄캄하다
캄캄하다[캄캄한, 캄캄하여(해), 캄캄합니다] 톙 I (아무 것도 보이지 않을 정도로) 매우 어둡다. ¶여름날에도 캄캄한 지하실의 방문을 열면 초겨울의 밤기운과 같은 이상한 한기가 나를 붙들었다. / 그 달빛을 받으며 미동도 없이 엎드려 있는 거리는 먹물이 흐를 듯 캄캄했다. Ⅱ ① 희망이 없이 막막하다. 아무런 방법이 없다. ¶이 사실을 깨닫는 순간 그의 앞은 캄캄했다. / 이어서 한량없는 캄캄한 절망감이 엄습해 왔다. ② (무엇에 대해) 아는 것이 전혀 없다. ¶끝도 없이 둘러 쳐진 철조망과 크고 작은 수많은 출입문 어디로 가서 명훈을 찾아야 할지부터가 캄캄했다. / 그는 세상 물정에 아주 캄캄해서 사기를 몇 번이나 당했다.	I ㉞컴컴하다 ㉣ 깜깜하다·어둡다 ①이 캄캄하다 Ⅱ ㉣ 깜깜하다 ①이 (②가) 캄캄하다 ① 사람명사 ② ㉣ 어둡다 ㉔ '①이 (②에)-'로도 쓰임

(13)에서 '여린말', '센말', '큰말', '작은말'의 관계도 역시 의미 항목별로 제시해야 함을 보여 준다. '깜깜하다'에서는 '캄캄하다'를 센말의 정보를 주었으나 '캄캄하다'에서는 '깜깜하다'에 대한 정보를 주지 않고 오히려 '깜깜하다'에서 '감감하다'를 여린말로 설정하여 표제어 간의 관련어 설정에 있어 일관성이 없다는 것이 문제점으로 지적될 수 있다. '깜깜하다'와 '컴컴하다'도 작은말과 큰말의 관계로 되어 있으나 의미 항목별 정보 제시는 미흡한 감이 있다.

한국어는 첨가어적인 특성으로 인하여 어근에 파생접사가 결합하여 새로운 단어가 만들어지는 경우가 많다. 어근에 접사가 붙어 만들어진 새말에는 접두사에 의한 파생어와 접미사에 의한 파생어가 있다. 『연세』에서는 표제어가 어근이 되어 만들어지는 모든 파생어 정보를 다 주지 않고 '-되다, -하다, -거리다, -대다, -이다'의 다섯 개의 접미사가 붙어 동사나 형용사로 파생되는 것만을 '㈜'라는 약물을 사용하여 제시하였다. 예를 들어 명사 '이해(理解)'에서 파생어 정보로 '이해되다·이해하다'를 제시하거나 부사 '덜렁'에 '덜렁거리다·덜렁대다'를 파생어 정보로 주는 것이다.

(14)

이해²(理解)[이 : 해]명 ① 사리를 분별하여 아는 것. ¶아버지가 그토록 이해가 없으신 분인 줄은 몰랐습니다. / 그 문제는 법과 문학을 만들어낸 인간에 대한 포괄적인 이해를 요구한다. ② (말이나 글의 뜻을) 깨달아 아는 것. ¶편지를 두어 번 읽었으나 이해가 안 갔다. / 설명을 해도 잘 이해가 되질 않을 거예요.	㈜ 이해되다·이해하다 ② 옌 ~가 가다 / 되다
이해하다(理解-)[이 : 해하다] 동 I ① (내용이나 뜻을) 알아차리다. 전달받다. ¶나는 인간이 죽은 다음에 또 다른 생을 시작한다는 그의 말을 이해할 수 없었다. ② (사실, 현상, 상황 따위에서 이치나 뜻을) 알아내다. 해석하다. ¶물리학자들은 원자 현상을 이해하기 위하여 그들의 현실에 대한 기본 개념들을 대폭 수정하지 않을 수 없었다. / 백 부장님의 뜻을 충분히 이해하겠습니다. ③ (남의 속사정을 알고) 긍정적으로 받아들이다. 알아주다. ¶당신의 심정을 충분히 이해하겠소 II 생각하다. 간주하다. ¶근로자들은 노사 문제를 대립 관계가 아니라 공존의 관계로 이해하고 자제하는 지혜도 터득해야 합니다. / 보통 독자들은 상징주의를 낭만주의에 가깝다고 이해하고 있다. / 나는 조선 후기 실학자들의 사상을 근대 지향적인 것으로 이해하고 있다.	☞ 이해2 ㈜ 이해(를) 하다 I ①이 ②를 이해하다 ① 사람명사 ①② 말·문제… ②② 사실·뜻… ③② 마음… II ①이 ②를 ③으로 절/ 이해하다 ① 사람명사 ③ 명사, '~것'꼴의 절 절 '-다고'의 꼴 '①이 (절)-'로도 쓰임 (절 '-다고'의 꼴)
이해되다(理解-)[이 : 해되다] 동 I ① (내용이나 뜻이) 전달되다. ¶사실 그 말은 열두 살의 아이에게는 얼른 이해되기 어려운 내용이었다. / 그 논문은 설명을 해도 잘 이해되지	☞ 이해2 I (①이) ②가 이해

않을 겁니다. ② (속사정이) 긍정적으로 받아들여지다. ¶이 마음이 당신에게 이해되기를 바랍니다. / 경찰에서도 내 처지가 이해되어 석방을 해 주었다. Ⅱ생각되다. 해석되다. 간주되다. ¶일반적으로 자연주의는 리얼리즘과 대립되는 것으로 이해되고 있다. / 지식인과 민중은 흔히 별개의 사람으로 이해되고 있다. / 이 작품은 좌절된 운동가의 모습을 그렸다고 이해된다. / 죽음은 인간과 자연과의 화해 또는 인간의 영원한 귀의의 자리로 이해되었다.	되다 Ⅰ 사람명사 ①Ⅱ 말·문제… Ⅱ (Ⅰ이) Ⅱ가 Ⅲ으로/질 이해되다 질 '–다고'의 꼴

(14)에서 명사 '이해2'에서는 파생어 정보로 '이해하다·이해되다'를 주었고 '이해하다'와 '이해되다'에서는 '이해2'로 '가보라(☞)'는 정보를 주었다. 그러나 『연세』의 파생어 정보는 몇 개의 한정된 파생어에 대한 정보만을 주었다는 한계를 지니고 있다.

(15)

덜렁¹ 부 어떤 것이 하나만 매달려 있는 모양을 나타냄. ¶벽에는 낡은 트럼펫이 하나 덜렁 걸려 있다. / 가방을 한 쪽 손에 덜렁 든 채 휘파람을 불어 대면서 그는 길 위쪽으로 걷기 시작했다.	좍 달랑 파 덜렁거리다·덜렁대다 참 흉내말
덜렁² 부 어떤 것이 외따로 있는 모양을 나타냄. ¶안채만 덜렁 놓여 있는 홑집이 쓸쓸해 보였다. / 시간이 다 되도록 시골에서 올라오신 시부모만 덜렁 식장에 앉아 있을 뿐이었다.	좍 달랑 파 덜렁하다 참 흉내말
덜렁³ 부 어떤 행동을 힘들이지 않고 한꺼번에 쉽게 하는 모양을 나타냄. ¶그늘을 찾아 풀 위에 덜렁 누워 버린다. / 저런 핏덩이를 어떻게 고아원에 덜렁 내다 버린담.	좍 달랑 파 덜렁거리다·덜렁대다 참 흉내말 유 덜컥

덜렁⁴ 〔무〕(몹시 놀라서) 가슴에 충격이 오는 느낌을 나타 냄. ¶그 말을 듣자 갑자기 가슴이 덜렁 내려앉는 느낌이었 다. / 아이들이 범인을 목격했다는 소식을 듣고, 순간 그는 가슴이 덜렁 내려앉는 듯한 충격에 휩싸였다.	㈜ 달랑 ㈍ 덜렁거리다 · ·덜렁이다 · 덜렁 하다 ㈜ 흉내말
덜렁거리다¹[덜렁거리는, 덜렁거리어(거려), 덜렁거립니다] 〔동〕 I (공중에 매어 달린 물건이) 자꾸 흔들리다. ¶색깔마저 퇴색해서 자세히 들여다봐야 눈에 들어오는 푯말이 바람 에 덜렁거렸다. / 먼저보다도 좀더 요란하게 지붕의 양철 차양이 덜렁거리고 우웅하고 문풍지가 울었다. II (공중에 달린 물건을) 자꾸 흔들리게 하다. ¶소맷부리를 덜렁거리며 달려들어 보았댔자 딱지를 맞을 건 뻔했다. / 카메라를 덜렁거리며 골목으로 들어서는 친구를 보며 그 는 차를 파는 상점으로 들어갔다. 덜렁거리다²[덜렁거리는, 덜렁거리어(거려), 덜렁거립니다] 〔동〕 조심스럽게 행동하지 못하다. 신중하지 못하게 굴다. ¶ 이렇게 날마다 수놓기를 하니 무엇보다도 나의 덜렁거리 던 성격이 차차 고쳐지는 것 같아요. / 그는 덜렁거리는 것 으로만 보였던 그녀에게 알 수 없는 신비한 힘이 있다는 걸 그 때 비로소 알았다.	I 1이 덜렁거리다 ① 구체명사 II 1이 2를 덜렁거 리다 ① 사람명사 ② 구체명사 ㉠ 덤벙대다 1이 덜렁거리다 ① 사람명사

(15)에서 부사 '덜렁1, 2, 3, 4'는 각각 파생어가 다른 것을 알 수 있다. 그러나 『연세』에서는 '덜렁1, 2, 3, 4'에서 파생된 어휘는 '덜렁거리다1, 2' 두 가지만 표제어로 올라 있다. 이는 빈도순으로 표제어를 선정했기 때문인 것으로 보인다. (14)에서 '이해2'와 '이해하다', '이해되다'의 관계를 보인 것과 달리 부사와 그 파생어의 관계에 대한 정보는 주지 않았기 때문에 사전 사용자가 의미를 통해 이를 미루어 짐작할 수밖에 없다.

『연세』에서는 어휘 간의 통합 관계를 보여 주는 '연어(連語, collocation)'를 관련 어휘 정보로 주고 있는데 모든 어휘의 통합 관계를 제시한 것이 아니라 명사가 특정한 동사와 잘 어울려 쓰이는 공기 관계만을 보여 주었

다. 예를 들어 '눈'은 '닫다'의 의미로 '감다'를, '열다'의 의미로 '뜨다'를 쓰
는데 '입'은 '닫다'의 의미로 '다물다'를, '열다'의 의미로 '열다'를 쓴다. 이처
럼 명사에 따라 그것과 함께 쓰이는 동사가 다를 경우 약물 '㈜'으로 표시
하여 설명하였다. '눈'에서는 '~을 감다/뜨다'를 '입'에서는 '~을 다물다'를
연어 정보로 제시하였다. 이와 함께 표제어인 명사가 특정 용언과만 자주
어울려 쓰이는 경우 그 명사와 특정 용언이 주로 함께 쓰인다는 정보로
'연어 정보'로 주었다. 예컨대 '구미'는 '당기다, 돋우다'와 많이 쓰이므로
'~가 당기다, ~를 돋우다'라는 연어 정보를 제시하였다. 다음은 '눈, 입,
구미'의 연어 관계의 예를 보인 것이다.

(16)

눈1 몡 ① ㉠ (사람이나 동물의) 얼굴에 있는, 물체를 보는 기관. ¶왕도 눈을 지그시 감고 가만히 귀를 기울이고 있었다. / 그 가련한 형상은 눈 뜨고는 못 볼 일이었지. ㉡ 눈동자. ¶마리는 한국 아이들보다 코가 크고 눈이 파란 아이다. ㉢ 눈알. ¶눈이 시뻘겋게 충혈된 중년 신사가 우리의 논쟁에 끼여들었다. <이하 생략>	① ㉠ ㈜~을 감다/뜨다

(17)

입 몡 Ⅰ ① 먹고 소리를 내는 신체 기관으로, 입술에서 목구멍에 이르는 부분. ¶할머니는 혀를 깨물면 안 된다고 엄마 입에 수건을 물렸다. / 보기만 해도 벌써 입에 침이 돌고 있소 ② (사람의) 두 입술 부분. ¶그는 막걸리를 한 모금 마시고 난 뒤, 입 언저리를 손바닥으로 닦으며 석하를 바라본다. / 그는 입을 꼭 다물었다. ③ [주로 말하는 의미와 관련되어] 말을 하는 신체 기관. ¶그는 입 한번 뻥긋하지 않았다. <이하 생략>	Ⅰ③ ㈜~(을) 뻥긋하다

(18)

구미¹(口味)[구(:)미] 명 ① 입맛. 먹고 싶은 마음. ¶구수한 비지장이라든지 부침개가 온통 구미를 동하게 하였다. / 장모는 사위의 구미에 맞는 반찬을 준비하느라 분주했다. ② (어떤 물건이나 사실에 대한) 좋아하는 마음. 끌리는 마음. ¶책이 귀하던 시절이었기 때문에, 책을 내 구미에 맞게 선택해서 읽기가 힘들었다. 구미²(歐美) 명 유럽과 미국. ¶해방 후 우리나라의 많은 지성인들이 구미로 유학을 갔다.	연 ~가 당기다/ 돌다 / 동하다 ~를 당기다 / 돋우다 ② 관 취미 · 기호 유 서양 · 서구

『연세』의 관련 어휘 정보 중 다른 사전과 변별되는 특징은 파생어 정보와 연어 정보이다. 모든 파생어에 대한 정보를 다 제시한 것은 아니고 규칙적이고 생산적인 파생어에 대한 정보만을 주었으며 연어에 대한 정보도 매우 제한적으로 제공하였다. 또한 다른 사전과 달리 사동형과 피동형에 대한 정보는 사동사와 피동사에서 의미 항목별로 참고 정보에서 어떤 동사의 사동형이나 피동형인지를 밝혀 주었고 주동사와 능동사에서는 사동형과 피동형으로 쓰일 수 있다는 정보를 전혀 제시하지 않았다. 한국어에서 사동사와 피동사의 파생은 어휘 의미 항목 전체의 피동과 사동이 아니라 의미 항목에 따라 혹은 용례에 따라 사동 관계와 피동 관계가 달라질 수 있기 때문에 주동사나 능동사에서 정보를 주지 않은 것으로 보인다.

(19)

살리다[살리는, 살리어(살려), 살립니다] 동 I ① 목숨을 이어나가게 하다. ¶흥부가 그의 가솔들을 먹여 살리기 위해 열심히 궁리했다. / 가능하다면 내 생명을 주어서라도 그를 살리고 싶었다. ② 제 구실을 하게 하다. 기세 기운이 뚜렷이 나타나게 하다. ¶도서관이 분산되어 한 도시가 그 소지역 특성을 살릴 수 있어야 한다. <이하 생략>	참 '살다'의 사동형 I 1이 2를 살리다 1 유정명사 ① 2 유정명사 <이하 생략>

(20)

쫓기다[쫃끼다][쫓기는, 쫓기어(쫓겨), 쫓깁니다] 동 ① (다른 사람이나 무엇에 의해) 몰리거나 따름을 당하다. ¶아들이 쫓기는 몸이 되어 집안에 경찰 출입이 잦아졌다. / 토끼는 사냥꾼에게 쫓겨서 이리저리 뛰어 다녔다. ② (어떤 일이나 시간 등에) 몹시 바쁘게 몰리다. ¶시간에 쫓기는 사람들에게 휴가란 사막의 오아시스 같은 것이었다. / 공장에 취직한 명숙은 시간에 쫓겨 집안일에는 거의 손을 대지 못했다. ③ 어떤 느낌이나 감정에 몰리거나 사로잡히다. ¶그는 자신이 죄를 짓고 있다는 죄의식에 쫓겨 더욱 잔인해진 것은 아닐까. / 이제는 삶으로 돌아가야 한다는 막연한 의식에 쫓겨 그는 짐을 꾸려 서울로 올라갔다.	❶이 (❷에게) **쫓기다** ① ① 유정명사 ② 유정명사 ㉤ '쫓다'의 피동형 ② ① 사람명사 ② 시간·일 ③ ① 사람명사 ② 감정·의식…

(19)에서 '살리다'에서 '살다'의 사동형 정보를 주었고 '쫓기다'에 '쫓다'의 피동형이라는 정보를 주었다. '살리다'는 의미 전체가 '살다'의 사동형으로 쓰이지만 '쫓기다'의 경우는 의미 항목에 따라 피동형으로 쓰일 수도 있고 그렇지 않을 수도 있다는 정보를 주었다.

2) 『표준』의 관련 어휘 정보

『표준』의 편찬 지침에서는 관련 어휘에 대한 편찬 지침에 대하여 상세히 기술하고 있다. 『표준』에서 제시한 관련 어휘는 '동의어, 본말, 준말, 비슷한말, 반대말, 높임말, 낮춤말, 참고 어휘' 등이다. 동의어와 비슷한말을 구분하였다. 동의어는 개념적 의미나 연상적 의미가 같고 모든 문맥에서 교체가 가능한 말이며 『표준』에서는 의미 정보 구간에서 '='로 처리하고 기본 표제어 이외에는 따로 뜻풀이를 하지 않는다. 개념적 의미와 연상적 의미, 문체적 의미, 문맥 치환 여부 등을 일일이 따져 보아 차이가 드러나면 동의어로 처리하지 않고 비슷한말로 처리하고 그 의미 차가 드러나게 각각 뜻풀이해야 한다고 하였다. 형태가 다른 둘 이상의 단어가 동일한 의미를 가지면서, 준말도 약어도 순화어도 방언도 취음 표기도 원말이나 변한말도 비표준어도 아닌 경우 동의어 처리한다.

> (21) 느낌-표--標「명」『어』마침표의 하나. 문장 부호 !의 이름이다. 감탄이나 놀람, 부르짖음, 명령 등 강한 느낌을 나타낼 때에 쓴다. ≒감탄부˙감탄 부호.
> 감탄-부感歎符감 : --「명」『어』=느낌표.
> 감탄^부호感歎符號『어』=느낌표.

그러나 예 (21)에서 보듯이 편찬 지침의 동의어 처리는 잘 지켜지지 않고 있다. 표제어 '느낌표'에서는 '감탄부'와 '감탄부호'가 비슷한 말인 '≒'로 제시되어 있는 반면 '감탄부'나 '감탄 부호'에서는 동의어 '='로 표시되어 있다. 자연언어에서 사실상의 완전한 동의어란 거의 존재하지 않는다. 『표준』 등 기존 사전에서 동의어로 처리한 단어라 할지라도 모든 문맥에서 교체되는 경우는 거의 없기 때문이다.

> (22) **할아버지**「명」「1」아버지의 아버지. ≒조부02(祖父)〔1〕. 「2」부모의 아버지와 한 항렬에 있는 남자를 통틀어 이르는 말. ≒조부02〔2〕. 「3」친척이 아닌 늙은 남자를 친근하게 이르는 말.
> **조부**²祖父「명」「1」=할아버지〔1〕. 「2」=할아버지〔2〕.

'할아버지'와 '조부'는 대부분의 사전에서 동의어로 처리하고 있는데 『표준』에서는 '할아버지'에서는 '조부'를 비슷한말로 처리하고 '조부'에서는 '할아버지'를 동의어로 제시한다. 『금성』에서는 '조부'를 '할아버지의 지칭'으로 뜻풀이를 하여 이 둘의 의미 차이를 구분하였다. 국어사전에서의 동의어 처리는 한 어휘의 의미가 다른 어휘의 의미에 완전히 포함 관계에 있거나 지시대상이 같은 경우 뜻풀이를 반복하지 않기 위하여 동원하는 편법에 불과하다. 그러므로 어휘 간의 동의 관계에 대한 정보는 될 수 있는 한 피하는 것이 좋다. 동의 관계에 있는 어휘를 (10)에서와 같이 의미 정보 구간에서 '='로 표시하는 방법은 사전 사용자가 동의 관계에 있는 어휘를 다시 찾아보아야 하는 번거로움을 겪게 한다.

『표준』에서 관련 어휘라 함은 본말, 준말, 비슷한말, 반대말, 높임말, 낮춤말을 말한다. 동의어와 참고 어휘는 좁은 의미의 관련 어휘에서 제외한다. 표제어뿐 아니라 부표제어의 관련 어휘도 제시하고 있다.

『표준』에서 참고 어휘는 관련 어휘처럼 표제어와의 명시적인 관계에 있지 않으나 표제어의 의미를 이해하는 데 참고가 되는 어휘를 말한다. 참고 어휘에는 이형태, 셋 이상의 대립 관계가 형성되는 동류 개념, 상위 범주어, 하위 범주어, 동의 관계에 있는 일반어와 전문어, 별칭어나 이칭어, 느낌이 다른 의성·의태어, 모음이나 자음의 차이에 따라 그 의미가 미세하게 달라진 말, 대립적인 성격을 띠기는 하지만 반의 관계로 볼 수 없는 말, 표제어의 의미를 이해하는 데 참조가 되는 말, 구별해야 하는 말, 선행하는 어간의 종류에 따라 분화되는 어미, 같은 범주에 속하는 문법 형태들이 포함된다. 참고 어휘는 같은 품사의 단어뿐 아니라 품사가 없는 것도 제시할 수 있다. 전문어의 경우에는 같은 품사의 단어는 물론, 구 구성과 단어 또는 단어와 구 구성, 구 구성과 구 구성이 서로 참고 어휘로 제시될 수 있다. 또, 전문어의 영역이 같지 않더라도 표제어의 이해에 도움이 되는 경우에는 참고 어휘로 제시할 수 있다. 『표준』에서는 '참고 어휘'를 통하여 뚜렷한 의미 관계를 가지는 어휘들을 제외한 여러 유형의 어휘 간의 관계에 대한 정보를 제공하고 있으나 그 범위가 너무 넓어서 실제로 사전 사용자에게 도움이 크게 되지 않는다.

3) 『조선말』의 관련 어휘 정보

『조선말』은 『표준』이나 『연세』에 비하여 관련 어휘 정보가 소략하다. 일반적으로 사전에서 주는 관련 어휘 정보를 거의 제시하지 않고 있으며 단지 큰말, 작은말과 같은 반드시 필요한 정보는 '참고'라는 표지를 주고 관련 어휘를 제시하였다. 예를 들어 표제어 '동그랗다'에 참고 정보로 '둥그렇다, 똥그랗다'를 제시하는 정도로 그치고 일체의 관련 어휘 정보를 주지 않았다. 올림말의 뜻풀이가 끝난 뒤에 필요한 경우에 뜻같은말 또는 뜻반대말을 주었다. 이때 뜻같은말이나 뜻반대말 앞에 부호 '=', '↔'를 붙이었다.

4) 『초등』의 관련 어휘 정보

초등사전의 관련 어휘 정보 제시는 다음과 같다.

> (23) **가마니** 곡식을 담는, 짚으로 짠 자루. �줄 가마.
> **가마솥**〔가마솓〕 쇠로 만든 아주 큰 솥. 예 가마솥에 지은 밥은 유난히 맛이 있다. �줄 가마.
> (24) **가마** ⁽솥⁾ '가마솥'의 준말.
> **가마** ⁽가마니⁾ '가마니'의 수를 세는 말. 예 쌀 두 가마. (본) 가마니.

(23)은 본딧말인 '가마니'와 '가마솥'에서 준말 정보를 준 경우를 보인 것이고 (24)는 각각의 준말에서 본딧말과의 관계를 어떻게 보여주었는지를 예시한 것이다. '가마솥'의 준말인 '가마'에서는 뜻풀이를 통하여 본딧말과의 관계를 보여주었고 '가마니'의 준말인 '가마'는 관련어 정보로 본딧말을 제시하였는데 이는 '가마니'의 준말인 '가마'가 세는 말로 주로 쓰여서 본딧말의 용법과는 달라졌기 때문이다. '가마솥'의 준말인 '가마' 본딧말인 '가마솥'의 용법과 크게 다르지 않기 때문에 준말로 뜻풀이를 한 것으로 보인다.

> (25) **가랑잎**〔가랑닙〕 나무에서 떨어져 마른 잎. 비 낙엽.
> **낙엽**(落葉)〔나겹〕 (주로 가을에) 나무에서 잎이 떨어지는 것, 또는 떨어

진 잎. ㉯ 가랑잎.
(26) **세로**〔세 : 로〕 곧바른 위나 아래의 방향. (바라보는 사람의 두 눈을 잇는)
직선과 90도의 방향. ㉫ 가로.
가로 왼쪽에서 오른쪽으로 이어지는 방향 ㉐ 책상의 가로의 길이를 재어
보자. ㉫ 세로.

(25)는 유의어 관계를, (26)은 반의어 관계를 보인 것이다.

(27) **나이** 사람·동물·식물이 살아온 햇수. 연령. ㉨ 연세.
연세(年歲) '나이'의 높임말. ㉐ 할머니께서는 연세가 높으셔서 귀가 어
두우시다. ㉯ 춘추.
(28) **아버지** 부모 중 남자. ㉫ 어머니. ㉨ 아버님. ㉦ 아비.
아비 ① '아버지'를 낮추어 이르는 말. ㉐ 난 커서 자식에게 부끄럽지 않
은 아비가 될 거야. ② 자식이 있는 아들을 그의 부모가 부르거나 이르
는 말. ㉐ 아비 너도 항상 건강에 유념해라. ㉯ 아범. ㉫ 엄마.

(27), (28)은 높임말과 낮춤말을 어떻게 제시하였는지를 보였다. '나이'
와 '연세'의 관계에서는 낮춤말인 '나이'는 뜻풀이를 하고 높임말로 '연세'를
준 반면 '연세'에서는 뜻풀이를 통하여 '나이'와의 관계를 보였으며 '아버지'
와 '아비'는 반대로 '아버지'에서 낮춤말 '아비'를 주고 '아비'에서는 뜻풀이
를 통하여 관계를 보였다. 이는 '나이', '아버지'가 빈도가 높고 기초적인
어휘이기 때문인 것으로 생각된다.

(29) **가무잡잡하다**〔가무잡짜파다〕 (얼굴 빛깔이) 조금 검다. ㉐ 나영이는 가
무잡잡한 피부가 매력적이다. ㉧ 거무접접하다. ㉮ 까무잡잡하다.
(30) **껌껌하다** 빛이 아주 모자라 안 보일 만큼 어둡다. ㉐ 방 안이 몹시 껌껌
했다. ㉩ 깜깜하다. ㉮ 컴컴하다.
(31) **거무스름하다** 조금 뿌옇게 검다. 검은 편이다. ㉐ 동생은 하우 종일 나가
놀아 얼굴이 거무스름하게 탔다. ㉯ 거무스레하다. ㉩ 가무스름하다. ㉮
꺼무스름하다.
(32) **꺼칠꺼칠하다** (살갗 따위의) 겉이 매끄럽지 못하다. ㉐ 아버지는 꺼칠꺼
칠한 턱을 내 볼에 마구 비볐다. ㉩ 까칠까칠하다. ㉭ 거칠거칠하다.

(29)~(32)는 센말, 큰말, 작은말, 여린말의 정보에 대한 예시이다.

다음은 관련어 정보를 보인 것이다.

(33) **가문**(家門) 할아버지·아버지·아들·손자·증손자 등 죽 이어 내려오
는 집안. 間 집안. 囹 문중.

(34) **이해** ^[알다] (理解)〔이 : 해〕① 사물이나 사실의 이치나 중요성을 아는 것.
例 아버지는 바둑에 대해 이해가 깊으시다. ② 말이나 글의 뜻을 깨달아
아는 것. 例 선생님 말씀이 얼른 이해가 안 가요. ③ 남의 사정이나 마음
을 잘 알아 주는 것. 例 어제는 급한 일이 있어서 못 갔으니, 너의 이해
를 바란다. 囹 이해되다. 이해하다
공부(工夫) ① 어떤 과목, 학문, 기술을 배우고 익혀 그에 관한 지식을
얻는 것. (파) 공부하다.
공부하다(工夫—) ①(어떤 과목, 학문, 기술을) 배우고 익혀 그에 관한
지식을 얻다. 例 진우는 이번에 90점을 목표로 공부하였다. 囹 study.

『초등』에서는 (34)와 같이 '이해'에서 '이해하다', '이해되다'와 같은 파
생어 정보를 주었으나 '-이다, -거리다, -대다'의 정보는 주지 않았으며 '이
해하다'와 '이해되다'는 표제어로 등재되지 않은 반면 '공부하다'는 표제어
로 올렸다.

『초등』은『연세』에 비해 높임말과 낮춤말이 추가되었으며 연어 관계는
제시하지 않았다. 초등사전의 경우 초등 교육 과정에 있는 관련 어휘를
모두 제시하여 실제 학습 현장에서 활용할 수 있도록 하였다.

5) 『학습사전』의 관련 어휘 정보

학습사전에서 제시된 관련 어휘 정보는 다음과 같다.

(35) **이야기**★★★〔이야기 ijagi〕몡1 어떤 일, 사건에 대하여 일정한 시작과 중

간과 끝으로 줄거리를 이루는 말이나 글. ∥ 재미있는 이야기가 있어요. / 저는 오늘 특별한 취미를 가지고 있는 친구 이야기를 하려고 합니다. ㉜ 얘기.

민주(民主)〔민주 mindzu〕 ㈎ 국민이 주권을 가지고 있는 체제. '민주주의'의 준말. ∥ 민주 시민 / 민주 정부 / 민주 정권. ㉫ 민주주의. ㉠ 주로 '민주 시민, 민주 정부, 민주 사회'처럼 명사 앞에 쓴다.

(36) **비용**★★★(費用)〔비 : 용pi : joŋ〕 ㈎ 어떤 일을 하는 데 드는 돈. ∥ 심장병 어린이를 위해 수술 비용을 모금합니다. ㉠ 경비[1].

(37) **남자**★★★(男子)〔남자 namdza〕 ㈎ 여자에게 아이를 배게 할 수 있는 몸의 구조를 가진 사람. ∥ 여자가 남자에 비해서 오래 삽니다. ㉤ 남자 한 〔명 · 사람〕. ㉠ 남성. ㉮ 여자. ㉠ 사나이 · 사내.

(38) **가득**★★★〔가득 kaduk˺〕 ㈊ (어디에) 꽉 차게. ∥ 커다란 눈에 눈물이 가득 고였다. / 트럭에 짐이 가득 실려 있었다. / 주차장은 차들로 가득 차 있다. ㉭ 그득. ㉠ 가득하다.

(39) **이것**★★★〔이건 Igət˺〕 ㈐ 1 화자가 자기 가까이에 있는 물건을 가리키는 말. ∥ 이것은 홍차가 아니고, 녹차입니다. / 넘어지지 않게 이것을 붙잡으세요. ㉜ 이거. ㉨ 요것. ㉠ 그것 · 저것.

(40) **깜빡**☆★☆〔깜빡 k'amp'k˺〕 ㈊ 1 빛이 잠깐 비쳤다 사라지는 모양. ∥ 산 저쪽에서 불빛이 깜빡 비치는 것이 보였다. ㉡ 깜박. ㉤ 깜빡거리다 · 깜빡대다 · 깜빡이다. ㉠ 흉내말.

(41) **들다**²★★★【가지다】〔들다 tɯlda〕 ㈍ 1 (무엇을) 손에 가지다. 손에 잡다. ∥ 짐을 들고 한 시간이나 서 있었어요. / 졸업식이라 꽃다발을 든 사람들이 많군요. ▷ ①이 ②를 들다 ≪① 사람 ② 구체물≫ ∥ 손에 여행 가방을 들고 있는 사람이 바로 민수 씨예요. ▷ ①이 ②를 ③에 들다 ≪① 사람 ② 구체물 ③ 손≫㉣ 들리다. ㉤ 들리다.

(42) **익히다**¹★★☆【음식을】〔이키다 ikhida〕 ㈍ 1 (열을 가하여 날것을)익게 하다. ∥ 인간을 불을 이용할 줄 알게 되자, 날것을 익혀 먹게 되었다. / 송편은 금방 익혔을 때보다 약간 식었을 때가 더 맛있어요. ▷ ①이 ②를 익히다 ≪① 사람 ② 음식≫ ㉤ 익다1

(43) **쓰다**²★★★【글씨를】〔쓰다 s'ɯda〕 ㈍ 1 (펜, 연필로 글자를) 적다. ∥ 영희는 글씨를 예쁘게 쓴다. / 선생님은 먼저 칠판에 이름을 쓰셨다. ▷ ①이 ②를 쓰다 ≪① 사람 ② 글씨≫ ㉠ 적다[1] ㉤ 쓰이다[2]

(44) **밀리다**★★★〔밀리다 millida〕 ㈍ 1 힘에 의해 앞으로 움직이게 되다. ∥ 차를 밀었지만 밀리지 않았다. ▷ ①이 밀리다 ㉤ 밀다.

(45) **밀가루**☆☆★〔밀까루 milk'aru〕 ㈎ 밀로 만든 가루. ∥ 저는 밀가루 음식을

좋아하지 않습니다. ㉮ 밀.

『학습사전』의 관련 어휘 정보 제시의 특징은 외국인 학습자의 효율적인 학습을 돕기 위하여 다양한 관련 어휘를 풍부하게 제시하였다는 것이다. 사동사, 주동사, 피동사, 능동사 등은 한국어를 학습하는 외국인들의 시각에서 보면 불규칙하고 때로는 표제어의 의미 항목에 따라서도 그 관계가 달라지는 측면이 있기 때문에 반드시 사전에 그 정보가 수록되어야 한다.

6) 『코스모스』의 관련 어휘 정보

『코스모스』는 『조선말』과 마찬가지로 관련 어휘 정보가 거의 제시되지 않았다. 이는 사전 편찬자의 편찬 철학에 기인한 것으로 보인다.

4. 맺음말

어휘는 홀로 독립적인 의미를 가지기보다 다른 어휘와의 관계를 통해서 혹은 통합을 통해서 그 의미가 실현된다. 특히 어휘 학습에서는 어휘의 의미 관계나 통합 관계가 매우 중요하다. 어휘가 실제 사용되는 것은 통합 관계를 통해서이며 어휘의 구체적인 의미는 어휘간의 의미 관계에 의해서 보다 선명해지기 때문이다. 그러므로 학습사전에서 관련 어휘에 대한 정보는 매우 중요하다. 앞서 살펴본 기존 사전의 관련 어휘 분석에서도 보았듯이 지금까지의 사전에서는 관련 어휘에 대한 기술에 있어서 일관성이 부족하다. 어휘간의 관련어 정보는 관련된 표제어 모두에서 일관성을 유지하면서 제시되어야 한다.

　전자사전에서는 표제어가 가지는 관련어 정보가 서로 링크되어 표제어 간의 관계를 보여줄 수 있기 때문에 관련어 정보의 중요성은 더 커지게 된다. 특히 인터넷을 통해 서비스되는 사전의 경우는 종이사전보다 훨씬 더 풍부한 관련 어휘 정보를 주고 있다. 다음은 인터넷에서 서비스되는 '아버지'의 예인데 표제어와 관련된 어휘들을 풍부하게 제시하고 있을 뿐 아니라 바로 해당 단어로 링크시켜 사용자들의 편의를 돕고 있다.

아버지
〔명사〕
1 남자인 어버이.
2 자녀를 둔 남자를 자식에 대한 관계로 이르는 말.
3 자녀의 이름 뒤에 붙여, 자기 남편을 호칭하거나 지칭하는 말.
연관단어 : 춘부장, 선대인, 아비, 아옹, 어머니
자주 틀리는 표현 : 아바지

시아버지〔媤아버지〕	작은아버지
큰아버지	친아버지〔親아버지〕
의붓아버지	양아버지〔養아버지〕
친정아버지〔親庭아버지〕	애아버지
친할아버지〔親할아버지〕	이모아버지〔姨母아버지〕
둘째아버지	아이아버지
수양아버지〔收養아버지〕	시할아버지〔媤할아버지〕
후아버지〔後아버지〕	진할아버지
삼촌아버지〔三寸아버지〕	홀시할아버지〔홀媤할아버지〕
홀시아버지〔홀媤아버지〕	

더보기 ▶

　전자사전과 인터넷서비스 사전을 고려하게 되면 표제어와 관련된 모든 어휘에 대한 정보를 제시하고 사전 사용자가 이중에서 선택하게 하면 되기 때문에 기존의 종이사전에서처럼 관련 어휘를 이론적으로 한정하거나 엄격히 정의할 필요가 없을지도 모른다.

더 읽 을 거 리

의미론적 차원에서 어휘의 의미 관계를 다룬 논문은 많으나 사전에서 어휘의 관련 어휘 관계를 다룬 논의는 많지 않다. 유현경·강현화(2002)는 한국어교육의 측면에서 유의 관계를 다루고 이를 외국인을 위한 학습사전에서 어떻게 처리할 것인가를 다룬 연구이고 이희자·우재숙(2006)은 사전에서의 관련어 문제를 상세하게 다룬 논문이다. 한편 남길임(2006ㄱ)은 학습자 오류 말뭉치를 활용하여 계열 관계와 통합 관계를 기술하는 방법론에 대해 논의한 바 있다.

연 습 문 제

❶ 종이사전과 전자사전의 관련 어휘 정보를 비교해 보고 그 공통점과 차이점을 설명해 보라.

❷ 사전에서 유의어 관계로 제시되어 있는 다음의 어휘상의 의미 차이에 대하여 논의해 보고 과연 유의어로 볼 수 있는지에 대하여 토론해 보자.

> (1) '방언'과 '사투리'
> (2) '배'와 '선박'
> (3) '배반'과 '배신'
> (4) '버릇'과 '습관'
> (5) '슬기'와 '지혜'
> (6) '시합'과 '경기'
> (7) '신장'과 '키'
> (8) '의자'와 '걸상'
> (9) '추측'과 '짐작'
> (10) '피곤'과 '피로'

❸ 다음의 두 어휘 '밤잠', '낮잠'의 말뭉치 용례 분석을 통하여 '낮잠'과 '밤잠'의 관련
  어휘 정보를 어떻게 주어야 할지에 대하여 토론해 보자.

나는 공포감에 사로잡혀	[밤잠을]	설쳤다.
더 출연시키기 위해 최근	[밤잠을]	설쳐가며 대본 만들기에 여념이 없다.
그리고 딸이 서울 가기 전에	[밤잠을]	못 자고 돌아다니다가 들어와서는 "어마이, 아무래도 덕호가 선비를 얻으랴나 부야!
비를 맞으며 집으로 돌아왔네	[밤잠]	안 자고 기다리면 오실까?
어느 대학이든 붙어야 하기에	[밤잠을]	줄여가며 공부하는 딸애의 하는 말이 의미심장했다.
언제 인기가 떨어질지 몰라	[밤잠을]	설칠 정도라면 그건 보통 문제가 아니다.
새벽까지 계속되는 협박 전화로	[밤잠을]	이루지 못했다고 회고했다.
이 아버진 전교조 선생들 때문에	[밤잠을]	못 자고 골머리를 썩이고 있는데 전교조 지지데모에 앞장을 섰다구?
수 있는 10년 앞의 편린을 우리는	[밤잠을]	설치며 방대한 자료더미에 쌓여 겨우 몇 조각 그릴 뿐이다.
우리 애가 고통받고 있는 것 같아	[밤잠을]	이루지 못하고 있다"면서 눈물을 글썽거렸다.
학원강사로 나갈 수도 있고, 형도	[밤잠]	덜 자고 글을 써서 돈을 벌 수도 있구요, 살 길은 있어요.
아나운서들은 사흘 돌이, 나흘 돌이로	['밤잠]	설치기 숙직'을 한다.
앉아 경영을 잘못해서 그런 게 아닌가	[밤잠을]	이루기가 쉽지 않습니다."
자꾸만 슬퍼지고, 외로워지고, 이래서	[밤잠이]	제대로 와주지 않는 것이 결코 나의 죄는 아니다.
번 기필코 보고야 말겠다는 설렘 속에서	[밤잠을]	못 이룬다는 이야기다.
손에 잡히지 않고, 밥맛이 없고, 설치는	[밤잠에]	꿈자리조차 뒤숭숭한 것이 소심한 편인 현으로는 '호출장' 때나 '시달서' 때나 마찬가지곤 했다.
자신의 행실을 바르게 하고 나라를 위해	[밤잠을]	잊고 식음를 폐할 만한 정성이 필요하다고 한다.
후퇴 이후 3개월간 부산에서 걱정이 되어	[밤잠을]	이루지 못하는 일이 많았다.
리야 니기미, 이거 먹을려구 벌써 몇 날을	[밤잠]	못 자구 애간장을 태우며 애를 쓰잖아.
몰두해서 밤낮없이 생각하거나 조사하느라	[밤잠을]	못자는 때도 많았다고 합니다.
못하고 남부는 35도를 웃도는 찜통 더위로	[밤잠을]	설치는 변덕날씨가 계속되고 있다.
약간 숙이고 내 말을 듣고 있던 그는 어제	[밤잠을]	설쳤는지 꺼칠한 얼굴이었다.
졸지에 직장을 잃고 미래에 대한 불안으로	[밤잠을]	설치기 일쑤다.
때에는 완전히 회수될 때까지	[밤잠을]	제대로 이룰 수 없을 때가 많다.

	[낮잠]	때문이기도 하였다.
	[낮잠을]	자다가 난데없는 기총소사에 맞는 횡사도 있었다.
지금은	[낮잠]	자는 시간이니 좀 기다려 주시오.”
호랑이	[낮잠]	자는데 왠 토끼떼들이!”
“엄니는	[낮잠]	자믄 안 되나?”
“이 녀석아,	[낮잠]	자지 마.
또한 하루 종일 화장하고	[낮잠을]	자면서 ‘시간을 죽이는’ 경우도 있을 것이다.
“싸지, 남들은 일하는데 혼자	[낮잠]	잣이니께”
또한 맡은 일이 없으니 벼슬이란	[낮잠]	자기 좋은 자리밖엔 아무것도 아닐세
못 하죠 S#3 은주네 자매 방 금주	[낮잠을]	자고 있다 배 여사 들여다보다 (방금 귀가) … 한숨 삼키고 문 닫는 S#4 동.
보면 보리수 그늘 아래 잠시 깜박	[낮잠]	한숨 조는 순간이나 찰나에 불과한 것을.
오늘 밤새도록 너를 지켜야 하니까	[낮잠]	좀 자야겠다.
따루 있지. 언니가 그래서 허구한날	[낮잠]	자구 꽃 타령 부르구 살았어요?
봉회 한숨 주무세요 엄마 할머 아유	[낮잠]	자면 밤에 잠 안 와, 버텨야지 S#41 동.
생체 리듬 혼란… 자기 전 목욕하고	[낮잠]	피해야 ‘잠을 충분히 자도 머리가 무겁다’, ‘낮에 늘 졸린다’, ‘쉽게 잠이 오지 않는다…’.
‘그 죽은 덕삼이의 혼백이 오늘 내가	[낮잠을]	자는데 편지를 넣고 없어졌구나.’
것만 뭐가 그렇게 급한지 후다닥 하고	[낮잠을]	한숨 푹 자고 나오는 게 대부분인데 인정이 좀 메말라 가는 거 같다는 그런 편지였습니다.
두 할머니는 간식과 화장실 이용을 맡고	[낮잠]	재우기도 이틀 뭇이다.
낮잠이 지나치게 길다 싶으면 자연스럽게	[낮잠]	자는 시간을 줄이도록 노력한다.
마누라와 노망 든 할아버지 아니면 집에서	[낮잠]	자는 세 살배기 아기 정도였다.
정중한 대접을 받은 선이는, “와, 오매는	[낮잠]	잔다 캅디까”
죽어나온다 하여 목란나무 아래에서	[낮잠]	자는 것까지도 금기가 돼 있다.

## 제 10 장

용 례

1. 사전에서의 용례

"인용 없는 사전은 해골과 같다(Un dictionnaire sans citations est un squelette)"라는 볼테르의 유명한 말에서도 알 수 있듯이 사전에서 용례는 기본적이면서도 필수적인 요소이다. 형태 정보, 통사 정보, 화용 정보 등 사전에서 표제어의 주요 정보들은 표제어의 사용례를 기본 자료(source)로 한다. Stein(1999)에서는 사전을 기술 부분(descriptive part, DesP)과 예시 부분(demonstration part, DemP)으로 나누고1) 이 둘의 관계를 여러 그림으로 나타낸 바 있다. 용례에 기반하여 문법 정보나 화용적인 정보에 대하여 기술하는 이론적인 문제나 실제적인 방법론에 대하여는 앞서 논의한 바 있으므로 이 장에서는 주로 사전에서 용례를 제시할 때 고려해야 할 여러 가지 문제에 관하여 논의하려고 한다.

---

1) Stein(1999 : 49~53)에서는 사전의 기술 부분으로 'spelling, pronunciation, grammar, currency, region, subject field, attitude, meaning' 등 총 8가지를 들고 있으며 기술 부분과 예시 부분 이외에 세 번째 부분으로 삽화를 꼽았다.

2. 용례의 정의와 기능

용례는 사전의 표제어가 쓰인 복합어, 구, 문장을 제시한 것이다. 학습 사전에서 용례의 기능에 관하여 Drydale(1987)은 다음과 같이 기술한 바 있다.

1) 정의에 대한 정보를 제공하기 위하여(To supplement the information in a definition)
2) 문맥 속의 표제어를 보여주기 위하여(To show the entry word in context)
3) 의미를 구별하기 위하여(To distinguish one meaning from another)
4) 문법적 패턴을 보여주기 위하여(To illustrate grammatical patterns)
5) 전형적인 연어를 보여주기 위하여(To show other typical collocations)
6) 적절한 사용역이나 문체적 층위를 보여주기 위하여(To indicate appropriate registers or stylistic levels)

정영국(2008)에 의하면 최근 영어 학습자 사전은 용례 제시에 있어서 5) 의 기능이 강화되는 추세라고 한다. 특히 용례 제시로 문법적 정보를 충분히 보여 주기 위하여 용례를 10여 개 이상 제시하는 것도 일반적인 경향이라고 한다. Cowie(1989)에서도 학습자를 위한 영어사전에서의 예문의 기능에 대하여 논의한 바 있으며 Fox(1988)에서는 코빌드 사전의 용례에 대하여 다음과 같은 항목에 대하여 기술하였다.

1) 실제 텍스트로부터의 용례
2) 전형적 용례
3) 자연스러운 용례
4) 독립된 용례
5) 재미있는 용례
6) 출처가 있는 용례
7) 생각하게 하는 용례
8) 연어

코빌드 사전이 말뭉치 용례를 기반으로 한 사전이라는 것을 고려할 때 위에서 제시한 것은 사전 편찬에 가장 기본적인 원칙이라고 할 수 있다.

3. 용례의 특징

1) 용례의 수

최근의 사전 편찬은 대용량 말뭉치 용례 분석을 전제로 하는 경우가 대부분이기 때문에 말뭉치에서 어떤 용례를 어떻게 수집하여 사전에 수록할 것인가 하는 것이 중요한 문제가 된다. 또한 최근 사전 편찬의 환경이 종이사전에서 전자사전으로 급속하게 옮겨가고 있기 때문에 이러한 환경적 측면을 고려한다면 적정한 용례의 수 등 용례 편집에 있어서 보다 유연한 측면이 있다. 이전의 종이사전 편찬에서 용례의 수에 대한 제한을 엄격하게 했다면 전자사전에서는 용례의 수나 용례의 길이를 굳이 제한할 필요는 없다. 그러나 전자사전의 경우에도 용례의 길이가 지나치게 길면 가독성을 떨어뜨리기 때문에 될 수 있는 한 간결하고 전형적인 용례를 제시하는 것이 바람직하다.

2) 용례의 유형

용례의 유형을 언어 단위를 기준으로 보면 단어 단위, 구 단위, 문장 단위, 담화 단위의 네 가지를 들 수 있다. 파생접사와 같은 조어(word formation)에 주로 관여하는 표제어는 다음과 같이 단어 단위의 용례만 제시하는 것이 가능하다.

(1) 단어 단위 용례(『표준』)
덧⁴
① 일부 명사 앞에 붙어 '거듭된' 또는 '겹쳐 신거나 입는'의 뜻을 더하는 접두사.
덧니 / 덧버선 / 덧신 / 덧저고리.
② 일부 동사 앞에 붙어 '거듭' 또는 '겹쳐'의 뜻을 더하는 접두사.
덧대다 / 덧붙이다.
꾸러기
일부 명사 뒤에 붙어 '그것이 심하거나 많은 사람'의 뜻을 더하는 접미사.
장난꾸러기 / 욕심꾸러기 / 잠꾸러기 / 말썽꾸러기 / 걱정꾸러기.

구 단위 용례는 표제어가 전형적으로 결합하는 어휘를 구로 보여 주는 경우가 많고 문장 단위 용례는 가장 많은 비율을 차지하며 담화 단위 용례는 몇몇 사전에서 필요한 경우에 제시하고 있다.

(2) 구 단위와 문장 단위 용례(『표준』)
밥¹[밥만[밤-]]
① 쌀, 보리 따위의 곡식을 씻어서 솥 따위의 용기에 넣고 물을 알맞게 부어, 낟알이 풀어지지 않고 물기가 잦아들게 끓여 익힌 음식. ≒반식2(飯食).
밥을 안치다 / 밥을 짓다 / 밥을 뜸을 들이다 / 밥을 퍼서 공기에 담다 / 숟가락으로 밥을 떠 먹다 / 물의 양이 적어 밥이 설익었다. / 밥이 질지도 않고 되지도 않다.
② 끼니로 먹는 음식.
밥을 굶다 / 밥을 얻어먹다 / 밥을 차려 주다 / 밥만 축내다 / 요즘 같아서는 세끼 밥 먹기가 힘들다.

(2)는 구 단위와 문장 단위의 용례를 제시한 것이다. ①의 의미로는 '안치다, 짓다, 뜸을 들이다, 푸다' 등이, ②의 의미로는 '굶다, 먹다, 차려 주다, 축내다' 등이 함께 쓰인다는 정보를 구 단위 용례를 제시함으로써 보여 주었다.

(3) 담화 단위 용례(『학습사전』)

글쎄★★☆ 〔감〕 1 어떤 질문이나 부탁에 대한 대답이 확실하지 않아서 대답하기 어려울 때 망설이면서 하는 말. 〔예〕(가) : 내일 비가 올까요? (나) : 글쎄, 잘 모르겠어. / (가) : 집들이에 꼭 오세요./(나) : 글쎄, 내일은 회의가 있어서 못 갈 겁니다.

(4) 『표준』

글쎄¹

남의 물음이나 요구에 대하여 분명하지 않은 태도를 나타낼 때 쓰는 말. 해할 자리에 쓴다.

글쎄, 잘 모르겠는데요.

(3)은 감탄사 '글쎄'의 담화 단위 용례 예시이다. 문장 단위 용례를 제시한 (4)와 비교해 보면 담화 단위의 용례가 감탄사와 같은 독립어의 용법을 잘 보여 준다는 것을 알 수 있다. 담화 단위 용례는 (3)과 같은 감탄사나 접속부사와 같은 독립어, (5)에서처럼 사용 맥락이 필요한 속담, 관용구를 비롯하여 어미 등에서 제시할 수 있다.

(5) **까마귀**☆☆★ 〔명〕 온몸이 검고 까악까악 하고 우는 새. ㉮ 까마귀 한 마리.

▶ 까마귀 고기를 먹다 기억을 못 하고 잘 잊어버리다. 〔예〕(가) : 오늘 미선이랑 만나기로 한 약속을 잊고 있었어. (나) : 까마귀 고기를 먹었니? 자꾸 잊어버리게.

▶ 까마귀 날자 배 떨어진다 어떤 일을 우연히 비슷한 시간에 해서 의심을 받는다는 말. 〔예〕(가) : 왜 그렇게 기분이 안 좋으세요? (나) : 까마귀 날자 배 떨어진다고 하필 나 혼자 회사에 있을 때 옆 사람의 돈이 없어졌어.

-ㄴ걸 (어미) 상대방이 말한 내용에 대해 자기의 생각이나 느낌을 주장할 때 쓴다. 〔예〕(가) : 이 옷 어때? (나) : 예쁜걸. ㉾ 아랫사람이나 친한 사람에게 말할 때 쓴다.

두 번째 용례의 유형에는 실제로 사용된 문헌에서 뽑거나 사전 편찬을 위하여 구축된 말뭉치에서 추출한 인용례(혹은 사용례)와 사전 편찬자가 필요에 따라 만든 작성례가 있다. 인용례를 수록할 것인가, 작성례를 수록할 것인가의 문제는 사전 편찬의 편찬 철학과도 밀접한 관련이 있다. 인용례라 할지라도 말뭉치나 문헌에서 그대로 넣는 경우가 있고 편찬자가 손질하여 용례로 제시하는 경우가 있다.

(6) 『표준』
산소¹(山所)
'뫼¹'를 높여 이르는 말.
한식에는 조상의 산소를 찾아 성묘를 한다. / 나는 우산을 받쳐 들고 읍 근처의 산에 있는 어머니의 산소로 갔다. ≪김승옥, 무진기행≫ / 산소 가까이 올라갔더니, 웬 시골 아저씨 한 분이 먼저 와서 벌초를 하고 있었다. ≪손창섭, 낙서족≫
(7) 『연세』
산소¹(山所) 몡
1. '무덤'을 높여 이르는 말.
〔예문〕 어머니의 장례는 무사히 치렀고 아버지의 산소가 있는 공동 묘지에 함께 모셨다.
(8) 『금성』
산소¹山所 몡 ① '뫼'의 높임말. ∥ 할아버지 ~에 성묘를 가다.

(6)은 실제 소설에 나온 인용례를 거의 그대로 싣고 그 출전까지 밝혀 준 예이다. (7)은 말뭉치 용례를 편찬자가 손질을 한 『연세』의 예이다. 작성례를 사용한 (8)과 비교하면 인용례가 훨씬 더 자연스러운 예문을 보여 준다는 것을 알 수 있다. 최근 학습자를 위한 영어사전에서도 대부분 말뭉치를 기반으로 편찬하고 있지만 용례 제시에 있어서 말뭉치에 나온 인용례를 그대로 싣기보다 사용자가 쉽게 이해할 수 있도록 손질을 하는 것이 일반적이라고 한다(정영국, 2008).

3) 용례 제시의 형식

용례는 대부분 해당 의미에 대한 풀이가 끝난 다음 용례가 시작된다는 것을 의미하는 적절한 기호(예를 들어 ¶. ‖. ㉖ 등)를 준 다음 제시하는 것이 일반적이다. 용례 안에는 표제어에 해당하는 부분이 들어있는데 이를 표시하는 방법에는 약간의 차이가 있다.

(9) 『조선말』의 용례

숙제 ⑲ ① 학생들에게 예습 또는 복습을 위하여 내주는 과제. ‖국어~. ~를 풀다. § ② 앞으로 해결을 기다리는 문제. |여러해동안 숙제로 내려오던 기술문제가 완전히 풀리였다.

다물다 ⑧ ㉓ 아래웃입술이나 또는 그와같이 생긴 두쪽을 마주 꼭 대다. ‖입술을 굳게 ~. |오중훈은 입을 꼭 다물고 믿음직하게 서있는 한동수를 이윽히 바라보았다. ≪장편소설 "준엄한 전구"≫ / 놈들의 기관총은 여전히 아가리를 다물지 않고 계속 짖어댔다. ≪장편소설 "청년전위" 2 ≫§【75】 말하면 백냥금이요 입 다물면 천냥금이라 ☞말하다. 벌린입을 다물지 못하다 ☞벌리다.

(9)에서 '국어 숙제'나 '숙제를 풀다'와 같은 구 단위 예(예구)에서 표제어인 '숙제'는 '~'로 표시하였으며 문장 단위 예문에 쓰인 '숙제'는 '~'로 대치하지 않았다. 『조선말』은 품사에 상관없이 용례의 단위에 따라 '~' 사용 여부를 달리하고 있다. 각 사전마다 용례에 있는 표제어를 표시하는 방법은 약간의 차이가 있다.

(10) 『표준』의 용례

숙제03宿題-쩨 ⑲ 「1」 학생들에게 복습이나 예습을 위하여 집에서 하도록 내주는 과제. ¶{숙제를} 내다 / {숙제가} 많다 / 선생님께서 {숙제를} 꼼꼼히 검사하셨다. §「2」 두고 생각해 보거나 해결해야 할 문제. ¶난국 타개의 {숙제} / 오래 끌어 온 {숙제가} 해결되었다. / 교통 체증은 우리가 풀어야 할 커다란 {숙제이다}. / 그 문제는 아직도 해결되지 못한 채 {숙제로} 남아 있다.§「3」 모이기 며칠 전에 미리 내어서 돌리는 시나 글의 제목.

다물다〔다물어, 다무니, 다무오〕 ⑧ 【…을】 입술이나 그처럼 두 쪽으로 마주 보는 물건을 꼭 맞대다. ¶입을 꼭 {다물다} / 수영은 그저 숨을 가쁘게 쉬는데 눈을 딱 감고 두툼한 입술을 꽉 {다물고} 반듯이 누워 있다. ≪심훈, 영원의 미소≫§〔<다믈다<월석>〕

(11) 『연세』의 용례

숙제(宿題)명

1. (교사가 학생에게 시키는) 교실의 수업 외에 혼자 해야 하는 공부와 활동. 〔예문〕 초등학교 아이들에게 이야기 책 읽어 오라는 숙제는 아주 흔한 형태의 숙제다.

2. 앞으로 해결해야 할 문제. 〔예문〕 정치 잘해 달라는 서민들의 호소야말로 정치인 모두가 해결해야 할 영원한 숙제이자 정치의 최종 목표라고 생각한다.

다물다〔다무는,다물어,다뭅니다〕동

윗입술과 아랫입술을 마주 꼭 대다. 입을 조금도 벌리지 않다. 〔예문〕 운전을 하면서 하명진은 입을 굳게 다물었다. / 모두들 입을 한일 자로 다물고서 눈을 부릅뜬 채 정면을 응시하고 있었다.

(12) 『우리말』의 용례

숙제01宿題 (이) 〈1〉 복습이나 예습을 위하여 집에서 지어 오게 하거나 풀어 오게 하는 문제. ¶ ~를 주다. ~가 많다. ~를 풀다. 〈2〉 두고 생각하여 보거나 해결해야 할 문제. &~로 남겨 두다. 오래 끌어 온 ~가 해결되었다.

다물다 (움남) (ㄹ벗) 위아래 입술이나, 또는 그와 같이 된 두 쪽의 물건을 마주대다. &입을 ~. 꼭 다문 입술.

(13) 『금성』의 용례

숙제02宿題-쩨 「명」 ① 학교에서 배운 것의 복습과 예습을 목적으로 내주는 과제. ‖ 방학 ~/~를 내다. ② 앞으로 두고 생각하여 볼 문제. ‖ 우리 민족은 남북 통일이라는 거대하고 엄숙한 ~를 앞에 두고 있다 / 그 문제는 ~로 남겨 두고, 좀더 생각해 보기로 합시다. ③묵은 문제. ‖ 정부의 오랜 ~이던 부동산 투기 방지를 위한 획기적인 방안이 검토되고 있다.

다물다 「동」 (타)〈다무니, 다무오〉【∨다=(≤∨닿=1,∨닫=2)+물다】 위 아래의 입술, 또는 그와 같이 된 두쪽의 물건을 마주 꼭 대다. ‖ 입을 꼭 ~/하루 종일 입을 다물고 있다.

『연세』나 『표준』은 품사에 관계없이 예구와 예문 모두에 표제어 대신 '~'를 사용하지 않았으며 『우리말』과 『금성』은 명사의 경우 예구, 예문에 모두 표제어 대신에 '~'를 사용하였으나 표제어가 동사일 경우에는 예구에서는 '~'를 사용하였고 예문은 '~'를 사용하지 않고 표제어의 활용형을 그대로 보여 주었다. 용례의 표제어 해당 부분을 어떻게 표시할 것인가의 문제는 사용자의 입장을 고려하여 '~'를 쓰지 않고 표제어의 품사에 관계없이 보여 주는 것이 바람직하다.

4. 실제 국어사전 분석

국어사전의 경우는 대부분의 사전의 일러두기에서 원칙을 제시하고 있으나 기본적인 원칙만 제시되어 있을 뿐 말뭉치를 기반으로 한 『연세』 발간 이전의 사전들에서는 용례 제시는 소홀하게 다루어져 왔다고 볼 수 있다. 『표준』의 일러두기에서 제시한 용례의 기본 원칙은 다음과 같다.

1) 모든 표제어에는 실제로 쓰이는 모습을 알 수 있는 용례를 가능한 한 풍부하게 제시하는 것을 원칙으로 하였다. 그렇지만 용례를 제시하기 어려운 표제어에는 굳이 용례를 제시하려고 하지 않았다.
2) 용례는 국립국어원에서 확보한 문헌 입력 파일을 참조하여 의미와 용법을 잘 보여 주는 전형적인 예로 뽑고자 노력하였다.
3) 표제어의 성격에 따라 짧은 구, 편찬자가 작성한 작성례, 문헌에 인용한 인용례 등 여러 유형의 용례를 제시하였다.
4) 문헌에서 인용한 인용례에는 출전을 밝혔다.
5) 독립적으로 쓰이지 않는 일부 명사나 접사 따위의 표제어에서는 단어만을 용례로 제시하기도 하였다.

(14) **냉**²(冷) 일부 명사 앞에 붙어 '차가운'의 뜻을 더하는 접두사.
　　냉가슴 / 냉국 / 냉커피.

6) 옛말은 반드시 옛 문헌 자료에서 뽑은 용례를 하나 이상 제시하였다.

(15) **혁**⁵□혁대²(革帶)'의 옛말.
　　編緝 다 혼 혁 ≪역해 하:20≫ / 모든 지샹이 나오믈 기드려 앏퍼 시듕의

혁을 자바 굴오디 첩의 아비 신위 죄 반역기 아니라 ≪동신 효1:62≫.

7) 방언, 비표준어, 어근, 속담에서는 용례를 제시하지 않았다.
8) 인용례에서 비표준어는 문체의 변화를 일으키지 않는 선에서 표준어로 수
   정하였다.
9) 북한어의 용례로는 ≪조선말 대사전≫에 제시된 용례와 국립국어원이 보
   유한 북한 문헌에서 뽑은 용례만을 제시하였다.
10) 북한어 용례의 표기는 인용한 표기를 그대로 인정하였으나 띄어쓰기는 남
   한의 규정을 적용하였다.

편찬 지침에서 밝힌 용례의 원칙 중 주요한 것을 열거하면 다음과 같다.

1) 뜻풀이에 도움을 주는 용례
2) 실제 사용에 도움을 주는 용례
3) 의미 선택 제약이나 결합 관계를 보여 주는 전형적 용례

원칙 1)은 이해(receptive)의 측면에서, 원칙 2)는 표현(productive)의 측면에서 본 것이다. 용례는 뜻풀이의 이해에 도움을 줄 수 있어야 하며 용례를 통하여 표제어를 사용하여 실제 문장을 산출할 수 있어야 한다. 원칙 3)은 표제어가 전형적으로 쓰이는 환경을 풍부하게 보여 주어야 한다는 것을 의미한다. 명사 표제어이면 함께 어울려 쓰이는 서술어의 대표적인 예가, 동사 표제어라면 함께 쓰이는 명사의 대표적인 예가 용례를 통하여 충분히 제시되어야 한다는 것이다.

(16) **값[갑][값이[갑씨], 값만[감―]]**
    ① 사고파는 물건에 일정하게 매겨진 액수. ≒가문5(價文).
      ¶값이 비싸다 / 값이 싸다 / 값이 오르다 / 값이 내리다 / 값을 매기다 /
      물건 값을 깎다 / 물건이 모자라서 부르는 게 값이야.
    ② 물건을 사고팔 때 주고받는 돈.
      ¶값을 치르다 / 값을 물다.
    ③ 어떤 사물의 중요성이나 의의.
      ¶값이 없는 일 / 평생 남을 위해 봉사한 그의 삶은 값이 있는 것이었다.

④ 노력이나 희생에 따른 보람이나 대가.
  ¶노력한 값으로 시험에 합격하다 / 애쓴 값도 없이 모든 일이 수포로 돌아갔다.
⑤ 어떤 것에 합당한 노릇이나 구실.
⑥ 하나의 글자나 식이 취하는 수. 또는 그런 수치.
  ¶'2x＝6'에서 x의 값은 3이다.
⑦ 'ㄹ 값에' 구성으로 쓰여 '더라도', 'ㄹ지언정'의 뜻을 나타내는 말.
  ¶자네 일을 도와는 못 줄 값에 방해야 놀겠는가? ≪선대≫
  【값＜석상＞】

　위의 (16)에서 의미 ①, ②, ③은 각 의미마다 선택 제약을 보여주거나 전형적으로 쓰인 용례들이 제시되어 있다. 표제어 '값'의 다의적 의미는 용례를 통해서만 확인할 수 있기 때문에 어떠한 용언과 어울려 쓰이느냐를 상세하게 제시하여 주는 것은 뜻풀이 구별에 많은 도움을 준다. 의미 ④는 반드시 관형절을 동반해야 하는 제약을 가지고 있는데 이러한 용법의 제약은 용례를 통하여 알 수 있다. 그러나 이러한 제약은 용례 제시로는 사전 사용자의 주의를 받기 어려우므로 형태적 제약으로 제시하는 것이 바람직하다. 의미 ⑤는 용례 제시가 되지 않았는데 '나잇값, 사람값, 얼굴값, 킷값' 등 주로 합성어 형성에 참여하는 '값'의 의미이므로 독립된 의미 항목으로는 적절하지 않다.

　이외에도 『표준』은 용례의 표기가 어문 규정에 맞아야 한다는 원칙과, 용례에 나오는 단어가 표제어로 등재되어야 한다는 원칙을 제시하고 있다. 용례 배열 순서는 제시된 문형 정보의 순서대로 배열하며 구 용례와 작성문 등 작성한 용례를 먼저 제시하고 출처가 있는 인용문의 순서로 배열한다. 실제 잘 쓰이지 않는 표제어의 경우는 용례가 없는 것도 그 어휘의 사용빈도를 보여 주는 정보가 될 수 있으므로 작성례를 무리해서 넣지는 않는다고 하였다. 다음의 (17)에서 '묵모'나 '청미하다'는 인용례가 발견되지 않았으므로 용례를 넣지 않은 것이다.

(17) 용례가 제시되지 않은 표제어의 예
  묵-모〔뭉-〕⑬메모나게 만들어 놓은 묵.
  청미 하다⑬맑고 아름답다.

『표준』에서 제시된 용례의 특징적인 면 중 하나는 인용례의 출전을 밝혔다는 것이다. 인용례를 제시한『연세』에서는 출전을 밝히지 않은 것과 대조적이다.

(18) 인용례의 출전을 밝힌 예
  천상 배필(天上配匹)⑬=천생배필.
  서 교장 딸하고 천상배필이다 싶더니만 멀쩡한 팔 하나 잃고는 장가갈
  생각을 하나…. ≪김원일, 불의 제전≫

　한영균(2006ㄱ, 2006ㄴ)은『표준』의 용언과 명사의 용례를 모두 조사 분석한 연구이다. 한영균(2006ㄱ)에서는『표준』의 현대국어 표준어 용언 표제항 중에서 용례가 있는 것은 48.6%에 불과하고 51.4%에 달하는 항목에는 용례가 제시되지 않았으며 용언 표제항의 용례 중 22.85%가 인용례이고 77.15%가 작성례라는 사실을 확인하였다. 한영균(2006ㄱ)은『표준』의 용언 항목의 용례는 인용례가 생각보다 적은 것은 물론이고 피인용작가의 수가 지나치게 적으면서 일부 작가(43명)의 작품에서 인용된 예가 전체 인용례의 76%를 차지한다는 것과, 인용례 전체의 54%가 겨우 43개의 작품에서 인용된 것이라는 문제점을 지적하였다. 이는 한영균(2006ㄴ)에서 분석한『표준』의 명사류 표제항의 용례에서도 동일한 문제점으로 지적되었다. 그밖에도 인용례가 중복되어 제시되었다든가 표제어에 등재되지 않은 어휘가 용례에 쓰이고 있는 것, 맞춤법에 어긋나거나 표준어가 아닌 어휘들이 인용례에 포함되어 있는 문제 등이 지적되었다. 이러한 사실은 『표준』의 일러두기와『편찬 지침』Ⅱ에서 제시하고 있는 용례 제시 원칙이 실제 사전의 내용에는 제대로 반영되지 않았다는 것을 말해 준다.
　『연세』의 용례 제시 원칙은 다음과 같다.

  1) 용례는 말뭉치에서 골라 인용하되, 수정하였다.
  2) 접사는 예가 되는 단어만 보여 주었다.
  3) 용례에는 영어나 기호를 쓰지 않았다.

　일러두기에서 밝히고 있지는 않지만 『연세』에서는 비표준어를 비롯한 가표제어를 제외한 모든 표제어의 용례를 제시하는 것이 원칙이다. 『연세』는 표제어 선정부터 말뭉치의 빈도에 근거하였으며 뜻풀이, 형태, 통사, 화용 정보 등에 대한 기술이 말뭉치 용례 분석에서 출발하였기 때문에 말뭉치 용례가 사전의 모든 정보 기술의 원천적 자료가 된다. 그러므로 기존의 사전에 있는 의미라 하더라도 말뭉치에 출현하지 않으면 제외하는 것을 원칙으로 한다. 이러한 특성을 가지고 있으므로 모든 표제어의 모든 의미 항목에 용례가 제시되는 것이 당연한 귀결이기도 하다.

　정용국(2008)에서는 『연세』의 용례 제시에서 다음과 같은 문제점을 지적하였다. ① 표제어로 등재되지 않은 낱말이 용례에 있다는 것, ② 용례에 비표준어 등 잘못된 말이 쓰였다는 것, ③ 인용된 용례가 동시대성을 반영하지 못한다는 것, ④ 한 표제어의 용례로 비슷한 예가 중복하여 제시되어 있는 것, ⑤ 용례가 사용된 맥락의 문제, ⑥ 용례와 품사의 일치 문제, ⑦ 용례의 적절성 문제 등을 들 수 있다.

　문제점으로 지적된 것 중 ①은 『연세』의 전체 표제어 수가 5만이 채 안 된다는 것을 감안해 보면 쉽게 이해가 되는 부분이다. 그렇다 하더라도 용례에 표제어로 등재되지 않은 어휘들은 다른 말로 바꾸거나 용례 자체를 교체하는 것이 바람직하다. ④는 전형적이고 다양한 용례를 제시한다는 원칙을 두고 볼 때 수정되어야 할 부분이다. 다음과 같은 예를 들 수 있다.

　(19) **살려주다**〔살려주는, 살려주어(살려줘), 살려줍니다〕 동
　　1. (죽을 생명체를) 살게 해 주다.
　　　〔예문〕 하느님 세옥이를 살려주세요. / 매운탕 거리도 안 될 작은 고기는 살려주었다.

　　2. (기분이나 기운을) 좋게 북돋우다.
　　　〔예문〕 오늘은 새로 산 옷이 주희 <u>기분을</u> 최대한 <u>살려주었다.</u> / 어떻
　　　　　게든 그 친구 <u>기분도 살려주고,</u> 그 친구 부모님 체면도 세워
　　　　　줘야 할 처지다.

'살려주다'의 논항 정보를 보면 목적어 자리에 '기분' 이외에도 '체면, 기운' 등이 제시되어 있는데 예문은 '기분을 살려주다'만 실려 있다. 용례를 제시할 때는 여러 가지 다양한 용법을 보이는 문장이 골고루 들어갈 수 있도록 충분히 고려해야 한다.

인용된 용례가 동시대성을 반영하지 못한다는 문제는 다음과 같은 예를 들 수 있다.

(20) **사례2**(謝禮) 몡 상대방에게 고맙다는 뜻을 말이나 행동 또는 재물로 나
　　타내는 것.
　　〔예문〕 혼사가 이루어지면 매파는 상당한 사례를 받기도 한다.
　　펜 몡
　　1. 잉크나 먹 따위를 찍어서 글씨를 쓰거나 그림을 그리거나 하는 필기
　　도구.
　　　〔예문〕 사무실 안은 다시 조용해지고 펜으로 종이를 긁는 소리만 사
　　　　　각사각 날 뿐이다.
　　2. 글을 쓰는 일, 문필 활동.
　　　〔예문〕 지금이라도 펜만 들면, 한 달에 돈 만 원은 거뜬히 벌 걸? / 오
　　　　　랜 휴식 끝에 그는 드디어 다시 펜을 들었다.

이러한 예들은 『연세』에서 사용한 말뭉치의 구성 문제와 관련이 있다. 『연세』의 원천 자료가 되는 약 4,300만 어절의 <연세말뭉치>는 1960년대부터 1990년대까지의 현대 한국어의 글말을 중심으로 구성되었다(서상규 1998). 용례의 출전이 되는 텍스트가 1960년대의 것일 경우에 제시된 예문의 동시대성이 떨어지는 문제가 발생할 수 있다. 위에서 지적한 나머지 문제점들은 용례를 제시할 때 반드시 고려해야할 것들이다.

모국어 화자를 위한 사전에서보다 외국인 학습자를 위한 학습사전에서

용례의 중요성은 더 부각된다. 모국어 화자는 주로 뜻풀이나 한자, 맞춤법 등을 찾기 위하여 사전을 이용하지만 외국인 학습자의 경우 용례에 기대어 뜻풀이의 갈래를 찾거나 올바른 용법을 익히는 경우가 많기 때문에 학습사전에서의 용례는 다른 어떠한 정보보다 중요성을 띠고 있다.

서상규 외(2004/2006) 『학습사전』의 용례 제시의 원칙은 다음과 같다.

1) 단어의 용법을 보이기 위하여 거의 모든 표제어의 예문을 제시하였으나 고유명사, 문화 어휘, 가표제어, 잘못된 표현 등에는 예문을 제시하지 않았다.
2) 대부분의 예문은 간단하고 평이한 문장으로 제시하였다.
3) 표제어의 여러 가지 용법을 배울 수 있도록 예구를 풍부하게 보여 주었다. 예구로는 연어나 실제 언어생활에서 자주 쓰이는 표현, 한국어의 특이한 단어 결합 등을 주로 수록하였으며, 예문 앞에 기본형으로 제시하였다.
4) 단어에 따라 대화 형식의 용례를 제시하기도 하였다.
5) 학습자의 편의를 위해서 용례에 있는 해당 표제어를 눈에 띄도록 굵은 글씨로 표시하였다.
6) 모든 용례에 나오는 '1, 2, 3…' 등의 아라비아 숫자나 'kg, cm, %…' 등은 해당 표현 옆에 괄호 안에 한글로 읽는 법을 표시하였다.

원칙 1)은 예문을 제시하는 경우와 그렇지 않은 경우의 표제어에 대한 것이다. 예문을 제시하지 않는 표제어로 고유명사, 가표제어, 잘못된 표현 등은 일반적으로 다른 사전에서도 수용하는 것이 원칙이나 문화 어휘에 대한 예문을 제시하지 않는 것은 언뜻 이해가 가지 않는 부분이다. 문화 어휘가 대부분 지명과 같은 고유명사일 수도 있으나 이러한 고유명사의 경우도 문장에서 독특한 의미로 쓰이는 경우가 많아 예문을 제시하는 것이 바람직하다. 예를 들어 '김치'는 문화 어휘로 볼 수 있는데 '김치를 담그다, 김치가 익다' 등의 표현이 반드시 용례로 제시되어야 할 것이고 '동대문'과 같은 고유명사인 문화 어휘도 '동대문 시장' 등의 구 표현이 용례로 실리는 것이 학습자에게 유용할 것이라고 본다. 실제 사전을 보면 '판소리, 가야금, 김치' 등의 문화 어휘에도 용례가 제시되어 있기도 하다.

『학습사전』의 예문 제시의 특징적인 면은 표제어의 용법을 예구 형태로 풍부하게 실어준 것과 표제어의 유형에 따라 대화체의 예문을 실어 주었다는 것이다.

(21) ㄱ. 그러다[2] 【그러다가】 閉 앞에서 말한 일이나 상황이 계속되는 가운데. 그렇게 하다가. '그러다가'의 준말. ¶(가) : 김 과장은 믿을 수 있는 사람이니까 걱정 안 하셔도 돼요. (나) : **그러다** 믿는 도끼에 발등을 찍히는 수가 있어요. (본) 그러다가.
　　 ㄴ. 성당(聖堂) 閔 천주교의 종교 의식이나 행사가 정식으로 행해지는 건물.
　　 〔성당에 · 성당을〕 다니다 ¶ (가) : 종교가 있으세요? (나) : 네, 저는 **성당에 다녀요.**
(22) 그러다가☆★☆ 閉 앞에서 말한 일이나 상황이 계속되는 가운데. 그렇게 하다가. 〔예〕 영수는 가만히 앉아 있었다. **그러다가** 고개를 들어 먼 산을 바라보곤 했다. 〔준〕 그러다2.

　(21)은 대화체 예문이다. 표제어에 따라 대화체 예문이 필요한 경우에는 (　)와 같이 짧은 대화를 보여주었을 뿐 아니라 (22)처럼 한 문장이 아니라 두 개 이상의 문장도 용례로 제시하였다.

　『학습사전』의 용례 제시의 원칙 6)은 학습자가 외국인이라는 것을 고려한 것으로 아라비아 숫자를 경우에 따라 '일, 이, 삼, 사…'로 읽을 수도 있고 '한, 두, 세, 네…'로 읽을 수 있기 때문에 괄호 안에 실제 발음을 써 주었다는 것을 말한다. 예를 제시하면 다음의 (23)과 같다.

(23)　· **성장**(成長) 閔 1 (사람이나 생물이) 자라서 점점 커지는 것. ¶인간은 보통 20(이십)세 전후에 신체적 성장이 끝난다.
　　 · **성장하다** 閔 1 자라서 커지다. 2 규모가 커지거나, 내용이 좋아지다. 발달하다. ¶1(일)년 사이에 회사가 몰라보게 성장했다. / 우리 경제는 올해 4%(사 퍼센트) 정도 성장할 것으로 보인다.
　　 · **오후**★★★(午後) 閔 점심 때부터 저녁이 될 때까지의 동안. ¶오후에 저하고 같이 산책하러 갈까요? / 오후 5(다섯)시부터 밤 10(열)시까지 아르바이트를 합니다.

　외국인 학습자를 위한 학습사전 중 일본인 학습자를 위한『코스모스』는 일본인 학습자에 초점을 맞추었기 때문에 용례를 제시한 후 이를 일본어로 번역해 놓은 것이 특징이다.

(24) ・**장벽** 〔tʃaŋbjɔk チャンビョク〕, ～이 〔tʃaŋbjɔgi チャンビョギ〕, ～만 〔tʃaŋbjɔŋman チャンビョンマン〕 [名] 障壁. 그⌒처럼 아름답던 우리⌒사이에 뜻하지 않는 장벽이 생길⌒'줄이야 어찌 생각이나 했겠습니까? あのように美しかったわたしたちの間に, 思いもよらない障壁が生ずるとは, どうして考えられたでしょうか?
　　 ・**테두리** 〔tʰeduri テドゥリ〕 [名] 緣, 枠. 여름은 햇볕이 강해서 테두리가 넓은 모자가 좋습니다. 夏は日差しが強いからつばの廣い帽子がいいんです. 결국 그 사람은 자기의 테두리를 벗어나지 못⌒할⌒겁니다.　 結局彼は自分の枠から拔け出る事が出來ないでしょう.
　　 ・**신라** 〔ʃilla シルラ〕 [名] 新羅(しらぎ). 신라는 677(육백⌒칠'십⌒칠)년경에 한반도를 통일했으며 935(구백⌒삼십⌒오)년에 고려에 합병되었다.　 新羅は677年ごろに朝鮮半島を統一し,　 935年に高麗(こうらい)に合併された.

　(24)에서 보듯이 제시된 용례를 일본어로 번역해 놓았을 뿐 아니라 용례에서 북한에서 붙여적기를 하는 것은 '⌒'로 표시하였고 용례를 읽을 때 된소리(경음)로 발음나는 것은 ' ' '를 사용하여 표시하였다. 『학습사전』과 마찬가지로 숫자는 읽을 수 있도록 한글로 표기하였다.

　같은 학습사전이라 할지라도 외국인을 대상으로 하는 것과 모국어 학습자를 대상으로 할 때 용례 제시의 원칙이 달라질 수 있는데 모국어 학습자 중 초등학생을 대상으로 한『초등』의 용례 제시 원칙은 다음과 같다.

1) 낱말의 쓰임새를 보이기 위하여 거의 모든 낱말의 예문을 보였다.
2) 대부분의 예문은 재미있고 간단하고 모범적인 문장으로, 교과서나 기타 어린이들의 책에서 뽑은 것이다.
3) 고유명사, 구체명사, 동물명, 식물명 등은 예문을 보이지 않았다.

원칙 2)는 모국어를 위한 학습사전, 특히 초등학생을 위한 사전이라는 특성을 드러내 준다. 원칙 3)은 인명, 지명, 나라이름 등의 고유명사나 동물이름, 식물이름 등은 예문을 제시하지 않았고 사전 사용자가 모국어 화자라는 것을 고려하여 '어머니, 아버지' 등의 구체적인 명사에는 예문을 보이지 않았다. 그러나 구체적인 명사인 경우에도 특정한 어휘와 어울려 쓰인다든가 하여 예문을 보일 필요가 있을 때는 예문을 제시하였다.2) 『초등』의 예문은 교과서나 어린이들이 보는 책에서 뽑아 예문에 사용된 어휘의 수준을 조절하였으며 이로 인하여 예문에 쓰인 어휘가 대부분 표제어로 등재되도록 한 것이 특징이다.

『조선말』의 용례 제시 원칙은 다음과 같다.

1) 올림말의 뜻과 쓰이는 법을 보다 명확히 알 수 있게 하기 위하여 되도록 용례를 많이 주었다.
2) 용례는 례구와 례문으로 나누어주었다.
3) 례구는 뜻풀이가 끝난 다음에 주고 그앞에 부호 ∥를 붙이였으며 례문은 례구뒤에(례구가 없는 경우에는 뜻풀이가 끝난 다음에) 주고 그앞에 부호 │를, 두번째부터의 례문앞에는 부호 /를 붙이었다.
4) 례구에서 쓰인 말이 올림말과 같은 형태인 경우에는 부호 ∼로 표시하였다.
5) 례문에 대하여서는 내용상 또는 그 밖의 일부 도서들에 한해서만 밝히고 신문, 잡지에 대하여서는 주지 않았다.
6) 출처는 례문 뒤에 괄호 안에다 책이름이나 작품이름을 밝혀주는 방식으로 주었다.

『조선말』의 용례 제시의 특징은 예구와 예문으로 나누어 제시하였다는 것과 예구를 제시할 때 예구에서 쓰인 말이 올림말과 같은 형태인 경우에는 부호 '∼'로 표시하였고 예문에 쓰인 올림말은 '∼' 대신에 어휘를 보여주었다.

---

2) Fox(1988)에서도 텔레비전과 같은 구체명사는 의미를 제시하는 것만으로도 충분하나 '나는 텔레비전을 켰다'와 같은 전형적인 용례는 제시할 필요성이 있음을 지적하였다.

『우리말』의 용례의 원칙은 아주 간단한 편이다.

> 1) 뜻풀이가 끝난 뒤에 그 올림말이 쓰인 보기글(이은말, 마디, 월)을 보인다.
> 2) 따온 글에는 <지은이 : 글 제목>을 보이되 그전 문예작품들에는 주로 작품 이름만 보인다.
> 3) 가지의 경우는 그 파생말들을 보기로 들어 놓는다.
> 4) 옛말과 이두의 보기글 출처는 '옛말 따론 문헌들'(20쪽)로 밝힌다.

　『우리말』의 용례는 작성례가 주를 이루고 있으며 출전이 표시되어 있는 것은 많지 않다.
　『금성』의 용례 원칙은 다음과 같다.

> 1) 풍부한 용례를 싣고자 노력하였다.
> 2) 용례는 우리나라의 현대 문학을 비롯하여 신소설·고대 소설·크리스트교 성서 등에서 채집하거나, 신문·잡지·교과서에서 뽑거나 편찬자가 규범에 맞게 적절히 만들어 제시하였다.
> 3) 용례는 풀이 끝에 ¶ 기호를 써서 나타냈으며, 예가 둘 이상일 때는 빗금(/)을 그어 구분 지었다.
> 4) 둘 이상의 예를 배열할 때에는 복합어→구→문장의 순으로 하였다.
> 5) 문예 작품에서 인용한 것은 맨 마지막에 두되, 작가명과 작품명을 밝혔다.

　1)은 기본적인 원칙이라 할 수 있고 2)는 인용례와 작성례를 모두 제시할 수 있다는 것이고 원칙 3)은 용례의 제시 형식에 대한 것이고 4)는 용례의 구성에 따른 배열 순서에 관한 원칙이다. 5)는 인용례의 경우의 배열 순서와 출전에 관한 원칙이다. 『연세』 이전의 사전들은 말뭉치 용례 분석을 기반으로 하지 않았기 때문에 용례를 분석한 결과를 사전에 반영하거나 실제 사용된 용례를 제시하는 것이 쉽지 않았다.

5. 맺음말

말뭉치에 기반한 사전의 편찬에서 가장 먼저 하는 작업이 표제어를 키워드로 한 용례를 추출하는 일이다. 일단 말뭉치 용례가 추출되면 이를 일일이 눈으로 보아 의미나 통사적 특성에 따라 몇 개의 부류로 나누어 놓는다. 이때 주로 기존 사전의 뜻풀이를 참고하게 되며 이러한 과정에서 기존 사전에 있는 뜻풀이 중 용례가 발견되지 않는 것과, 용례는 있는데 기존 사전에서 뜻풀이를 하지 않은 것의 두 가지 경우가 발견된다. 이러한 작업이 1차적으로 끝나면 용례 분석에 의하여 사전의 격틀 및 논항 정보, 화용 정보, 의미 정보 등을 작성하고 모아 놓은 용례 중 적절한 것이라 생각되는 용례를 선별하여 각 의미 항목별로 배열한다. 이 작업이 끝나면 사전의 초고가 완성되는 것이다. 물론 초고 상태에서도 말뭉치 용례의 손질이 일부 이루어지지만 본격적인 용례의 편집은 주로 편집 단계에서 행해진다. 왜냐하면 종이사전의 경우는 지면의 제약이 있기 때문에 주로 용례 편집을 통해 분량의 조절을 하게 되기 때문이다.

그러므로 용례는 사전 편찬의 시작이면서 사전 편찬자가 제일 마지막까지 놓지 못하는 부분이다. 그만큼 사전 편찬에서 용례의 중요성은 지대하다. 사전은 표제어 선정과 적절한 용례만 있으면 거의 반을 편찬한 것이나 다름없다고 볼 수 있다. 뜻풀이나 용법에 대한 정보가 없어도 좋은 용례만 있으면 그 표제어의 의미와 용법을 짐작할 수 있기 때문이다. 바야흐로 전자사전의 시대를 맞아 지면의 제약이 없게 되면서 좋은 용례를 마음껏 골라 넣을 수 있게 되면서 적절하고 전형적인 용례를 많이 찾아 넣는 것은 사전 편찬에서 더욱 중요한 과정이 될 수밖에 없다. 특히 표현사전에서 좋은 용례는 훌륭한 선생이기 때문에 더욱더 그러하다.

더 읽 을 거 리

❶ 국내에서 사전 용례에 관한 논의는 그리 많지 않다. 이익환(1992), 김근택·황경자(1997)가 있고『표준』의 용례에 대한 비판으로는 한영균(2006ㄱ, 2006ㄴ)을 들 수 있다.

❷ 국외에서는 주로 학습자를 위한 영어 사전의 용례에 관한 논의가 많다. Drydale(1987), Fox(1988), Cowei(1989), Stein(1999) 등을 참조하라.

연 습 문 제

❶ 다음은 단의어인 '다물다'의 말뭉치 용례이다. 어떤 용례를 제시하는 것이 바람직한지에 대하여 토론한 후 좋은 용례 모형을 제시해 보라.

입술을 꽉	[다물고]	걸어가는 하림.
입술을 꾹	[다물고,]	꼿꼿이 서서, 하염없이 매질을 했습니다.
선생만 입을	[다문다면]	누구도 입을 열지 못할 겁니다.
홍이는 입을	[다문]	채 확 떠민다.
김선창은 입을	[다물고]	말았다.
그냥 주둥이는	[다물자고]	말입니다.
노동자도 입을	[다물고]	김 선생에게 잡지책을 하나 집어주었다.
도박사는 입을	[다물]	수밖에 없었다.
박진섭도 입을	[다물어버렸다.]	
오반장이 굳게	[다물었던]	입을 열어 술을 마셨다.
강쇠는 입을 꾹	[다물고]	있었다.
그는 굳게 입을	[다물고]	있었다.
그는 입을 굳게	[다물어야]	한다고 새삼 다짐했다.
그리고 입을 꼭	[다물어야]	했다.
근데 저는 이게	[다물고]	뭐죠.
나는 일단 입을	[다물고,]	그가 진정하기를 기다렸다.
창희 고모만 입	[다물구]	계시면 소문 안 나요.
벙어리처럼 입을	[다물고]	있던 천씨는 고마워서 어쩔 줄을 몰라 했다.

아이들은 입을 꽉	[다물어]	굳어진 얼굴을 하고 머리를 끄덕였다.
이번에는 입을 꾹	[다물어]	둘만의 비밀을 지켰다.
처음엔 입을 굳게	[다물기로]	작정했지만 끝까지 버티질 못했다.
인쇄공장에서 굳게	[다물었던]	입이 죽음의 입구에서도 열리지 않았다.
제 말이 그의 입을	[다물게]	했습니다.
그러자 노마는 입을	[다물고]	곰곰이 생각해 본 후 입을 열었다.
달순이 무당은 입을	[다물어버렸다.]	
부장이 갑자기 입을	[다물었다.]	
사람들은 묵묵히 입을	[다문]	채 머리를 끄덕여 다짐했다.
윤석이는 벌어진 입을	[다물]	줄 몰랐습니다.
은철은 아연해서 입을	[다물었다.]	
친정 식구들에게 입을	[다물었음은]	물론이다.
판수는 헤벌어진 입을	[다물]	수가 없는 것이었다.
사실에 모두가 벌린 입을	[다물지]	못한다.
생선가게 주인이 입을 꼭	[다물고]	그 손님을 쳐다보았다.
이예 벙어리처럼 입을 꾹	[다물고]	열심히 그물을 당겼다.
그 대목에서 완강하게 입을	[다물어]	버렸다.
그는 신문을 내려놓고 입을	[다문]	채 윗벽에 뚫린 철창을 올려다보았다.
노사분규가 한창일 때 입을	[다물고]	해외에 나갔다.
바라보며 용이는 입술을 꼭	[다물었으니]	노엽게 생각하는 것 같지는 않다.
병실에 들어선 춘기는 입을	[다물]	수가 없었다.
나는 웃으려고 벌렸던 입술을	[다물면서]	의아하게 그의 얼굴을 바라보았다.
나타나기만 해도 그들은 입을	[다물었고]	고개를 돌렸다.
말투를 느꼈는지 상대는 입을	[다물었다.]	
없었으므로 이 정도에서 입을	[다물고]	말았습니다.
말을 하려다 말고 그녀는 입을	[다물고]	오반장의 눈치를 살폈다.
이명섭은 더욱 놀라 벌린 입을	[다물]	줄 몰랐다.
증인도 기가 차는지 잠시 입을	[다물고]	변호인을 멍하니 바라보고만 있었다.
것을 물을 수도 없고 하여 입을	[다문]	채 소파에 조용히 앉았다.
고갯마루에 이르렀으니 이젠 입	[다물고]	조용히 살아야만 할 것 같다.
관련부분에 대해서는 입을 굳게	[다물어]	별로 수사의 진전을 보지 못하고 있다.
끼끼는 고개를 가웃거리며 입을	[다물었습니다.]	
대꾸도 하지 않은 채 굳게 입을	[다물고]	있었다.
딱딱하였으므로 그는 그만 입을	[다물고]	말았다.
몹시 화가 난 사람처럼 입을 꾹	[다물고]	거들떠보지도 않았다.
그래서 결국은 아는 사람이 입을	[다문다는]	것은 남은 모른 채로 있으라는 얘기가 된다.
그랬다가는 영호는 그 즉시 입을	[다물고]	말았다.

김 선생도 입가의 실없는 웃음을	[다물지]	못한 채 기분 좋게 담요 속으로 기어들어갔다.
노마와 기오는 감탄을 하며 입을	[다물지를]	못했다.
라고 노마가 말하자 아빠는 입을	[다물지]	못하며 웃음 띤 얼굴로 말씀하셨다.
정작 회의에서는 의원들이 입을	[다물어]	버린 것이다.
농담을 늘어놓았지만 대개는 입을	[다물고]	있었다.
누를 까칠까보아 조심스럽게 입을	[다물고]	있었다.
눈을 쭉 찢어지게 뜨며 입술을 꼭	[다물어]	보인다.
단단히 약속이라도 한 듯 입을 꼭	[다물고]	있었다.
너무 어이가 없어서 나는 입을 굳게	[다문]	채 그 한의사를 멍하니 바라보았다.
딴 말을 하려다 말고 조준구는 입을	[다물어버린다.]	
모처럼 말을 꺼낸 인섭은 다시 입을	[다물었다.]	
문학예술가들의 이름에 벌어진 입을	[다물지]	못하던 지장보살의 고개가 갸웃해졌습니다.
미려는 내 말에 너무 감격해서 입을	[다물지]	못했다.
살았느냐고 한마디 하려다가 입을 꼭	[다물었다.]	
알려졌지만 그것은 불길한 이야기를	[다물고]	있었기 때문이라는 것이었다.
옛노래 — 韓國의 가락에 굳게 입을	[다물고]	있는 듯싶었다.
오상혁의 죽음을 돌이켜주려다 입을	[다물었다.]	
요 아끼꼬는 방세를 내래도 입을 꼭	[다물고는]	안차게도 대꾸 한마디 없다.
일이 있었는데 지금 서희는 입을 꼭	[다물고]	건강한 숨소리를 내며 잔다.
장가수들은 망연자실하여 벌린 입을	[다물지]	못했다.
증오의 눈길을 보낼 뿐 삼석이 입을	[다물고]	나머지 두 사람도 침묵을 지킨다.
추측만 난무한 가운데 JP는 입을 굳게	[다물었다.]	
하나… 계장은 말을 하려다 말고 입을	[다물었다.]	
하는 근술의 말에 사내도 잠자코 입을	[다문다.]	
하룻밤새 선주가 된 채 헤벌어진 입을	[다물지]	못하던 꼴은 사뭇 눈물겹기마저 했다.
신 여사는 충격을 받은 듯 벌어진 입을	[다물지를]	못했다.
왜 이 문제에 대해선 꿀먹은 듯이 입을	[다물]	수 있는지 모르겠습니다.
집 보러 왔을 적에 방에 드가서 입 꾸욱	[다물고]	엎디려 있으라꼬.
처음 한동안 바보처럼 벌어진 입을 미처	[다물지]	못한다.
은 변 부자는 딱 벌린 입을 한참 동안	[다물지]	못했다.
급속에 버룩이 뛰어내리자, 그 순간 입을 꼭	[다물며]	물속으로 꼬르르 들어갔습니다.
섬사인 채 그들은 할 말을 잊고 자주 입을	[다물곤]	한다.
자신이 뭐라 하기엔 채신이 안 서 입을 꼭	[다물고]	말았다.
장면을 재연하면서 홍씨는 줄곧 입을 굳게	[다문]	채 담담하고 태연한 표정을 지었으나 마지막 순간에 눈물을 흘리고 말았다.
최 노인이 무슨 말인가를 하려다 말고 입을	[다물었다.]	
수혜가 아무런 대꾸도 안 하자 남자도 입을	[다물었다.]	
어느 순간부터 누가 먼저랄 것도 없이 입을	[다물어]	버렸던 것이다.

❷ 다음의 사전 의미 항목에 따른 '아끼다'의 용례를 분류해 보고 기존 사전의 의미 항
목에 해당하지 않는 용례에 대한 의미를 새로이 기술해 보라.

아끼다[아끼어[-어/-예](아껴), 아끼니]⬜·을⬜
① 물건이나 돈, 시간 따위를 함부로 쓰지 아니하다.
시간을 아끼다 / 용돈을 아껴 써라. / 그들은 탄환을 아끼기 위해 총질을 하지 않
았다. ≪문순태, 타오르는 강≫ / 물도 아껴야 한다는 걸 배우는 건 겨울에 더운
물로 세수할 때뿐이었다. ≪박완서, 그 많던 싱아는 누가 다 먹었을까≫ / 신 무
상하오나 어찌 사사로운 목숨을 아껴 적진에 가옵기를 주저하오리까. ≪박종화,
임진왜란≫
② 물건이나 사람을 소중하게 여겨 보살피거나 위하는 마음을 가지다.
아끼는 제자 / 그는 아내를 끔찍이 아낀다. / 어머니는 여러 형제들 가운데서 형을 목
숨처럼 아꼈다. / 아이들은 교실을 자기 집보다 더 아꼈다. ≪이원규, 훈장과 굴레≫
【〈 앗기다〈 석상 〉

침식을 같이하고 코끼리까지도 친자식처럼	[아끼는데]	그 비결이 있었다.
차츰 부녀 회원들의 뜻을 이해하고 협조를	[아끼지]	않았다.
좋은 분이셔서 실제로 남편보다도 저를 더	[아껴]	주시고 그러십니다.
점을 감안, 당국과 시민들이 보다 더 산을	[아끼는]	자세를 가져야 할 것"이라고 말했다.
연기자들을 만나실 때 반갑게 대해 주시고	[아껴]	주시기 바랍니다.
여자들도 에티켓을 지켜야 되겠고 또 물을	[아껴야]	하기 때문에 나온 것이 있습니다.
세 식구가 착실히 교회에 나가면서 봉사도	[아끼지]	않고 하는 소문난 가정이었다.
서울가서 아들 공부시키기 위해 있는 힘을	[아끼지]	않았다.
많지만 모두가 부질없는 것 같아서 언어를	[아끼다]	보니 형태는 뼈다귀만 남는 것 같다."
록 못나고 모자라더라도 우리가 우리 걸	[아껴야지]	
동시에 그 개인을 위해서는 한 가닥 동정을	[아끼지]	않는 바이다.
더듬어 보기 위해 아하스 페르츠는 노력을	[아끼지]	않았다.
"앞으로도 변함없이 저희 기독교 방송을	[아껴주시고]	배전의 성원을 부탁드립니다.
챙겨야 하고 덕치에 따른 순리의 조언을	[아끼지]	말아야 한다.
우리가 제공할 수 있는 최대한의 지원을	[아끼지]	않을 생각입니다."
않을 것이지만 필요할 경우 모든 지원을	[아끼지]	않을 것이다."
시간을 네 시 삼분으로 정할 만큼 시간을	[아끼는]	사람이다.
수집품 운반 차량을 제공하는 등 지원을	[아끼지]	않았다.
손자는 그들을 두 편으로 나누고 오왕이	[아끼는]	여인 두 사람을 각각 대장으로 삼았다.
및 상아제약주식값이 떨어지자 증여세를	[아끼기]	위해 취소한 것이다.

물통을 쓰면 한번에 4리터씩의 수돗물을	[아낄]	수 있습니다.
우리들은 부모에게서 타낸 이 전차값을	[아끼기로]	한 것이다.
아프리카에 선교단을 파견하여 지원을	[아끼지]	않고 있다.
아이들이 스스로 씻기 시작 하면 물을	[아껴서]	사워하는 법을 가르친다고 합니다.
아름다운 생태계가 유지되는 범위에서	[아끼고]	절약하면서 이용해야 한다.
사람들은 경건한 마음으로 당산나무를	[아끼고]	사랑하였다.
분도 간략히 해 주시고 답변도 시간을	[아껴]	주시면 좋겠습니다.
물건을 만지려고 할 때 "이건 엄마가	[아끼는]	물건이니까 네가 망가뜨리면 안돼"라고 설명하는 것보다 아기가 모르게 살짝 감추고 아기의 호기심을 끌 만한 장난감을 건네준다.
다 본 나이였으나 기화의 독특한 창을	[아끼는]	풍류객은 많았다.
능률적이라든지 쇠도끼를 쓰면 시간을	[아낄]	수 있다든지 하는 것은 아니었다.
꾸미기로 작정한 네놈이 곡식 한 말을	[아껴?]	
길이 마련될 수 있도록 기도와 희생을	[아끼지]	말아야 한다"고 거듭 당부했다.
그들이 즐겨 바랄 뿐 아니라 원조조차	[아끼지]	않을 것이다.
것과 우리 처지에 있는 사람들을 서로	[아껴야]	한다는 것을 깨달아 갔다.
가급적 빨리 고치도록 하는 데 노력을	[아끼지]	말아야 할 것이다.
나의 나라를 남의 나라보다 사랑하고	[아긴다는]	것은 인간의 常情이다.
"패배하더라도 당을 위해 모든 힘을	[아끼지]	않겠다."
"모든 생명의 존귀함을 알고 그것을	[아끼고]	사랑할 줄 알아라."
이는 이 땅에 존재하는 모든 생명을	[아끼고]	생명을 살려내는 운동에서 비롯된다.
연구하고 대화하여 개선하는 노력을	[아끼지]	맙시다.
아무리 가난한 집이라도 먹는 데 돈	[아끼는]	집은 정말 드물다구.
시봉 : (애매하게 미소지으며) 네가	[아끼던]	우상들보다 꽤 출세했더군.
세계가 열릴 것이며, 서로가 서로를	[아끼는]	사회가 될 것이다.
문화교류가 더욱 확대되도록 지원을	[아끼지]	않겠다고 다짐했습니다.
독보의 입속에 들어가 있고, 독보는	[아끼는]	듯 그것을 얼른 뱉어 내지를 않았다.
나타난 꽃들에게 혼이 난 뒤 자연을	[아껴야겠다고]	결심하는 내용이다.
공사에 소요되는 기본적인 공사비를	[아껴서는]	안 된다.
프로그램들은 생명보다도 내가 더	[아끼는]	거야.
펼 수 있으며 그 淡白함에 상찬을	[아끼지]	않았던 獨特한 것이었다고 보겠다.
조선의 신사께서는 그래도 명희를	[아껴주신]	거라구."
적극적으로 성원하는 그런 노력을	[아끼지]	말아 줄 것을 부탁드리는 바입니다.
잘 드셔야 한다며 그녀 먹을 것을	[아껴]	고기를 시대는 처자였다.
연구소로 키우는데 지원과 이해를	[아껴서는]	안 된다.
시인은 불과 몇 분의 진술로 말을	[아꼈다.]	
소원이던 성구는 그만큼 해순이를	[아꼈다.]	
서울시민들로서는 바로 지금이 물	[아껴]	쓰기가 필요한 때입니다.

민주화개혁에 대해 격려와 원조를	[아끼지]	않았다.
될 일로 눈에 띄이기만 하면 몸을	[아끼는]	일이 없이 하는 것이 그랬다.
것은, 그 열대의 건강한 원시성을	[아끼는]	마음에서 그리하였음에 틀림없다.
포스터권을 사기 위해 전차표를	[아끼며]	걸어서 등교하는 일상적인 생활로 돌아갔다.
자신의 살이라고 떼어줄 정도로	[아끼는]	것이 없으셨습니다."
영감들은 왕년이를 신주 모시듯	[아끼던]	터였다.
아버지도 이런 아들에게 격려를	[아끼지]	않았다.
빨듯이 그들의 문답을 입속에서	[아끼면서]	즐겼다.
못하는 신자들에게 전문 지식을	[아끼지]	않고 있다.
나와라 하고 비누칠하시면 물을	[아낄]	수 있겠죠?
입장에 대해서 우리는 지지를	[아끼지]	않는다.
일에 몰두하기 위해선 시간을	[아껴야]	해"
이런 때일수록 우리들이 물을	[아끼지]	않으면 안 될 것 같습니다.
어머니와 진로 선택에 조언을	[아끼지]	않은 아버지와 함께 기쁨을 나누고 싶습니다."
실제로는 그 나라꽃을 가꾸고	[아끼는]	노력을 너무나 게을리 하고 있다.
보배나 다름 없다"며 칭찬을	[아끼지]	않고 있다.
바치자 동포야 우리들 무엇을	[아끼랴]	내 생명에서 나온 것이라고 말하지 말지어다.
능력을 가진 사람들이 노고를	[아끼게]	되어 생산성이 크게 떨어질 염려가 있다.
나에게는 내가 가장 애지중지	[아끼는]	소중한 물건이 하나 있었다.
제일 사랑하고 이 세상에서	[아끼는]	따님이십니다.
잡지를 구입하는 데는 돈을	[아낀다.]	
염원인 통일에 대한 지지를	[아끼지]	않겠다"고 강조했다.
수요일은 서울시가 정한 물	[아끼는]	날, 그 첫 절수일이 됩니다.
빠지지 않고 찾아와 조언을	[아끼지]	않는다.
동그랗게 오므리면서, 이거	[아끼다가]	백배 더 손해 본다고 합디다만.
늙은 내외는 서로가 서로를	[아낀]	나머지 입씨름이다.
그리고 잘할 거라고 격려도	[아끼지]	않았습니다.
화를 내다가도 웃고 서로	[아껴]	가면서 살아야지 하고 생각했다.
황노인은 매네를 끔찍히	[아끼고]	위하는가 싶다.
"여보, 내게 술 한잔	[아끼지]	말고 주사구려."
조금은 누이동생같이	[아끼는]	맘은 가졌을지 모르지만
'정조니 처녀성이니	[아껴]	봤자 다 소용없어.
틀림없이 용돈을	[아껴]	저축하자고 그렇게나 말했어도 이 모양이 뭐야!
토끼들 사랑하고	[아끼고]	!
클렌저는 절대로	[아끼지]	않는다.
수창이두 한푼씩	[아껴서]	살려구 그렇게 애를 쓰잖아요.

그보다두 현금을	[아꼐야지]	
물론 내가 그를	[아낀]	것은 틀림없어요.
이제부터 돈을	[아께]	써야겠다고 생각했다.
아프긴 하지만	[아끼지]	않으면 안될 내 몸의 일부처럼 느껴졌다.
세상에서 제일	[아껴야]	할 것이 있다면 그건 아마 시간일 거야.
어머니가	[아끼시는]	검은 비로드 드레스, 그 검은색의 탐나는 드레스
특히 시간을	[아께]	쓰고 그 무엇보다 시간을 소중히 여기는
우리 고모가	[아껴서]	신으랬어.
한 푼이라도	[아꼐야지]	
돈 있을 때	[아께 써야지]	태봉이는 약간 쑥스럽다.
특히 나를	[아껴준]	분들에게 대범한 결정을 못 내려 미안하다.
나를 가장	[아껴주던]	뭉치가 없으니까 졸지에 처량한 신세가 된 거예요.
후배니까	[아끼고]	키워주고 싶은데 왜 눈 밖에 날려고 해.
이 노래,	[아끼는]	노래시죠?
엄청나게	[아끼는]	거죠.
자기를	[아껴주는]	사람이면 다 고마웠다.
말을	[아끼고]	잘 웃지도 않아 늘 근엄해 보였다.
돈을	[아낀다는]	것이 무슨 의미가 있는가.
기름	[아낄]	생각 말고 몸을 아껴라" 아마 어머니는 그 말 뒤에 홀몸도 아니면서란 말을 하고 싶었지만 참았을 것이다.

❷ 다음은 Drydale(1987)에서 제시한 용례의 기능이다.

1) 정의에 대한 정보를 제공하기 위하여(To supplement the information in a definition)
2) 문맥 속의 표제어를 보여주기 위하여(To show the entry word in context)
3) 의미를 구별하기 위하여(To distinguish one meaning from another)
4) 문법적 패턴을 보여주기 위하여(To illustrate grammatical patterns)
5) 전형적인 연어를 보여주기 위하여(To show other typical collocations)
6) 적절한 사용역이나 문체적 층위를 보여주기 위하여(To indicate appropriate registers or stylistic levels)

위에서 제시한 용례의 기능을 보여 주는 예를 다음의 사전 기술을 참고하여 '판'의 말뭉치 예문에서 찾아보고 이를 사전에서 어떻게 적절한 용례로 기술할 것인가에 대하여 토론해 보라.

> 판[1]
> ① 벌어진 자리. 또는 그 장면.
>   판을 깨다 / 판이 벌어지다 / 판에 끼어들다.
> ② '처지', '판국', '형편'의 뜻을 나타내는 말.
>   사람이 죽고 사는 판에 너는 편하게 앉아 있니? / 그 앞에서 대들었다간 몰매를 맞을 판이다.
> ③ 승부를 겨루는 일을 세는 단위.
>   씨름 한 판 / 마지막 판 / 바둑 한 판 둘래? / 그와 나는 장기를 세 판이나 두었다.

위에 제시한 용례의 기능을 보여 주는 '판'의 용례를 찾아보고 이를 사전에서 어떻게 기술할 것인가에 대하여 토론해 보라.

직후에는 소설가가 되고 싶어서 미칠	[판이었으니까요.]	
비교적 원형적이라고 보여지는 장터의 축제	['판'은]	향토축제의 오유적인 측면을 보유하고
한국적 총체예술의 모태임에도 놀이마당의	[굿판은]	일상의 저편에 있는 한낱 과거의 그림자에 지나지 못하였다.
틀에 갇혀 있었다는 인상을 지우기 어려운	[판에]	1980년대 중반기까지 대단한
탈렌트에 코미디언들까지도 소설을 쓰려는	[판입니다.]	
춤이 되고 노래가 됨으로써 생생한 축제의	['판'이]	형성된다고 봐아 할 것이다.
아니라 축제는 즐긴다는 측면에서, 어울려	[판을]	형성하기 위한 기본적인 가락
따라서 연극예술의 근원에 대한 이해나 그	[판으로서의]	놀이마당에 대한 인식 또한 무관심할 수밖에 없었던 것이 사실이다.
정통적 극장무대 위에서 벌어지는 서구적	['판'에]	올려진 굿놀이적인 연희가
통해 배우면서도 시행착오를 되풀이하는	[판에,]	그런 역사를 경험하지 못한 젊은 세대
아니라 단순히 미숙한 정신이 '노는 한	[판'의]	놀이에 지나지 않는다.
'공연'에 미쳤을 때는 적어도 그냥 한	[판]	놀고 말거나 무대에 올려져 신명풀이 한 번
버리는 악랄한 상업주의가 공개적으로	[판을]	치고 있습니다.
한 판의 공연이라 할지라도 그런 한	[판이]	말없는, 무의식의 여러 판이 되면 그것은 젊은 청년문화의 합주가 된다.

짓거리하고 어깨 춤추고 흉내내면서	[판이]	이루어지고 그 판을 일러 공연이라고 했을 때 그 공연이 과연 예술이겠는가.
중인데, 그러면서도 정작 입을 열면	[판에]	박힌 이야기를 길게 늘어놓고야 말며
영국 코미디 영화 제작에 결실을 볼	[판이다.]	
무대 좌우측의 기둥 뒤에 앉아 한	[판의]	제의처럼 진행되는 극을 참관하며 보조하도록 한다.
다 자기들 차지인 양 무리를 지어	[판을]	벌이다가 고래고래 소릴 지르거나 싸우
것은 물론이고 나아가서는 서양의	[판에]	박힌 사회경제적 해석이나
흉내내면서 판이 이루어지고 그	[판을]	일러 공연이라고 했을 때 그 공연이 과연 예술이겠는가.
해학, 춤, 노래 등을 매개로 한	[판의]	놀이가 펼쳐지며, 그 너머로는 현실과 세태에 대한 칼날같은 야유와 조롱의 비수가 번득이기도 한다.
이제 이 연극은 비로소 멋진 한	[판의]	굿으로 시작되는 셈이다.
즉 희랍시대에 궤변주의자들이	[판을]	치고 있어서 소크라테스가 이에 과감히
스타일의 벤치가 또한 대리석	[판으로]	조립되어 있는데 그 벤치 표면 위에도
성역이기도 했고, 놀이의	[판으로]	유회 공간이기도 했으며 대화의 장소이자 집단노동공간으로서의 일터이기도 했다.
강조했고, 일찍이 자신의	[1853년판]	시집 서문에서 모든 '현대시'
일본 도쿄의 하라즈쿠는	[현재판]	젊은이들의 낙원이다.
소외 사회악이라는 것이	[판을]	쳐서 그렇게 선하게 태어나는 사람을 차차 망쳐 버린다는 것이었다.
그리고 미니멀 작가들은	[판이나]	육면체로서 판과 육면체를 구체화시키는 '판'과 '육면체'로 보여 준다."
그런데 문단의 돌아가는	[판이]	하도 우스운 데다가 또한 제 나이가 젊은 탓에 모든 노력봉사를 하다라도 시지를 이끌어 보겠다고 생각한 것입니다.
그런	[판이나]	공연의 어우러짐이, 말하자면 문화창조 의지의 표상이라 할 것이다.
한	[판의]	공연이라 할지라도 그런 한 판이 말없는, 무의식의 여러 판이 되면 그것은 젊은 청년문화의 합주가 된다.
	[판에]	박은 듯한 소극의 전형을 보여 주는 것이긴 하지만, [심바새메]의 극적 상황의 창출은 매우 정교한 짜임새로 엮여져 있다.
	[판만]	벌이면 공연예술이냐 하는 문제는 공연되는 모든 것들은 예술이다 라는 전제가 붙고, 그래서 어디까지가 예술이고 어디부터가 예술이 아니냐 라는 논쟁을 유발한다.

참고문헌

강위규(1990), "관용 표현의 개념과 성립 요건", 『한글』 209, 한글학회.

강현화(1987), "국어 숙어 표현에 대한 고찰", 연세대 석사학위 논문.

강현화(1995), "동사 연결 구성의 다단계성에 관한 연구", 연세대 박사학위 논문.

강현화(2000), "코퍼스를 이용한 부사의 어휘 교육 방안 연구", 『이중언어학』 17, 이중언어학회.

강현화(2001), "다의어의 분석과 교수 방안", 『국어 문법의 탐구』 V, 태학사.

강희숙(1992), "음장(音長)에 관한 사회언어학적 연구", 『한국언어문학』 30, 한국언어문학회.

고광주(2000), "관용어의 논항구조와 제약", 『어문논집』 42, 안암어문학회.

고신숙(1987), 『조선어리론문법』, 과학, 백과사전출판사.

고영근·남기심(1987), 『표준 국어문법론』, 탑출판사.

고영진(1995), "국어 풀이씨의 문법화 과정에 관한 연구", 연세대 박사학위 논문.

국립국어연구원 편(2000), "『표준국어대사전』 편찬 지침 I·II", 국립국어연구원.

김광해(1990ㄱ), "어휘소간의 의미 관계에 대한 재검토", 『국어학』 20, 국어학회.

김광해(1990ㄴ), "유의관계의 성립조건", 『강윤호 교수 회갑기념 논문집』.

김광해(1993), 『국어 어휘론 개설』, 집문당.

김광해(1995), 『어휘연구의 실제와 응용』, 집문당.

김광해(1998), "유의어의 의미비교를 통한 뜻풀이 정교화 방안에 대한 연구", 『선청어문』 26, 서울대 사대 국어교육과.

김광해(1999ㄱ), "형용사 유의어의 뜻풀이 정교화 방안에 대한 연구―'아름답다, 추하다'군을 중심으로―", 『선청어문』 27, 서울대 사대 국어교육과.

김광해(1999ㄴ), "형용사 유의어 뜻풀이 정교화 방안에 대한 연구", 『남천 박갑수 교수 정년퇴임 기념논문집』.

김광해(2001), 『한국어 등급별 총어휘―낱말 V.2001』, 서울대 국어연구소

김근택·황경자(1997), "사전 용례에 관한 연구", 『불어불문학 연구』 37, 한국불어불문학회.

김기종(1983), 『조선어 수사학』, 심양 : 료녕인민출판사.

김동언(1994), "남북 국어 사전의 뜻풀이 비교 연구", 『어문논집』 33, 민족어문학회.

김동언(1995), "뜻풀이로 본 국어 사전 편찬사", 『한국어학』 2, 한국어학회.

김문창(1990ㄱ), "숙어 개념론", 『강신항 교수 회갑 기념 국어학 논문집』. 태학사.

김문창(1990ㄴ), "관용어", 『국어 연구 어디까지 왔나』, 동아출판사.

김선철(2004), "국어 발음 사전의 현황과 과제", 『한말연구』 15, 한말연구학회.

김선철(2006), "국어대사전의 새로운 발음정보 처리 방법에 대하여", 『언어학』 46, 한국언어학회.

김성규(1989), "화용에 있어서의 화석형", 『주시경학보』 3, 주시경연구소

김송택(1971), "이디엄 연구", 『어문학』 25, 한국어문학회.

김슬옹(1992), "이른바 "품사통용어"의 사전 기술 연구-품사론의 정립을 위하여", 『사전 편찬학연구』 4, 연세대 언어정보연구원.

김양진(2008), "표제어 배열방식에 따른 국어사전의 거시구조 연구", 『우리어문연구』 30, 우리어문학회.

김영주(1990), "The Syntax and Semantics of Korean Case", doctoral dissertation, Harvard University.

김용석(1981), "유의어 연구─그 개념규정과 유형분류─", 『배달말』 5, 배달학회.

김재영(1996), 『성능중심 어휘론』, 국학자료원.

김종덕(2008), "국어사전에서의 발음 정보 처리에 대하여-『새 연세사전』의 발음 정보 제시 방안을 중심으로-", 『한국사전학』 12, 한국사전학회.

김종택(1971), "동의어(Synonyms)의 의미평정", 『대구교대 논문집』 6, 대구교육대학.

김종택(1972), "의미구조의 보편성에 관한 연구", 『대구교대 논문집』 7, 대구교육대학.

김종택(1993), 『국어어휘론』, 탑출판사.

김종택·남성우(1994), 『국어의미론』, 한국방송통신대학교.

김준기(2000), 『한국어 타동사 유의어 연구』, 한국문화사.

김준수·옥은주·이동수·옥철영(2001), "사전 뜻풀이 말뭉치에서 추출한 개념어휘 및 의미자질", 『사전 편찬학연구』 11-2, 연세대 언어정보연구원.

김진해(2000), 『연어(連語) 연구』, 한국문화사.

김창섭(1990), "영파생과 의미전이", 『주시경학보』 5, 주시경연구소

김한샘(1999), "현대 국어 관용구의 계량언어학적 연구", 연세대 국어정보학 협동과정 석사학위 논문.

김한샘(2000), "한국어 명사의 어휘망 구축에 대한 기초 연구-『연세한국어사전』의 분석을 중심으로-", 『사전 편찬학연구』 10, 연세대 언어정보연구원.

김해옥·정희정·유현경·고석주(2004), "한국어 어휘 교육을 위한 의미 기술 연구-형용사 '좋다'를 중심으로-", 『응용언어학』 20-1, 응용언어학회.

김현권·김미영(2003), "동사 항목과 의미 기술 : 논항 설정, 다의 구분, 상관 항목 기술", 『한국사전학』 3, 한국사전학회.

김현정(1995), "학습자 사전용 문형 설정에 대한 연구-동사의 결합가 구조를 중심으

로-", 울산대 교육대학원 석사학위 논문.

남광우·이철수·유만근(1984), 『한국어표준발음사전』, 한국정신문화연구원.

남기심(1988), "국어 사전의 현황과 그 편찬 방식에 대하여", 『사전 편찬학연구』 1, 탑출판사.

남기심(1995), "어휘의미와 문법", 『동방학지』 88, 연세대 국학연구원.

남기심(2001), 『현대 국어 통사론』, 태학사.

남기심 외(1987), "기존 국어 사전의 반성과 대표적 외국 사전의 사례 연구 : 새 한국어사전 편찬을 위하여", 『성곡논총』 18.

남기심·이희자(1998), "새로운 사전 편찬의 개념과 그 실제," 『사전 편찬학연구』 8, 한국문화사.

남길임(1998), "「감정명사」의 설정과 그 사전적 처리에 대하여", 『사전 편찬학연구』 8, 한국문화사.

남길임(2002), "'이다'의 용법과 사전 기술", 『한국사전학』 2, 한국사전학회.

남길임(2004ㄱ), 『현대 국어 '이다' 구문 연구』, 한국문화사.

남길임(2004ㄴ), "활용 양용 용언 연구-말뭉치 용례를 중심으로", 『형태론』 6-2, 형태론편집위원회.

남길임(2004ㄷ) "사전 편찬학(2)-말뭉치 기반 의미 기술 방법론", 『제5회 국어정보화 아카데미 자료집』, 문화관광부-국어정보화 아카데미 조직위원회.

남길임(2005ㄱ), "온라인 사전의 로그 파일(log file) 분석을 통한 사전 검색 양상 연구", 『한국사전학』 5, 한국사전학회.

남길임(2005ㄴ), "말뭉치 기반 사전 편찬의 동향과 지향 방향", 『한말연구』 16, 한말연구학회.

남길임(2006ㄱ), "『외국인을 위한 한국어 학습사전』에서의 어휘 기술 방법론 연구-시간 표현을 중심으로-", 『한글』 271, 한글학회.

남길임(2006ㄴ), "'아니다'의 패턴 연구-말뭉치의 문맥 색인을 중심으로", 『어문론총』 44-1, 한국문학언어학회.

남길임(2007ㄱ), "사전 편찬과 국어정보학의 과제", 『새국어생활』 17호, 국립국어원.

남길임(2007ㄴ), "국어정보학과 사전 편찬학", 『국어연감(국어동향)』, 국립국어원.

남길임(2007ㄷ), "사전텍스트의 화용정보 유형 연구", 『텍스트언어학』 23, 한국텍스트언어학회.

남길임(2007ㄹ), "부표제어의 범위와 유형", 『한국사전학』 9, 한국사전학.

남길임(2007ㅁ), "학습자 말뭉치를 활용한 <한국어 용법 사전>의 편찬", 『한말연구』 20, 한말연구학회.

남길임(2008), "『표준국어대사전』의 전문어 표제항에 대한 사전학적 분석-식물 영역 전문어를 중심으로-", 『언어과학』 47, 언어과학회.

남영신(2005), 『한국어 용법 핸드북』, 모멘토.

노마 히데키(野間秀樹)(2002), 『한국어와 문법의 상관구조』, 한국문화사.

도원영(2008), "국어사전 표제어의 사용역 정보에 대한 고찰", 『우리어문연구』 30, 우리어문학회.

류은종(1985), 『조선말 동의어』, 연변인민출판사.

류은종(1996), 『조선어의미론연구』, 료녕민족출판사.

류은종(1999), 『현대조선어어휘론』, 연변대학출판사.

문금현(1996ㄱ), "관용 표현의 생성과 사멸", 『국어학』 28, 국어학회.

문금현(1996ㄴ), "국어의 관용 표현 연구", 서울대 대학원 박사학위 논문.

문금현(1998), "외국어로서의 한국어 관용표현의 교육", 『이중언어학』 15, 이중언어학회.

민현식(1999), 『국어 문법 연구』, 역락.

박영순(1985), "관용어에 대하여", 『국어교육』 53, 한국 국어교육학회.

박영순(2007), 『한국어화용론』, 박이정.

박영준(1993), "국어 관용어 사전의 편찬을 위하여-엄병섭·김현옥 편(1989), 『조선성구집』의 검토를 바탕으로-", 『우리어문연구』 6·7합집.

박영준(2000), "남북한 관용어 비교 연구", 『새국어교육』 59, 한국국어교육학회.

박영준·최경봉(2001), "관용어 사전의 실제와 개선 방안", 『한국어학』 13, 한국어학회.

박영희(1984), "유의어의 의미평정-감정어를 중심으로-", 『수련어문논집』 11, 부산 : 수련어문학회.

박재남(2002), "외국어로서 한국어의 유의어 교육 방안 연구", 연세대학교 교육대학원 외국어로서의 한국어교육 전공 석사학위 논문.

박종갑(1996), 『토론식 강의를 위한 국어의미론』, 박이정.

박진수(1985), "국어 관용어 연구", 경북대 석사 학위 논문.

박형익(2004), 『한국의 사전과 사전학』, 월인.

배주채 외(2000), "초급 한국어사전"(문화관광부) 표제어 목록.

봉미경(2002), "한국어 형용사 유의관계 연구", 연세대학교 대학원 석사학위 논문.

서상규(1998ㄱ), 『현대 한국어의 어휘 빈도』, 연세대학교 언어정보개발연구원 내부 보고서.

서상규(1998ㄴ), "말뭉치 분석에 기반을 둔 낱말 빈도의 조사와 그 응용-연세 말뭉치를 중심으로-", 『한글』 242.

서상규 외(1998), "한국어교육 기초어휘 선정"(문화관광부), 국립국어원.

서상규 외(2003), 『<외국인을 위한 한국어 학습사전> 편찬 보고서』, 문화관광부 한국어세계화재단.

서상규 외(2004), 『<외국인을 위한 한국어 학습사전> 결과 보고서』, 문화관광부 한국어세계화재단.

서상규·한영균(1999), 『국어정보학 입문』, 태학사.

서승현(1999), "'명사-조사-용언' 긴밀 형식 구문에 관한 연구", 연세대 박사학위 논문.

송철의(1993), "자음의 발음", 『새국어생활』 3-1, 국립국어원.

송현주·최준(2008), "한국어 교육용 유의어 사전 편찬을 위한 표제어 선정 및 기술 방안에 대한 연구", 『어문론총』 48, 한국문학언어학회

시정곤(1994), "국어의 단어 형성 원리", 고려대 박사학위 논문.

신지연(1988), "국어 간투사의 위상 연구", 『국어연구』 83, 국어연구회.

심재기(1982), 『국어어휘론』, 집문당.

심재기(1986), "한국어 관용표현의 화용론적 연구", 『관악어문연구』 11, 서울대 국어국문학과.

심재기(1987), "국어사전에서의 뜻풀이", 『어학연구』 23-1, 서울대 어학연구소.

안상철(1993), "발음 사전의 특성과 활용 방안", 『새국어생활』 3-1, 국립국어원.

안의정(2006), "국어사전에서의 구어 어휘 선정과 기술 방안 연구", 연세 대학교 대학원 언어정보학 협동과정 박사학위 논문.

안의정·박진양·남길임(2008), "한글 필사본 음식조리서 말뭉치 구축을 위한 마크업 방안 연구", 『언어와 정보』 12-2, 한국언어정보학회.

안의정·이종희(2008), "국어 사전의 사용역 정보에 관한 연구-중사전을 중심으로-", 『어문론총』 48, 한국문학언어학회.

양영희(1995), "관용표현의 의미 구현 양상", 『국어학』 26, 국어학회.

우형식(1996), 『타동구문연구』, 박이정.

우형식(1999), "북한에서의 품사 분류", 『동방학지』 103, 연세대 국학연구원.

유진영(1994), "남북한 국어사전의 뜻풀이 비교", 『인문과학연구』 16, 조선대 인문과학연구소.

유현경(1994), "논항과 부가어", 『우리말글연구』 1, 우리말학회.

유현경(1996), "국어 형용사 연구", 연세대 박사학위 논문.

유현경(1998ㄱ), 『국어 형용사 연구』, 한국문화사.

유현경(1998ㄴ), "형용사의 격틀과 논항의 문제", 『사전 편찬학 연구』 8, 연세대 언어정보개발연구원.

유현경(2001), "한국어 관용구 사전의 편찬에 대한 연구", 『사전 편찬학 연구』 11-2, 연세대 언어정보개발연구원.

유현경(2005), "부사절을 필수적으로 요구하는 구문에 대한 연구", 『한국어학』 29, 한국어학회.

유현경(2006), "한국어 학습사전의 품사 정보 문제", 사전학연구 소모임 발표문.

유현경·강현화(2002), "한국어 학습사전과 유사 관계 어휘 정보", 『외국어로서의 한국어 교육』 27, 연세대 언어연구교육원.

유현경·서상규(2002), "한국어 학습자 말뭉치에 나타난 부사 사용에 대한 연구", 『이중언어학』 20, 이중언어학회.

이기동(1988), "어휘의 의미 변천과 사전", 『사전 편찬학연구』 2, 연세대 언어정보연구원.

이기동(1995), "낱말 풀이에 관련된 몇 가지 문제", 『사전 편찬학연구』 5·6 합집, 연세대 언어정보연구원.

이기동(1997), "관용어, 은유 그리고 환유 1", 『담화와 인지』 4-1, 담화인지학회.

이기황(2007), "사전 뜻풀이문의 패턴 분석을 위한 기초 연구", 『한국사전학』 9, 한국사전학회.

이병근(1986), "국어사전 편찬의 역사", 『국어생활』 6, 국립국어원.

이병근(1989), "국어사전과 음운론", 『애산학보』 7, 애산학회.

이병근(1990), "음장의 사전적 기술", 『진단학보』 70, 진단학회.

이병근(2000ㄱ), 『한국어사전의 역사와 방향』, 태학사.

이병근(2000ㄴ), "『표준국어대사전』에서의 정의(뜻풀이)에 대하여", 『새국어생활』 10-1, 국립국어원.

이상섭(1990ㄱ), "낱말 빈도를 추정하기 위한 말뭉치 자료 수집의 실제," 『사전 편찬학연구』 3, 탑출판사.

이상섭(1990ㄴ), "뭉치언어학 : 사전 편찬의 필수적 개념", 『사전 편찬학연구』 3, 연세대학교 언어정보연구원, 173-184.

이상섭(1995), "뭉치 언어학의 기본 전제", 『사전 편찬학연구』 5·6합집, 탑출판사.

이상섭(1997), "Corpus Linguistics and Dictionary Making in Korea", 『사전 편찬학연구』 7.

이상섭(1998), "사전의 뜻풀이에 대한 소견", 『사전 편찬학연구』 8, 연세대 언어정보연구원.

이상섭(2000), "국어사전 사용자 설문에서 드러난 몇 가지 사실", 『사전 편찬학연구』 10.

이상억(1993), "관용표현과 합성어의 분석 및 어휘부 내외에서의 처리", 『어학연구』 29-3. 서울대 어학연구소

이숭녕(1971), "국어의 Synonymy의 연구", 『同大語文』 1, 동덕여대 국어국문학과.

이승명(1998), "Some Aspects of The Idioms in Contemporary Korean", 『수련어문학논집』12. 수련어문학회.

이승재(1993), "모음의 발음", 『새국어생활』 3-1, 국립국어원.

이영숙(1992), "신체 관용어와 외국어로서의 한국어 교육에의 활용", 외국어로서의

한국어교육(구.말) 17, 연세대학교 한국어학당.
이익환(1992), "국어사전 뜻풀이와 용례", 『새국어생활』 2-1, 국립국어원.
이익환(1995) 『의미론개론』, 한신문화사.
이정민(1993), "Frozen Expressions and Semantic Representation", 『어학연구』 29-3, 서울대 어학연구소
이종희(1991), "부사형 어미 {-게}의 통어적 기능에 관한 연구", 연세대 석사학위논문.
이종희(2004), "사전의 뜻풀이에서 괄호를 사용하는 방법에 대하여", 『한국사전학』 3, 한국사전학회.
이종희·안의정(2008), "국어사전의 사용역 정보에 관한 연구", 『어문론총』 48, 한국문학언어학회.
이철수(1980), "표준말의 발음표시", 『어문연구』 8-3, 한국어문교육학회.
이현주(2007), "전문영역 표기의 사전적 기능에 대하여", 『한국사전학』 9, 한국사전학회.
이희자(1995), "현대 국어 관용구의 결합 관계 고찰", 『大東文化硏究』 30, 성균관대학교 대동문화연구소
이희자(1997), "'준말'과 '줄어든 꼴'과 '줄인 꼴'", 『사전 편찬학연구』 7, 연세대 언어정보연구원.
이희자(2003ㄱ), "사전 편찬이론연구", 『제4회 국어정보화 아카데미 강의 자료집』.
이희자(2003ㄴ), "관용 표현의 사전학적 제문제", 『국어학』 41, 국어학회.
이희자·우재숙(2006), "국어사전의 '관련어' 연구", 『한국사전학』 7, 한국사전학회.
이희자·유현경·김한샘·천미애(2007), "『학습용 한국어 관용 표현사전』편찬 연구", 『한국사전학』 9, 한국사전학회, 99~122.
이희자·이종희(1998), 『사전식 텍스트 분석적 국어 조사의 연구』, 한국문화사.
이희자·이종희(1999), 『사전식 텍스트 분석적 국어 어미의 연구』, 한국문화사.
임지룡(1992), 『국어 의미론』, 탑출판사.
장경준(1999), "현대 국어 '-어 하다' 구성의 문법 범주와 사전 기술", 『사전 편찬학연구』 9, 연세대 언어정보연구원.
전영옥(2006). "구어 어휘의 사전 기술 방법", 『한국사전학』 8.
정영국(2008), "『연세한국어사전』과 영영 학습자 사전의 비교", 연세대 언어정보연구원 제56회 학술발표회 발표 요지.
정인양(1982), "국어 동의어의 의미 구별에 대하여", 『개신어문연구』 2, 충북대 사범대학 국어교육과.
정희정(1996), "자동사·타동사 분류에 대한 비판적 고찰", 『국어문법의 탐구』 III, 태학사.
정희정(2001), "사전 기술 방법론 : 외국인 화자를 위한 사전 정보와 제시 방법-명사구를 중심으로-", 『제2회 아시아 사전학회 국제학술대회 논문집』.

조재수(1984), 『국어사전 편찬론』, 과학사.

조재수(1999), "국어사전 변천", 『독립신문 100돌기념 한국 신문 방송 말글 변천사』, 한국프레스센터 한국 교열기자회.

조재수(2003), "『표준국어대사전』의 뜻풀이 살펴보기", 『한국사전학』 2, 한국사전학회.

조재수(2006), "사전의 뜻풀이에 관한 글 모음", 『겨레말큰사전』 남북공동편찬사업회.

조철현 외(2002), 『한국어 학습자의 오류 유형 조사 연구』, 2002년도 국어 정책 공모 과제 연구 보고서, 문화관광부.

조현용(2000), 『한국어 어휘 교육 연구』, 박이정.

지민제(1993), "소리의 길이", 『새국어생활』 3-1, 국립국어원.

차재은(1991), "북한의 사전 편찬사", 『북한의 조선어 연구사』(김민수 편) 2, 녹진.

천미애(2001), "사전의 미시구조—성구소 사전 정보의 문제점과 개선안", 『독어교육』 22, 271-287.

최경봉(1992), "국어 관용구 연구", 고려대 석사학위 논문.

최경봉(1994), "관용어의 의미구조", 『어문논집』 33. 안암어문학회.

최경봉(2008), "특수사전 편찬의 현황과 과제", 『우리어문연구』 30, 우리어문학회.

최준호(2002), "한국어사전 편찬 도구의 설계와 구현", 연세대 국어정보학 석사학위 논문.

최창렬(1981), "동의성와 다의성의 한계", 『교육논총』 1, 전북대 교육대학원.

최현배(1937/1971), 『우리말본』, 정음문화사.

최호철(2008), "사전"이란 단어와 사전학, 사전 편찬학"이란 용어에 대하여, 『우리어문연구』 30, 우리어문학회.

한송화(1997), "동사의 사전적 처리의 제문제", 『사전 편찬학연구』 8, 연세대 언어정보연구원.

한송화(2000), 『현대 국어 자동사 연구』, 한국문화사.

한송화(2001), "외국어를 위한 어휘 사전의 의미 기술 문제에 대한 제안", 『제15회 언어정보 연찬회 발표논문집』, 연세대 언어정보개발연구원.

한영균(1997), "'명사+동사' 합성구의 형태론적 특성", 『울산어문논집』 12, 울산대 국어국문학과.

한영균(2006ㄱ), "『표준국어대사전』의 용례(用例)에 대한 사전학적(辭典學的) 연구—용언의 경우—", 『국어학』 48, 국어학회.

한영균(2006ㄴ), "『표준국어대사전』의 用例에 대한 辭典學的 檢討—名詞의 경우—", 『어문연구』 132, 한국어문교육연구회.

한정길(1986), "숙어 표현에 대하여", 『어학연구』 22-1, 서울대 어학연구소

허 웅(1968), "국어의 상승적 이중모음 체계에 대해서", 『이숭녕박사송수기념논총』, 을유문화사.

홍기선(1998), "한국어 관용어구와 논항구조", 『어학연구』, 서울대학교 어학연구소.

홍기선(2000), "영어의 관용어구와 논항구조", 『담화와 인지』 7-2, 담화인지학회.

홍사만(1994), "신체어의 다의구조 분석", 『어문논총』 28, 경북어문학회.

홍윤표(1977), "불구동사에 대하여", 『이숭녕선생 고희 기념 국어국문학 논총』, 탑출판사.

홍재성(1986), "한국어사전 편찬과 문법 문제", 『국어생활』 7, 국어연구소.

홍재성(1988), "현대 한국어사전과 자동사·타동사 용법의 구분", 『말과글』 33, 한국교열기자협회.

홍재성(1989), "한국어 자동사·타동사 구문의 구별과 사전—이른바 동족목적보어 구문의 경우—", 『동방학지』 63, 연세대 국학연구원.

홍재성(1990ㄱ), "'견디다' 구문의 기술을 위하여", 『한글』 208, 한글학회.

홍재성(1990ㄴ) "사전과 이데올로기", 『한국어사전학의 과제와 전망』, 서울대 인문과학연구소 학술회의 요약집.

홍재성(1992), "한국어 관용표현 연구의 한 시각", 『국어학회 제19회 공동 연구회 발표 요지』.

홍재성(1993), "먹다 숙어동사구문의 통사적 기술", 『어학연구』 29-3, 서울대 어학연구소

홍재성(1995), "어휘 함수에 의한 한국어 어휘 기술과 사전 편찬," 『제2회 한국학 국제학술회의존문집』—해방 50주년, 세계 속의 한국학—, 인하대학교 한국학연구소

홍종선(1996), "국어사전 편찬, 그 성과와 과제(1)", 『한국어학』 3, 한국어학회.

홍종선(2008), "국어 사전 편찬의 역사(1)", 『우리어문연구』 30, 우리어문학회.

홍종선·강범모·최호철(2001), 『한국어 연어 관계 연구』, 월인.

홍희정(2007), "국어사전에서의 전문용어 기술에 관한 연구—경제 용어를 중심으로—", 『언어정보와 사전 편찬』 17~21합집, 연세대 언어정보연구원.

황희영(1978), "한국 관용어 연구", 『성곡논총』 9, 성곡문화재단.

Akins, B. T. S.(2008), Theoretical Lexicography and its relation to Dictionary-making, in Fontenelle, Th. et al(2008).

Akins, B. T. S., and Rundell, M.(2008), *The Oxford Guide to Practical Lexicography*, Oxford Linguistics.

Bartholomew, D. A., and Schoenhals, L. C.(2003), Special grammatical designations for indigenous languages, in Hartmann, R. R. K. (ed).(2003), *Lexicography : Critical Concepts*, Routledge.

Bloomfield, L.(1933), *Language*, London, George Allen & Unwin LTD.

Burkhanov, I.(2003), Pragmatic specifications : Usage indications, labels, examples : dictionaries of style, dictionaries of collocations. In Sterkenburg, Piet van (ed.)(2003), 102-113.

Carter, R.(1987), *Vocabulary*, London, Allen&Unwin.

Church, K. & Mercer, R.(1994), Introduction to the Special Issue on Computational Linguistics Using Large Corpora, Using Large Corpora, in Biber, D. and Armstrong, S.(ed.)(1994), Cambridge, The MIT Press.

Cowei, A.(1989), The language of examples in English learners' dictionaries, in James, G. (ed.)(1989).

Cowie, A.(ed.)(1987), *The Dictionary and Language Learner*, Tübingen, Max Niemeyer Verlag.

Cruse, D.(2000), *Meaning in Language*, Oxford.

de Haan, P. & R. van Hout (1986), Statistics and Corpus Analysis, Corpus Linguistics Ⅱ, Amsterdam, Rodopi B. V.

Drydale, P. D.(1987), The Role of Examples in a Learner'e Dictionary, in Cowie, A. (ed.)(1987).

Ellis, R. and Barkhuizen, G.(2006), *Analysing Learner Language*, Oxford, Oxford University Press.

Fontenelle, Th.(ed.)(2008), *Practical Lexicography a reader*, Oxford Linguistics.

Fox, G.(1988), The Case for Examples, in Sinclair, J. M. (ed.) (1987).

Geeraerts, D.(2003), 2.2 Meaning and definition. In Sterkenburg, P. G. J. van (ed.)(2003), 83-93.

Gleason, H. A.(1962), *The Relation of Lexicon and Grammar*, Problems in Lexicography, Bloomington.

Goddard, C.(1998), *Semantic Analysis*, Oxford.

Grouws, R.(2003), Types of articles, their structure and differnet types of lemmata, Sterkenburg, P. G. J. van (ed.)(2003).

Hartmann, R. R. K.(2001), *Teaching and Researching Lexicography*, Pearson Education Limited.

Hartmann, R. R. K.(ed).(2003), *Lexicography : Critical Concepts*, Routledge.

Hartmann, R. R. K.(ed.)(1983), *Lexicography : Principles and Practice* (Applied Language Studies). London and New York, Academic Press(15Chapters by 14 authors).

Herbst, T. & Pop, K.(ed.)(1999), *The Perfect Learners' Dictionary(?)*, Tübingen, Max

Niemeyer Verlag.

Hunston, S., and Fransis, G.(1999), *Pattern Grammar : A corpus-driven approach to the lexical grammar of English*, John Benjamins Publishing Company.

Hymes, D.(1972), Toward ethnographies of communication : The analysis of communicative events, In P. P. Giglioi(Ed.), *Language and Social Context*, Harmondsworth : Penguin.

James, G. (ed.)(1989), *Lexicographers and Their Works*, University of Exeter.

Kipfer, B. A.(1984), Workbook in Lexicography, Vol. 8 *Exeter Linguistic Studies*(pp.1~172), Exter, University of Exter.

Krashen, S. & Scarella., R.(1978), On routines and patterns in language acquisition and performance, *Language Learning* 28.

Krista, V.(2003), Linguistic corpora(database) and the compliation of dictionaries, in Sterkenburg, P. G. J. Van(ed.)(2003).

Landau, S. I.(1989), *Dictionaries-The Art and Craft of Lexicography*, Cambridge : Cambridge University Press.

Landau, S. I.(2001), *Dictionaries : The art and craft of lexicography*, Cambridge University Press.

Leech, G. & Fligelstion, Steven(1992), Computers and Corpus Analysis, In *Computers and Written Texts*, Oxford, Basil Blackwell.

Levinson, S. C.(1983), *Pragmatics*, Cambridge, Cambridge University Press.

Levinson, S. C.(1983), *Pragmatics*, London, Cambridge University Press(이익환·권경원 역(1992), 『화용론』, 서울, 한신문화사).

McCarthy, M.(1990), *Vocabulary*, 김지홍 역(2003), 『어휘』. 범문사.

Mey, J. L.(1998), Adaptability, In Mey, Jacob L. (ed.)(1998), pp.5-7.

Mey, J. L.(1998), *Concise encyclopedia of pragmatics*, Amsterdam, Elsevier.

Murphy, M. L.(2003), *Semantic relations and the lexicon : antonymy, synonymy, and other paradigms*, Cambridge.

Partington, A.(1998), *Patterns and Meanings : Using Corpora For English Language Research and Teaching*, John Benjamis Publishing Company.

Sinclair, J. M.(1991), *Corpus, Concordance, Collocation*, Oxford, Oxford University Press.

Sinclair, J. M.(ed.)(1987a), *Looking up, An account of the COBUILD Project in Lexical Computing*, London and Glasrow.

Sinclair, J. M.(ed.).(1987b), Grammar in the Dictionary, in Sinclair, J.(ed.) (1987a).

Sinclair. J. M. (ed.)(2003), *COBUILD Advanced Learner's English Dictionary fourth edition*, HarperCollins publishers.(CALED)

Sinclair. J. M. et al(ed.)(2004), *Cobuid English Usage Second Edition*, Collins Cobuild.

Stein, G.(1999), Exemplification in EFL dictionaries, in Herbst T. & Popp K.(ed.)(1999), *The Perfect Learners' Dictionary(?)*, Tübingen, Max Niemeyer Verlag.

Sterkenburg, P. G. J. van(2003), Onomasiological specifications and a concise history of Onomasiological dictionaries, in Piet Van Sterkenburg et al(2003).

Sterkenburg, P. G. J. van(ed.)(2003), *A Practical Guide to Lexicography*, Amsterdam / Philadelphia, John Benjamins Publishing Company.

Svensén, B.(1993), *Practical Lexicography*, Oxford University Press.

Swanepoel, P.(2003), Dictionary Typologies : A pragmatic appoach, in Sterkenburg, P. G. J. van et al(2003).

ten Hacken, Pius(2006), Word Formation in an electronic Learners' Dictionary : ELDIT, *International Journal of Lexicography* 19(3), 243-256.

Tono, Y.(2001), *Research on Dictionary in the Context of Foreign Language Learning, Focus on Reading Comprehension*, Max Niemeyer Verlag Tübingen.

Turton, N. D.(1995), *ABC of Common Grammatical Errors*, Macmillan Heinemann.

Turton, N. D., and Heaton J. B.(1996), *Longman Dictionary of common errors Second Edition*, Longman.

Verschueren et al.(1995), J. Verschueren, J.-O. Östman and J. Blommaert, *Handbook of pragmatics*, Amsterdam, John Benjamins.

Wen Xiu Yang(2007), On Pragmatic Information in Learners' Dictionaries, with Particular Reference to LDOCE", *International Journal of Lexicography* 2007 20(2),147-173

Wierzbicka, A.(1996), *Semantics*, Oxford.

Zgusta, L.(1971), *Manual of Lexicography*, The Hague, Mouton, Prague, Academia.

Zgusta, L.(1988), Pragmatics, lexicography and dictionaries of English, *World Englishes* 7. 3, 243-253.

〈사전류〉

국립국어연구원(편)(1999), 『표준국어대사전』, 두산동아.

김민수·고영근·임홍빈·이승재 편(1996), 『금성판 국어대사전』, 금성출판사.

김광해(2000), 『비슷한 말·반대말 사전』, 도서출판 낱말.

박영준·최경봉(1996), 『관용어 사전』, 태학사.
신현숙·김미형·임소영·임예원(1999), 『의미로 분류한 현대 한국어 학습사전』, 한국문화사.
신현숙 외(2000), 『현대 한국어 학습사전』, 한국문화사.
서상규 외(2004/2006), 『외국인을 위한 한국어 학습사전』, 신원프라임.
신현숙 외(2000), 『현대 한국어 학습사전』, 한국문화사.
연세대학교 언어정보개발연구원 편(1998), 『연세한국어사전』, 두산동아.
이희자·이종희(2001), 『어미·조사 사전』, 한국문화사.
임홍빈(1993), 『서울대 임홍빈 교수의 한국어사전』, SISA Education.
조성식 편(1990), 『영어학 사전』, 신아사.
최경남·송천식(1993), 『조선말성구사전』, 한국문화사.
한글학회(편)(1992), 『우리말큰사전』, 한글학회, 어문각.
홍재성 외(1997), 『현대 한국어 동사 구문 사전』, 두산동아.
북한 사회과학원언어학연구소(편) (1992), 『조선말대사전』, 사회과학출판사.
간노 히로오미 외 (편)(1988), 『코스모스 조화(朝和) 사전』, 동경 : 白水社.
油谷 幸利 外(編)(1992), *Korean-Japanese Dictionary*, 小學館.
Cambridge Learner's Dictionary(2001).
COBUILD Advanced Learner's English Dictionary(2003).
Dictionary of American English(Webster's)(1997).
Longman Dictionary of Contemporary English(1978/1995/2003).
Oxford Advanced Learner's Dictionary(1995).

찾아보기

ㄱ

가다 186
가표제어 66
거시구조 27, 44, 133
격틀 169, 173, 177, 205
   기본 격틀 190
   변이 격틀 190
격틀 번호 173
격틀의 유형 173
결합 관계 294
계열 관계 293
관련 어휘 293
관련 어휘 정보 293
관용구 206
관용구의 통사 정보 206
관용표현 61
구어체 96
구체명사 201
국제음성기호(IPA) 83
굴절형
   굴절형의 발음 정보 92
   용언의 활용형 96
   체언의 활용형 93

ㄴ

낮춤말 317
논항 169, 177
   논항 정보 200
논항 정보 173, 176, 199

논항(argument) 177
높낮이 90
높임말 317
능동사전 267

ㄷ

다의성 186
다중어휘단위 73
단순 알파벳(straight-alphabetical) 배열 72
담화참여자 280
담화표지 285
대립 관계 296
대칭 구문 193
대칭 용언 193
동의어 295
동적 말뭉치 29
둥지 알파벳(nesting) 배열 72
등위 관계 293
뜻풀이 223, 237

ㅁ

말뭉치 24
말뭉치 언어학 18
말뭉치의 구축 49
모니터 말뭉치 29
무정명사 201
문맥 색인 30
문법 정보 222, 258
문어체 96

문형 정보 169, 176, 177
미시구조 29, 44, 134, 272

ㅂ

반의 관계 296
반의어 294, 296
발음 정보 81
　　복수 발음 정보 89
　　용언 활용형의 발음 정보 96
　　체언 곡용형의 발음 정보 93
　　초분절 요소의 발음 정보 90
백과사전 224
벽감 알파벳(niching) 배열 73
복수 표준어 68
본딧말 316
부가어 178
부가어(adjunct) 177
부표제어 59
　　부표제어의 배열 72
불구동사 140
불규칙 활용형 69
불완전동사 140
비표준어 67

ㅅ

사용역 275, 282
사전 편찬 자료 19
사전이론학 12
사전편집기 34
사전 편찬학 12
사전학 12
상투표현 62
상호대칭용언 195
센말 297, 305
수동사전 267
신조어 254, 265

ㅇ

악센트 90
어근 112, 116
어휘 목록 48
여린말 297, 305
연어 61, 298
외래어 67, 103
용례 325
　　용례의 수 327
　　용례의 유형 327
　　용례의 정의 326
용례검색기 31
용법 275
원시 말뭉치 24
유의어 199, 227, 294, 295
유의어군 228
유정명사 201
음장 90
의미 정보 221
의미역 198, 203
이원 대립 296
이중 구조 44

ㅈ

작은말 297, 305
잡음씨 118
장소교차 용언 193
전문용어 254, 255
정보 항목 135, 272, 277
정의 223
조어론 135
주격중출 구문 193
주석 말뭉치 24
주표제어 59
준꼴 112, 116
준말 316

준품사 115
지원도구 18, 31
지정사 118

ㅊ

참고 정보 275
참고상자 274, 276
초분절 요소 90
추상명사 201
축약형 69

ㅋ

큰말 297, 305

ㅌ

타동구문 166
타동성 166
통사 정보
　관용구의 통사 정보 167
통사론 165
통합 관계 165, 294, 310

ㅍ

파생어 298
패턴 61
표제어 43
　표제어 선정 원칙 53
　표제어(headword)의 정의 43
　표제어의 문법 범주 54, 56

표제어의 배열 70
표제어의 사전학적 유형 54
표제어의 어휘 유형 54
표제어의 유형 59
표제항 43
표준 발음법 84
표준발음법 89
품사 111
　준품사 114
　품사 세분류 114
품사 정보 111
품사 정보 유형 115
품사통용어 123
필수적 부사절 183

ㅎ

학교문법 114
학습사전 341
학습자사전 127
형성 116
형성소 112, 117
형태 정보 133, 135
형태론 135
화용 정보 222, 258, 267
　화용 정보의 유형 272
화용론 267, 268
화용적 능력 289
활용 양용용언 121
활용 정보
　용언의 활용 정보 139
활용론 135

저자 소개

유현경

연세대학교 국어국문학과 졸업, 동 대학원 국어학 석사 및 박사
연세대학교 언어정보연구원 연구교수, 홍익대학교 국어국문학과 조교수
현재 연세대학교 국어국문학과 교수, 연세대 언어정보연구원 부원장

『국어 형용사 연구』(1998), 『연세초등국어사전』(2000, 공저), 『외국인을 위한 한국어 학습사전』(2006, 공저), 『왜 다시 품사론인가?』(2006, 공저), 『한국어교육을 위한 한국어 연어사전』(2007, 공저)

남길임

연세대학교 국어국문학과 졸업, 동 대학원 국어학 석사 및 박사
연세대학교 언어정보연구원 연구교수
현재 경북대학교 국어국문학과 교수

『현대 국어 '이다' 구문 연구』(2004), "사전텍스트의 화용정보 유형 연구"(2004), 『외국인을 위한 한국어 학습사전』(2006, 공저), '『외국인을 위한 한국어 학습사전』에서의 어휘 기술 방법론 연구'(2006), 『왜 다시 품사론인가?』(2006, 공저)

한국어사전 편찬학 개론—사전 편찬의 이론과 실제

초판 인쇄 2009년 2월 16일 | **초판 발행** 2009년 2월 25일
지은이 유현경 · 남길임
펴낸이 이대현 | **편집** 이소희
펴낸곳 도서출판 역락 | **등록** 제303-2002-000014호(등록일 1999년 4월 19일)
주소 서울시 서초구 반포4동 577-25 문창빌딩 2층
전화 02-3409-2058(영업부), 2060(편집부) | **팩시밀리** 02-3409-2059
전자우편 youkrack@hanmail.net
ISBN 978-89-5556-597-3 93710

정가 20,000원
■잘못된 책은 교환해 드립니다.